recher.

ER

Forte

traufs

möglichen Arrangirungen.
rleger.
Musikalien-Verleger.

er's Witwe & Sohn,
kalien-Händler.

Preis: 45 kr. CM.

Mendrisio, bei Pozzi.

ann.
Comp.

kalien-Verlags-Anst.

Franz Endler

JOHANN STRAUSS

Franz Endler

JOHANN STRAUSS

Um die Welt im Dreivierteltakt

Mit 58 Abbildungen

Amalthea

Dank

Die vollständige Korrektur des Werkverzeichnisses ist Herrn Professor Franz Mailer zu danken, der alle neuesten Forschungsergebnisse zur Verfügung gestellt hat. Er hat dieses Buch bereichert. Weiters stand mir die Johann Strauß-Forschungsgesellschaft hilfreich zur Seite. Ohne Konkurrenzdenken unterstützte sie mich in meinen Recherchen. Und zuletzt: Wer in Noten und alten Büchern versinkt, vernachlässigt seine Familie. Daß die meine das und mich ertragen hat, muß ich dankbar anmerken.

FRANZ ENDLER

© 1998 by Amalthea
in der F. A. Herbig Verlagsbuchhandlung GmbH,
Wien · München
Alle Rechte vorbehalten
Umschlaggestaltung: Wolfgang Heinzel
Umschlagbild: Gemälde von August Eisenmenger,
Archiv für Kunst und Geschichte, Berlin
Herstellung und Satz: VerlagsService Dr. Helmut Neuberger
& Karl Schaumann GmbH, Heimstetten
Gesetzt aus der 11/14 New Caledonia
auf Apple Macintosh in QuarkXPress
Druck und Binden: Wiener Verlag, Himberg bei Wien
Printed in Austria
ISBN 3-85002-418-0

Inhaltsverzeichnis

Ein Vorwort 9

I. Vorbereitung zum Duell

»Auf Leben und Tod« 13
Der Walzer und die Dioskuren Beethoven
und Schubert 17
Wiener Zauberopern und Walzerketten 20
Das erste Ensemble von Johann Strauß Vater
und Joseph Lanner 31
Die Familie Strauß und die ersten prägenden
Jahre von Johann Strauß Sohn 52
Die legitime und die andere Familie
und die musikalische Erziehung
des jungen Strauß 69

II. Revolution

»Soiree dansante« oder Das Debüt 88
»Kein Naturmusiker und Fiedler« 95
Der Konkurrent Johann Strauß Vater und die
Schwierigkeiten zu Anfang 106

III. Die Welt ruft

Pawlowsk 122
»Flammende Blicke und kunstvolle Seufzer« 135
Die »Angestellten« Johanns: Josef und Eduard 154

IV. Die ewige Operette

Wurzeln der Operette: Jacques Offenbach und Franz von Suppé 162
»Das zwiespältige Weib« weist den Weg ins musikalische Theater Wiens 173
Die erst Operette »Indigo und die 40 Räuber« 193
Johannes Brahms' »leider nicht von mir!«: »Die Fledermaus« 205
Der Tod der »mütterlichen Gefährtin« und das Intermezzo mit Angelika Dittrich 220
Adele (ver)führt Strauß zur »Nacht in Venedig« 229
Mit dem »Zigeunerbaron« zum Meister der Operette 239

V. Der Opernkomponist

Früchte der Arbeit 253
Die Oper »Ritter Pasman« 269
Die »Krönung« wird zum Mißerfolg 280
Der Millionenwalzer 291
Die »Oper« »Fürstin Ninetta« 295

VI. Das Alter

»Das lebhafte Auge« 299
»Liebster Freund Xandi« 306
Kaiser Franz Joseph und König Johann Strauß 310
Letzte Kompositionen 314

VII. Abgesang

»Da verstummte das Orchester ...« 318
»Fahre wohl« 320
Strauß' weltliches Vermögen geht an die
»würdige Witwe« 321
Eduards Rache über den Tod hinaus 323
Sein musikalisches Erbe und Vermächtnis 327
Musikalische Nachwelt in der Tradition
von Strauß 332
Das Ende der Monarchie und das »Ende«
des Walzers 337
Aufbruch in das kommende Zeitalter –
Das Neujahrskonzert 341

Anhang

Werkverzeichnis 346
Zeittafel 386
Stammtafel 390
Quellen- und Literaturverzeichnis 392
Register 394
Bildnachweis 398

Ein Vorwort

Die vielen Biographien über Johann Strauß und seine Zeit sind keineswegs alle vergriffen. In Wiener Antiquariaten kann man so gut wie alle erwerben. Nur ist jede auf ihre Art veraltet. Sie sind zu Lebzeiten des Meisters oder wenigstens mit Billigung seiner Witwe verfaßt und haben ihren eigenen, heimeligen Ton. Alle interpretieren mit der Autorität der Dynastie Strauß ins Leben gerufene Legenden und machen die Geschichte vom unaufhaltsamen Aufstieg des Musikers und Komponisten an einzelnen seiner Meisterwerke fest. Einige sind vergleichsweise trocken und wissenschaftlich und locken keinen Leser an. Andere sind sehr leicht lesbar und vermengen Fakten und phantasievoll erfundene Dialoge zwischen der Mutter Anna Strauß und dem Organisten Josef Drechsler über die Berufsaussichten des blutjungen Strauß, als sei das die natürlichste Sache der Welt.

Das schlimmste aber ist: Jüngst ist eine Dissertation über Joseph Lanner erschienen, in der ein junger Wissenschaftler eine große Anzahl an Daten und Begebenheiten, die bisher auch die seriösen Biographen von Johann Strauß Vater – und alle, die über Johann Strauß Sohn geschrieben und den Vater dabei nicht vergessen haben – in ihre Bücher aufnahmen, als an den Haaren herbeigezogen bezeichnet. Eine streng auf Dokumenten und Berechnungen unbestechlichster Art basierende Arbeit, die viele, viele bisher als gesichert geltende Ereignisse einfach ins Reich der Legende verweist – ein Alptraum für einen Menschen, der es ehrlich meint mit dem, was er abschreibt.

Mich hat diese aufschlußreiche Dissertation in meiner Arbeit um Wochen zurückgeworfen, weil ich selbstverständlich die erstmals aufgezeigten Fakten nicht negieren kann. Und tief verunsichert, weil ich selten so deutlich begriffen habe, daß lexikalische Daten, die wir alle gelernt haben, oft höchst ungesichert sind.

Von den sehr vielen Zeugen meines Versuchs, es mit einer Strauß-Biographie anders zu halten als meine Vorschreiber, ist mein erster Lehrer Hans Weigel derjenige, der am lautesten nach solch einem Buch rief und wußte, daß er es nicht mehr lesen würde. Er hat in einem Vorwort zu einem anderen Versuch von mir sein Leid geklagt und gefordert, einmal müßte sich einer an diese unlösbare Aufgabe machen. Allerdings: Er wollte eine definitive, eine wissenschaftlich durch und durch exakte Arbeit, die den Leser in ihren Bann ziehen und gleichzeitig dem »ganzen Strauß« gerecht werden sollte.

Ich weiß, auch ich kann seinen Wunsch nicht erfüllen. Ein Leben müßte man dem Stoff widmen und es dann zuwege bringen, aus den vielen Bänden voll Daten und Fakten ein Buch zu machen, das den Leser alle zusammengetragene Gelehrsamkeit wieder vergessen läßt. Ich will wenigstens »etwas« versuchen: Ich will ein neues Strauß-Bild entwerfen, das auf seriösen Nachforschungen basiert und ernsthaft auf Charaktereigenschaften des Helden hinweist, die alle seine Verehrer im äußersten Fall nicht geleugnet haben, Charaktereigenschaften, die einer besitzen muß, der das Äußerste zu erreichen sucht.

Und eine Widmung will ich nicht vergessen, weil ich bisher altmodisch jedem meiner Bücher einen Widmungsträger, einen Paten gesucht habe: Leonard Bernstein ist der

Ein Vorwort

einzige genialische Musiker unseres Jahrhunderts, dem sein Wunsch, ein Neujahrskonzert der Wiener Philharmoniker zu dirigieren, verwehrt geblieben ist. Von dem man ein Neujahrskonzert hätte hören wollen! Als es endlich geplant und angekündigt war, wurde er krank und konnte sich und uns diesen Wunsch nicht mehr erfüllen. Er hat mir immer und immer wieder geholfen. Er hat mich in den vielen Jahren unserer Freundschaft zu erziehen versucht, zu Genauigkeit und Neugierde angehalten. Er hat mir Mut gemacht, auf wienerische Art über Musik zu schreiben.

Er war mein Freund. Deshalb soll ihm dieses Buch von ganzem Herzen zugedacht sein. Er fehlt vielen Musikern in aller Welt – und auch mir sehr.

Wien, im Oktober 1998   Franz Endler

I.
Vorbereitung zum Duell

»Auf Leben und Tod«

»Gute Nacht, Lanner! Guten Abend, Strauß Vater! Guten Morgen, Strauß Sohn!«
In der Nacht auf den 16. Oktober 1844 formuliert der Wiener Zeitungsmann Franz Wiest seinen Bericht vom Ausgang eines Kampfes »auf Leben und Tod«, als er vor dem faktischen Ende des Kampfes bereits in die Stadt zurückfährt. Als echter Journalist muß er nicht das Ende einer triumphalen »Soiree dansante« abwarten, als kennerischer Musikfreund nicht die angeblich neunzehn Wiederholungen des Debüt-Walzers »Sinngedichte« op. 1 miterleben. Er kennt den Ausgang des Kampfes und er hat außer seinem ausführlichen Artikel, den nie wieder jemand lesen wird, auch die schriftstellerische Pointe, die über mehr als ein Jahrhundert immer wieder zitiert werden wird, im Kopf.
Wieviele Wiederholungen die Walzerfolge »Sinngedichte« wirklich erlebt hat? Wirklich neunzehn? Jahre später polemisiert der bedeutende Musikschriftsteller Eduard Hanslick, der sein Urteil in Sachen Johann Strauß Sohn mehrfach revidieren muß, in abfälligen Worten über den Wiest, beläßt ihm weder einen Vornamen noch seine Profession. – Nebstbei und vorausblickend: Eduard Hanslick, der Strauß ein Leben lang hörte und beschrieb, hat mit

I. Vorbereitung zum Duell

gewissen Abstrichen an seiner Überzeugung, Strauß Vater sei der bessere Komponist gewesen und Strauß Sohn habe sich an die Operette vergeudet, festgehalten. – Eifersucht ist im Spiel, wenn Hanslick Wiest zitiert. Der wesentliche theoretische Kritiker Richard Wagners, ein kluger, kleingewachsener und eitler Mann, gönnt selbst im nachhinein keinem Kollegen eine Pointe, für die er selbst in die Geschichte hätte eingehen können.

Wie auch immer. Über Generationen zitieren Musikwissenschaftler, Feuilletonisten, Historiker, Schriftsteller den beinahe vergessenen Kollegen Franz Wiest, nennen ihn einen Humoristen oder Spaßmacher, verweisen darauf, daß man bei seinesgleichen Kritiken oder rühmende Berichte gegen kleine Aufmerksamkeiten oder bare Münze bestellen konnte. Sie sind fasziniert von dem knappen Urteil in der längst in Archiven modernden Zeitschrift »Der Wanderer« und ersparen sich die Aufgabe, ein Faktum noch einmal so prägnant zu schildern.

Die drei Ausrufungen sagen, was am 15. Oktober 1844 geschehen ist: Joseph Lanner und seine Werke sind endgültig ins Elysium – das Reich, von dem Ferdinand Raimund singt – eingegangen. Lanner war am 16. April 1843 in Döbling zu Grabe getragen worden, das »letzte Ehrengeleite« gaben ihm nicht nur ungezählte Wiener, sondern auch »die Musikbande des ersten Bürgerregiments, Capellmeister Strauß an ihrer Spitze einherschreitend«. Lanners Parte war von der längst von ihm verlassenen Ehefrau verfaßt, die ausdrücklich nur im Namen der »unmündigen Kinder Katharina, August, Franziska, sämmtliche geborene Lanner« trauerte. Die Lebensgefährtin des Verstorbenen, Maria Kraus, Tochter eines Fleischhauers aus der Leopold-

»Auf Leben und Tod«

stadt, seit 1836 an der Seite des Musikers, blieb von der offiziellen Totenfeier ausgeschlossen.

Für Johann Strauß Vater, den Liebling der Stadt, Europas, der großen Komponisten seiner Zeit, bricht der Abend an. Seine Familienverhältnisse ähneln denen des verewigten Lanner sehr. Er hat ein zweites Heim gegründet und will nur noch aus der Ferne in die legitime Familie hineinregieren. Das aber hat für ihn fatale Folgen: Seine Frau, verhärmt und beleidigt, und sein Sohn Johann, erwachsen genug, seine eigene Meinung vom Vater zu haben, fordern ihn heraus – und haben mit Johanns allererstem Konzert den Ausgang der Schlacht auch schon entschieden.

Rasend rasch mußte das Duell arrangiert werden. Nach nicht einmal einem Jahr Studium bei dem Komponisten, Kapellmeister und Organisten Drechsler läßt sich Johann am 9. Juli 1844 ein Zeugnis ausstellen: »im Generalbasse unterrichtet«. Anton Kohlmann, Violinist im Hofopernorchester, bestätigt ihm am 18. Juli, daß er »ein guter Violinspieler sey, daß seine Compositionen viel Talent verrathen« und Strauß junior läßt anfügen, was für seine Zwecke wichtig ist. Nämlich, daß er »daher vermöge dieses Talents die Fähigkeiten in sich trage, einen Musik Körper zu leiten«.

Am 31. Juli zeigt er dem Magistrat mündlich an, daß er den Beruf eines Musikdirektors ausüben will. Am 3. August erläutert er in einem Protokoll sehr genau, was er vorhat: »*Ich bin gesonnen, mit einem Orchester von 12 bis 15 Personen zu spielen, in Gastlocalitäten und zwar beym Dommayer in Hietzing, welcher mir bereits die Zusicherung machte, daß ich, sobald mein Orchester in Ordnung ist, dort Musikunterhaltungen abhalten könne. Die übrigen Localitäten weiß ich derzeit noch nicht zu bestimmen, glaube aber, daß ich hinreichend Beschäftigung und Verdienst erhalten werde.«*

August und September sind für Johann Strauß Sohn ereignisreich. Seine Mutter reicht die Ehescheidung ein, der Magistrat entscheidet, Johann Strauß habe um die Bewilligung einer »freyen Beschäftigung« eingereicht, die väterliche Einwilligung – die dieser verweigert, mehr noch, in ein väterliches vormundschaftliches Verbot der jugendlichen Konkurrenz münzen möchte – sei daher nicht einzuholen. Mit dem 9. Oktober ist der Vertrag datiert, den Johann Strauß mit Musikern abschließt, die er in einem sogenannten »Musikantenbeisl« auswählt. 24 Namen sind auf dem Dokument nachzulesen, vor dem ersten Auftritt hat der junge Chef offenbar streng gesiebt, denn er herrscht schließlich nur über 15 Musikanten.

Die ungezählten Biographen des »Walzerkönigs« haben nicht nur von diesem ersten Auftreten, nicht nur von den ängstlichen Beobachtern aus den Reihen des Johann Strauß Vater geschrieben. Sie haben allesamt und unter dem Eindruck der vorhandenen schriftlichen Aussagen von Strauß Sohn und um der Schönheit des Bildes einer Dynastie willen aus einem Kampf »auf Leben und Tod« nur eine traurige, familiäre Auseinandersetzung gemacht. Sie haben, einfach gesagt, Geschichte geschönt. Das mag gestattet gewesen sein, so lange unzählige Mitglieder der Familie über die Geschichtsschreibung wachten. Oder der jüngste der drei Brüder Strauß selbst eine Autobiographie voll überdimensionaler Vertuschungsversuche auf den Markt brachte. Und verständlich, so lange man Geschichte unter den seltsamsten und manchmal schlimmsten Voraussetzungen zu beschreiben hatte. Das hat heute keinen Sinn mehr.

Heute darf man die Wahrheit nicht nur begreifen, sondern soll sie auch niederschreiben.

Die Wahrheit: Johann Strauß Sohn musizierte bei seinem ersten Auftritt »Aug' um Aug' und Zahn um Zahn«, wie es ein Musikerkollege des alten Strauß, der selbst erfolgreiche Philipp Fahrbach, in seinen autobiographischen Skizzen notieren ließ. Johann Strauß Sohn musizierte nicht, um die verlassene Familie zu erhalten, nicht einmal, um den abtrünnigen Vater zu bestrafen, sondern von Anbeginn, um Alleinherrscher über ein Riesenreich zu werden, das bis dahin sein Vater verwaltete ...

Der Walzer und die Dioskuren Beethoven und Schubert

Ein wenig Geschichte mag beruhigen, kann nicht schaden: Die Geschichte des Walzers reicht weit, weit in die Vergangenheit und wird, je nach Herkunft der Berichterstatter, nach Interesse und Vermögen, in vielen Jahrhunderten und europäischen Gegenden gesucht. Eine gelehrte Abhandlung über den Tanz, den wir Walzer nennen, beschreibt »die Entwicklung des geschlossenen Paartanzes« und erinnert allein mit diesem hübsch technischen Ausdruck, worum es zu allen Zeiten beim Walzer gegangen ist: Man hat ihn, sehr im Gegensatz zu allen anderen Tänzen, zu zweit und in inniger Umarmung getanzt. Man hat sich im Dreiertakt gedreht, einen Sprung eingeschoben oder nicht, jedenfalls die körperliche Nähe gesucht und, wenn es wild hergegangen ist, betont, daß man ausgerutscht ist ...

I. Vorbereitung zum Duell

Seit Menschengedenken hat es nicht nur den rituellen Tanz gegeben, der den Tänzer einzeln oder in Reihen bewegt, sondern immer auch den Tanz, bei dem ein Tänzer den Partner an sich ziehen und mit ihm davonschweben kann. Das heißt: der Walzer existiert seit Menschengedenken. Er ist der Tanz in Paaren, der Tanz als gesellschaftliches Abbild der Freude an Paaren. Trotzdem erheben mehrere Nationen Anspruch darauf, ihn als Walzer gleichsam erfunden zu haben. Der heftigste Kampf tobte zwischen Deutschland und Frankreich. Und eine Nebenfront ergab sich zwischen Franzosen und Italienern.

Um in deutschen Landen zu beginnen: Der »einfache gemeinschaftliche Drehtanz«, die Allemande, wird gern als typischer Vorläufer des Walzers erklärt. Erich Schenk, Musikwissenschaftler und ein bereits während der Zeit des Nationalsozialismus erfolgreich publizierender Schriftsteller, gibt sich gelehrt, weiß, daß es den Rundtanz schon vor dem 14. Jahrhundert als Gegensatz zum Reihentanz gegeben hat und nennt viele Zeugnisse, die im 16. Jahrhundert den Rundtanz, also den Walzer, als unzüchtige Tanzweise verdammten. Tatsächlich findet man behördliche Anordnungen gegen das »unziemliche Verdrehen«, gegen die »Üppigkeit des Verdrehens« und weiß, daß in Belgien 1572 Geldstrafen über Walzertänzer verhängt wurden und in Dresden 1595 der Tanz einfach per Gesetz verboten wurde. Diese recht deutschen Reaktionen auf den Paartanz im Dreivierteltakt, von dem man bei Goethe als »walzen« liest und später erfährt, daß man dazu auch »deutsch tanzen« sagen kann, sind dem Gelehrten der »Fingerzeig für den unmittelbaren Rechtsvorgänger des Walzers«. Genau so hatte man als in Wien lehrender Professor in einem 1940 in Potsdam erscheinenden Büchlein zu argumentieren.

Der Walzer und die Dioskuren Beethoven und Schubert

Eine ganz andere Gelehrtenschule nennt die Volte als »Rechtsvorgänger« und siedelt sie in der Provence an. *»Es gereicht der provencalischen Choreographie zur Ehre, diesen schmachtenden und einschmeichelnden Rhythmus des Walzers erfunden zu haben, der Generationen begeistert hat und weiterhin seine treuen Anhänger entzückt«*, schreibt Marcelle Mourgues noch 1985. Die Volte muß es in der Provence bereits als Tanz aus dem Volk sehr lang gegeben haben, als sie endlich geadelt, 1556 am französischen Hof eingeführt wurde. – Daß es ein italienisches Gegenstück, die Volta, gegeben hat, ist völlig in Ordnung.

Wo immer man in Geschichtsbüchern blättert, man findet in ihnen Beschreibungen des »Paartanzes« und man findet Zitate, die italienische, französische, später wienerische und ungefähr gleichzeitig vor allem englische Entrüstungen über die Ausführung dieses Tanzes belegen. Der Walzer war schon, als er noch nicht allgemein so hieß, ein äußerst lebendiger und sinnlicher und erregender und aufregender Tanz, geeignet, daß Menschen einander sehr nahe kommen und war damit der Prüderie ein Dorn im Auge.

Das soll genügen. Nur der Ordnung halber noch die Erwähnung, daß auch Tanzexperten ihre Theorien aufzeichnen und diese erhellend sein können. *»Der Walzer ist, physisch gesehen, ein Paartanz. Aufgrund des Gewichts jedes einzelnen der Tänzer, das den Partner nach hinten zieht, und der Drehgeschwindigkeit wird die Bedeutung des Paarelements erhöht. Das Paar verschmilzt zu einer Masse, deren Kraft und Leistung von der Geschwindigkeit abhängen«*, meint Remi Hess, die ihr Buch »Der Walzer« im Untertitel bezeichnenderweise »Geschichte eines Skandals« nennt und über diesen Skandal weit über 360 Seiten zu erzählen weiß.

Wiener Zauberopern und Walzerketten

Der Walzer hat, wenn man ihn endlich und ein für allemal den »Wiener Walzer« nennen und ihn als die Domäne der Dynastie Strauß darstellen will, musikalisch hervorragende Väter. Da sind als allernächste Verwandte viele, viele Musikanten aufzuzählen, die im Weichbild der Stadt um so gut wie kein Geld aufspielen und selbstverständlich alle ihre eigenen Kompositionen hören lassen. Vergessen wir nicht, daß es um die Wende zum neunzehnten Jahrhundert den Stand des Interpreten nach unserem Verständnis nicht gegeben hat. Jeder Musiker war zugleich Instrumentalist und schöpferischer Musiker, freilich ohne den Hinweis auf das Schöpferische. Die ungezählten Musikanten spielten in Gasthausgärten und in Gasthaussälen und erhielten dafür vom Wirt eine warme Mahlzeit und von den Gästen, was diese dem jeweils »absammelnden« Mitglied des Ensembles auf den Teller oder in den Hut warfen. Unter diesen in kleinen Formationen, aber auch als »Orchester« aufspielenden Musikern waren Originale und Männer mit Namen; jeder Strauß-Biograph nennt einige und gibt gleich zu, die Kompositionen dieser Männer seien längst vergessen.

Allerdings: Die Wissenschaftler, die sich der Mühe unterzogen haben, die Musik dieser tapferen Vorfahren zu studieren, stellen dem Erfindungsgeist der Musikanten kein besonderes Zeugnis aus. »Flach, banal, ideenlos, beinahe ängstlich« nennt Heinrich Eduard Jacob deren Walzer. »Sklavisch und schon langweilig wälzt sich der Dreivierteltakt über das Parkett«, behauptet er. Und um es uns einfach zu machen, nennt er die Namen derjenigen, die ihm da als pure Handwerker einfallen: Schiedermaier, Hofrichter, Preisinger, Gyrowetz, Eybler, Diabelli. – Ja, auch Diabelli, den Komponisten und Verleger, der in die Ewigkeit eingegangen ist, weil Beethoven über ein ziemlich »banales« seiner Themen Variationen geschrieben hat. (Die Idee Diabellis, sämtliche in Wien lebenden Komponisten von Rang um je eine Variation zu bitten, war eine ziemlich journalistische. Die Reaktion Beethovens, dieser Bitte nicht nachzukommen, sondern ein ganzes Variationenwerk über das Thema zu komponieren, ist schwer zu charakterisieren. Es wird der Übermut gewesen sein, der den unberechenbaren Deutschen herausforderte.) Diabelli wurde reich, weil er Tanzmusik nicht nur schrieb, sondern vor allem verlegte. Er begann seine Tätigkeit 1817 in der »Schultegasse nächst dem Hohen Markte«, übersiedelte bald in ein Haus Am Hof und zog im Lauf der Jahre immer näher ins Zentrum der Stadt. Er ist 1818 bereits am Kohlmarkt und 1820 auf dem Graben zu finden. Wie seine Konkurrenten konnte er selbst komponieren, spielte ein Instrument und verdiente sein Brot als kennerischer Geschäftsmann. Er war der erste Verleger Joseph Lanners und machte Geschäfte mit Johann Strauß Vater.

Aus der Schar der beiläufig erwähnten Musikanten, die man Kennern zuliebe auf mehrere Dutzend erweitern könnte, sticht immer wieder ein Name hervor: Ein Wiener Musiker, Kapellmeister und vor allem Trinker namens Michael Pamer, in dessen Kapelle Lanner und Strauß Vater kurze Zeit mitwirkten. Er muß ein besonderes Original gewesen sein; von seinen Kompositionen wird vor allem eine auf das Heiligenstädter Bier zitiert. (Die Spezialität Pamers war es, nach jeder Coda ein Krügel zu leeren, auf allgemeinen Wunsch des Publikums das Stück zu wiederholen und wieder zum Bier zu greifen.)

Musiker sind, bis auf den heutigen Tag, durstige Menschen. Musiker, die in stickigen Räumen zum Tanz aufspie-

I. Vorbereitung zum Duell

len, können gar nicht anders als durstig sein. Es zeugt von einer gewissen Originalität, wenn ein Musikdirektor aus seinem Durst eine allseits beliebte Komposition machte. Trotzdem: Man begreift, daß Lanner und Strauß, die noch beinahe Kinder gewesen sein müssen, nicht lange unter Pamers Direktion spielten. Gleichzeitig aber weiß man gar nicht, wann und wie lange sie in der Kapelle Pamer gespielt haben. Alle Angaben darüber sind ungenau und irreführend. Bewiesen ist nur, daß alle Geschichten von argen Zerwürfnissen zwischen dem alten Pamer und der neuen Generation nicht der Wahrheit entsprechen können. Denn erwiesen ist, daß Joseph Lanner sich von seinem Vorbild Pamer nie wirklich trennte, sondern zu Zeiten, in denen er schon selbst eine Kapelle leitete, als Pamers Stellvertreter und dann als sein designierter Nachfolger die Geschäfte in Wien weiterführte. Von großer Abscheu vor dem Original Pamer kann nicht die Rede sein, denn Strauß und Lanner veranstalteten, als ihr erster Kapellmeister starb, ein Benefizkonzert zu seinen Ehren. Wie es zu Histörchen um die drei Musikanten gekommen ist und warum man sie über Generationen erzählte, ist unverständlich. Musikertratsch hat Tradition in Wien, das ist die einzig plausible Erklärung.

Vor Pamer und mit Pamer komponierten Meister von Haydn bis Schubert Tanzmusik und darunter vieles im Dreivierteltakt. Joseph Haydn war der erste Große, der für den traditionellen wienerischen Katharinenball Kompositionen lieferte. Wolfgang Amadeus Mozart war der erste, der auf der Opernbühne den damals sehr berühmten, aber längst vergessenen Konkurrenten Martin y Soler zitierte – der hatte als erster mit einem echten Walzerfinale in seiner Oper »Una cosa rara« 1787 nicht nur mehr Erfolg als Mozart mit seinem »Figaro«, sondern löste außerdem eine Art

Mode aus: Seit dem Jubel über zwei Paare, die auf der Opernbühne einen Walzer tanzten, wurde das Genre gesellschaftsfähig. Wie vorher und nachher übernahm man in Wien als Mode, was einem auf der Bühne vorgemacht wurde: Kleidung, Benehmen, Tänze ...
Wie sehr sich die Wiener beim Walzer dieser wienerischen Sitte nicht entzogen, beschreibt der erste Basilio Mozarts, der Ire Michael O'Kelly in seinen Erinnerungen: *»Das Wiener Volk war zu meiner Zeit tanzwütig. Diese Tanzwut war so gewaltig, daß für Damen, die nicht bewogen werden konnten, zu Hause zu bleiben, Wohnungen vorbereitet wurden für – bequeme Entbindungen, falls notwendig, und es ist mir im Ernst gesagt worden, daß tatsächlich solche Fälle vorgekommen sind. Die Wiener Damen sind besonders gerühmt wegen ihrer Grazie und Tanzbewegungen, deren sie niemals müde werden. Ich meinerseits fand, daß Walzertanzen von 10 Uhr bis 7 Uhr früh ein fortdauerndes Wirbeln ist, höchst ermüdend für Auge und Ohr, um von weiteren Folgen zu schweigen.«*

Mozart, selbst ein begeisterter Besucher und Veranstalter von Hausbällen, muß ein großer Walzertänzer gewesen sein. Er gestand den Erfolg seines Rivalen auf der Opernbühne widerwillig, aber humorvoll ein: Im »Don Giovanni« ließ er die Tafelmusik zum Finale seines Helden zuerst »Una cosa rara« und dann erst seinen eigenen »Figaro« aufspielen. Das kennerische Publikum verstand beide Anspielungen sofort und Mozart hatte als großzügiger Verlierer seinen Sonderapplaus. Daß heute Opernbesucher nur noch das Figaro-Zitat belachen, versteht sich.

Gleichzeitig spielte man auf den Wiener Vorstadtbühnen berühmte und unerhört populäre Zauberstücke und Zauberopern – immer kamen in ihnen eigens für sie kompo-

I. Vorbereitung zum Duell

nierte Walzer vor und drangen ins Publikum, das lange vor der »Zauberflöte« von dem Genre nicht genug bekommen konnte: Von 1754 an sind nicht nur die Titel der Spektakel, sondern auch die Noten der in ihnen gespielten Walzer bekannt und trotzdem längst vergessen. Kaum auszudenken aber ist, was sich bis heute in der Welt abspielte, hätte Emanuel Schikaneder seinem Komponisten für seine Zauberoper einen Walzer abverlangt. Mozart hätte ihn selbstverständlich komponiert und nicht nur im Neujahrskonzert, sondern auf allen Opernbühnen dieser Welt gäbe es so etwas wie einen Papageno-Walzer.

Es ist anders gekommen, aber dennoch vorstellbar, wie's geklungen hätte: Von Lanner, dem großen Mozart-Verehrer, existiert eine Walzerfolge »Die Mozartisten«, die ausschließlich »Don Giovanni« und »Zauberflöte« als Themenlieferanten nützt und gegenwärtig wieder gern gespielt wird. Sie trägt die Opuszahl 196 und ist im Mai 1842 in Dommayers Casino zum erstenmal aufgeführt worden. Der Komponist hat auf dem Autograph ausdrücklich vermerkt: »Walzer nach Mozart'schen Melodien, aber nicht zum Tanze«. Die Walzerfolge ist ein sehr spätes Werk, als Opus 200 kamen Lanners unsterbliche »Schönbrunner« heraus, mit dem Opus 209 endet das Werkverzeichnis.

Immerhin hat Wolfgang Amadeus Mozart für die Redoutensäle richtige, ausdrücklich so genannte Walzer komponiert und wurde so zu dem wohl illustresten Vorgänger der Herren Hofball-Musikdirektoren Strauß und Strauß und Strauß. Und hat diesen eine ihnen dann geläufige Verwertungsmethode vorgegeben: Da er nur »unbesoldeter« Kapellmeister bei Hof war, sorgte er für eine rasche Verbreitung seiner Kompositionen in den verschiedensten Arrangements und erschrieb sich auf diese Weise ein notwendiges Zubrot. Man darf sich getrost vorstellen, daß er auf seine Art genau so vorging wie nach ihm die Familie Strauß und später die Musiker der »silbernen« Operette, die alle ihre Werke in unzähligen Bearbeitungen und Arrangements auf den Markt brachten und gemeinsam mit ihren Verlegern nicht nur aus den Tantiemen der originalen Produktionen, sondern vor allem aus den Notenverkäufen an klavierspielende junge Damen (die Noten gab's jeweils zu zwei und zu vier Händen, für Violine und Klavier), an Salonkapellen in mondänen Hotels (Besetzungen ad libitum) und an Militärkapellen (sie wurden rasch beliefert, sorgten sie doch für die Popularität der Kompositionen beim breitesten Publikum) große Einnahmen erzielten.

Mozart praktizierte, was seine Nachfahren zur Vollendung trieben. Sein System funktionierte über Generationen, genau genommen, solange Musikalien gefragt waren. Erst die Erfindung des Rundfunks und vor allem die der Schallplatte machte dem System den Garaus. In einer Zeit, in der ein Knopfdruck genügt, um Musik in der originalen Version und in unzähligen Interpretationen genießen zu können, sind Arrangements kaum etwas wert und musikalische Heimwerker, die alte oder aktuelle Tanzmusik auf ihren eigenen Instrumenten spielen, eine vernachlässigbare Minderheit. Trotzdem läßt sich an den Tantiemenabrechnungen, die heutzutage andere Rechte auflisten, ablesen, daß ein populärer musikalischer Einfall immer sein Geld brachte und immer noch sein Geld bringt.

Daß die zu Lebzeiten nie so bezeichneten Dioskuren Beethoven und Schubert »Deutsche« und »Deutsche Tänze«, aber auch ausdrücklich so deklarierte »Walzer« komponierten, weiß man hoffentlich.

Beethoven und Schubert, die Dioskuren? Sie lebten zur gleichen Zeit in Wien, sie komponierten, sie erweiterten die

I. Vorbereitung zum Duell

Form der Symphonie für eine Zukunft, die noch nicht zu Ende ist, sie litten darunter, die Form Oper nicht bewältigen zu können. Sie bewegten sich in verschiedenen gesellschaftlichen Kreisen, hatten aber viele Verehrer, die ihnen beiden anhingen und dafür sorgten, daß man voneinander wußte. Was ihre Beiträge zur Geschichte des Walzers anlangt, waren sie einander ziemlich ähnlich. Beide schufen aus dem Reservoir ihrer Landschaft, also aus dem Wienerischen, der engen Stadt und der weiten Umgebung. Freilich, Beethoven war und blieb sein Leben lang ein »Zugereister«, und Schubert war und blieb im engsten Sinn des Wortes ein Wiener, der seine Nase kaum über die Grenzen der Stadt steckte. Und selbstverständlich waren sie absolute Musiker und setzten Natur nicht in Musik. Trotzdem darf man ihnen unterstellen, sie hätten das Wienerische, über das viel und meist sehr sentimental geschrieben worden ist, in ihrer Musik nie verleugnet.

Beide waren Pianisten. Und beide Nichttänzer. Aus ganz verschiedenen Gründen. Beethoven seiner Taubheit und der daraus resultierenden Vereinsamung wegen. Schubert, weil er offenbar einfach ein Nichttänzer war: Man weiß, daß er bereitwillig »zum Tanz aufspielte«, aber nicht dazu zu bewegen war, vom Klavier aufzustehen und selbst zu tanzen. Und wer behauptet, Schubert sei bei all seiner Geselligkeit einsam gewesen, der mag der Wahrheit nicht sehr fern sein. Freilich, die Einsamkeit des Franz Schubert ist wohl jedem schöpferischen Menschen zu eigen und geradezu eine Bedingung. Eine Umarmung der ganzen Menschheit oder einen Liederzyklus, der der schönen Müllerin gewidmet ist, komponiert man nicht in Gesellschaft.

Beethoven dachte nicht im Traum daran, eine seiner Kompositionen, auch nicht die Walzer, als Unterhaltungsmusik auszugeben. Schubert war viel zu sehr in seiner völlig einmaligen inneren Welt vergraben, um mit seinen Deutschen und Walzern (den unzähligen, die nie aufgeschrieben wurden und denen, die immerhin notiert worden sind) Walzerfolgen für den Tagesgebrauch schreiben zu wollen. Außerdem muß man zugeben, daß er in seinem Schweben zwischen Dur und Moll, in seinen selbst in den kürzesten Piecen wahrlich abenteuerlichen Fluchten durch die Tonarten viel zu kompliziert war, um als Tanzkomponist breiten Erfolg zu haben. Was er im Dreivierteltakt spielte, war für den sofortigen Gebrauch seiner Freunde gedacht oder ein Werk, das zwar den Sinn des Walzers festhalten, nicht aber die Popularität eines Walzers erringen wollte. Beide Komponisten hätten jedoch weder etwas einzuwenden gehabt, wäre nach ihren Walzern fleißig getanzt worden, noch etwas zu sagen gewußt, hätte man sie nach dem Unterhaltungswert ihrer Musik gefragt. (Die unselige Trennung zwischen U- und E-Musik gab es nicht, der Sinn jeglicher Musik war klar.) Ihre Musik sollte ein mehr oder weniger beschlagenes Publikum auf mehr oder weniger anspruchsvolle Art unterhalten. Das mag im Gegensatz zu der so oft zitierten Bemerkung Franz Schuberts stehen, er kenne keine »lustige Musik«, doch die ist zweifellos nichts anderes als eine Reaktion auf eine für Schuberts Begriffe besonders dumme Einordnung seiner Kompositionen zu werten. Wie alle Musiker seiner Zeit kannte er überhaupt keine Einteilungen in der Musik, schrieb für den Tag und nicht für die Ewigkeit, hatte wohl gegen Musiker wie Lanner und Strauß, die es zur gleichen Zeit taten, nichts einzuwenden. Sie waren Kollegen. Und weil sie sorgsam mit der Musik umgingen, sogar geschätzte Kollegen, wie man aus einigen Bemerkungen zu wissen glaubt.

I. Vorbereitung zum Duell

Ein besonderes Beispiel gibt's, das man in Wien immer parat haben sollte; es erinnert an Schubert und es zeigt, was hierzulande unter Tradition verstanden wird: Bis in das zwanzigste Jahrhundert hütete die Familie Kupelwieser einen Walzer, den Franz Schubert für seinen Freund komponiert haben soll. Er wurde von Generation zu Generation vererbt, das heißt, man spielte ihn den Kindern vor, bis diese ihn selbst auf dem Klavier produzieren konnten. Maria Mautner Markhof, eine geborene Kupelwieser, war in diesem Jahrhundert die Erbin und Hüterin des kleinen Walzers. Bis sie einem Freund der Familie, dem Komponisten Richard Strauss, den wahrlich »unbekannten« Schubert vorspielen durfte. Strauss war nicht nur begeistert, sondern sofort bereit, den Walzer für seine Gastgeberin aufzuschreiben. Wieder Jahrzehnte später erbat sich der österreichische Komponist Gottfried von Einem, ebenfalls Gast der Mautners, die Erlaubnis, den Walzer in einer seiner Kompositionen verwenden zu dürfen. Bei dieser Gelegenheit wurde das Werk erstmals für Orchester gesetzt. Das heißt: Hundert Jahre war, wenn die Familiengeschichte der Kupelwiesers richtig ist, ein Einfall von Franz Schubert nur den Fingern junger Damen aus gutem Haus überlassen. Dann aber nahmen sich gleich zwei Komponisten von Rang seiner an und entrissen ihn ein für allemal dem Schicksal, vergessen zu werden. Die Stadt, in der Musik auf eine so aparte Art überdauern kann, darf sich getrost Musikstadt nennen ...

Beethoven ist auf der Höhe seines Ruhms und zugleich eine von der Polizei des Grafen Sedlnitzky, der damals noch nicht so genannten Geheimen Staatspolizei, überwachte Person, als ein internationales Großereignis nicht nur Wien, sondern auch dem Walzer zu Weltruhm verhilft: Napoleon ist geschlagen, der Wiener Kongreß 1815 versammelt die Fürsten Europas in Wien und zwingt sie geradezu, sich von Verhandlungen um die Zukunft des Erdteils nach dem Sieg über Napoleon bei der berühmten Wiener Geselligkeit zu erholen. Eines der geflügelten Worte »der Kongreß tanze, bewege sich aber nicht weiter« ist bis auf den heutigen Tag die einfachste Charakterisierung für die ununterbrochene Reihe von Festen und Bällen, die in Wien viele Monate lang stattfinden. Nur: Daß der Kongreß vor allem den Walzer tanzt, daran erinnert dieses Wort nicht. Er tut es aber. Er walzt nicht nur in den Redoutensälen und in den Palais, die Gesandtschaften beherbergen und allabendlich reihum zu glanzvollen Gesellschaften bitten.

Der Kongreß walzt auch in den Vorstädten und bei den notwendigen Ausflügen der Teilnehmer in die »enteren Gründe«, also in die Anonymität eines Wiener Gastgartens. Man weiß von Begegnungen gekrönter Häupter mit einfachen Wirten, man kann den Wiener Kongreß als das Spektakel bezeichnen, das ein für allemal die wienerische Musikalität nicht nur dem Adel oder dem Volk, sondern der Gemeinschaft aller in Wien lebenden Menschen bewiesen hat. Die Musiker haben Hochsaison, sie spielen entweder für ihr Stammpublikum – wobei sie zwischendurch »absammeln« gehen, also noch keineswegs besoldete oder gar gut verdienende Musiker sind – oder sie werden von den Gastgebern der damaligen High Society für einen Abend engagiert. Ihr Repertoire ist in der Vorstadt und den Adelspalais gleich, es bevorzugt den Dreivierteltakt.

Folgt man den Ausführungen beschlagener Historiker, dann ist das nicht seltsam, sondern absurd und gegen alle geschichtliche Vernunft: Der Walzer, der im Frankreich der Revolution das Menuett ablöste und eine musikalische und tänzerische Provokation darstellte, wird nach Napoleons

Sturz nicht abgeschafft. Der Walzer wird zum Tanz, den die restaurative Gesellschaft angenommen hat. Der Revolutionär unter den Tänzen wird von den Adeligen nicht nur erstaunt erlebt, sondern getanzt, hoffähig gemacht und in ganz Europa etabliert. Nur ein einziges Beispiel: Als man die Bastille erstürmte, hielt man eine Tafel »Hier wird getanzt« in die Höhe. Und genau dieser Walzer, der unter Napoleon bei Hof getanzt wird, verliert seine Popularität nicht mehr, als sich die Fürsten Europas in Wien zusammenfinden, um Napoleons Weltreich aufzuteilen, das Rad der Geschichte noch einmal zurückzudrehen. Im Gegenteil, er wird der Tanz der Sieger über Napoleon. Und er bleibt für ein Jahrhundert der Tanz Europas, ohne sich um Politik zu kümmern.

Wichtiger als der Wiener Kongreß ist für die Geschichte des Walzers das Jahr 1819. Carl Maria von Weber schreibt seine »Aufforderung zum Tanz« und etabliert mit dieser, später von Hector Berlioz genialisch für Orchester gesetzten Komposition, ein für allemal die verbindliche Form, nach der Walzer zu komponieren sind. Das ist einmalig in der Musikgeschichte: Ein einziges Werk bestimmt die Form, an der unzählige Komponisten Jahrzehnte lang nichts mehr verändern, nicht einmal interessante Erweiterungen anbringen können. Sämtliche Sträuße und alle ihre Konkurrenten schreiben ihre Walzerketten strikt nach den Regeln der »Aufforderung zum Tanz«.

Die Form, in die unendlich viele Meisterwerke des neunzehnten Jahrhunderts gegossen werden, ist einfach. Eine Introduktion, die noch nicht im Dreivierteltakt steht, erweckt die Aufmerksamkeit des Publikums. Eine Reihe von Walzern folgt, der erste ist zumeist der »Anreißer«, wie man in Wien sagt, die weiteren – in aller Regel schreibt man für eine Folge vor Weber bis zu zwölf, dann allerdings nur noch fünf Walzer – ergeben Kontraste oder Antworten auf diese erste Kennmelodie. Mit einer Coda endet das Werk. Sie wiederholt die Themen des populärsten oder mehrerer populärer Walzer und kann außerdem die Introduktion noch einmal in Erinnerung rufen.

Selbstverständlich wird über Generationen variiert, dehnt Johann Strauß die Introduktionen zu eigenen Tongemälden, wird die Zahl der Walzer variiert, ist vor allem die melodische Erfindung über immer mehr Takte – sie bestehen schließlich nicht mehr aus kleinen Perioden, sondern erstrecken sich auf bis zu siebzehn oder zwanzig Takte (das ist die eigentliche Neuerung der Generation Lanner und Strauß). Selbstverständlich ist die Abfolge der einzelnen Walzer und ihre Korrespondenz für die Qualität des Werkes von Bedeutung. Aber von diesen im Laufe der Jahrzehnte zu beobachtenden Veränderungen abgesehen bleibt es bei dem von Carl Maria von Weber erfundenen Prinzip, das der junge Lanner als erster Komponist als genial erkennt und anwendet.

Das erste Ensemble von Johann Strauß Vater und Joseph Lanner

1819 ist nach unserer Geschichtsschreibung ein wichtiges Jahr für die Meister der ersten Wiener Walzerschule: Der achtzehnjährige Sohn eines Handschuhmachers aus dem Bezirk St. Ulrich, Joseph Lanner, verläßt die Kapelle seines schon erwähnten Prinzipals Michael Pamer und macht sich gemeinsam mit den Brüdern Drahanek – einer spielt die

I. Vorbereitung zum Duell

zweite Geige, der andere Gitarre, sagt die Legende; beide sind Geiger, ist der neueste Stand der Forschung – selbständig. Er spielt in Kaffee- und Gasthäusern und hat Franz Schubert unter seinen begeisterten Zuhörern. Zeit und Umgebung sind der Unternehmung günstig, eine neue Gartenanlage entsteht auf der Burgbastei, im Prater ist Leben und Unterhaltung, Staatskanzler Clemens Wenzel Fürst Metternich beruft neuerlich eine Konferenz aller deutscher Bundesstaaten ein, die über die »Ruhe« in Europa neue Beschlüsse fassen soll. Das bedeutet, daß der mächtige Mann in Wien bereit ist, der Bevölkerung harmlose Unterhaltung zu verordnen. Musiker haben viele Chancen.

Noch im selben Jahr, nach anderen Datensammlungen erst 1822, kann Lanner sein Ensemble erweitern. Johann Strauß, der Sohn des Bierwirts Franz Strauß, knapp fünfzehn Jahre und aushilfsweise Musiker in der Kapelle Michael Pamers, stößt zu Lanner und wird zu seinem bald ebenbürtigen Partner. In der Kapelle spielt er vorläufig die Bratsche, es gibt ja bereits zwei Geiger im Ensemble. Der junge Gelegenheitsmusiker, der sich sein Zubrot als Geiger verdient und beschließt, ausschließlich Musiker zu werden, ist niemandem entlaufen, hat keinen Fußtritt eines Lehrmeisters erhalten. Er ist kein dem geordneten Leben verlorengegangener Musikant. Im Gegenteil: Er hat sehr viel weniger spektakulär eines Tages entschieden, mit seinem Freund mitzuhalten und Tanzmusiker zu werden. Wie sein Vorbild und Freund Lanner stammt er aus einer bürgerlichen Familie (deren Situation sich allerdings während der Kindheit Lanners traurig zum Schlechteren hin wendet) und zeigt ein Leben lang, daß er selbst nach soliden und sicheren Lebensverhältnissen strebt – von revolutionärem, libertinistischem Lebensgefühl ist bei Lanner und bei

»Der große Galopp von J. Strauß« von M.G. Saphir, 1842

Strauß keine Spur. Daß beide in ihren Ehen keine Erfüllung finden, sondern am Lebensende in Verhältnissen leben, die bis auf den heutigen Tag nicht die gesellschaftliche Norm sind, ist eine völlig andere Sache. Was ihre Auffassung vom Status anlangt, sind und bleiben sie beide ihr Leben lang höchst konservative Herren.

Wahr ist, daß die Familie des Johann Strauß – die leibliche Mutter und der Stiefvater – andere Pläne mit ihm hatte, daß sich erst ein Stammgast aus dem elterlichen Gasthaus seiner annimmt, sein Talent für außerordentlich erklärt und ihn zum Geiger ausbilden läßt. Straußens Heimstatt hat keine Zukunft, er kann sich nicht als künftiger wohlhabender Gastwirt sehen, er muß eine andere Zukunft wählen.

Die beiden Musiker, denen man beinahe ein Jahrhundert später ein gemeinsames Denkmal setzen wird, sind und bleiben bei allen Gemeinsamkeiten doch ein Leben lang grundverschieden. Johann Strauß, den man später einmal nur Johann Strauß Vater nennen wird, ist der »Mohrenschädel«, der dunkle, der hitzigere der beiden jungen Musiker. Er scheint aus einer völlig amusischen Familie zu stammen. Man findet keinen Musiker unter seinen Vorfahren. Oder stimmt das doch nicht ganz?

Im zwanzigsten Jahrhundert hat man Ahnenforschung betreiben müssen und ist dabei auf die mosaischen Vorfahren der Dynastie Strauß gestoßen. Johann Michael Strauß, Sohn von Wolf und Theresia Strauß, hat sich erst unmittelbar vor seiner Verehelichung am 11. Februar 1726 in der Dompfarre St. Stephan taufen lassen. Sein Sohn Franz Borgias Strauß, zuletzt Bierwirt, ist der leibliche Vater von Johann Strauß, der 1804 geboren wird und vierzehn ist, als sein Vater ertrunken aus der Donau gezogen wird. Die Entdeckung jüdischen Bluts in der Familie Strauß war bereits einmal im frühen neunzehnten Jahrhundert geschehen, war damals aber kein Thema. Das zweite Mal wurde darüber am Beginn des zwanzigsten Jahrhunderts gemunkelt, doch kümmerte sich im Grunde kein Walzertänzer darum. Erst in den Jahren 1935 bis 1937 gab es in Wien »Familienforscher«, die die Abstammung der Familie Strauß wissenschaftlich erfaßten. Nach dem Anschluß Österreichs an Nazideutschland wußte zumindest die gelehrte Gesellschaft, daß beide Walzerkönige, die ganze Dynastie, nicht den Rassengesetzen des Dritten Reichs entsprachen.

Der Wiener Ahnenforscher Hans Jäger-Sunstenau berichtet, er und seine Kollegen, denen diese Tatsachen längst bekannt waren, seien zum Leiter des Sippenamtes der Gauleitung Wien der NSDAP zitiert und auf Stillschweigen eingeschworen worden. Das Trauungsbuch von St. Stephan, dem man die »Schmach« hätte entnehmen können, wurde beschlagnahmt, dem Reichssippenamt nach Berlin eingesandt und dort Seite für Seite kopiert. Das Original sei anschließend in einem Tresor des Haus-, Hof- und Staatsarchivs zu Wien versperrt, die Kopie wieder in die Dompfarre gebracht worden. In der Kopie fehlte die entsprechende Eintragung zum Trauungsfall Strauß. Heute kann man, wenn man Sinn für scheinbar absurde Fälschungen hat, den Originalband und die in Berlin hergestellte Kopie im Dompfarramt einsehen und sich seine Gedanken über das Deutsche in den Walzern der Dynastie Strauß machen.

In den »Grundlagen nationalsozialistischer Kulturpflege« argumentiert ein gewisser Herr Dr. Walter Stang: *»Wir halten es für einen großen Unterschied, der in diesem Zusammenhang sehr betont werden muß, ob ein Johann Strauß sich einstmals mit einem jüdischen Librettisten vereinigt hat in einer Zeit, in der es noch keinen Nationalsozialismus gab und in der die Erkenntnis der Wichtigkeit der Rassenfrage noch nicht ohne weiteres verlangt werden konnte ... Im ersteren Fall allerdings müssen wir davon ausgehen, daß wir auf die Musik eines Johann Strauß nicht verzichten wollen. Wir halten es in diesem Falle aber für möglich, daß durch eine überlegene Initiative vielfach eine Reinigung des deutschen Musiklebens auch von diesem fremdrassigen Ballast im Laufe der Zeit erfolgen kann.«* Gemeint war damit, daß sich der NS-Staat, ähnlich wie im Falle der ins Deutsche übersetzten Opern Mozarts, eine textliche Neufassung durch garantiert arische Autoren hätte einfallen lassen. Eine Vision, die uns erspart geblieben ist.

Schadet oder nützt es, genau zu wissen und nachlesen zu können, daß einer der Vorfahren von Johann Strauß Vater der ehrbare Johann Michael Strauß, Bedienter »bey titl. Excell. Herrn Feldmarschall Grafen von Roggendorff, ein getaufter Jud, ledig, zu Ofen gebürtig« war? Es schadet nichts und nützt nur, wenn man erstens geneigt ist, der Wahrheit die Ehre zu geben und zweitens versucht, die künstlerische Ader der Walzerkomponisten aufzuspüren. In der Familie Strauß selbst wußte und verdrängte man die Tatsache: Johann Strauß junior zeigte sein Leben lang keine Berührungsängste, heiratete einmal eine vormalige Lebensgefährtin eines jüdischen Bankier und dann eine geborene Jüdin. Trotzdem wurde in seinem Haus immer nach wienerischer Sitte mit einem spürbar antisemitischen Ton gesprochen. Und Eduard Strauß, der jüngste Bruder des Walzerkönigs, verwahrte sich in seinen »Erinnerungen« ausdrücklich gegen »die der Musikstadt Wien angetane Schande«. Auch 1907 sollte nicht wahr sein, was eine Tatsache war ...

Wichtiger als Spekulationen über die jüdische Musikalität der Dynastie Strauß ist freilich, auf die Herkunft hinzuweisen, die Lanner und Strauß mit unzähligen anderen Wiener Geigern gemein hatten und was diese beiden aus ihr machten. Was sie über die Masse der Konkurrenten hinauswachsen und Musik komponieren ließ, die nicht vergessen ist.

Die Herkunft: Das ist das W i e n a n d e r W e n d e zum neunzehnten Jahrhundert, eine ummauerte Stadt, in der Palais und Bürgerhäuser eng aneinander wuchern, in der es laut und überlaut zugeht. Zudem ist dieses Wien freilich die drittgrößte Stadt der westlichen Hemisphäre und eindeutig die einzige, die Anspruch darauf erheben kann, seit Generationen Mittelpunkt des musikalischen Geschehens zu sein. Was die Bevölkerungsanzahl angeht, sind der Statistik nach London und Paris die beiden Metropolen, die Wien an dritter Stelle reihen. Aber in Sachen Musik ist die Vorherrschaft Wiens gewachsen und gegeben: Das Herrscherhaus liebt und betreibt die Musik seit Generationen, der Adel eifert ihm nach. Aus Gewohnheit ist Kennerschaft geworden. Wen man nicht seiner Bedeutung in der musikalischen Welt wegen nach Wien beruft, der bemüht sich, des Vorteils wegen in dieser Stadt aufgenommen und gehört zu werden.

Seit Maximilian II. ist die Hofmusikkapelle das Herz der Stadt, seit Leopold II. sind die Habsburger auch Komponisten, seit Maria Theresia können sie auf allerhöchste Interpreten in ihrer Familie hinweisen. Und immer wieder zieht es bedeutende Theoretiker ebenso an den Hof wie Genies. Die Stadt, in der Walther von der Vogelweide einst singen gelernt hat, ist ein günstiges Pflaster für Musikanten. Weil sie ihr Publikum einfach überall finden. In den Adelspalais und in den Vorstädten, in denen sich aus Freude an Musik auch die Bewohner der Palais »unter's Volk« mengen. Diese Vereinigung aller Stände im Zeichen der Musik ist charakteristisch für die Stadt: Leopold II. lädt seine Untertanen in das Komödienhaus, im ausgehenden neunzehnten Jahrhundert sind die Mitglieder des Erzhauses Stammgäste bei den Schrammeln.

Die großen Meister und die kleinen Geiger, die zu Beginn des neunzehnten Jahrhunderts gemeinsam in Wien leben, haben ihr Publikum und werden ihrem Wert nach geschätzt. Der junge Lanner und der junge Strauß leben in Rufweite von Beethoven und Schubert und bringen es so weit, ihre Kompositionen bei den Verlegern anbieten zu können, die auch die Dioskuren im Sortiment haben. Die Herren Verleger wiederum sind nicht einfach Geschäftsleute, sondern zugleich Agenten der Komponisten und Mitveranstalter aller Konzerte, ihre Comptoirs, die auf engem Raum alle im Herzen der Stadt liegen, gelten für Musiker als Orte der Begegnung und sind für Musikfreunde die Adressen, an denen man Ankündigungen liest und sich Eintrittskarten für bevorstehende musikalische Veranstaltungen besorgt. Bis heute ist unbewiesen, für mich aber völlig gesichert: Bei den Verlegern rund um den Graben haben einander Beethoven, Schubert, Lanner und Strauß gesehen und ungeniert kollegial gegrüßt.

Daß die Meister von U und E anno dazumal voneinander wissen, steht außer Zweifel, daß sie keinen engen Kontakt miteinander haben, muß man trotzdem annehmen: Dokumente darüber gibt es keine, nicht einmal in den Heften Ludwig van Beethovens, und selbst die Äußerung »Schubert habe Lanner und Strauß gern musizieren gehört« ist von zweifelhaftem wissenschaftlichen Wert. Erst später, wenn wir Briefe Chopins und Wagners und Berlioz' zur Hand nehmen, ergeben sich Hinweise darauf, wie ein in Wien gastierender Musiker die Situation erlebt und nicht mag. Chopin hörte die Walzerkomponisten, sah die lebhafte Nachfrage nach deren Kompositionen und ärgerte sich über ihre Popularität. Verleger, mit denen er gern in Verbindung gekommen wäre, hatten zu wenig Interesse an ihm. Sie waren mit dem Druck der Kompositionen von Lanner und Strauß ausgelastet ...

Daß sich die Musiker zweier heute so verschiedener Sparten gekannt und geschätzt oder befehdet haben, liegt auf der Hand. Und wie sehr sie voneinander profitierten, kann man nachprüfen, wenn man die Walzer von Frédéric Chopin spielt. Und heute noch hören, wenn man die »Liebeslieder Walzer« von Johannes Brahms hernimmt und dessen persönliche Freundschaft und Affinität zu Johann Strauß Sohn kennt.

Immerhin ist erwiesen, daß die Geiger aus der Vorstadt von den Schubert-Tänzen schon zu dessen Lebzeiten gewußt haben und in ihrem Ehrgeiz, über die gewohnte musikalische Umgebung hinauszuwachsen, sehr genau in sie hineingehört haben. Was sie über die Masse ihrer Konkurrenten erhebt, das ist allerdings ihr Wille, aus ihren handwerklichen Fähigkeiten, ihrem Willen zur Perfektion in der Ausführung und ihrer Musikalität mehr zu machen als andere. Sie wollen die »Produktion«, wie man damals sowohl die Entstehung von neuen Musikstücken wie das Auftreten als Interpret dieser Kompositionen nannte, eine Stufe über das Niveau heben, auf dem sie ihre Laufbahn begonnen haben. Sie wollen zu dem unbedingt notwendigen Fleiß, den ihr Gewerbe fordert, noch etwas Besseres hinzufügen.

Natürlich entgehen sie nicht dem Umstand, daß die Verfertigung von Unterhaltungsmusik Fließbandarbeit ist und keineswegs von Genieblitzen, sondern von ständiger, fleißiger Routine bestimmt wird. Wer für sich und sein Geschäft Abend für Abend wechselndes Repertoire braucht, nie weniger als fünfzig Piecen abrufbereit haben muß, dem fielen im Lauf der Zeit weit über zweihundert Melodien ein – eine Walzerkette bestand in der Regel aus zwölf Perlen, die sich voneinander unterscheiden, also verschiedene Themen haben. Um dieses Mindestpensum anzuschaffen, nehmen im neunzehnten Jahrhundert alle Musikanten Zuflucht zum Diebstahl geistigen Eigentums – einem Begriff, den man damals nicht kannte. Und verwerten die geringsten Einfälle aus fremder oder eigener Werkstatt nicht nur einmal, sondern mit oder ohne Variation in immer neuen Kombinationen. Kein Gassenhauer, keine neu gefundene Strophe auf der Bühne, keine aus dem Zusammenhang gerissene Melodie ist ihnen zu gering. Die »Bratlgeiger« (ist schon erwähnt, daß sie so nach dem ihnen als Gage zugestandenen Essen heißen?) pressen, was immer sie finden, in die wenigen ihnen bekannten Formen und unterscheiden sich voneinander nur durch die handwerkliche Fähigkeit, aus Wenig Viel zu machen.

Lanner und Strauß, die das bald erlernt haben, und selbstverständlich praktizieren, suchen nach dem Stein der Weisen: Aus einer Walzerkette mehr als eine beliebige Folge von Walzern zu machen. An Melodien anderer vergreifen sie sich ohne Scheu, jede Novität auf dem Theater oder in der Oper gibt ihnen Anregungen. Manchmal nehmen sie nur eine Melodie, immer wieder aber komponieren sie ausdrücklich Huldigungen an die allerneuesten Stücke aus dem Theater, hängen sich an einen Erfolg an und wetteifern, wer als erster mit einem spielbaren Arrangement auf dem Markt ist. Dabei halten ihnen Zeitgenossen mahnend vor, daß sie oft unbedeutende Opern als Vorwand nehmen und mit ihren Quadrillen auf dem Markt sind, bevor das Publikum die Originale selbst zur Kenntnis genommen hat. Jeder nach seinem Stil: »*Lanner's Instrumentation war vollstimmig und rauschend, während Strauß dieselbe nicht so klangkräftig, aber desto lieblicher und schalkhafter hervortreten ließ*«, schrieb Philipp Fahrbach senior in der »Wiener allgemeinen Musik-Zeitung« 1847. Er wußte als langjähriger Mitarbeiter von Strauß und selbst erfolgreicher Komponist und Kapellmeister, wovon er berichtete.

Tatsächlich haben Lanner und Strauß den Ehrgeiz, ihre Arrangements so zu gestalten, daß selbst die Komponisten der Originale mit ihnen einverstanden sind. Und sind nicht nur in Sachen Richard Wagner dem Publikumsgeschmack voraus, sondern präsentieren andauernd »Uraufführungen«, werden so wieder selbst Vorbilder für Kapellmeister anderer Kapellen. Über Generationen halten sich Mißverständnisse: Noch Eduard Strauß polemisiert gegen diejenigen, die behaupten, seines Vaters Kompositionen seien mitunter einem Volkssänger »abgelauscht«. Und führt sehr richtig an, daß alle im neunzehnten Jahrhundert populär gewordenen wienerischen Lieder eher nach Strauß-Melodien klingen als umgekehrt diese nach Gassenhauern. Er ist dabei besorgt um den Ruf der Familie, die auf dem Gebiet der Melodie immer nahm und gab. Aber er bringt es in seinen »Erinnerungen« nicht über sich, seinen Bruder zu erwähnen: Die populärsten unter den Wiener Volkssängern nutzten seine Melodien und machten aus ihnen Couplets. Und das mit Einverständnis und zur Zufriedenheit des Komponisten, den jede »Weiterverwertung« seiner Musik von Herzen freute.

Der Zusammenhang zwischen Volksliedern, Strauß-Walzern und Couplets ist sehr leicht nachzuvollziehen. Nur: Es ist sinnlos, dieses Thema weiterzuspinnen. Die Genialität von Lanner und Strauß ist nicht die Fülle an einprägsamen Melodien, sondern die Sorgsamkeit, mit denen diese in Walzerketten zusammengefaßt wurden.

Für 1819 aber heißt das: Im Jahr, in dem die Walzerform verbindlich vorgestellt wird, könnte im Ansatz das e r s t e E n s e m b l e gegründet worden sein, dessen Mitglieder Anspruch auf Unsterblichkeit erheben. Weder Carl Maria von Weber noch die jungen Wiener Geiger Lanner und Strauß wissen freilich, was da für die Musikgeschichte eines ganzen Jahrhunderts geschehen ist. Wie sollten sie? Die beiden Wiener sind nicht nur sehr jung, sondern auch sehr, sehr unerfahren und haben als Musiker bisher kaum mehr als ihre Instrumente und wissen nur die simpelsten Regeln der Musik, die sich auf ihnen erzeugt. Von Theorie oder

Kontrapunkt haben beide keine Ahnung, sie sind nicht einmal »ordentlich« ausgebildete Geiger, sondern quasi Lehrlinge, die in die Praxis drängen, lange bevor aus ihnen Meister werden könnten. Aber: Sie sind Naturtalente. Rohstoff für die Unsterblichkeit. Und: Sie leben in einer Stadt, in der man sich immer in der Praxis weiterbildet.

Lanner und Strauß wollen über ihre Konkurrenz hinaus. Sie wollen aus der Vorstadt, den Vorstädten überhaupt, in die Stadt hinein. Um ihr Ziel zu erreichen, müssen sie erst einmal wirkliche Kapellen haben und dann mit diesen die absolute Herrschaft über die Lokalitäten in der Umgebung Wiens. Die Tradition, daß sich der Wiener beinahe allabendlich aus der eng gewordenen Stadt über das Glacis hinaus in die de facto längst zu Wien gehörenden, ebenso faktisch aber noch ein Eigenleben führenden Dörfer begibt, um Musik zu hören und zu tanzen, ist ihnen nicht fremd, schließlich stammen sie ja selbst aus diesen Gegenden und haben ihre ersten musikalischen Erfahrungen in den kleinsten und billigsten Lokalen außerhalb der Stadtmauer gemacht.

Die Herren Lanner und Strauß arbeiten, um ihr Repertoire zu erweitern und ihre Darbietungen auf einen zu ihrer Zeit gar nicht üblichen professionellen Standard zu bringen, nach einem Schema, das tatsächlich ganz den Erwartungen derjenigen entspricht, die sich das Komponieren von Walzern als eine heitere gemeinschaftliche Angelegenheit vorstellen. Das heißt: Das Repertoire der Kapelle Lanner besteht zuerst einmal aus sehr viel bereits vorhandener Musik, die man einfach von anderen übernimmt. Dann aus Bearbeitungen aller gerade populären Arien oder Bravourstücke, die in Wien Furore machen. Und schließlich aus originalen Kompositionen, mit denen der Prinzipal glänzen will. Das sind gar nicht so viele Werke, wie man annehmen möchte, wenigstens die Walzerfolgen, die so wert- und gehaltvoll sind, daß sie nach ihrer Erstaufführung für den Druck eingerichtet werden, sind in den Anfangsjahren selten. Man kommt mit einigen Walzern pro Saison aus. Für zwischendurch muß man sich, rasch und trotzdem auf einem gewissen Niveau, etwas einfallen lassen: Lanner zumeist und Strauß manchmal lassen sich »was« einfallen – die derart zum Leben erweckte Melodie wird den bereits anwesenden Musikern des Ensembles zur Kenntnis gebracht, diese finden für ihre Instrumente die notwendige Begleit- oder Gegenstimme und die Versierteren unter ihnen beginnen mit dem Ausschreiben der Stimmen. Wenn es auch nicht die Regel ist und vor allem für die großen Konzertwalzer der Ära Strauß nicht im geringsten zutrifft: An einem einzigen Tag kann so, wenn fleißig gearbeitet wird, eine neue Walzerkette entstehen, einstudiert und am Abend des selben Tages uraufgeführt werden.

Von der neuen Walzerkette wird es dieser erstaunlichen Arbeitsweise wegen zuerst einmal keine Partitur geben: Nicht nur von Kompositionen, die wir alle nie kennengelernt haben, auch von wichtigen Werken von Lanner und Strauß – und von Strauß Sohn – existiert vor allem eine einzelne Stimme, eine sogenannte Führungsstimme, die die des Vorgeigers ist. Und dann kann oder muß sich die Musikwissenschaft, die Straußforschung, aus Orchestermaterial und aus den sehr rasch geschriebenen Klavierfassungen, die zumeist als erste bei Verlegern erschienen sind, Originale erarbeiten: Wo man die Korrekturen als sichere handschriftliche Zeugnisse der Komponisten findet, dort ist man selig und bezeichnet diese so in Ordnung gebrachten Stimmen oder Abschriften zumeist zufrieden als die einzigen vorhandenen Originale.

Bis in die Gegenwart diskutieren Forscher den Ursprung, die Datierung, die Erstaufführung einzelner Kompositionen und reiben sich an den unterschiedlichen Ergebnissen, die sie aus zeitgenössischen Schilderungen oder Notizen in den Zeitungen der Zeit entnehmen. Bis weit über die bevorstehende Jahrtausendwende wird man ununterbrochen allerneueste Entdeckungen machen und die Werkverzeichnisse umschreiben oder verbessern müssen. Ein Aufwand an Energie, der groß und erregend ist, aber kaum hilft, wenn man etwas ganz anderes im Sinn hat: Wenn man den weiterhin unbekannten Walzerkönig Johann Strauß beschreiben, erklären möchte.

Lanner und Strauß sind blutjung, als sie ihr Quartett und bald darauf ihr erstes größeres Ensemble – es sind zwischen zwölf und fünfzehn Musiker, die ein Orchester ergeben, es müssen vor allem die Blechbläser im Ernstfall zwei Instrumente wahlweise spielen können, die zwei Trompeter müssen in der Lage sein, sehr rasch Hörner zu nehmen und gemeinsam mit ihren Kollegen ein Hornquartett zu bilden – ins Leben rufen. Sie haben in beinahe jedem besseren Wiener Lokal fest eingesessene Konkurrenz und müssen sich ihre Auftritte erkämpfen. Sie kommen trotzdem rasch und unwiderruflich zum Ziel: Sie überrunden alle Musiker ihrer Umgebung, sie werden populär, sie werden zu etablierten Musikern, die in der Stadt zum Allgemeingut gehören und für Musiker aus Europa zum Begriff. Sie hatten Konkurrenten, sie hatten Mitstreiter, sie fanden Auftraggeber und sie begannen, gemeinsam mit ihren Verlegern, ein Unternehmen, das es so vorher nicht gegeben hatte und das es beinahe so heute noch immer gibt: Ein grundmusikalisches und zugleich kommerziell höchst einträgliches Unternehmen zur Verwertung melodischer Einfälle.

Immerhin, Bedarf war gegeben. Nach dem Wiener Kongreß und nach einem Staatsbankrott war eine stille Zeit angebrochen, Europa sollte nach den Ideen Metternichs ruhig regiert sein, eine allgemeine Armut richtete das Interesse der Menschen auf einfache Unterhaltung. Das Biedermeier war ausgerufen. Es herrscht Friede, gleichzeitig aber auch Unterdrückung, weshalb man ein und dieselbe Zeit ja auch den Vormärz nennt. Und mit ihr herrscht der Aberglaube der Mächtigen, daß es gut sei, den Untertanen harmlose Unterhaltung zu gewähren und ihre Aufmerksamkeit von Großem abzulenken. Man kann an der Geschichte der berühmtesten Wiener Etablissements ablesen, daß zu der Zeit, in der Lanner und Strauß ihr Quartett und bald darauf ihr Ensemble kommandieren, der Lebensstandard in Wien bescheiden, die Lebenslust aber groß ist. Zwei Etablissements wenigstens sind zu erwähnen. 1807 eröffnet ein gewisser Johann Georg Scherzer den Sperlsaal. Er wird später einmal ein heiß umkämpftes Lokal – Strauß Vater, der nach dem Tod seines Freundes und Konkurrenten Lanner allein regieren will, gibt den Sperl um keinen Preis an seinen Sohn ab, verpflichtet den Besitzer, unter keinen Umständen den neuen Strauß auftreten zu lassen. 1808 werden die Apollosäle eröffnet. Zur Eröffnung finden 4000 Personen Einlaß; im Speisesaal des Etablissements finden unschwer hundert Tische Platz. Das Areal, als das man die Ansammlung von einem Hauptsaal, malerischen Grotten, kleineren Sälen und diskreten Séparées bezeichnet, ist riesig. Wenn's sein muß, kommen 6000 tanz- oder unternehmungslustige Wiener zugleich unter, für die dreizehn Küchen sorgen; denn der Wiener versteht unter Unterhaltung immer die Zweieinigkeit aus Essen und Tanzen. Beide Lokale sind freilich nicht ausschließlich dem Essen, Trinken und dem Tanzen gewidmet. Wenn man die einschlägigen

Berichte nachliest, wird in ihnen jegliche Anbahnung zwischenmenschlicher Beziehung gern gesehen, Prostitution war damals kein wirklich neues Gewerbe mehr. In den enteren Gründen, in denen man sich zuerst sündteuer, dann aber etwas billiger amüsierte, wollte man auch anderen als Walzerfreuden fröhnen können.

Und das alles ausgiebig: Um darzustellen, wie unterhaltungssüchtig die Stadt war, hat ein hessischer Kapellmeister, Reichardt, der Wien besuchte, eine einfache, recht deutsche Rechnung aufgestellt. Er hat das Fassungsvermögen aller Lokalitäten, in denen man tanzen konnte, erhoben und staunend vermerkt, in einer Stadt mit zweihunderttausend Einwohnern gäbe es für fünfzigtausend Wiener an einem Abend die Chance, sich im Tanz zu drehen. Die Rechnung kann nicht so falsch sein: Der Anfang des neunzehnten Jahrhunderts kannte noch keine Subvention öffentlicher Lustbarkeit. Wer keine Einnahmen hatte, der mußte rasch zusperren. Und Reichardts Wahrnehmungen hießen einfach, daß jeder vierte Wiener, jede vierte Wienerin (man bedenke, daß man da die Kinder und die Alten mit in der Statistik hatte, daß also in Wahrheit sehr viel mehr als jeder vierte oder jede vierte tanzwütig waren) darauf aus war, sich zu amüsieren.

Das war der Boden, auf dem Etablissements und die für sie notwendigen Kapellen sprossen, auf dem sich zwei junge, begabte, grundmusikalische Wiener ihr Brot verdienen und dabei Geschichte machen konnten.

Kaum war Joseph Lanner gezwungen, für sein erweitertes, vom Partner Johann Strauß am ersten Geigenpult mitgeleitetes Ensemble Walzer zu komponieren, hatte er auch seinen V e r l e g e r : Seine ersten sechzehn Walzer erschienen – für Klavier arrangiert – bei Anton Diabelli und brachten dem Verleger so viel Geld, daß sich das herumsprach. Um genau zu sein: Nur die ersten vierzehn Kompositionen Lanners (von 1825 bis 1827) erschienen bei Diabelli, die »Vermählungs-Walzer« op. 15 hat 1828 bereits Tobias Haslinger im Verlag. Der Konkurrent Tobias Haslinger (oder »Tobiaserl« wie der große Ludwig van Beethoven seinen Verleger nannte) fand das einzige Mittel, Lanner zu seinem Partner auf Lebenszeit zu machen. Er bezahlte mehr.

Ganz ähnlich geht es übrigens mit Johann Strauß. Dessen Opus 1 »Täuberln-Walzer« erscheint im Verlag von Anton Diabelli, aber schon Opus 3 sichert sich Tobias Haslinger. Bis zu seinem Opus 30 wandert Strauß zwischen den beiden Verlagshäusern, dann aber, im November 1829, ist Haslinger der einzige und treueste Verleger, den sich ein Musiker nur wünschen kann. Kunststück, er hat die beiden populärsten Komponisten der Stadt unter Vertrag und betreut sie entsprechend. Wer Musik von Lanner oder Strauß haben will, muß zu Haslinger. Bei allen Unterschieden, die man den beiden Musikern bestätigt, ihr Geschäftssinn ist nicht nur ausgeprägt, sondern auch auf einen einzigen Verleger konzentriert.

Lanner, dessen Produktion bereits geschildert wurde, wird in zeitgenössischen Berichten als ein eher beschaulicher Wiener bezeichnet. In seiner Musik findet sich, sagen die Musikfreunde, die Raimundzeit. Die heitere, scheinbar naive Freude am Dasein und am Tanz. Gleichzeitig aber muß Lanner ein Geschäftsmann gewesen sein, der auf Erweiterung seines Unternehmens bedacht war. Er zog seinen Kompagnon in allen Bereichen mit ins Geschäft. Zwar weiß man das nur aus Anekdoten und den schriftlichen Zeugnissen, die anschließend daraus gemacht wurden – es scheint aber wirklich so gewesen zu sein, daß Lanner an Vormittagen, an denen ihm nicht genug einfiel, Strauß um ein paar Melodien bat. Die ohne weiteres gleich arrangiert und aufgeführt wurden, allerdings entweder als anonymes Produkt der Kapelle Lanner oder unter dem Namen des Chefs. Und sicher wird nicht nur die Vorliebe Lanners für ein gutes Glas Wein, nicht nur das hitzige Blut des Johann Strauß, nicht nur eine bevorstehende Ehe, sondern diese subtile freundschaftliche Form der Ausbeutung zur Trennung der beiden Freunde geführt haben.

Die Trennung fällt in ein wichtiges Jahr. Im September 1825 ist sie als ein Skandal ersten Ranges überliefert: Nach einem erfolgreich verlaufenen Abend im Tanzsaal »Zum Bock« wollte Lanner die längst abgesprochene Trennung von seinem Freund Strauß nach einem gemeinsam veranstalteten Ball dem Publikum bekanntgeben. Er hielt eine zuerst freundschaftlich gedachte Abschiedsrede, die allerdings – es war zwei Uhr früh und Lanner nicht mehr nüchtern; im Gegensatz zu seinem Kompagnon war Lanner kein Verächter des sprichwörtlichen Glaserls, in das der Wiener so gern »schaut« – in eine »Stunde der Wahrheit« mündete. »*Die Rede wurde immer gröber. Strauß war scheu, aber jähzornig. Auf einmal gab es ein Handgemenge. Die Meister schlugen mit Fiedelbögen. Die Nächsten rissen sie zwar auseinander; aber der Rest des Publikums fand Geschmack an diesem Tumult und nahm unter Püffen und Gelächter teils für Strauß, teils für Lanner Partei. Da griffen auch die Musiker ein. Die Kapelle balgte sich; eine Baßgeige wurde zertreten, einem Cello hingen die Eingeweide aus dem aufgeplatzten Leib*«, lautet eine zwar nicht zeitgenössische, aber sehr einprägsame Schilderung, an der man als Geschichtenerzähler oder Nacherzähler lange Zeit nicht zweifeln durfte. Da waren ermüdete und erhitzte Musiker, die quasi zum letzten Mal gemeinsam aufgetreten waren, und der

Chef mußte bekanntgeben, daß er künftig keinen Stellvertreter, sondern einen Konkurrenten haben werde – einen, dem er beim besten Willen weder Begabung noch Beliebtheit absprechen konnte. Diese Ankündigung war letztendlich eine Art Resignation. Und in der Resignation wird der echte Wiener, wenn er sich nicht mehr gegen das Schicksal auflehnen kann, gern rabiat.

Daß Lanner und Strauß sich nach einer solchen Szene aus dem Wege gingen, ist erwiesen. Daß sie unmittelbar nach dieser Wirtshausrauferei aber wieder ernüchtert und friedfertig waren, kann jeder unschwer nachvollziehen: Zwei junge Musiker, die in ihrer Umgebung als »Streichmacher« bekannt waren, die ihre ersten Erfolge gemeinsam feierten, die ihre sozusagen identen Ziele mit völlig gleichen Mitteln zu erreichen suchten, waren sich irgendwann im Weg – aber deshalb nicht menschlich gram. Sie zogen später, jeder auf seine Art, sehr wenig hysterische Konsequenzen aus der nächtlichen Auseinandersetzung, von der ganz Wien zu sprechen hatte. Ein »Trennungswalzer« op. 19 von Joseph Lanner existiert. Allerdings: Man wird stutzig, wenn man das Werkverzeichnis Lanners nachliest und das Datum der ersten Aufführung mit Frühjahr 1828 angegeben findet. Der Anlaßfall und die musikalische Konsequenz aus ihm sollen drei Jahre auseinander liegen?

Die historische Wahrheit ist, daß Strauß noch bis 1827 in dessen Kapelle musizierte und sich die Szene so zugetragen haben mag, daß sie jedoch keine weiteren Folgen hatte. Keine, die uns heute noch ernsthaft interessieren könnten. Die schöne Legende vom Zerfall der Freundschaft Lanner und Strauß zehrt freilich von Lanners Interpretation, die über dem Walzer steht. Diese ist als Dokument vorhanden: »Trennung, Schnackerl, Bock, Klage«. Das sind quasi die »Satzbezeichnungen«. Sie lassen sich klar deuten. Trennung ist Trennung, in Wien heißt das »einmal muß geschieden sein«. Schnackerl, das ist entweder verschrieben und sollte Schneckerl heißen und die gedrehten Locken des »Mohrenschädel«, also des jungen Strauß bedeuten. Oder es sollte doch Schnackerl heißen und in Wien hat man »Schnackerl«, wenn jemand an einen denkt. Bock ist nichts weiter als der Ort der Handlung, der der Trennung. Und Klage? Auch dieses Wort muß nicht weiter erklärt werden, Joseph Lanner machte aus der Trennung von seinem Freund und Partner, die er beklagte, eine Walzerkette. Keine Programm-Musik. Aber immerhin eine Musik, für die er einen passenden und dem Publikum einsichtigen, populären Titel hatte. Nebstbei: Es ist eine durchwegs heitere Musik, wer sie nur hört, käme nie auf den Gedanken, es handle sich dabei um »Trennungs-Walzer«.

Um das Interesse der Stadt an derlei Auseinandersetzungen und die Tanzwut der Wiener nicht nur zu Beginn des Jahrhunderts, sondern gleich für die Jahrzehnte danach, die der großen Zeit von Strauß Vater und dem Beginn der Ära Strauß Sohn, zu dokumentieren: In der von Adolf Bäuerle herausgegebenen »Allgemeinen Theaterzeitung und Originalblatt für Kunst, Literatur, Mode und geselliges Leben« vom 14./15. November 1844 beschreibt ein Anonymus »Tanzsäle und Tanzmusik in Wien – ehemals und jetzt« und ist sehr ausführlich: *»Was gab es nicht für eine Menge Tanzsäle in Wien? – und sonderbar! so sehr das Vergnügen, ja man kann fast sagen, die Wuth zum Tanzen eher zu- als abgenommen hat, ebenso hat sich die Zahl der Tanzsäle vermindert. – Wer von den älteren Lesern dieses Blattes erinnert sich nicht noch mit Vergnügen an den weltberühmten Apollosaal? Der mit seinen vielen Nebensälen in allen Formen und Gestalten, langen, schmalen, runden, bequem 6000 Menschen fassend, geziert mit Alleen natürlicher Bäume,* mit duftigen Blumenbüschen, mit Grotten und lebendigen Springbrunnen, beleuchtet von mehr als 4000 Wachskerzen, wirklich einzig in seiner Art dastand? Schade, daß dieser großartige Belustigungsort auf dem Schottenfelde, zu weit von der eigentlichen Stadt entfernt, daher für einen häufigen Besuch zu ungelegen war?

Auf der Wieden allein waren ehemals drei schöne, vielbesuchte Tanzsäle: ›die neue Welt‹, ›der schwarze Bock‹ und der ›Mondscheinsaal‹, auch in der inneren Stadt gab es außer den Redoutensälen noch die bekannte ›Mehlgrube‹, den Saal im ›Casino‹ in der Spiegelgasse, den Saal beim ›römischen Kaiser‹, in welchem, so wie in dem kleinen, aber netten Saale des Hoftraiteurs Jahn in der Himmelpfortgasse, zur Faschingszeit immer Reunionen und geschlossene Bälle für ein sehr gewähltes Publikum stattfanden. Nun sind diese Säle alle verschwunden und in der inneren Stadt nur mehr die Redoutensäle, auf welchen aber in der Regel nicht getanzt wird, noch vorhanden; das ›Elysium‹ unter der Erde ist nur ein Erlustigungsort für die gemeinere Classe des Volkes. Da jetzt auch der wirklich herrliche Saal bei der ›Birn‹ auf der Landstraße eingegangen ist, so gibt es gegenwärtig zur Befriedigung der Tanzlust für die gebildeteren Stände außer dem ›Sperlsaal‹, und etwa noch dem Saale beim ›Sträußl‹ in der Josephstadt, keinen einzigen hervorragenden Tanzsaal in ganz Wien. Dommayers sehr eleganter Salon in Hietzing, für die Winterszeit zu weit entfernt gelegen, kann füglich nicht dazu gerechnet werden.

So sehr sich aber die Säle für Tanzliebhaber vermindert haben, so haben dagegen die Tanzmusiken an Quantität und Qualität zugenommen. – Vor vierzig Jahren war Pechatschek der einzige bedeutende Tanzmusik-Compositeur und Dirigent, damals noch Vorgeiger tituliert, in Wien. – Nach Pechatscheks Tode, trat Wide an seine Stelle, beide *dirigierten das Orchester auf der ›Mehlgrube‹, beide waren Walzer-Compositeurs, und beide zu jener Zeit ungemein beliebt; allein welch ein Unterschied zwischen den Orchestern, die diese Herren dirigierten, zwischen den Melodien und der Instrumentirung der deutschen Tänze, die diese Herren komponierten und den Walzern von Lanner und Strauß!«*

Das Datum dieses Berichtes soll nicht vergessen sein: November 1844, Johann Strauß Sohn hatte sein Debüt gefeiert und damit beinahe vergessen gemacht, daß Johann Strauß Vater eine neue Mode einführen wollte. »Alles nur Rebus« hieß das Motto eines Abends beim »Sperl« und den Wienern wurde die Mode, Anschlagzettel in Rebus-Form zu lesen und zu verstehen derart witzig nahegebracht, daß sie auf sie eingingen.

Die Familie Strauß und die ersten prägenden Jahre von Johann Strauß Sohn

Johann Strauß nahm Lanner, als er sich tatsächlich selbständig machte, ein paar Musiker weg, formte sein erstes Orchester nach seinen Vorstellungen. Da war er allerdings in einer völlig anderen Form längst wieder unselbständig: Er hatte zu dem Zeitpunkt, zu dem er seinen Krach hatte, kurzfristig an eine erste Kunstreise gedacht, die er freilich nicht antreten konnte. Denn: Er mußte heiraten. Ein Kind war unterwegs.

Der nach damaligem Gesetz minderjährige Johann Strauß hatte Zeugnisse beizubringen, um seine Erwerbschancen darzutun. Am 14. März 1825 wollte er sich noch einen Reisepaß ausstellen lassen, der ausdrücklich vermerkte, Johann Strauß »ledig, reiset nach Gratz und kaiserl. Staaten Verdienst zu suchen«, am 5. April 1825 reichte sein Vormund beim löblichen Magistrat aber um »Ehe-Consens« für ihn ein. Der amtlich nicht erwähnte Grund für dieses zweite Ersuchen: Strauß hatte ein Kind gemacht. Als Nachweis seiner Heiratsfähigkeit wurde angeführt, daß er *»theils durch seinen ausgebildeten Musick Unterricht, theils durch die mit den bey hohen Herrschaften rühmlichst bekannten Gebrüdern Scholl vereinten Musick-Produktionen ein jährliches Einkommen von beyläufig vierhundert Gulden in Metallmünze hat«.* Wer sich in Umrechnungen und in Einkommen aus der Zeit kundig gemacht hat, nennt diese Behauptung übertrieben. Aber: Wer nimmt ernst, was ein Antragsteller bei Behörden vorbringt, wenn es nur wirksam ist? Gleichzeitig muß man jedoch nicht besonders viel rechnen können, um die Notwendigkeit einer raschen V e r h e i r a t u n g zu begreifen – die Heirat fand am 11. Juli statt, das nächste Dokument, das wiederum den Namen Strauß amtlich nennt und uns erhalten ist, ist die Geburtsurkunde des Erstgeborenen.

J o h a n n B a p t i s t S t r a u ß wird am 25. Oktober 1825 geboren und dem Brauch der Zeit gemäß am selben Tag in der Pfarre St. Ulrich getauft.

Die Mutter des nachmaligen Walzerkönigs war Anna Streim, geboren in Wien am 24. August 1802, eheliche Tochter des Bierwirts Joseph Streim, die ihren Mann unmittelbar nach der Hochzeit auf Kunstreise ziehen lassen mußte, deren Lebensschicksal es war, ihren Mann immer wieder ziehen zu lassen. Bis zu dem erregenden Moment, in dem sie sich dem Schicksal widersetzte und ihren Erstgeborenen faktisch in das Duell mit dem Vater hetzte.

Sie war ganz und gar nicht das, was man in vielen Biographien nachlesen kann; war keine Nachfahrin eines aus seiner Heimat vertriebenen, dann verarmten und deshalb bürgerlich gewordenen spanischen Marquis, sondern eine einfache Bierwirtstochter. Ihr Großvater war kein Grande, der eines Duells wegen fliehen und sich unter bürgerlichen Namen verstecken mußte, wie die Familie Strauß selbst ausdrücklich erzählte. Mit einem Großvater mütterlicherseits, der aus Luxemburg stammte, in Wien zuerst Friseur, dann aber Wirt wurde, war sie eine sehr resolute, musikalische, vor allem sehr aparte Frau. Ein Bild aus ihrer Jugend zeigt sie als dunkle Schönheit, der ein Musiker leicht erliegen konnte. In den von ihm selbst als einzige authentische Überlieferung der Familiengeschichte bezeichneten »Erinnerungen« des Eduard Strauß taucht der unglückliche Grande noch einmal auf. (Der »schöne Edi«, eine unglückliche Persönlichkeit, ein zutiefst erbitterter Mann, ist nirgendwo verläßlich, wenn er als einziger überlebender Strauß sein Leben erzählt. Aber er ist eine verläßliche Fundgrube, wenn er die im Schoße der Familie Strauß gehüteten Legenden als die volle Wahrheit niederschreibt. Kein Leser glaubt sie, jeder Kenner liebt sie als Farbe in einem absichtlich falsch gezeichneten Familienbild.) Die Ahnenforschung des zwanzigsten Jahrhunderts hat mit dieser Legende gründlich aufgeräumt und die Wahrheit unerbittlich an den Tag gebracht. Kein Grande in der Familie Strauß ... Was niemanden schockierte. In den musizierenden Sträußen steckt ein gutes Teil grundmusikalischen, jedoch nicht ein Tropfen adeligen Bluts. Und all die musizierenden Sträuße wußten das. Selbst der Walzerkönig, der auf dem Höhepunkt seines Lebens sehr damit einverstanden gewesen wäre, sich von seinem Kaiser die Gnade zu erbitten, den Adel eines seiner Schwiegerväter

»Erster Gedanke« – die erste Komposition des sechsjährigen Johann Strauß Sohn

annehmen zu dürfen – spät in dieser, seiner Geschichte, die tatsächlich mit seiner Geburt anhebt, eine Geschichte zu sein ...

So lang die Meister Lanner und Strauß Abgötter der Wiener sind, so lange die F a m i l i e Strauß blüht und gedeiht, so lange wächst Johann Strauß nicht nur in einem außerordentlich musikalischen Milieu auf, sondern spürt und sieht als Kind deutlich, wie und woran seine Familie zerbricht: am Lebensrhythmus des bedeutenden Unterhaltungsmusikers Johann Strauß, der sich zwar nicht die Welt, aber immerhin ganz Europa erobert und den die bedeutendsten Komponisten seiner Zeit bewundernd oder erzürnt erleben und beschreiben. Strauß Sohn sieht und erfährt: Es gibt nicht nur den grandiosen Musiker, sondern auch den unbegreiflichen Vater.

Bis in die Gegenwart sind weiße Flecken auf der Landkarte der Walzerdynastie, gibt es für einige Jahre, die für Johann Strauß bedeutsam waren, wenig gesicherte Nachricht über das Wirken seines Vaters: Von dem Konkurrenten Lanners weiß man, daß er sich seine Wirkungsstätten erst erobern mußte, daß er Entbehrungen gelitten haben muß, denn die ständigen Wechsel der Wohnungen, die man immerhin nachvollziehen kann, führten die Familie des Musikers erst einmal in immer schlechtere Gegenden außerhalb der Stadtmauern. Und auch Strauß zieht, mit Frau und Kindern, durch mehrere Wohnungen, bis er in der Leopoldstadt Wurzeln schlägt. Das ist bezeichnenderweise der Bezirk Wiens, in dem die jüdischen Einwanderer zuerst einmal aufgenommen werden: Unter den Habsburgern sind sie relativ sicher, in unmittelbarer Nähe des Kaisers fühlen sie sich besonders geborgen, ja zur Assimilation ermuntert. In der Leopoldstadt haben sie ihre Bastion. Aus der Leopoldstadt drängt es sie, wenn sie zu Geld gekommen sind und Ansehen erreichen wollen, hinein in die Stadt. Und nicht nur in die Stadt, sondern zu familiären Verbindungen mit Andersgläubigen. Und, in der nächsten Generation, schon wieder weg aus dem Broterwerb, zumeist in die Literatur, den Journalismus ... Strauß Vater findet in der Leopoldstadt eine Wohnung – später, als er die Familie verläßt und eine zweite, wilde Familie gründet, lebt er mit der an einer Adresse in Wien Innere Stadt.

Bis heute weiß man kaum, woraus das Repertoire der Kapelle Strauß unmittelbar nach ihrer Gründung bestanden hat: Lanner stand immerhin bei der Trennung bei Opus 19. Johann Strauß aber veröffentlichte sein Opus 1 erst im Februar 1827. Das hieße, daß er länger als ein Jahr nicht imstande war, allein als Walzerkomponist so viel zu gelten wie vordem als heimlicher Walzerkomponist unter dem Pseudonym Lanner?

Max Schönherr, eine der unangefochtenen Autoritäten in Sachen Johann Strauß Vater, berichtet von mehreren gemeinsamen Auftritten der »Gegner« Lanner und Strauß. Am 26. Oktober 1826 hätten sie für ein gemeinsames Benefizkonzert für ihren einstigen Kapellmeister Pamer im »Schwarzen Bock« Kompositionen beigesteuert, am 7. Februar 1927 hätte Strauß schon selbst – wieder in dem bewußten Saal – einen Gesellschaftsball gegeben, bei dem Lanner »die Musik besorgt« hätte. Strauß war in dieser Zeit tatsächlich nicht als Musiker, nicht als Komponist, sondern als Veranstalter angemeldet und lernte dabei, was er für sein weiteres Leben brauchte: Das Arrangement von brillianten Festen, die Partnerschaft mit Ausstattern und Experten für ein entsprechend aufsehenerregendes Feuerwerk und das richtige Zusammenwirken der Faktoren, aus denen Musiker ihren Erfolg mixen. Also die kleinen Überraschungen für die Ballbesucherinnen, das Zusammenspiel seines Orchesters mit einer der Militärkapellen, die in Wien allzeit sehr unmilitärisch bei Bällen mitwirkten, die Klavierausgaben beliebter Kompositionen als Draufgabe zur Eintrittskarte etc.

Das nährte die literarische Phantasie eines Hans Weigel, der in seinem Buch »Flucht vor der Größe« Strauß Vater als den musikalischen Bruder von Johann Nestroy und Ferdinand Raimund charakterisierte und ihn vor allem als Veranstalter, der sich sein eigenes Repertoire schaffen mußte und mit diesem zum Künstler wurde, darstellt.

Die Aktivitäten von Strauß Vater, der es bald zum Kapellmeister des ersten Bürgerregiments gebracht hat, sind nur einigermaßen bekannt und nicht ausreichend dokumentiert. Lanner war der Liebling der Wiener, die ihn als ihr inniges Walzer-Ego verehrten und seine terzenseligen Kompositionen, die alle den ländlichen Ursprung hören ließen, daheim spielten. Strauß muß sich jahrelang mehr schlecht als recht fortgebracht haben. Schönherr schreibt von Auftritten einer Kapelle Strauß wenige Wochen nach der Trennung von Lanner in zwei Lokalen. Der »Weiße Schwan« in der Rossau und das Etablissement »Finger« in Döbling ließen ihn, offenbar nur sporadisch und nicht als Hauptattraktion, aufspielen.

Sein erstes festes Engagement, aus dem sich auch sein Opus 1 und sein nachzuvollziehender Aufstieg herleitete, erhielt er vom Wirten Michael Deiß, der im Intelligenzblatt der »Wiener Zeitung« am 7. Mai 1827 annoncierte, es werde künftig bei den »Zwey Tauben« jeden Mittwoch und Samstag »unter der Leitung des Herrn Johann Strauß eine mit zwölf Personen besetzte, aus Blas- und Streichinstrumenten bestehende vollstimmige Musik statthaben«. Wobei man unter festem Engagement noch zu verstehen hat, daß der sehr angesehene Wirt den von Strauß angeworbenen Musikern einen festen Platz in seinem Etablissement angeboten hat. Von Gage ist keine Rede. Auch an den beiden Tagen, an denen aufgespielt wird, geht ein Orchestermusiker mit dem Teller in der Hand von Tisch zu Tisch und bittet um den Obolus, den man zwar gerne, aber erst nach dem gehörten Vergnügen herausrückt.

Daß Johann Strauß diese Sitte bald als Betteln verwirft und Eintritt erhebt, wird zu einem Markstein in der Geschichte der Wiener Unterhaltungsmusik. Der große Gasthausgarten bei den »Zwei Täuberln« am Heumarkt war der Schauplatz, wo Strauß dieser große Wurf gelang. *»Noch seh' ich im Geiste die Menge der Besucher sich herandrän-*

gen und um den Voreintritt sich herumstreiten – ein wahrer Platzregen von Silberfünfern, Silbergroschen und Kupferkreuzern fiel auf den Kassatisch hernieder! Dem neugebackenen Billeteur wurde angst und bange, während der Kassier erstaunt und lächelnd die eingehenden Gelder in die Tischlade fallen ließ. Mit diesem Vorgang trat die öffentliche Musikproduktion zwar in ein neues Stadium ...«, berichtet der Flötist und Kapellmeister Fahrbach, der damals bereits bei der Kapelle Strauß wirkte und stolz darauf war, daß diese auch seine Kompositionen vorführte. Er behauptet allerdings, daß sich die Strauß'sche Neuerung auf die eine und einzige Kapelle beschränkte und irrt oder übertreibt seinem Mentor zuliebe. Alle Konkurrenten schließen sich dem Beispiel Strauß an und verlangen, als sich herausstellt, daß das Publikum damit einverstanden ist, fixe Eintrittspreise.

Daß Johann Strauß seinem ersten Wirten mit den »Täuberln-Walzer« ein Denkmal setzt, wird nicht von all seinen Konkurrenten nachgeahmt, jedoch von ihm selbst konsequent fortgesetzt – kaum ist er wieder in einem Lokal seßhaft geworden, gibt es eine Komposition, die im Titel für den Wirt Reklame macht ... Oder wenigstens auf die Gegend hinweist, in der aufgespielt wird: Opus 2 nennt er die »Döblinger Reunion-Walzer« und erinnert damit an zwei Tatsachen gleichzeitig. Daß er in Döbling im sehr vornehmen Lokal »Finger« musiziert und daß er Veranstalter von einer Reunion ist – einer Nachmittagsunterhaltung, bei der »schwere und leichte musikalische Kost kunterbunt durcheinander gemischt« gespielt wird und nach einiger Zeit getanzt werden darf. Das »Finger« geht, als es diese offenbar als doch sehr modisch angesehene Sitte endlich einführt, mit der Zeit. Auch Lokale, die lange ohne derlei gemischte Unterhaltung ihr Publikum hatten, müssen sich anpassen. Auch Gaststätten, die lange Zeit allein durch die

Qualität ihrer Speisekarte das Publikum aus der Inneren Stadt gelockt haben, brauchen Musik. Ohne sie bleibt im Wien des Biedermeier die Kundschaft weg.

Sinnlos, alle weiteren Lokale aufzuzählen, die sich Johann Strauß als Stützpunkte seiner Tätigkeit erwirbt. Immerhin, mit seinem vierten Werk, der ersten Lieferung der »Kettenbrücken Walzer« aus dem Fasching 1828, weist er stolz nach, daß er in dem Saal »Zur Kettenbrücke« neben dem Dianabad spielt: Selbst die ausgepichtesten Forscher wissen den Abend nicht, an dem die Erstaufführung dieser Walzer stattgefunden hat. Aber sie wissen genau, daß die »Kettenbrücken Walzer« den Durchbruch bedeuteten und einen Erfolg, mit dem Strauß ein für allemal als der populärere Komponist und Kapellmeister über Lanner triumphierte. Was auch die Musikverleger honorierten: Bis dahin war Anton Diabelli der Verleger von Johann Strauß, mit der vierten veröffentlichten Komposition kann Tobias Haslinger aufwarten. Er zahlt mehr und schließt einen Vertrag, der quasi eine Vorlage für alle weiteren Verträge der wienerischen Unterhaltungsmusik ist: Strauß verpflichtet sich zur Komposition einer gewissen Anzahl von Werken, Haslinger zu festen Honoraren und zu einer raschen Veröffentlichung der Kompositionen in Arrangements für Klavier.

Das bedeutet eine finanzielle Absicherung für den Komponisten und eine enorme Chance für den Verleger, der aus einem Erfolg alle Gewinne ziehen kann und für einen mäßigen Erfolg keine besonderen Anstrengungen unternehmen muß. Man denke: Das Publikum war entweder auf direkte Unterhaltung aus oder es machte daheim Musik und erwarb zu diesem Zweck Noten. Die Arrangements für Klavier sind also mit dem heutigen Massenmedium CD vergleichbar. Doch der Komponist und Interpret war an dem Verkauf dieser Massenware so gut wie gar nicht beteiligt. – Strauß aber erfindet, er ist der wahre Meister der Reklame, der Selbstreklame, nicht nur die illustrierten Titelblätter für diese Veröffentlichungen, sondern auch die Sitte, eine große Anzahl von Noten möglichst rasch nach der Uraufführung bei den Veranstaltungen selbst dem Publikum zu offerieren. Manchmal als Ballspende bereits am Abend der Uraufführung, öfter als eine numerierte Ausgabe für einen Teil der anwesenden geschätzten Tänzerinnen, immer aber als ein rasch aufgelegtes Angebot an das Publikum, das dem Komponisten wie dem Verleger die Freude macht, sich mit Noten einzudecken. (Man erinnere sich, daß es Mozart als Tanzkomponist ähnlich gehalten hat, daß Mozart sehr darauf bedacht war, die möglichen Arrangements seiner Tänze und die Fassungen für Harmoniemusik, also für kleine Bläser-Ensembles, selbst zu schreiben, um nur ja nicht Kollegen den Gewinn aus dem Notenverkauf zu überlassen.)

Strauß hat weder Kontrapunkt noch Komposition studiert, er ist eine vollendete Art des wienerischen Naturmusikers. Er kann Geige spielen und weiß daher um Tonarten Bescheid. Er hat seine engsten Musiker als rasche Arrangeure zur Hand. Die Forschung weiß von vielen Musikern, die »geholfen« haben, ihre Namen sind so gut wie vergessen. Einen allerdings spielt man mit eigenen Kompositionen bis in die Gegenwart, Strauß' Zeitgenossen Fahrbach. Von ihm haben wohl alle weiteren Biographen abgeschrieben, wenn sie die A r b e i t s w e i s e des alten Strauß mitteilten: *»Er schrieb die erste Violinstimme, ich die Flötenstimme – dann folgte die Baßstimme, ich schrieb die Posaunenstimme – dann folgte die zweite Violinstimme, ich schrieb die Violastimme, er die erste Klarinette, ich die zweite Klarinette, er* *die erste Hornstimme, ich die zweite Hornstimme, er die erste Trompetenstimme, ich die zweite Trompetenstimme. Nun fehlte noch die Paukenstimme oder die große und die kleine Trommelstimme, die schrieb Strauß, während ich die Violinstimme verdoppelte – auf solche Art war die Walzerpartie fertig.«* Diese Arbeitsweise einerseits, vor allem aber die Reihenfolge, in der nach Fahrbach instrumentiert wurde, weisen auf eine sehr ordentliche, handwerkliche Form der Zusammenarbeit hin. Außerdem arbeitet Strauß mit einem Verleger, der sich selbst auf die Kunst des Arrangierens versteht: Wenn Haslinger auch nicht immer persönlich die Klavierausgaben der Strauß-Walzer besorgt, weiß er doch ganz genau, wie sie beschaffen sein sollen und gibt Anweisungen, die ihn als Musiker erkennen lassen. Ihm macht man nichts vor.

Wie sehr die Situation in Wien anders ist als irgendwo in der Welt belegen die Klagen, die Jahre später Frédéric Chopin in Briefen formuliert. Er will in Wien nicht nur auftreten, sondern seine Kompositionen auch verlegt sehen. Aber: »*Soviel ich jedoch bisher gemerkt habe, ist Czerny nicht der einzige der hiesigen vermögenden Editeure und kann somit nicht viel in solche Werke investieren, die man nicht bei Sperl oder ›Zum Römischen Kaiser‹ spielen kann. Walzer nennen sie hier Werke! Und Strauß und Lanner, die ihnen zum Tanz aufspielen, Kapellmeister.*« Chopin kann das kaum fassen. Über die Quodlibets, die aus populären Opernmelodien zusammengestellten Werke, schreibt er: »*... dann sind die Zuhörer so begeistert, daß sie nicht wissen, was sie anstellen sollen. Das beweist den verdorbenen Geschmack der Wiener.*« Der Dezember 1830 ist für Chopin eine bittere Erfahrung. Er wird hoch geschätzt. Aber was soll das in einer Stadt, die vor allem und sichtbar Tanzgeiger wie Lanner und Strauß gleichfalls hoch schätzt! Ganz anders ergeht es Richard Wagner, der die Leidenschaften sieht, die ein aufgeigender Strauß entfacht. Er ist fasziniert und nimmt das Bild vom »tyrannisierten« Wiener Volk bis in die Zeit mit, in der er »Mein Leben« schreibt.

Und noch eine Kleinigkeit: Wenn auch die Unterhaltungsmusik von Strauß und Lanner in den Lokalen außerhalb der Stadtmauern gespielt und getanzt wurde, die Herren Verleger Diabelli und Haslinger hatten ihre Comptoirs, wie bereits erwähnt, im Herzen von Wien. Beide auf dem oder nächst dem Graben, beide nicht ausschließlich zum Verkauf von Noten, sondern auch als Treffpunkt der dem Verlagshaus attachierten Komponisten, die bei ihnen anzutreffen waren und als Adresse Diabelli oder Haslinger angaben. Beide schließlich als Verkaufsstelle für Eintrittskarten zu Konzerten, in denen die Musik ihrer Komponisten zu hören war. Dies ist eine wienerische Spezialität, die sich bis in das zwanzigste Jahrhundert gerettet hat. Noch während und nach dem ersten Weltkrieg gab es eine Buchhandlung namens Heller (heute Prachner), in der man die Eintrittskarten zu den Lesungen Karl Kraus' und zu den Konzerten des Schönberg-Vereins kaufen konnte. (Einer der letzten Angestellten dieser Buchhandlung war Sir Rudolf Bing, der es zum General Manager der Metropolitan Opera in New York brachte und sich in seinen Memoiren der musischen Anregungen und wichtigen persönlichen Verbindungen erinnert, die man in Wien als Buchhandlungsgehilfe erfahren und knüpfen konnte.)

Die ersten und nach Ansicht aller, in anderen Fragen miteinander verfeindeten, Psychologen p r ä g e n d e n L e b e n s j a h r e von Johann Strauß Sohn waren die ersten

I. Vorbereitung zum Duell

Jahre des Aufstiegs von Johann Strauß Vater. Genauer gesagt: Um das sechste Lebensjahr des Johann Strauß Sohn wurde aus Johann Strauß Vater der erste »Walzerkönig« und ein Mann, der seine Familie zu meiden begann.

Prägend: Strauß Vater sorgte selbst für seine ständige Überanstrengung, für nervöse und für körperliche Zusammenbrüche, indem er Lokal auf Lokal in seine Obhut übernahm. 1827 sind Mittwoch und Samstag, später auch der Sonntag an die »Zwey Tauben« vergeben, am Sonntag und an Feiertagen wird außerdem im Saal »Zur Kettenbrücke« gespielt, 1828 kommen zwar keine neuen Lokale, aber mehr Tage dran. 1829 beginnt die Annäherung an das Lokal »Zum Sperl«, 1830 ist der »Sperl« eine Art musikalischer Lebensmittelpunkt, außerdem wird der Saal beim »Goldenen Strauß« in der Josefstadt bespielt, sind im Herbst zwei Tage in der Woche der Halle auf dem Tivoli gewidmet. 1831 und 1832 ist die Liste der fixen Engagements schon lang, begreift der staunende Leser der »Übersicht über die Tätigkeit von Johann Strauß Vater«, daß es bereits mehr als eine Kapelle gegeben haben muß und das persönliche Auftreten des mit seinem Namen und seinen Kompositionen als Zugnummer geltenden Mannes sich allabendlich auf wenigstens zwei, oft aber auf viel mehr Lokale erstreckt haben muß. Das heißt, die Proben- und Arrangierarbeit der Strauß-Kapellen sind ein fixer Bestandteil, sind quasi der wichtigste künstlerische Eindruck, den das Kleinkind Johann Strauß hat. In der Enge der Wohnungen, die gewechselt werden, bis endlich eine Art ewiges Hauptquartier gefunden wird, kann weder der Säugling noch das »Buberl« der Musik entkommen. Vom ersten Einfall bis zur letzten Probe vor der jeweiligen Erstaufführung einer Strauß-Komposition reicht das tägliche Angebot, das gehört sein will.

Johann Strauß Sohn

2 Johann Strauß Vater (1804–1849), Lithographie von Joseph Kriehuber, 1831

3 Maria Anna Strauß, geb. Streim (1801–1870), Bild von Johann Heinrich Schramm, 1834

4 Johann Strauß Vater und Joseph Lanner, Lithographie von H. Gerhart

Josef Strauß (1827–1870)

6 Eduard Strauß (1835–1916)

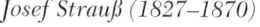

Die drei Brüder Strauß (nach einer Photomontage!): Eduard (links), Johann (Mitte) 7 Josef (rechts)

8 *(links) Das Hirschenhaus um 1898 (nach dem ehemaligen Gasthof »Zum goldenen Hirschen« benannt) liegt in der Taborstraße 17.*

9 *(unten) Geburtshaus Johann Strauß'; heute steht an Stelle der »Goldenen Ente« das Gebäude Lerchenfelder Straße 15.*

Die andere Prägung: Das Kleinkind Johann Strauß wird mit immer mehr Geschwistern durch die Vorstädte Wiens getragen und erlebt dabei einzig die Mutter als Fixpunkt. Die Einkünfte des Vaters sind zuerst ungewiß, dann längst nicht so erregend, wie man annehmen dürfte. Zwar muß die Mutter nie, wie es noch beim amtlich eingebrachten Heiratsgesuch geheißen hatte, ein »Erträgniß an weiblicher Handarbeit« in die Ehe einbringen, doch ist sie in den ersten Jahren durchaus ausgelastet. Sie hat den Haushalt zu versorgen, Kinder in die Welt zu setzen und sich im Hintergrund zu halten, wenn der Hausherr ab dem späten Vormittag seine Musikanten empfängt und gegen Abend mit ihnen ins jeweilige Engagement zieht. Sie hat daheim zu bleiben, wenn der Vater die Abende in Tanzsälen verbringt und sich anschließend noch im Gasthaus erholt. Und sie muß sein Desinteresse an der eigenen Familie, seine Schreibfaulheit ertragen, wenn er auf Kunstreise geht und alle Mitglieder seines Orchesters, nur nicht er, von den Stationen nach Wien berichten.

Die Kinder, die Mutter Strauß zu versorgen hat: Am 20. August 1827 wird Bruder Josef geboren; die Familie lebt zu dieser Zeit in Mariahilf. Dann kommt 1829 Schwester Anna zur Welt, 1831 Schwester Therese. 1834 blinzelt kurz ein Bruder Ferdinand in die Leopoldstadt; er stirbt im selben Jahr an einer Krankheit, die als »Hitziger Wasserkopf« ins Totenbuch eingetragen wird. 1835 endlich ist das Geburtsjahr des Spätling Eduard – er überlebt nicht nur seine begabten Brüder Johann und Josef, er übernimmt in einem gewissen Sinne auch deren Ruhm und verwirrt, darin seinem großen Bruder nicht unähnlich, durch seine schriftlichen »Erinnerungen« wenigstens die Strauß-Biographen, die sich naiverweise an Äußerungen der Herren Originalmusiker halten wollen.

Was die erwähnte Prägung anlangt, so besteht diese aus der ständig sorgenden und für das Wohl der Familie verantwortlichen Mutter, in der Johann Strauß Sohn die wahre Autorität erkennt. Und aus der frühen Einsicht, daß das Leben eines Unterhaltungsmusikers vielleicht aufregend, vor allem aber familienfeindlich und ganz gewiß der Gesundheit abträglich ist. Daß man nur überleben kann, wenn man einerseits Musik hört und Musik macht und sich andererseits einen Hort der Ruhe schafft.

Johann Strauß Vater, dessen erste Kompositionen naturgemäß für das Ensemble komponiert wurden, das ihm zur Verfügung stand – drei Violinen, eine Flöte, zwei Klarinetten, zwei Hörner, eine Trompete, zwei Pauken und ein Kontrabaß –, blieb kein Naturmusiker. Während seines Aufstiegs zum Triumphator des tanzenden Wiens nahm er Unterricht. Sein Lehrer in Komposition, Generalbaß und Instrumentation hat einen klingen Namen: Ignaz Xaver Ritter von Seyfried. Von Mozart als Pianist ausgebildet, Kapellmeister an Emanuel Schikaneders Freihaustheater, dann am Theater an der Wien, mit Ludwig van Beethoven befreundet, Dirigent der ersten beiden Aufführungen des »Fidelio« und schließlich im Alter als Lehrer und Autor eine anerkannte Autorität, gibt dem Vorstadtmusiker Weihen besonderer Art.
Völlig geklärt sind auch hier die Umstände nicht: Wo Kenner berichten, Strauß habe bei Seyfried heimlich Unterricht genommen, behaupten andere, er habe nur die theoretischen Werke Seyfrieds genützt und sich selbst ausgebildet. Wie immer, man wohnte in der selben Stadt, man kann sich gekannt haben. Wie der Unterhaltungsmusiker von dem Theoretiker profitierte, ist nicht sehr wichtig.
Wer wie wir weiß, daß sich die in Wien Station machen-

den Komponisten Chopin und Wagner mit dem Phänomen Strauß befaßten, versteht, was sie damals so fasziniert hat: Da hörten sie reine Unterhaltungsmusik, populärer als alles, was sie bisher geschrieben hatten. Und doch war es Musik auf einem Niveau, das sie als dem ihren ebenbürtig anerkennen mußten. Die Wiener, die in den Tanzsälen wie die Wahnsinnigen tanzen, nehmen das als selbstverständlich. Die Musiker, die von auswärts kommen und den Wahnwitz beobachten, können es sich nicht erklären. Wie kommt es, daß eine »mindere Volksbelustigung« von Chopin und Wagner kollegial zur Kenntnis genommen werden muß? Die in Wien und nur in Wien immer vorhandene Verbindung von E und U drückt sich in der Musik von Strauß Vater aus. Seine Kompositionen sind natürlich wie das Wasser und werden mit der Zeit so kunstvoll wie gepflegter Wein. Seine Einfälle stammen aus der Vorstadt. Ihre Verarbeitung folgt den Gesetzen, nach denen Mozart und Beethoven komponiert haben. Aber, sie ändert sich, wie sich später auch der Stil von Johann Strauß Sohn ändern, entwickeln wird. Der bald nach seinem Tod vergessene, in unserem Jahrhundert rettungslos veraltet wirkende Johann Strauß Vater hört die großen Komponisten seiner Zeit, deren Werke er für seine Kapelle »setzt« und lernt bei ihnen allen. In der Instrumentation hat er ein erklärtes Vorbild: Giacomo Meyerbeer, den er anhimmelt. Meyerbeer hat nicht nur Einfluß auf Strauß Vater. Er ist ein Musiker, den zu überwinden der große Richard Wagner antritt, dessen Kompositionen in Wien aber erst von den Mitgliedern der Dynastie Strauß als groß begriffen und aufgeführt werden.

Strauß ist, behaupten alle Kenner, kein Geigenvirtuose nach unserem Verständnis, kann es mit keinem großen Solisten seiner Zeit aufnehmen: aber er hat »das Dämonische«, mit dem er seine Kapelle und sein Publikum in Bann zieht.

Er spielt ganz offensichtlich mit dem ganzen Körper und mit einem Sinn für das, was man heute Show nennt. Er zeigt sich seinem Publikum schlank und rank und ist uns nur deshalb kein Begriff mehr, weil wir die Bilder von Johann Strauß Sohn und zwar die sehr berühmten Altersbilder vor uns haben. Immerhin, er ist kein Virtuose, aber ein Teufelsgeiger; wird von Heinrich Heine gleichwertig neben Nicolo Paganini genannt und muß eine »elektrisierende« Wirkung gehabt haben, die heutzutage nur die Sänger der allergrößten Rock-Gruppen haben. Seinem Sohn wird – als es so weit ist und er beschließt, seinem Vater Konkurrenz zu machen – nicht nur Geigenunterricht erteilt, sondern vom Vorgeiger des Orchesters empfohlen, fleißig vor dem Spiegel zu üben, wie man auf die Musiker und das Publikum »den rechten Eindruck« macht. Das heißt, daß Strauß Vater als Komponist wie als Interpret gleichermaßen fasziniert, daß sofort, wenn er nicht selbst auftritt, das Publikum weniger Anteil an seinen Kompositionen nimmt. Da ihm Möglichkeiten einfallen, »original« aufspielen zu lassen und das in mehr als einem Tanzsaal an einem Abend; er eine Nerven und Körper zermürbende Tätigkeit zwischen oft vier Strauß-Kapellen auf sich nimmt; überall Werke selbst dirigiert und spielt; sich dann weiterkutschieren läßt, um gleich wieder vor ein Ensemble zu treten, verliert er allmählich den Sinn für Zeit und Raum und, naturgemäß mit der Zeit in seinem ganzen Leben und Wirken, den Sinn für die Realität des Lebens.

Die zahlreichen bei ihm und später bei seinem Sohn registrierten körperlichen Zusammenbrüche sind von jedem Mediziner rasch erklärt. Sie kommen von einer unnatürlichen und in den Hochzeiten des »Geschäfts« Tag und Nacht andauernden Erregung, die über viele Stunden nicht nur den Vorgeiger, sondern auch seine Musiker und das Publikum »elektrisieren« soll. (Nach einer Wiener Faschingssaison sind bis auf den heutigen Tag die Heroen der Ballsäle nervlich und körperlich »am Ende«.) Von den Söhnen Strauß Vaters hat nur der bewußte Eduard es zuwege gebracht, bis zu vier Kapellen in Wien unter seiner persönlichen Leitung über lange Zeit aufspielen zu lassen und dabei keinen Schaden an seiner Gesundheit zu nehmen. Er war – die noch lebende Nachkommenschaft dieses besonders robusten und seltsamen Strauß-Bruders möge verzeihen – offenbar der einzige, der nicht mit Leib und Seele, sondern vor allem mit besonderer Eitelkeit bei der Sache war. Und er war – noch einmal ist um Pardon zu bitten – der am wenigsten interessante Komponist. Allerdings ein echter Strauß mit vielen Eigenschaften der Familie: als Dirigent ein Show-Master wie seine großen Vorbilder; als Unternehmer ein höchst erfolgreicher Organisator großer Reisen durch die Welt; als Erwerber von Orden und Ehrentiteln derjenige in der Familie, der alle übertraf.

Die legitime und die andere Familie und die musikalische Erziehung des jungen Strauß

Wer an ein und demselben Abend gleich viermal erlebt, wie ihm ein immer neues Publikum zujubelt; wer sich nach einem solchen Abend, der selbstverständlich eine Nacht wird, mit wiederum vier Ensembles herumärgern muß, was einen Gutteil seiner täglichen Arbeit darstellt; wer schließlich auch noch sein gerüttelt Maß an neuen Werken zu schreiben hat – der kann kein Familienmensch sein.

Johann Strauß Vater ist es nicht. Er nützt den Erwerbssinn und die Tüchtigkeit seiner Frau, die ihm die Trivialitäten des Alltags, der Umzüge in immer neue Wohnungen, das Aufziehen der Kinder abnimmt. Nicht im Kreis der Familie sucht er seine Entspannung, sondern nach den Ballveranstaltungen mit Freunden in Gasthäusern, beim Kartenspiel, auch dem verbotenen. Und zwischendurch an der Seite einer jungen, scheinbar unbeschwerten Frau, die ihm ein Kind nach dem anderen schenkt, jedoch nicht einen Augenblick daran denkt, ihm das »Ehejoch« aufzuzwingen. Emilie Trambusch (manchmal auch Trampusch geschrieben) – ihr Name ist unrühmlich in die Wiener Musikgeschichte eingegangen, ihr Bild oder Schicksal nie liebevoll bedacht oder beschrieben worden – verschafft dem ersten Walzerkönig die Abwechslung, die er offenbar braucht. Freilich nicht im heute üblichen Sinn; sie verlangt nicht, sich mit ihm in Gesellschaft zeigen zu können, wenn er sie auch manchmal ausführt und sich in dem vertratschten Wien mit ihr und nicht mit seiner angetrauten Frau zeigt. Sie bietet ihm eine zweite Familie, noch einmal Kinder, noch einmal das Geschrei, das ihm daheim im »Hirschenhaus« zu viel geworden ist. Und was noch? Wir wissen es nicht. Wir wissen nur, daß Strauß Vater sich offenbar in einer engen kleinen Wohnung, im Kreise seiner zweiten Familie wohl fühlt, daß er seiner Gattin zur Linken Geschenke macht und daß er sich immer deutlicher aus dem ursprünglichen Familienverband zurückzieht.

Wir wissen, daß Johann Strauß Sohn von Anbeginn sehr bewußt in dieser angespannten familiären Situation aufwächst. Er ist in der Lage, Vater und Mutter und Familie zu begreifen und erlebt, daß er einen berühmten Vater hat, der sein »eigenes« Heim direkt anschließend an die Wohnung der Familie hat. Im »Hirschenhaus« in der Taborstraße, wo sich nach den ersten Wanderjahren die Familie Strauß in einer für damalige Verhältnisse großen Mietwohnung niederläßt, wird Musikgeschichte gemacht und gleichzeitig Familientragödie gelebt.

Strauß hat es selbst beschrieben: Beim Vater – im Schlafzimmer und in den angrenzenden Räumen – werden die teureren Instrumente der Kapelle Strauß aufbewahrt, wird von Mittag an musiziert, hört man daher die neuesten Schlager der Saison. Menschen gehen ein und aus, es ist »ein Flöten und Geigen« und man hört keineswegs nur Strauß-Musik, sondern die gesamte zeitgenössische Musik in Strauß-Arrangements. Dem Vater wird nachgerühmt, daß er die Ouvertüren Mozarts und Beethovens akkurat ausführt und daß es kaum eine neue Oper gibt, aus der er nicht sehr rasch Teile mit seinem Ensemble zur Aufführung bringt. In den allerseltensten Fällen geschieht dies in der Originalbesetzung, meist müssen die Stücke umgeschrieben, vereinfacht werden, immer müssen sie – wenn es um Opernausschnitte geht – so arrangiert werden, daß ein charakteristisches Instrument (im Zweifel immer eine hohe Trompete) die Gesangstimme übernehmen kann. Wer sich einen entfernten Eindruck von dieser Art der Darbietung machen will, dem sind die Abende auf dem Markusplatz in Venedig zu empfehlen, die ausgezeichnete, musikalische Banda Municipiale spielt heute noch Opernausschnitte, arrangiert für Solo-Instrumente und Orchester.

Das heißt, das Kind Johann Strauß hört, weil Wien der Mittelpunkt der musikalischen Welt ist und sein Vater derjenige, der mitten in dieser Welt lebt und wirkt, die gesamte neue Musik seiner Zeit. Es muß keine besonderen Gene haben, die die Musikalität des Vaters in ihm nachformen, es wird täglich dazu angeregt, Musik als das Wichtigste im Leben anzusehen. Und es hat keine von den Schwierigkeiten, mit denen wir heute zu leben gelernt haben: Die Musik, die alle Welt hört und nachsingt, ist zugleich die Musik, die in dieser Welt Tag für Tag komponiert wird. Und Konzerte, in denen vor den Walzern die neuesten Opern und Ausschnitte aus Werken der zeitgenössischen Komponisten Wagner und Liszt dem Publikum vorgetragen werden, sind in der Kindheit des Walzerkönigs eine Selbstverständlichkeit.

Erst im Alter wird Johann Strauß an der Schwelle zur im musikalischen Sinn unseligen Neuzeit im Großen Musikvereinssaal eine Symphonie von Anton Bruckner hören, die auf mehr als geteilte Aufnahme beim Publikum stößt. Er wird dem Meister ein Glückwunsch-Telegramm senden, denn er ist ein Musiker und begreift vielleicht nicht die gesamte Partitur, wohl aber hört er sofort die Vision des Kollegen.

So viel oder so wenig zu dem, was Strauß Vater seinen Söhnen in die Wiege legt: Wenn er seinen Kindern andere Berufe, bürgerliche Laufbahnen wünscht, dann ist das durchaus verständlich. Und wenn die Mutter lange Zeit ebenso denkt und die musikalische Erziehung ihrer Söhne nicht ernsthafter betreiben läßt, als es in allen Wiener Bürgerhäusern der Brauch ist, so versteht man sie. Es ergibt sich, daß ihr Mann von Komposition zu Komposition populärer wird, daß er mit seinem Nachtgeschäft die Familie erhalten kann, daß er als erster Wiener Unterhaltungsmusiker auf Konzertreisen gehen und in aller Welt Erfolg einheimsen kann. Aber er und sie kennen den Preis, der dafür zu zahlen ist. Die Gesundheit wird durch die saisonale Überanstrengung geschädigt, die Nerven sind ununterbrochen bloßgelegt, das Familienleben leidet nicht nur, sondern kann eindeutig als zerrüttet angesehen werden. Ähnliches ist den Kindern nicht zu wünschen. Sie sollen es einmal besser haben. Trotzdem sind Vater und Mutter erfreut, die Buben Johann und Josef musikalisch zu finden. Die Mutter notiert (im August 1832) gerührt die erste »Komposition« Johanns, die er in der Sommerfrische bei den Großeltern Straim am Klavier in Salmannsdorf klimpert. Dieser »Erste Gedanke« wird nicht einmal von der Mutter als genialisch bezeichnet oder übermäßig ernst genommen, aber notiert und liebevoll aufbewahrt. Zur Freude der Forschung, denn diese schreibt: »Immer wieder tauchen die Melodien des ›Ersten Gedanken‹ im späteren Schaffen spurenartig auf.« Aber nicht nur die Manuskripte vieler Kompositionen von Johann Strauß Sohn sind unauffindbar, auch das Notenpapier, auf dem Anna Strauß den »Ersten Gedanken« notiert hat, ist verschwunden. Was heute noch vorhanden ist und diskutiert wird, ist eine viel später herausgegebene Fassung.

Der Vater, der seine erste große Auslandsreise vorbereitet, bezahlt den Klavierunterricht der Söhne, die er in der besten Schule Wiens einschreiben läßt und denkt dabei nicht einen Augenblick, er würde sich Konkurrenz heranziehen. Er will gutbürgerlich sein und gutbürgerliche Kinder lernen Klavier.

Johann und Josef besuchen zuerst die Pfarrschule St. Johann in der Praterstraße, von 1837 an das Unter-Gymnasium bei den Schotten, damals wie heute eine Bastei der Gelehrsamkeit, von Benediktinern geleitet. Johanns »Noten« sind erfreulich, bei genauerem Hinsehen sind sie immer etwas besser, wenn der Vater auf Reisen ist. Sein Notendurchschnitt wird mit 2,75 errechnet (bei einer Skala von 1 bis 5) und das darf für den Sohn eines einstigen Gasthausmusikers als guter Erfolg auf dem Weg in die von der Familie ersehnte bürgerliche Gesellschaft angesehen werden. Die »vier Grammatikalklassen« werden abgeschlossen, wie es in der Familienplanung vorgesehen ist – Latein ist sein schwächstes, Religion das beste Fach. Der zwei Jahre jüngere Bruder Josef, der auf genau dieselbe Art erzogen wird, erweist sich als begabter und ruhiger. Er ist und bleibt solider als Johann. Daß er anders, besonnener, sogar abweisend reagiert, wird nicht zur Kenntnis genommen. Noch ist die Welt wenigstens für die Kinder der Familie Strauß heil. Noch darf Johann in den Tag hinein träumen und Josef sich auf eine Laufbahn als Ingenieur vorbereiten. Die Zeit ist träge, scheinbar ruhig. Wer nicht zur hungernden Klasse der Arbeiter zählt, dem gaukelt der Staat Metternichs ein heiles Zeitalter vor. Biedermeier, nicht Vormärz.

Heil? Für die Familie Strauß ist sie immer wieder ungesichert, es kommt zu finanziellen Engpässen, der Vater kann manchmal das Schulgeld nicht bezahlen, die großen Brüder müssen als Chorsänger mitverdienen, werden von der Schulgeldzahlung befreit: Der bereits als »Walzertyrann« anerkannte Kapellmeister und Komponist und Veranstalter großer Feste hat ja einen »freien« Beruf, ist als Unternehmer in einer gefährlichen Branche tätig. Vom Wetter und der Stimmung seines Publikums abhängig. Kein Beamter, kein fix Angestellter. Im Gegenteil, er ist Unternehmer, muß aus den oft stattlichen Einnahmen eines Festes nicht nur seine Musiker, sondern alle anderen Mitwirkenden bezahlen und behält nach Abzug der Spesen als Reingewinn erstaunlich knappe Summen. Und ist außerdem splendid, hat die Allüren eines Weltmanns, zeigt sich selbst nach finanziellen Rückschlägen unternehmungslustig, wagemutig. Wetter und Wind können ihn nicht davon abschrecken, mit einem Getreuen große Feste im Prater oder in Bad Vöslau abzuhalten. Manchmal muß das Publikum zwei-, dreimal eingeladen werden, weil der Regen ein Fest unmöglich gemacht hat.

1837, er hat den ältesten Sohn gerade erst zu den Schotten gesteckt, ist er endgültig des Familienlebens überdrüssig und reist mit seinem Orchester für viele Monate in die Welt. Seine Abwesenheit von Wien deutet seine Familie, vor allem seine Frau, ganz richtig als einen Versuch auszubrechen. Aber diese Reise ist mehr.

Strauß senior hat vor, zuerst Paris und dann England zu erobern. Und es gelingt ihm mit unerhörtem Einsatz und viel Glück auf eine beispiellose Art und Weise. In Paris wird er die Sensation der Saison und vor allem der Liebling aller bedeutenden Musiker: Aus dieser Zeit stammt ein berühmter Essay des so klugen wie quer denkenden Hector Berlioz, der sich ein für allemal als Verehrer der Strauß-Musik deklariert. Er beschreibt die Faszination eines Orchesters, das »nur« sechsundzwanzig Musiker hat, darunter aber viele, die »mehrere Instrumente besitzen und sie mit größter Schnelligkeit wechseln«, sodaß dem Publikum das kleine Orchester »oft doppelt erscheint«. Wesentlicher aber ist in dem bis heute berühmt gebliebenen Aufsatz im »Journal des Débats« der Hinweis auf das Tempogefühl, das dieses Strauß-Orchester nach Paris mitgebracht hat: »*Es gibt in der Musik ein Gebiet, das bisher alle vernachlässigt haben – die ausübenden wie die schaffenden Künstler –, und dessen Bedeutung doch riesenhaft ist! Überall macht man Fortschritte, auf diesem Gebiet aber gibt es kaum noch den Anfang einer Entwicklung. Wovon spreche ich? Vom R h y t h m u s! Alle italienischen und unsere französischen Meister haben den Rhythmus unter dem gleichen schiefen*

Gesichtspunkt angesehen. Alle betrachten ihn als Zubehör zur Melodie und zur Harmonie, fast als Nebensache. Als ein Hilfsmittel lediglich, dessen Formen man nicht verändern kann, ohne daß in die Melodie die Unordnung und die Barbarei tritt.« Berlioz, immer unmäßig in seinen Verdammungen wie in seinem Lob, schwärmt von den möglichen Kombinationen im Reich des Rhythmus, meint, es gäbe rhythmische Dissonanzen, Konsonanzen und Modulationen des Rhythmus. Und überschüttet das Orchester aus Wien mit einer Hymne: »*Strauß' Musiker sind viel geübter, Schwierigkeiten des rhythmischen Wechsels zu überwinden als unsere Künstler. Die Walzer, die sie vortragen, in denen die Melodie entzückt, den Takt auf tausendfältige Art aufzuhetzen und aufzupeitschen, spielen sich schwer; doch mit Leichtigkeit gehen die Wiener darüber hinweg.«* Und für den Komponisten Strauß findet er Worte, die Strauß sich bis dahin nirgendwo ins Stammbuch schreiben lassen konnte. »*Strauß bewegt sich auf einem Felde, zu welchem Beethoven und Weber zuerst den Zugang erschlossen haben. Das ist das große Feld des Rhythmus; wer es bebaut, der wird fruchtbar ernten.*« Der Aufsatz wurde in Wien nicht gelesen, man hätte den Hymnus gar nicht richtig einzuschätzen verstanden.

Die Nachrichten von den gesellschaftlichen Erfolgen des Vaters drangen nur auf Umwegen zur Familie. Die Mitglieder der Kapelle, die früher als ihr Prinzipal Heimweh verspürten, die zweifellos strapaziöse Reise durch England längst nicht so genossen wie ihr Dienstgeber, berichteten nach Wien. Man war im Spätherbst aufgebrochen, im darauf folgenden April setzte man nach London über und musizierte quer über die Insel, erlebte einen Höhepunkt anläßlich der Krönung der Königin Viktoria, die die Strauß-Kapelle für sich aufspielen ließ. Und war im Jahr darauf immer noch nicht auf dem Heimweg nach Wien.

Aus Briefen einzelner Musiker erfuhr man, daß Strauß sein ermattetes Ensemble in Frankreich nicht auf die Heimreise vorbereiten, sondern zu einer zweiten Englandreise motivieren wollte: Bei Besuchen der Wiener Musikerfamilien erfuhr dies Frau Strauß, die selbst keine Post mehr bekam. Schließlich wußte ganz Wien, daß sich die heimwehkranken Musikanten gegen den spendablen, aber reisewütigen Prinzipal durchgesetzt hatten. Die Strauß-Kapelle kehrte zurück.

Strauß selbst war nicht erschöpft, sondern »dem Tode nah«. Er mußte gepflegt werden. Das übernahm nicht die junge Trambusch, das war die Aufgabe der legitimen Frau.

Daheim war vor allem der zwölfjährige Johann, der gemeinsam mit seinem jüngeren Bruder die Musik seines Vaters längst vierhändig zu spielen wußte und der erfahren hatte, daß er alles, nur kein Musiker werden sollte. Die diesbezügliche Willensäußerung des Vaters wird von sämtlichen Biographen einer autobiographischen Skizze Johann Strauß Sohn nacherzählt. Auch der deutsche Musikwissenschaftler und Forscher Norbert Linke, dem man nachrühmen muß, sich nur der besten Quellen zu bedienen, zitiert die Skizze ausführlich. Ob er das guten Gewissens tut? Alle Mitglieder der Familie Strauß haben zu allen Zeiten in ihren schriftlichen Äußerungen Legendenbildung betrieben. Warum nicht auch der Walzerkönig? Freilich ist Linke nur ein bewußter Vorgang wichtig: »*Wir Buben paßten genau auf jede Note, wir lebten uns in seinen Chic ein, und zu vier Händen spielten wir dann nach, was wir erlauscht hatten, flott, ganz in seinem Geiste. Eines schönen Tages gratulierte ihm ein Bekannter – es war der Verleger Carl Haslinger – zu unseren Erfolgen. Er war nicht wenig erstaunt. In kurzen Worten setzte er uns auseinander, was er gehört hatte, und befahl uns, ihm vorzuspielen. Der Flügel wurde gebracht, und nun spielten wir, daß es eine Art hatte; alle Orchesterstimmen brachten wir zu Gehör. Lächelnd hörte uns der Vater zu und man sah ihm das Vergnügen und die Rührung vom Gesichte ab. ›Buben, das spielt Euch niemand nach‹. Das war alles, was er sagte, aber zur Belohnung bekam jeder von uns einen schönen Burnus. Trotzdem wollte mein Vater nicht, daß wir uns berufsmäßig in der Musik ausbilden; auch die Mutter war nicht dafür«*, lautet (heftig gekürzt) die Strauß-Geschichte über die erste Erfahrung des Vaters mit der Musikalität seiner Söhne. Sie beginnt mit der verräterisch wichtigen Erklärung, weshalb der Vater nichts von den Fähigkeiten seiner Söhne wissen konnte. »*Mein Vater wohnte in einem besonderen Appartement, abgesondert von der Familie, wie das bei seiner anstrengenden Lebensweise kaum anders möglich gewesen wäre.*«

Strauß Sohn, damals längst d e r Strauß, vergaß bei keiner Gelegenheit, auf das besondere Appartement hinzuweisen. Es war wohl als eine Art Chiffre gedacht. Außer dem besonderen Appartement im Hirschenhaus in der Taborstraße hatte Johann Strauß Vater zu dieser Zeit ja längst die kleine Wohnung in der Stadt, in der ihm nach und nach eine z w e i t e F a m i l i e »geschenkt« wurde. Kein Zweifel, in Johann Strauß nagte – bei aller nach außen gezeigten Verehrung für den »verewigten« Vater, mit dessen Werk er sich identifizierte – ein ständiger Vorwurf, der nie frei ausgesprochen, aber in jeder Zeile heimlich mitgeschrieben wurde. Es hatte der Walzerkönig nicht das allenfalls standesgemäße Leben eines Frauenhelden und Hallodri gelebt, der aber immer wieder zu seiner Familie fand, sondern er hatte eine zweite Familie besessen. Zur gleichen Zeit wie mit der ersten und einzigen, die eine Dynastie werden sollte. Das wußten die Freunde, das wußte die Ehefrau, das erfuhr früher als notwendig die ganze Stadt. Niemand aus der Familie konnte verheimlichen, was ganz Wien wußte und nachrechnen konnte: Strauß »Vater« hat eine erstaunlich lange Zeit Kinder hier und dort gemacht. Eduard Strauß war zwar das jüngste der legitimen Kinder, seine Stiefgeschwister waren aber längst auf der Welt und vom leiblichen Vater anerkannt. So viel zum eigenen Appartement, das der besondere Lebenswandel von Strauß Vater so zwingend notwendig gemacht hatte …

Oder, um einmal gar nicht zu interpretieren, sondern nur die Jahreszahlen sprechen zu lassen: 1825 kommt, als Anlaß für eine Ehe, Johann Strauß auf die Welt. Gemeinsam mit seinen Eltern und dem eineinhalb Jahre später geborenen Bruder Josef zieht er mit dem zwar eifrigen, aber noch nicht erfolgreichen Vater von einer Wohnung zur anderen, schreibt mit noch nicht sieben Jahren im Sommerhaus der Großeltern mütterlicherseits, dem Refugium in Salmannsdorf, seine ersten beiden Walzermelodien und zieht im Jahr darauf in die groß angelegte Wohnung in der Leopoldstadt. Zur gleichen Zeit geht der Vater ernstlich fremd und zeugt fast gleichzeitig den jüngsten ehelichen Sohn Eduard und das erste außereheliche Töchterlein. Der junge Strauß ist zehn Jahre alt, ein aufgeweckter, grundmusikalischer Bursch und lebt in einer Großfamilie, deren Ruhepole alle aus der Familie der Mutter kommen: Die Mutter selbst, ihre Eltern, die in das Hirschenhaus ziehen, schließlich die berühmte »Tante Waber«, eine verwitwete Schwester der Mutter. Und weiter: Der junge Strauß ist noch nicht zwölf, da werden die Kunstreisen seines inzwischen zu großer Berühmtheit und Popularität gekommenen Vaters endgültig zu Fluchtreisen vor der Familie, ist das Ehedrama vor ihm nicht mehr zu verheimlichen, weiß er genau, daß es anderswo in der Stadt eine zweite eheähnliche Gemeinschaft gibt, die seinem Vater offenbar wichtig ist und seiner Mutter nichts als Leiden einbringt.

Wundert es, wenn sich da bei aller anno dazumal noch selbstverständlichen Ehrfurcht vor dem Vater, der die oberste Autorität ist und allein den weiteren Lebensweg der Kinder zu bestimmen hat, bei aller Verehrung für die Position des Vaters, der sich einen Namen in der Kunstwelt geschaffen hat, eine Abneigung, sogar ein Aufbegehren ergibt? Die Zeit läuft rasch, es braucht nur wenig, damit die Katastrophe, die in der Geschichte ausnahmsweise einmal keine ist, ihren Lauf nimmt. Der junge Strauß ist siebzehn Jahre, als sein Vater endgültig die Flucht aus der Gemeinschaft antritt und es notwendig wird, alle Kräfte zu mobilisieren, um mit ihm in den Wettbewerb zu treten.

Alle in Lebensgeschichten aus beiläufigen Bemerkungen oder umgedeuteten schriftlichen Aufzeichnungen entstandenen Berichte von der Entbehrung leidenden Mutter, von den unglücklichen Kindern, vom leidenschaftlich seiner Kunst lebenden Vater sind mehr Dichtung als dokumentierbare Wahrheit. Im Lauf der Jahrzehnte hat man die wenigen Tatsachen aneinandergereiht und dramatische Szenen erfunden, nachempfunden, erzählt, nacherzählt. Aber: Es genügt, sich an die Tatsachen zu halten und erstaunt zu sein, daß ein Idol der Stadt, ein an Fürstenhöfen freundlich aufgenommener Mann, ein erfinderischer Geist – daß Johann Strauß in einer trotz alledem bigotten, erzkatholischen Gesellschaft beinahe öffentlich ausleben durfte, was vor Gott und der Obrigkeit verboten war. Daß »ganz Wien« von seinem Lebenswandel wußte und niemand ihn deshalb aus seiner Verehrung entließ. Und es läßt sich unschwer begreifen, daß wenigstens die Familie, die verlassene, eines Tages antrat, um der allgemeinen Freude an Johann Strauß, dem Idol, ein Ende zu bereiten.

Ein Idol zu stürzen, mit den eigenen Waffen zu bekämpfen? Das lag nahe angesichts eines Sohnes, der erkennbar musikalisch war, dessen Fähigkeiten sich im Schatten des Vaters bereits gezeigt hatten, dem eine bessere, gründlichere A u s b i l d u n g zuteil werden konnte, als dieser sie vor seinem Debüt gehabt hatte. Es besteht kein Zweifel, Anna Strauß hat alle Vorbereitungen getroffen, die für das große Duell mit dem Vater notwendig waren. Die Mutter, zuerst noch der Ansicht, die Kinder sollten bürgerliche Berufe erlernen und ruhigere Verhältnisse kennenlernen als die eines stets auf Gedeih und Verderb dem Erfolg ausgelieferten Musikers und Musikveranstalters, besann sich anders. Sie suchte die Lehrer ihres Sohnes aus. Die Lehrer, die es ihrem Mann zeigen sollten.

Dabei erwies sie sich als klug und kenntnisreich und ganz und gar nicht so hausbacken und unerfahren, wie man sie gerne sehen möchte. Die Frau, der man in vielen Biographien den Vorwurf gemacht hatte, sich nur um die Familie und niemals um die Karriere ihres Mannes gekümmert zu haben, wußte genau, was ihrem Mann einst gefehlt hatte. Und ließ genau d a s ihrer großen Hoffnung, Strauß Sohn, zuteil werden.

Da war der Theorielehrer: Johann wurde zu Josef Drechsler geschickt, um Unterricht »im Generalbass« zu nehmen. Drechsler war zu der Zeit vor allem als Organist und trockener Lehrer anerkannt, hatte aber seine Jugendjahre anders als an der Orgel verbracht. Er war Theaterkapellmeister und Korrepetitor gewesen, er hatte komponiert, er war gemeinsam mit Ferdinand Raimund der Schöpfer des unsterblichen »Brüderlein fein«. 1844 ist er laut dem in derlei Dingen unbestechlich urteilenden Erich Schenk eine »Säule strenger Kontrapunktik inmitten italianisierender Vormärzlerei«. Wer bei ihm in die Lehre geht, soll kein Tanzkapellmeister, nicht einmal ein Kapellmeister an einem Vorstadttheater werden, sondern ein ehrsamer Kirchenkomponist, man kann das unschwer aus der einzigen Strauß-Komposition erkennen, die Drechsler in Auftrag gab und öffentlich aufführen ließ. Ein vierstimmiges Graduale »Tu quis regis totum orbem« präsentiert Drechsler als Lehrlingsstück seines Schülers in der Kirche Am Hof. Und resigniert doch, als er unmittelbar darauf erfährt, sein Schüler habe den ernsten Unterricht nur genommen, um »auch so einer« wie sein Vater zu werden.

Immerhin, Strauß erhält ein schriftliches Zeugnis, das ihn am 9. Juli 1844 als »im Generalbasse unterrichtet« ausweist. Drechsler fügt an, »daß die Fortschritte, welche er in der Kunst gemacht, nicht allein seinem Fleiß, sondern seinem angeborenen Talente zuzuschreiben sind« und weiß als ehemaliger Theaterhase sicher ganz genau, von welchem angeborenen Talent er da schreibt.

Da war die solide Ausbildung in Interpretation: Anton Kohlmann, Mitglied des k.k. Hofoperntheaters und Violinmeister wurde ausgesucht, dem längst die Geige streichenden Johann Strauß Sohn geregelten Unterricht zu geben und ihn auf einer höheren Stufe als den Vater in die Arena zu schicken. Die Stunden, die es vorher für den Buben bei einem Mitglied der Kapelle Strauß gegeben hat, werden als zu wenig, zu wenig ernsthaft eingestuft. Zwar gehörte, behaupten die Experten, Kohlmann »nicht zur Elite der Wiener Geigenschule«, sie leiten diese Charakteristik allerdings einzig aus der Tatsache ab, daß er zwar in der Oper spielte, nicht aber Mitglied der bereits aufspielenden »Wiener Philharmoniker« war. (Eine fragliche Charakterisierung: Nicht alle Geigenlehrer waren zu ihrer Zeit die gesuchtesten Geiger. Und heute noch sind ausgezeichnete Musiker bekannt, die in der Staatsoper im Orchester spielten und auf andere Posten verzichteten ...) Kohlmann stellt ein Zeugnis für Johann Strauß aus und nennt ihn »einen guten Violinspieler«, fügt aber auch alle anderen Eigenschaften an, die er erstens erkennt und zweitens ins Zeugnis schreiben muß. Er bestätigt nämlich, »daß seine Compositionen viel Talent verrathen, daher vermöge dieses Talentes die Fähigkeiten in sich trage, einen Musik Körper zu leiten.« Darum, einzig darum geht es. – Der Geiger Johann Strauß muß nachweisen, daß er imstande ist, Musik zu komponieren und daß er das Talent hat, diese mit einem Ensemble aufzuführen. Denn er ist, wie er demnächst in einem Gesuch bekanntgeben wird, in Verhandlungen mit entsprechenden Lokalen und er will auf eigenes finanzielles Risiko auftreten.

Das ist die nächste, die schwerste Hürde, die er zu nehmen hat: Er ist noch nicht volljährig, sein Vater hat zwar die Familie im Stich gelassen, doch er leistet weiterhin »Zahlungen« und ist das Familienoberhaupt, in dessen Händen das Schicksal derjenigen liegt, mit denen er seit Jahren kaum noch Kontakt hält. Strauß Sohn muß erklären, daß er »als Musikdirektor seinen Erwerb suchen wolle« und gibt der Polizei Auskunft über sich. Er legt seinen bisher unbescholtenen Lebenswandel in die Waagschale und erklärt, was er will: »*Ich bin gesonnen, mit einem Orchester von 12 bis 15 Personen zu spielen, in Gastlocalitäten und zwar beym Dommayer in Hietzing, welcher mir bereits die Zusi-*

cherung machte, daß ich, sobald mein Orchester in Ordnung sei, dort Musikunterhaltungen abhalten könne. Die übrigen Localitäten weiß ich derzeit noch nicht zu bestimmen, glaube aber, daß ich hinreichend Beschäftigung und Verdienst erhalten werde ... Schließlich bemerke ich noch, daß ich außer Tanzmusikstücken auch Opernstücke und Concertsachen aufführen werde, je nachdem es die Unterhaltung erfordert. Ich bitte demnach um die Einleitung der Erwerbssteuerbemessung mit dem gehorsamsten Bemerken, daß ich stets einen ordentlichen Lebenswandel führte und noch nie einen Anstand bey irgend einer Strafbehörde hatte.« Will man in allen Kleinigkeiten die Unterschiede zwischen Vater und Sohn lesen, dann kann man den letzten Satz der Eingabe deuten. Der allbeliebte Walzerkönig hatte durchaus »einen Anstand« bei der Strafbehörde, er war wegen verbotenen Glücksspiels und gefährlichen Abschießens von Feuerwerksraketen verurteilt worden. Kleinigkeiten, aber immerhin Flecken auf der Weste eines Orchesterführers, den jedermann allabendlich sehen wollte.

Die allerletzte Eingabe in Sachen »Strauß gegen Strauß« kam naturgemäß von der treibenden Kraft, von Mutter Anna Strauß: Als ruchbar wurde, daß es immerhin möglich wäre, mit dem Debüt an einem Einspruch des Vaters zu scheitern, klagt sie am 10. August 1844 auf Ehescheidung, geht mit »der Schande« an die Öffentlichkeit und macht so deutlich, daß es ab sofort zwei Parteien gibt: den Liebling aller Wiener und seine Familie, die den Wienern einen neuen, jungen Liebling schenken möchte.

Die Behörden kennen die in den amtlichen Eingaben nicht geschilderte Situation genau und sind der Ansicht, der alte Strauß habe kein Recht mehr, seiner Frau, seinem Sohn Pläne zu verwehren. Und sie erklären nicht einmal einen

Monat nach der Eingabe, daß »weiter keine Bedenken obwalten«. Man weiß, daß der höchst irritierte Vater zu dieser Zeit alles versucht, die Pläne seiner Familie zu verhindern. Nur: Man weiß auch, daß er mit seinen Gegenaktionen nur wenig Verständnis findet. Ein paar gute Freunde, sein Verleger, sein Mitveranstalter – mehr Unterstützer hat er nicht.

Wiederum einen Monat später hat Johann Strauß nicht nur seine Kapelle beisammen, sondern auch schon einen Standardvertrag mit den Musikern geschlossen, die Proben haben begonnen, das erste Auftreten ist annonciert. Völlig unklar bleibt, wann er die für sein Debüt erforderlichen Kompositionen geschrieben hat; nur undeutlich weiß man, wie er seine ersten Musiker auswählte; ins Reich der Legenden muß verwiesen werden, daß hinter den Kulissen regelrechte Kämpfe tobten, in deren Verlauf der allmächtige Herrscher Wiens alle Besitzer von einschlägigen Lokalitäten verpflichtete, seinem Sohn das Auftreten zu verwehren.

So etwas erzählt sich gut, es läßt sich aber nicht beweisen. Man kann annehmen, daß der sich an einem Abend zu vier verschiedenen persönlichen Auftritten verpflichtete Johann Strauß seinen Vertragspartnern nahelegte, ihn weiter zu beschäftigen. Aber im »Nachtgeschäft« gibt es keine schriftlichen Abmachungen, also auch keine schriftlichen Belege über Intrigen des Vaters gegen den Sohn.

Wie man auch nur annehmen kann, daß Johann Strauß Sohn die wenigen Kompositionen, die er für sein Debüt zusammenstellte, erst im Spätsommer 1844 niederschrieb. Und wie man ziemlich sicher sein kann, daß er das Musikantengasthaus »Zur Stadt Belgrad« aufsuchte, um seine allererste Mannschaft zu rekrutieren: Musiker waren in Wien zwar die ersten gewesen, die eine Art eigener Gewerkschaft bildeten. Sie waren aber in der Realität Freiwild. Sie waren auf einen Kapellmeister angewiesen, der sie für einen Abend, eine Reihe von Auftritten, eine Konzertreise engagierte. Obgleich – sie alle waren in der Lage, ohne Probe aufzuspielen. Sie hatten genügend Kenntnis, um in aller Eile ein neues Werk vom bloßen Gerüst her mit Kolorit zu versehen. Sie konnten in der Regel wenigstens zwei Instrumente. Und – was heute erst allmählich wieder in Mode kommt – sie spielten beinahe ausschließlich »zeitgenössische« Musik. Das heißt, sie waren von Finessen, die sich ein »Neuerer« einfallen ließ, in den seltensten Fällen zu überraschen.

Trotzdem, Strauß Sohn hatte unter den Musikern, die er für sein Debüt auswählt, anscheinend nur wenig Koryphäen. Man findet ihre Namen bald nicht mehr auf den Listen derjenigen, die bei ihm spielen dürfen. Das spricht einerseits für die Eile, mit der er seine Kapelle zusammenstellen mußte und andererseits für die Akribie, mit der er unmittelbar nach seinem ersten Auftreten an dem Niveau seiner Kapelle weiter arbeitete. Der Kontrakt zwischen den Musikern und dem jungen Kapellmeister ist im Wortlaut erhalten, er wird allgemein als ein »nach dem damaligen Schema« lautender Vertrag bezeichnet. Er ist herzlich autoritär und nennt für die »unterzeichneten Orchester Mitglieder« Pflichten und Kündigungsgründe, jedoch keinerlei Rechte. Kostproben? Sie »*verbinden sich bey den von Herrn Kapellmeister Strauß zu bestimmenden Proben und Productionen zu den festgesetzten Stunden pünctlich einzufinden und die ihnen übertragenen Dienstleistungen mit Eifer und Fleiß zu vollziehen, und zur Beförderung des günstigsten Erfolges nach ihren besten Kräften mitzuwirken.*« Weiter? Sie »*sind ferner verpflichtet, sich wehrend der Dauer der abzuhaltenden Proben und Productionen mit*

Beachtung der größten Ruhe und des erforderlichen Verstandes zu verhalten. Sie haben das Orchester mit der vor dem Publicum erforderlichen Stille zu betreten und dasselbe ebenso zu verlassen und überhaupt wehrend der zum Stimmen der Instrumente oder zum Ausruhen bestimmten Zeit durch keine beunruhigende Störung, weder durch Gespräch noch auch irgend eine andere Betethigung zu stören.« Weder bei Proben noch bei Produktionen sind Substituten – also ersatzweise vom Musiker gebetene Kollegen – gestattet; Krankheit muß durch ein ärztliches Zeugnis nachgewiesen werden; die vom Kapellmeister zur Verfügung gestellten Instrumente – sie sind ebenso wie die Noten Eigentum, Kapital des Dienstgebers – sind mit größter Umsicht zu behandeln. Alle Entscheidungen in Sachen Kontrakt sind Entscheidungen des Herrn Kapellmeisters, der übrigens »alsogleich« entlassen kann, wenn wiederholte Dienstvernachlässigung, unruhiges Betragen, Widerspenstigkeit gegen die Anordnungen des Herrn Kapellmeisters »so wie der nicht zu gewärtigende Fall der Trunkenheit eines Orchester Mitgliedes während einer Probe oder einer Production« vorfallen.

Am 8. Oktober 1844, es muß bereits die ersten Proben gegeben haben, wird dieser Kontrakt von der ersten Kapelle Johann Strauß unterschrieben, am Tag darauf mit einem 30 Kreuzer-Stempel versehen.

Und dann passiert es …

II.
Revolution

»Soiree dansante« oder Das Debüt

Halb Wien ist auf den Beinen: Man weiß von dem bevorstehenden Ereignis, von der »Soiree dansante« beim Dommayer, man liest Ankündigungen in der einzigen gestatteten Inseratenbeilage einer Zeitung, man sieht Plakate. Erstmals gibt es den von nun an für die Ewigkeit gültigen Begriff »Johann Strauß Sohn« und sofort steht er für ein Programm. Erstmals stellt sich ein junger Mann dem Vater ein für allemal entgegen und hat dabei alle erdenklichen Vorteile, vor allem seine Jugend, seine grundlegende, solide Ausbildung – und seinen unbändigen Willen, es seinem Vater zu zeigen.

In der so voluminösen wie prächtigen Sammlung »Briefe und Dokumente«, die gut zwei Jahrzehnte der Arbeit Franz Mailers präsentiert, ist ein Brief »undatiert«. Ein Brief des jungen an den alten Strauß, den Mailer als nach dem ersten Auftreten geschrieben bezeichnen will, der mir aber als so unbeholfene wie grandiose Kampfansage des Sohnes viel besser knapp vor das große Ereignis paßt:

»Innigst geliebter Vater!
Im Bewustseyn, daß dem liebenden Sohn dem theuren Vater gegenüber die Kraft und Festigkeit mangeln würde, in dem schweren Herzensstreite, worin sich die kindliche Liebe mit dem Rechtgefühle und der Dankespflicht keineswegs verei-

nigen läßt, daß allein wahrhaft Gute und Edle zu wählen, beschloß ich nachdem ich alle meine Herzens und Geisteskräfte für einen so wichtigen, für meine und meiner Mutter Zukunft so entscheidenden Schritt aufboth, die geringen Talente, deren Ausbildung ich zunächst Mutter Natur meiner leiblichen Mutter verdanke, ihr, die sonst nach den jetzigen, unglücklichen Verhältnissen, deren Verbesserung bloß von Ihnen abhinge, schutz und hilflos verblieb, und so ganz von allen Seiten verlassen dastehen würde, meinen geringen Dank mindestens durch die schwachen Kräfte in meinem Erwerbszweige abzutragen. Weder Sie theurer Vater noch die Welt werden nach reiflicher Erwägung diesen meinen unabänderlichen Entschluß mißbilligen, da ich auch an der Seite meiner Mutter verbleiben werde,
    Ihr Ihnen mit Achtung und Liebe zugethaner Sohn
    Johann Strauß.«

Eine Übersetzung in wenige, kräftige Worte, wie man sie heutzutage wagen könnte, ist leicht gegeben: Was ich bin und sein werde, danke ich nächst Mutter Natur meiner leiblichen Mutter, an deren Unglück allein Sie, mein Vater, etwas ändern könnten. Da sie allein, schutzlos und hilflos ist, werde ich meinen Dank abtragen. In dem Gewerbszweige, in dem ich Sie jetzt in die Schranken fordere. Und, wenn Sie einmal ruhig nachdenken, werden Sie nicht anders können, als mir Recht geben. Ich wenigstens gehöre an die Seite meiner Mutter.

Man weiß, daß die musikalische Gesellschaft Wiens von den familiären Zwistigkeiten dank der damaligen Kolumnisten ganz genau Bescheid wußte. Man weiß, daß die Musiker des alten Strauß weiter Kontakt mit der Familie hielten. Man darf phantasieren, daß wenigstens von diesen seit Jahren treuen Freunden Versuche unternommen wurden, die Katastrophe einer offenen Auflehnung abzuwenden, daß vielleicht doch eine Art Botschaft des Vaters in das Hirschenhaus kam, es gut sein zu lassen und nicht beim Dommayer zu rebellieren. Man ist mehr als versucht, dieses Dokument einer überdeutlichen Absage als Reaktion auf Rettungsversuche in letzter Minute zu verstehen. Strauß Sohn sah sich als ein Musiker, der seinem Vater, dem musizierenden, Achtung und Liebe entgegenzubringen hatte. Gleichzeitig aber sah er sich vor allem als Sohn seiner verlassenen, verratenen, betrogenen Mutter.

Jahrzehnte später hat er endlich einmal bei der Pariser Weltausstellung 1878 vor dem Kritiker Eduard Hanslick aus seinem Herzen keine Mördergrube gemacht, sondern die Wahrheit über sein Verhältnis zu seinem Vater gesagt. Dieser hat niedergeschrieben und veröffentlicht, was gesprochen wurde und da es anschließend keine »Berichtigung« gab, darf man die Worte getrost als Äußerungen des Johann Strauß zitieren: »*Der Vater war streng, oft hart; wir blieben aber nicht lange bei ihm. Ich und meine beiden jüngeren Brüder Josef und Eduard waren noch Knaben als der Vater sich von unserer Mutter trennte, der wir nun überlassen blieben. Von einer sorgfältigen Erziehung konnte in so verstörtem Familienleben nicht die Rede sein. Zum Vater, der in einer anderen Vorstadt wohnte, kamen wir nur am Neujahrstag und an seinem Namenstag, um pflichtschuldigst zu gratulieren. Der Vater hat meine musikalische Karriere nicht gefördert, wie man annehmen sollte, sondern eigensinnig verhindert.*«

Einmal mehr dankt man einem Journalisten, der mitgeschrieben und an die Öffentlichkeit gebracht hat, was in den Biographien nie zu lesen ist, die aus einer Laune heraus hervorbrechende Wahrheit, die noch Jahrzehnte später hör-

»Soiree dansante« oder Das Debüt

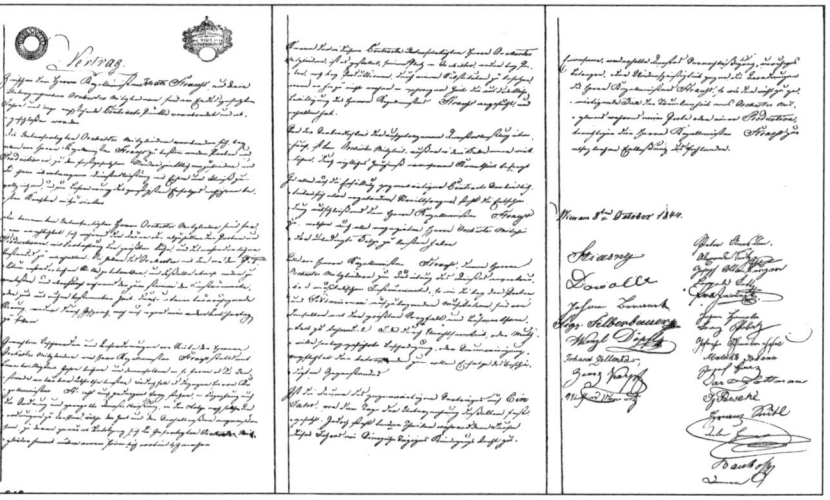

Vertrag von Johann Strauß Sohn mit seiner Kapelle vom 8. Oktober 1844

bare Verbitterung gegen den Vater. Und überliefert ist, daß Josephine Streim, die Schwester der ziemlich verlassenen legitimen Frau Strauß, Strauß Vater einfach den »Bettgeher der Trampusch« nannte, eine so klare wie wienerische Definition für einen Mann, der daheim keine Freude mehr hat und verbreitet.

So viel Vorgeschichte? So wenig Vorgeschichte eines einzigen Abends, an dem sich nicht »ganz Wien«, aber doch sehr viele Musikfreunde der Stadt in der Nähe von Schloß Schönbrunn drängten, an Tanzen nicht zu denken war, die Qualität einer neu zusammengestellten Kapelle gefeiert wurde, die wichtigste Komposition des Abends angeblich neunzehn Mal wiederholt werden mußte und Johann Strauß Sohn nicht nur mit seiner Musik überzeugte, sondern zugleich dem Verlierer höflich huldigte? – Denn, als sein Triumph feststand, spielte er die »Loreley-Rhein-Klänge«

von Johann Strauß, der an diesem Abend zu Johann Strauß Vater geworden war.

Aus dem Wien des Biedermeier war ein Wien des Vormärz geworden. Die Herren Kapellmeister Strauß und Strauß waren auch noch im Revolutionsjahr 1848 nicht einer Meinung, Strauß senior huldigte mit seinem »Radetzkymarsch« der Reaktion, Strauß junior fiel unmittelbar nach der Revolution durch das Abspielen mißliebiger Stücke der Zensurbehörde unliebsam auf. Ganz in der natürlichen Ordnung: Der Vater als langjähriger Alleinunterhalter der Kaiserstadt mußte sich auf die Seite von Recht und Ordnung stellen. Der Sohn als Anwärter auf die Nachfolge hatte seine Sympathien für die neue, für seine Ordnung zu präsentieren. Niemand sah darin etwas Besonderes.

Die Revolution in der Familie Strauß hatte zu diesem Zeitpunkt längst stattgefunden. Man muß sie nicht den Biographen nacherzählen, man kann sich auf die Zeitungsberichte nach dem bewußten 15. Oktober 1844 verlassen: Noch hatte der jüngere Strauß nicht die Mittel, sich die eine oder andere Kritik zu kaufen, noch war er im Umgang mit den Herausgebern unsicher, noch mußte er, wenigstens an seinem allerersten Abend, auf das Sensationelle seines Auftretens hoffen – und d a s wurde nicht nur vom Publikum, sondern auch von den Herren Rezensenten erkannt und gewürdigt. Das Dommayer, als vornehmes Speiselokal für 600 Personen ausgelegt, war allen Berichten zufolge überfüllt und zwar bis auf den letzten Platz. Irgendwann vor Beginn der Soiree mußte die Kasse schließen, weil keine Karten mehr zu verkaufen waren. Nicht völlig geklärt ist, ob man an diesem Abend beim Dommayer speisen konnte; hier gehen die Berichte ein wenig auseinander: bei einem soll das »Essen vor Freude mitgetanzt« haben, der andere fuhr vor Mitternacht heim, weil er nicht »unsoupiert« schlafen gehen wollte. Das aber ist die einzige Ungereimtheit in den zeitgenössischen Berichten. Und diese sind insofern von dokumentarischem Wert, als sie allesamt nicht für die Nachwelt, sondern für die Leserschaft vom Tag geschrieben worden sind, weil den Schreibern zwar die Vorgeschichte des Zweikampfs bekannt war, jedoch keineswegs der endgültige Ausgang. Daß Johann Strauß Sohn ein halbes Jahrhundert allein und unumschränkt herrschen sollte und sich wenigstens die österreichische Geschichtsschreibung darauf geeinigt hat, daß der Niedergang der Monarchie nur an den Sterbedaten von Walzerkönig Johann Strauß und Kaiser Franz Joseph festzumachen ist – das hat keiner der Rezensenten vorhersehen, vorherhören können.

Das Programm des Konzerts (es wurde tatsächlich nicht getanzt, denn es war unmöglich, die übliche Art der Aufnahme eines neuen Walzers zu exerzieren; nämlich zuerst einmal nahe der Kapelle zu stehen und sich in Schwung bringen zu lassen und dann hellauf zu jubeln und durch den Saal zu drehen) ist überliefert: Dem Ritual der Zeit folgend knallte zuerst die Ouvertüre zur »Stummen von Portici« von Daniel François Esprit Auber und dann die Ouvertüre zur »Sirene« des gleichen Komponisten in den Saal. Klug berechnet der harte Auftakt, der jede mögliche laute Publikumsreaktion auf den Auftritt des jungen, schmalen, bleichen Mannes in beliebter Musik erstickt hätte. »In tadelloser, temperamentvoller Wiedergabe« hörte man dann das Vorspiel zu Shakespeares »Sommernachtstraum«, das Franz von Suppé komponiert hatte. Der Theaterkapellmeister war keine Konkurrenz – noch nicht, denn von Operetten, die zuerst er, dann allerdings auch Strauß Sohn komponieren sollten, war im Wien von 1844 keine Rede.

Die Reihenfolge der Eigenkompositionen, der einzig wesentlichen Piecen des Abends, ist bekannt. Strauß begann mit dem Walzer »Die Gunstwerber«, den er als Opus 4 komponiert und seiner Mutter gewidmet hatte. In umgekehrter Reihenfolge ließ er darauf die »Herzenslust-Polka« op. 3, die »Debut-Quadrille« op. 2 und schließlich als seine sozusagen stärkste Nummer die Walzer »Sinngedichte« op. 1 folgen.

Daß im Saal Freunde und Verehrer des Vaters waren, wurde ebenso verzeichnet wie die Tatsache, daß diese nicht verhindern konnten, daß jede Komposition des jungen Strauß mehrfach wiederholt werden mußte. Eine in Wien über Generationen übliche eindrucksvolle Art, den Erfolg eines Werkes zu manifestieren: Man hielt es schon bei den »Alten« so, indem man Haydn und Mozart zwang, einzelne Sätze ihrer Symphonien zu wiederholen und zwar nicht erst, wenn ein in sich geschlossenes, komponiertes Werk einmal durchgespielt war, sondern sofort, a tempo, wenn ein Satz besonders gefallen hatte. Und man hielt es bei den Auftritten von Strauß und Lanner so, deren genau kalkulierte Konzertprogramme (in Minutenangaben, um den Bedarf für einen Abend beisammen zu haben) nie »hielten«, weil Wiederholung auf Wiederholung gefordert wurde.

Daß allerdings eine Walzerfolge neunzehn Mal nacheinander gespielt werden mußte, erlebte Wien erst beim Opus 1 von Johann Strauß Sohn, der an diesem Abend außer körperlicher Erschöpfung wohl auch Euphorie erlebt haben muß. Sein Walzer, nicht revolutionär, sondern sorgfältig nach den besten Vorbildern des Vaters gearbeitet und in der Coda schon ausführlicher in der Taktanzahl, mit der sein Vater für gewöhnlich schloß, machte Furore. Sein Opus 1 hielt, was er sich von ihm versprochen hatte. Und Strauß Sohn endete den Abend – ein genialer Einfall, alles andere als eine spontane Huldigung –, er endete mit Opus 154 des Vaters. Die »Loreley-Rhein-Klänge« waren zu Beginn des Jahres entstanden, sofort ein Riesenerfolg, im Februar in allen erdenklichen Bearbeitungen bei Tobias Haslingers Witwe und Sohn erschienen und die populärste Komposition, die dem »Konkurrenten« seit langem gelungen war. Da sind die Rezensenten, soweit sie nach Mitternacht noch im Saale waren, dem jungen Strauß auf den Leim gegangen: Er flüsterte mit seinen Musikern, man nahm an, er wolle zum Ausklang eine Improvisation wagen ... Er wollte nicht. Er wollte nur erreichen, daß sein Orchester Freund und Feind zum Ausklang noch einmal in tobende Begeisterung versetzte. Daß sein Orchester bewies, daß es die Musik des alten Strauß »exekutieren« könne. Daß er und sein Orchester keine Ursache hätten, nicht einen Erfolg des Vaters auf das Programm zu setzen. Nicht nach neunzehn Wiedergaben des ersten eigenen Walzers.

»Kein Naturmusiker und Fiedler«

Wieder einmal muß die Musikwissenschaft her und zwar in ihrer trockensten Form. Erich Schenk über die »Sinngedichte« und ihre Besonderheit: »*Nach dem auf Kontrast zwischen Laufwerk und Akkord hin angelegten ›Anruf‹ (vgl. Rossinis ›Tancred‹-Ouvertüre) und einer pastorales Alphornmotiv verarbeitenden ›Spannungswalze‹ leiten polyphonierender Viertakter mit Echowiederholung (›Zitat‹) und ›Eingang‹ in die fünfgliedrige, von Lanners ›Schönbrunner‹ Auftaktsgrazie eröffnete Walzerkette hinein.*

Formal bemerkenswert und kennzeichnend für die bewußte Gestaltungsart des jungen Strauß ist das ›Finale‹ (Coda): ein fast vollständiger, spiegelförmiger Rückblick über die Walzerkette in der durch Zwischenspiele verbundenen Abfolge: V/b – IV/a – III/a + b – I/a – I/b (röm. Ziffer = Walzer, Buchstaben a u. b entspr. 1. u. 2. Periode), aus der ›Introduktion‹ tauchen der Reihe nach auf: 3., 2. und 1. Abschnitt sowie nach einer Generalpause das Skalenmotiv des ›Anrufs‹.«

Opus für Opus haben sich Wissenschaftler dieser, öfter aber einer eher poetischen Sprache bedient, um herauszuarbeiten, daß da kein Naturmusiker und Fiedler am Werk war, sondern ein Komponist mit Gefühl für die längst festgelegte Form und für die Möglichkeiten, diese neu mit Leben zu füllen. Opus für Opus ließen sich Zitate finden, die alle immer noch wahr sind. Und schon der bewußte Erich Schenk kann nicht anders und nennt den wahren Ahnherren des Johann Strauß Sohn: »*Reizend ist die Schubertsche Anmut des Eingangswalzers und die grazile Ausgewogenheit der einzelnen Tänze in den ›Gunstwerbern‹ op. 4, in denen sich der gottbegnadete Melodiker auch um harmonische Anreicherung bemüht.*« Wer den recht unerbittlichen Mann, den sehr humorlosen Ordinarius, den pedantischen Prüfer noch gekannt hat, staunt angesichts solcher Sätze. Der Revolutionär Johann Strauß, der in kaum einem Jahr vom Lehrling zum Meister aufgestiegen ist, hätte eine Rezension dieser Art vielleicht nicht verstanden. Der reife Johann Strauß wäre mit ihr sehr zufrieden gewesen.

Strauß nach seinem ersten Auftreten können wir uns nur vorstellen: Er ist jung, bleich, schmal, muß sein schwarzes Haar noch nicht färben (er tut es später viele Jahrzehnte

»Kein Naturmusiker und Fiedler«

sehr konsequent, weil er weder daheim noch vor der Öffentlichkeit altern will), trägt einen modischen, sehr dick gearbeiteten Frack und hat durch Jahre vor dem Spiegel geübt, wie man ein Orchester und das Publikum zugleich verzaubert. Er kann, was man bis heute nicht erlernen kann, nämlich dirigieren. Das heißt, er gibt mit dem Geigenbogen nicht einfach einen Auftakt – auch das wäre schon viel, ein richtiger Auftakt genügt manchmal, um eine herrliche Interpretation zu erreichen. Nein, er sticht mit dem Geigenbogen ins Orchester und holt die Stimmen hervor, die man hören soll! Alle von ihm vorgeführten »ernsten« Werke sind nicht für ein Orchester von zwölf oder fünfzehn Musikern geschrieben, noch längst nicht für ein symphonisches Ensemble nach unserem Gusto. Mit etwas Geschick aber lassen sich nicht nur Ouvertüren von Auber, sondern auch Mozart und Beethoven auf das Wesentliche reduzieren, selbst wenn die eine oder andere Verdopplung wegfällt und die eine oder andere Nebenstimme einem anderen als dem ursprünglich geschriebenen Instrument zugeteilt werden muß. Über viele Jahrzehnte nimmt man es unter Musikern in dieser Hinsicht nicht so genau. Bis weit in unser Jahrhundert können kleine Stadttheater große Opern aufführen, indem sie sich mit kleiner Besetzung und einem Harmonium als Ersatz für nicht vorhandene Bläser behelfen. Komponisten, die von dieser Art der Darbietung wissen, sind keineswegs entrüstet. Im besten Fall schreiben sie (etwa Richard Strauss) selbst kleinere Besetzungen, im schlimmsten Fall hören sie weg und kassieren die fällig werdenden Tantiemen. Erst mit dem Aufkommen der Schallplatte und dem Niedergang der Hausmusik entsteht ein allgemeines Bedürfnis nach originaler Wiedergabe.

Noch in den Revisionsberichten zur Gesamtausgabe der Werke von Johann Strauß Sohn, für die 1968 der seriöse

Fritz Racek verantwortlich zeichnet, wird über die Instrumentation praxisnahe geurteilt. Als erstes wird darauf hingewiesen, daß bei mehrfacher Besetzung die Bläserstimmen sehr verschieden aufgezeichnet sind und man oft keine Hinweise darauf hat, wie zum Beispiel zwei Oboen geführt werden sollen. Aber: »*Im übrigen darf nicht vergessen werden, daß die Unterschiedlichkeit der Aufgaben der Strauß-Kapelle – bald konzertante Darbietung im geschlossenen Raum oder im Freien, bald Tanzbegleitung im lärmerfüllten Ballsaal oder auch im intimeren Cercle – nach einem gewissen Rest improvisatorischer Freizügigkeit geradezu verlange, für dessen rechtes Maß ja auch die zumeist gegebene personelle Einheit von Komponist und Kapellmeister bürgte.*« Das heißt, bei aller Freude an der Authentizität, wie sie im ausgehenden zwanzigsten Jahrhundert herrscht, ist es im Grunde unwesentlich, ob die Kompositionen vor allem des jüngeren Johann Strauß in großer Konzertbesetzung oder von einem Orchester von höchstens dreißig Musikern gespielt werden. Denn Strauß selbst spielte, wie es möglich war. Und paßte sich den Gegebenheiten an. Und war alles, nur kein Purist. Im Gegenteil, er war ein Künstler im weniger ernsthaften Sinn. Einer, der seine Auftritte effektvoll gestalten wollte. Einer, der Applaus und viele Wiederholungen mit aller Gewalt erbettelte. Wenn Strauß seine eigenen Kompositionen vorführt, beginnt er daher zwar immer als ernsthafter Dirigent, hat die Geige zuerst noch gegen die Hüfte gestemmt und den Bogen als Dirigentenstab in der Rechten, sorgt für die oft schon erstaunlich lange Einleitung, gibt auch noch den »Aufruf« an. Und dann erst setzt er für den ersten Walzer die Geige an und verstärkt damit nicht nur die melodieführenden ersten Geigen, sondern zeigt jedermann deutlich, was er sich gedacht hat. »Anreißen« nennt man das noch heute in Wien und wer das

»Kein Naturmusiker und Fiedler«

kann, der ist heute noch ein begehrter Mann. Denn selbstverständlich hat der Stehgeiger die Funktion, dem Publikum im Saal das berühmte Strauß-Denkmal aus dem Stadtpark in Erinnerung zu rufen und den Eindruck zu vermitteln, seit den Zeiten des Walzerkönigs habe sich zumindest in Sachen Dreivierteltakt überhaupt nichts verändert.

Strauß, den man vom ersten » A n r e i ß e r « an wie seinen Vater »dämonisch« nennt, hat nicht nur seinen tyrannischen Vater erlebt, er hat auch den vergleichsweise biederen, verliebt wienerischen Lanner als Vorgeiger gesehen und dessen Walzer hoch geschätzt. Man wird später einmal den musikalischen Bogen von Franz Schubert zu Joseph Lanner und weiter zu Johann Strauß Sohn spannen, wenn man hymnisch über seine Kompositionen spricht. Aber: Als Kapellmeister ist einzig der Vater sein Vorbild. Der ganz und gar nicht gesunde Mann, der seine Kraft ausschließlich auf dem Podium auslebt, der auf Reisen und auf den Fahrten von einem Spektakel zum anderen verschwitzt und fiebernd in sich zusammensinkt, dann aber wieder hoch aufgerichtet vor dem Publikum steht und dieses antreibt, nach seiner Peitsche zu tanzen.

Niemand weiß, wie oft und bei welchen Gelegenheiten der Junge seinen Vater als Walzerdirigent erlebt hat. Sicher ist, daß er ihn gesehen hat. Und sicher ist, daß er seine Auftritte genossen hat. Daß er den »dämonischen« Vater als Zuseher und Zuhörer selbst erleben wollte. Sicher ist weiters, daß er von Anfang an wußte, daß er seinen Vater in Dingen der Musik übertreffen werde. Nicht nur, weil sich die Zeit und damit die Musik weiterentwickelt hatte. Nicht nur, weil er sich sorgfältiger auf sein Debüt hatte vorbereiten können. Sondern, weil er d a s   G e n i e in der Familie war: bei all seinen fürchterlichen Charaktereigenschaften, die man ihm noch wird ankreiden müssen – er markiert als schöpferischer Musiker den Höhepunkt aller Sträuße. Vor ihm und neben ihm und nach ihm ist unter diesem Namen nur wenig geniale Musik geschrieben worden (die Kompositionen des Komponisten wider eigenen Willen, Josef Strauß, ausgenommen). Sein Opus 1, ungefähr zu der Zeit zu Papier gebracht, da der vergötterte Vater bei Opus 160 stand, war so reif, so voll an Erfahrung, daß kein Zweifel daran besteht. Die »Sinngedichte« waren noch keine der sogenannten Meisterwalzer, die Johann Strauß erst in den sechziger Jahren seines Jahrhunderts komponierte, aber es waren meisterliche Walzer.

Weit hat es die Familie, die Dynastie gebracht, als Johann Strauß Sohn aufbricht, den richtigen Schwung ins Leben zu bringen. Weit im künstlerischen Sinn. Auf dem Weg aus den Niederungen eines Buchbinderlehrlings hin zu den Höhen eines Millionärs, der am Ende des Jahrhunderts sein Erbe aufteilt, ist allerding erst ein Schritt getan: Der Vater hat zur unrechten Zeit die einlaufenden Mittel alle wieder vertan. Er hat auf Reisen mit seinen Musikern gelebt »wie vornehme Reisende« und zumeist außer Ehrenzeichen und Lobeshymnen sehr wenig an Materiellem heimgebracht. In Wien hat er viel in die Ausrichtung der Feste investiert, die zwar die Stadt jubeln ließen, dem Veranstalter jedoch wenig Reingewinn einbrachten. Von den Kunstreisen mit eigenem Ensemble sind Berichte der Musiker bekannt, die von einem Prinzipal schreiben, mit dem man in den ersten Häusern abstieg und im Ausland Speisen bekam, von denen die biederen Wiener nicht einmal wußten, wie sie zu essen seien. Über die Kosten, die die großen Feste von Strauß Vater beim Sperl oder in der Brühl kosteten, weiß man, daß allein die Dekorationen, das Feuerwerk, die aufgebotene Polizei etc. ein Vielfaches von dem verschlangen, was dem Helden des Festes zuletzt übrigblieb. Und weiters verbrauchte er Unsummen, weil er in Wien zwei Familien zu erhalten hatte, eine ehrsame in der Hirschengasse und eine illegitime in der Inneren Stadt in der Kumpfgasse, die auch nicht billig gewesen sein kann – mit der Modistin, der er der Überlieferung nach »Geschmeide« an den Hals hängte, hatte er wiederum sechs Kinder …

Anna Strauß, die der ehrsamen Familie vorsteht, erhält vom endgültig geschiedenen Ehemann eine vom Gericht festgesetzte Summe für den Unterhalt der vier minderjährigen Kinder. (Nach dem Tod des Vaters erscheint eine »Nachträgliche Berichtigung«, eingesandt vom langjährigen Freund und Mitarbeiter C.F. Hirsch, der darauf hinweist, daß der selige Strauß »zu ihrem anständigen Unterhalt monathlich achtzig Gulden Conventions-Münze, in früheren Jahren jedoch wenigstens das dreifache dieses Betrages geleistet« hat.) Das legendäre Hirschenhaus gehört nicht ihr, sie ist nur der bedeutendste Mieter, weil sie und ihre Familie, ihre Schwester und ihre Eltern leben längst im Verbande, die meisten Räumlichkeiten für sich in Anspruch nehmen. Die Unterrichtsstunden für den Sohn sind ins Geld gegangen. Die Einnahmen des Sohnes, nach dem gloriosen Debüt, sind in der ersten Zeit gering, entgegen allen Vorstellungen von einem Kometen, der mit einem Mal emporgestiegen ist: Der Zweikampf Vater und Sohn hat beim Dommayer erst begonnen und die Gewichte sind wenigstens in Wien ungleich verteilt. Alle großen Geschäfte sind in der Hand des Vaters, der Sohn muß heftig nach Engagements suchen. Er hat in den ersten Monaten ausschließlich seine Abende beim Dommayer und ein zweites

Engagement in den Sträußl-Sälen, dem heutigen Foyer des Theaters in der Josefstadt, einem damals zum nebenan liegenden Hotel gehörigen, allgemein als »heruntergekommen« bezeichneten Veranstaltungsraum.

Außerdem ist das Repertoire des jungen Herausforderers schmal, er komponiert nicht mühsam, sondern sorgfältig: Bei seinem ersten Benefizkonzert am 19. November hat er nur zwei Novitäten anzubieten. Sein Ensemble ist offenbar noch nicht wirklich erstrangig: Einzelne Musiker müssen immer wieder ausgewechselt werden, die perfekten Anforderungen von Johann Strauß werden nicht so leicht erfüllt. Wenngleich es dazu in Wien genügend Anwärter gibt, braucht es doch Zeit und Energie, ein eigenes Ensemble heranzubilden.

Allerdings: Wien bot dazumal viele Gelegenheiten für Kapellen, sich zu produzieren. Liest man die Entstehungsgeschichte der einzelnen jährlichen Feste, zu denen Bälle unbedingt stattzufinden hatten, dann staunt man. Da hatten alle Frauen, die Anna hießen, ihr Namensfest am 26. Juli mit einem Ball zu begehen. Da war der sehr berühmte Brigitta-Kirtag am vierten Sonntag nach Pfingsten als Fest mit viel Tanz in der Brigittenau abzuhalten. Nicht von ein paar Besuchern, man erzählt von bis zu 80 000 Wienerinnen und Wienern, die sich in Wirtshäusern und eigens aufgebauten Tanzzelten dabei vergnügten. *»Eine ausladende Kreisbewegung schien die ganze Landschaft zu beherrschen. Der Wirbel beschränkte sich nicht auf die Tanzfläche, die Zelte und Holzhütten; er reichte über Hügel und Täler, umfing mit seinem wilden Walzer Bäume und Sträucher: Ein verrücktes Fest!«* Franz Grillparzer hat in seinem »Armen Spielmann« ausdrücklich den Walzer erwähnt. Den Walzer in der Brigittenau. Nicht genug damit, gab es in der Faschingszeit außer den allgemein veranstalteten Bällen unzählige Haus-

»Kein Naturmusiker und Fiedler«

bälle, die man meist in einem Lokal abhielt. Da gab es die Vereinsbälle, die Bälle der verschiedenen Berufsgruppen. Und immer mußte aufgespielt werden. Da konnte selbst mit einer Vierteilung seiner Kapelle Strauß Vater das Angebot nicht allein bewältigen, da fielen Engagements für den Sohn ab.

Von seinen frühen Kompositionen hat man bis heute nicht eine einzige im originalen Manuskript gefunden. Aber: Man kennt eine » M e l o d i e n s a m m l u n g «, die auf den leeren Seiten des Notenheftes begann, das er 1843 noch für seine Generalbaßstudien verwendete. »Als Strauß die Komposition der Werke für sein Debüt in Dommayer's Casino in Angriff nahm, konnte er bereits aus einem ansehnlichen Vorrat melodischer Einfälle wählen,« behauptet der Wiener Norbert Rubey. Und deutet an, noch nicht sicher zu sein, ob und in welchem Ausmaß außer Strauß Sohn noch andere Personen Eintragungen in dieser ersten Melodiensammlung vornahmen. Das heißt, er läßt die Deutung offen, daß Freunde oder Mitarbeiter ihre Beiträge zu dem Reservoir an Melodien hätten liefern können. Deshalb und weil man die nahen Beziehungen des jungen Strauß zu den begehrtesten Mitarbeitern seines Vaters kennt, kursieren immer noch Gerüchte. Er habe sich von Arrangeuren und Kopisten mehr als notwendig helfen lassen. Er sei erst allmählich in der Lage gewesen, seine Kompositionen allein zu schreiben. Das bleiben Gerüchte. Ebenso wie die Verdächtigungen, Strauß Sohn habe sich in Sachen Melodien sowohl bei seinem Vater wie später bei Bruder Josef bedient.

Wer dergleichen immer noch verbreitet, der vergißt sehr viel. Zum Beispiel den anno dazumal heiteren Umgang mit der Musik, die Allgemeingut war und keinem Copyright unterlag. Und die Tatsache, daß es bis in die Ära Gustav

Mahlers möglich war, Geniestreiche zu überarbeiten, dem Zeitgeschmack anzupassen, also scheinbar zu verbessern. Daß niemand etwas dabei fand, an der Instrumentation eines Werkes Änderungen vorzunehmen. Warum also sollte Johann Strauß seine ersten Kompositionen ohne jede Hilfe geschrieben haben? Warum sollte ihm, der ununterbrochen aus dem Fundus der populären Singspiele und Opern seiner Zeit Zitate schöpfen konnte, nicht die eine oder andere Melodie seiner engsten Umgebung so gefallen, daß er sie – wahrscheinlich unbewußt – noch einmal verwertete?

Die Wissenschaft, die für die Gesamtausgabe der Werke von Johann Strauß alles nur erdenkliche Material sammelt und sich naturgemäß daran erfreut, in einer Komposition verwertet zu finden, was sie bisher nur als Notenzeile eines Erinnerungszettels kannte, wird noch viele Jahre über die wahren Quellen aller Werke grübeln. Strauß grübelte damals ebensowenig wie die zahllosen Konkurrenten, die mit ihren Kapellen auf dem Markt waren. Er produzierte und er führte auf. Und er versuchte, seine Musik auf dem Markt der veröffentlichten Kompositionen unterzubringen.

Sehr im Gegensatz zu Strauß Vater hat der Sohn nicht sofort einen Verleger und das zusätzliche Geschäft mit den sofort nach einem Erfolg verkauften Noten fehlt ihm. Seine ersten vier Kompositionen werden Anfang 1845 veröffentlicht. Sie sind bis dahin nicht vergessen, aber der Glanz der Novität ist weg und das klavierspielende Publikum wird weiter regelmäßig von Carl Haslinger und Johann Strauß Vater bedient.

Die Geschäftsverbindung zu »Pietro Mechetti qm. Carlo« am Michaelerplatz wird ruhig und zielbewußt vorangetrieben, für die Konzerte beim Dommayer werden in der k.k.

»Kein Naturmusiker und Fiedler«

Hof-, Kunst- und Musikalienhandlung jeweils 200 Karten aufgelegt. Gleichzeitig aber gehen höflich formulierte Briefe mit der Bitte um Engagements an mehrere Lokalbesitzer, bei denen Strauß Vater nicht spielt. Johann Strauß Sohn hat einen fulminanten Einstand hinter sich, in seinem Geschäft aber muß man nicht mit einem Premierenabend, sondern mit vielen permanenten Engagements die Stellung festigen. Zu viele Sternschnuppen hat es schon gegeben, die auftauchten. Alle sind sie verglüht. Die neue, die zweite Strauß-Kapelle soll ein fester Bestandteil des Wiener Lebens werden.

»Spätestens um die Jahreswende 1844/1845 war die Hochstimmung verflogen, der sich der junge Komponist und Musikdirektor Johann Strauß nach dem aufsehenerregenden Triumph seines Debuts hingegeben hatte,« schreibt Franz Mailer und listet auf: Für den besonders kurzen Fasching 1845 hat Johann Strauß Vater mit seinen auf insgesamt 200 Musikern aufgestockten Orchestern die Musik auf 76 repräsentativen Ballfesten gestellt. Als wollte er dem Sohn seine Allgegenwart zeigen. Nur ein einziger Erfolg gelingt dem Sohn: Im Jänner wird ein neues, riesiges Etablissement eröffnet, und Strauß Vater muß dort selbstverständlich sofort auftreten. Das ärgert den Besitzer des berühmten Lokals zum Sperl und dieser überträgt die Leitung der »Fastensoireen« und weiterer Bälle dem Sohn. Die Kämpfe um das Engagement beim Sperl, vormals freundschaftlich zwischen Lanner und Strauß Vater ausgetragen und nie eindeutig zugunsten eines Maestros ausgegangen, waren somit nicht zu Ende. Strauß Sohn mischte von nun an freudig mit.

Was die Nachfahren der Tanzkapellen vergangener Zeiten heute in veränderter Umgebung immer noch pflegen, das ist neben den Walzern und Polkas die sehr ernsthaft betriebene Interpretation klassischer Werke: Wenn Johann Strauß Vater und Sohn bei ihren Auftritten nie ohne Ouvertüren von Mozart, Beethoven und den populären Franzosen oder Italienern auskamen, das Publikum zuerst erhoben und dann erst unterhalten werden wollte, so finden sich die angehenden Musiker heute in Wien zu Ensembles zusammen, die je nach Jahreszeit und Nachfrage der Touristik-Branche entweder ausschließlich Lanner und Strauß spielen oder sich in historische Kostüme stecken lassen und Mozart (zumeist in Bearbeitungen, die alle schon hundert Jahre alt sein könnten) musizieren. Die einzige einschneidende Veränderung gegenüber den Gepflogenheiten des Vormärz: Das Publikum der Strauß-Kapellen war einheimisch und musikliebend. Und es war in der Lage, Noten zu lesen und daheim nachzuspielen, was ihm im Ballsaal oder bei einer »Reunion« gefallen hatte.

Der Konkurrent Johann Strauß Vater und die Schwierigkeiten zu Anfang

Was immer aber Johann Strauß organisierte: Es war nicht nur notwendig, um eine einmal gegründete Kapelle und eine Familie zu erhalten. Es war notwendig, um den Vater auszustechen, der berühmteste Strauß zu werden. Das bedeutete Raubbau am eigenen Körper. Und das von Anbeginn.

Man denke sich einen kleinen, stickigen Saal. Erhellt vom Licht unzähliger Kerzen, die ständig erneuert werden müssen. Ein dichtgedrängtes Publikum, das gleichzeitig konsu-

Umschlag zum »Revolutionsmarsch«, der sofort nach Erscheinen von der Polizei beschlagnahmt wurde.

mieren und tanzen soll. Eine kleine Estrade, auf der die fünfzehn, siebzehn Mann knapp Platz finden. Und mitten drinnen der Kapellmeister in seinem engen, beengenden, aus schwerem Stoff geschneiderten Frack. Er muß mit körperlichem Einsatz sowohl seine Musiker als auch das Publikum in Schwung bringen. Er kennt die Tücken des kurzfristig einstudierten Repertoires. Er weiß, daß er ununterbrochen auf die möglichst korrekte Ausführung seiner Musik zu achten und gleichzeitig zu brillieren hat. Er hat die Geige in der Hand, zuerst noch gegen die linke Hüfte gestützt, dann unter's Kinn geklemmt und wenn er zu spielen beginnt, muß das immer etwas voller, etwas dynamischer als alle anderen Geigen im Saal klingen. Und das nicht ein oder zwei Stunden, sondern lange Abende, die nur von kurzen Pausen unterbrochen werden. Wundert es, daß schon der junge Strauß den Grundstein zu einem von Nervenzusammenbrüchen und Krankheiten geprägten Leben legte? Nicht eine Saison war er wirklich gesund. Immer war er, was Sportler heute als »am Limit« bezeichnen würden.

Und dabei immer auf die Gunst des Publikums, also auf eine Laune angewiesen. Immer in Gefahr, mit ein, zwei Kompositionen plötzlich als »ausgebrannt« bezeichnet zu werden oder nach ein, zwei weniger geglückten Abenden ohne Engagement zu sein. Beide Sträuße waren zu der Zeit, zu der sie gegeneinander anspielten, populär. Zwar nicht auf der höchsten Stufe, die einem Musiker zusteht, aber immerhin schon im Bereich Unterhaltung. Und trotzdem: Gastwirte, Besitzer von Vergnügungsetablissements und deren Publikum entschieden über Wohl und Wehe der Schöpfer von Kompositionen, die wir heute als unsterblich bezeichnen. (Was so nicht ganz richtig ist, denn die meisten Kompositionen von Strauß Vater sind vergessen und die Walzerfolgen des jungen Strauß werden als Raritäten, nicht aber als unsterbliche Werke aufgeführt.)

Strauß, der Sohn, war gegen den Vater angetreten, aber nicht gegen die Musik seines Vaters und auch nicht gegen die Tradition, in der diese Musik entstand. Im Gegenteil, er spielte keineswegs nur aus äußerlichen oder sentimentalen Gründen die Walzerfolgen seines Vaters und die des verstorbenen Lanner. Er war der Ansicht, dies sei gute Musik, allerdings Musik von vor ein paar Jahren. Und er komponierte seine eigenen Walzerfolgen als die Musik der Saison. Mit der er nicht irgendwann, sondern sofort Erfolg haben wollte. Und er hatte den Erfolg.

Zwar blieb, solange sein Vater lebte, das Wiener Publikum gespalten, wie es zuvor seine Verehrung zwischen Strauß Vater und Joseph Lanner teilte. Doch gab es vor allem unter der Jugend genügend Parteigänger des Sohnes. Und unter den Journalisten? Da gab es die e h r e n w e r ten Herren Musikkritiker, die sich aus Prinzip kaum mit der Tanzmusik befaßten und deshalb von den Phänomenen rund um Strauß nicht schrieben. Und da gab es die nicht ganz so ehrenwerten Berichterstatter, denen man ein kleines Geschenk zu machen hatte, wenn man in ihrem Blatt erwähnt werden wollte. Alle Unterhaltungsmusiker kannten die Gewohnheiten und alle hatten ihre Lieblingsschreiber. Die Familie Strauß lieferte sich, scheint es, einen erbitterten Kampf um die Gunst der wichtigsten Berichterstatter. Das ging ins Geld und kostete Zeit und Höflichkeit, war aber ein notwendiger Bestandteil der Alltagsarbeit eines Tanzkomponisten und ausübenden Musikers. Anders als in der Gegenwart waren die Beziehungen der musizierenden Interpreten, also auch der Komponisten, zur Journalistik sehr offenherzig und zugleich für den Stand des Journalisten beschämend: Man konnte sich Hymnen erkaufen und man konnte herabsetzende Bemerkungen über die Konkurrenz einschalten! Strauß sah sich nicht als den Komponisten, den wir heute verehren. Er sah sich als Diener seines Publikums. Zu Beginn seiner Karriere aber hatte er gegen den Vater, gegen dessen Kumpane unter den Veranstaltern, gegen den allmächtigen Verleger und selbstverständlich gegen die über Jahre entstandenen guten Verbindungen mit den Herren Journalisten anzukämpfen. Auch das.

Auch das schreckte weder Mutter noch Sohn. Sie waren zu viele Jahre »im Geschäft«, um ihr Handwerk nicht zu verstehen. Sie konnten Engagements einholen und sie fanden Wege, um ihre Erfolge unter die Menschen zu bringen. Und sie suchten und fanden Nischen am Markt. Die ausländischen Landsmannschaften in Wien wurden die bevorzugte Kundschaft von Johann Strauß Sohn, man kann es an seinen Widmungen ablesen, daß er da ein Publikum bediente, das bisher keine Strauß-Kompositionen erhalten hatte.

Sein Opus 7 heißt »Die jungen Wiener«; als diese Walzerfolge erstmals gespielt wurde, war der Komponist schon so galant, in der »Ruhestunde« jeder Dame das soeben im Druck erschienene Opus 1 als Damenspende überreichen zu lassen. Für eine außerordentliche Sommernachts-Fest-Soiree am 5. Juli 1845 komponiert er die Walzer »Jugend-Träume« op. 12 und gleich darauf die »Czechen-Polka« op. 13. Die »Serben-Quadrille« op. 14 erscheint als Auftragskomposition für einen Ball der Slawen in Wien. Der Vielvölkerstaat machte es möglich, daß sich in der Hauptstadt ein streng abgegrenztes Publikum fand, das der »allgemein amtierende Walzerkönig« vernachlässigte, dem sich aber der »konkurrierende künftige Walzerkönig« freundlich nähern konnte. Keine Rede war freilich davon, daß es dabei ausschließlich um Studenten oder ärmere Kreise ging. Beim erwähnen Ball am 10. Februar 1846 in den Graziensälen im Gasthaus »Zur goldenen Birne« auf der Landstraße versammelte sich »der größte Teil des in Wien anwesenden hohen czechischen und illyrischen Adels, hohe Staatsbeamte und die ausgezeichnetsten Gelehrten und Künstler slawischer Nation«, so berichteten wenigstens die Wiener Zeitschriften »Die Gegenwart« und »Der Humorist«. Die Strauß-Kapelle mußte für diesen Abend eigens Kompositionen einstudieren und konnte sich nicht nur mit ihrem eigenen Repertoire behelfen. Zum Dank erhielt sie für den vierten Slawenball wieder ein Engagement und spielte im Jänner 1847 im Sophienbad-Saal angeblich bereits vor 2500 Gästen – das Echo war entsprechend groß, auch eine »Illustrierte Zeitung« in Leipzig berichtete. Strauß Sohn bediente die »altösterreichische«, von seinem Vater offenbar vernachlässigte Klientel, gern und mit Gewinn auf lange Sicht: Ein »Pesther Csárdás«, ein »Serbischer Marsch«, ein »Slaven-Potpourrie« entstehen und spät in seiner Laufbahn wird der Meister der Operette all die nationalen Eigenheiten, die er früh in seiner Laufbahn dem Publikum abhört und schenkt, wieder brauchen. Sinnlos, die ersten Werke weiter aufzuzählen, viele haben sehr patriotische Titel und sind keineswegs nur Minderheiten gewidmet.

Wo immer es aber möglich ist, verlangt es den aufstrebenden jungen Mann nach dem normalen wienerischen Publikum. Und daß er das nicht nur genauso, sondern als bessere Variation seines Vaters bedienen will, läßt sich aus seinem Auftreten ablesen. Daß seine Auftritte allerdings nicht mehr ins Biedermeier, sondern ausdrücklich in die Zeit des Vormärz fallen, darf man nicht vergessen. In und um Wien ist der Hunger groß, wächst die Unzufriedenheit des einfachen Volkes – des Publikums der Kapelle Strauß – im umgekehrten Maß zu seinen Einkünften. Und als die Revolution hereinbricht, sind Vater und Sohn Strauß für kurze Zeit Kapellmeister bei Bürgerregimentern. Also wiederum Konkurrenten mit sehr verschiedenen Ansichten, jedoch in ein und derselben Stadt.

Die ersten Biographen beschreiben den jungen Johann Strauß, als wäre einfach der alte noch einmal auferstanden und präsentiere sich. Ludwig Eisenberg, der im Palais in der Igelgasse, dem letzten Domizil von Johann Strauß Sohn, empfangen und mit Details für sein »Lebensbild« versorgt wurde, nennt ihn den »Thronprätendent« und schildert ihn als »*jugendlich schlankes Bürschchen mit nervös-lebhaften Bewegungen, mit dunklen blitzenden Augen, vollem tiefschwarzem Haar, das launisch über die Stirne fiel und einer keimenden Schnurrbartlinie auf der Oberlippe*«. Weiter ist in der Beschreibung der ersten Jahre des Meisters immer von »Feuereifer der Jugend« die Rede und immer wieder vom großen körperlichen Einsatz, mit dem der junge Mann sein Orchester antrieb und das Publikum in Siedehitze zu bringen versuchte. Man wird sich bewußt, daß der in voller Montur, also steifer Frackgarnitur, dirigierende und aufgeigende Strauß bei jedem seiner Auftritte als Hexenmeister nicht nur musizierte, sondern harte Arbeit verrichtete.

Ein gar nicht großer, noch nicht erwachsener, schon mit der Verantwortung für eine ganze Familie ringender Mann, der schwitzen und charmieren mußte. Der, wie alle Exegeten des Walzers übereinstimmend schreiben, keine laute, keine fröhliche Musik komponierte, sondern in der Nachfolge Franz Schuberts den melancholischen, den ewig verhaltenen Walzer liebte.

Verantwortung für eine ganze Familie? Da war die Mutter, sie erhielt eine angemessene Summe von ihrem geschiedenen Mann ausbezahlt, war aber dabei knapp gehalten. Da waren zwei jüngere Brüder, ihr Lebensunterhalt war in der Summe inbegriffen. Und seit der offenen Auflehnung der Restfamilie gegen den abhanden gekommenen Erhalter wurde streng gerechnet, flogen Anwalts-

Der Konkurrent Johann Strauß Vater und die Schwierigkeiten zu Anfang

briefe hin und her, mußte man darauf gefaßt sein, daß der Gegner sich für mehrere Wochen im Ausland befand und darum kaum um Zuwendungen ersucht werden konnte. Strauß Vater war in den großen Geschäftszeiten, also im Fasching, von einem Auftreten zum nächsten unterwegs und reiste die übrige Zeit, wenn es ihm möglich war. Er suchte entweder dem Sohn zu schaden oder ihm auszuweichen. Seit einer – nur in Biographien, nicht aber schriftlich dokumentierten – Aussprache, bei der er angeblich (und vergeblich) dem jungen Konkurrenten die Rolle eines »Primgeigers und Direktionsstellvertreters« in seiner eigenen Kapelle angeboten hatte, wurde nicht mehr miteinander geredet. Die erwähnte Aussprache ist in mehreren Versionen nacherzählt und aufgeschrieben worden; es habe sich um ein respektvoll geführtes Gespräch gehandelt, der Vater habe dem Sohn sogar eine Zigarre angeboten, er habe dessen Talent hervorgehoben und die mögliche Verbindung zweier Tanzkomponisten als die beste Lösung aller Probleme dargestellt. Der Sohn sei ehrfurchtsvoll und starr geblieben und habe wie in seinem Brief darauf bestanden, sein Platz sei an der Seite seiner Mutter und vor den von ihm selbst engagierten Musikern.

Familienzwistigkeiten geschehen nie in aller Ausführlichkeit vor der Öffentlichkeit, werden im nachhinein, wenn sie Folgen haben, immer in verschiedenen Versionen wiedergegeben; sie sind aber nachzuempfinden. Im Falle Vater und Sohn Strauß sind sie am deutlichsten nach dem A b l e - b e n d e s V a t e r s in einer Reihe von Einschaltungen nachzulesen: In der »Geißel« vom 26. September 1849 erschien im Nachtrag zu einer Würdigung des verstorbenen Walzerkönigs: »*Seine beiden Söhne sowie seine Frau ließen den Gatten und Vater allein auf seinem Krankenlager und fanden es nicht der Mühe wert, durch einen Besuch am*

Krankenbette die entstandene Spaltung der Familie zu einem neuen Bund zu ketten. So starb der mit Lanner geistesverwandte Strauß allein, starb mit dem herben Schmerz des verlassenen Vaters.« Die erste Antwort darauf erschien im »Wiener Abend-Courier« vom nächsten Tag und war vom Sohn gezeichnet: »*Mein Vater starb nicht in unserem Hause; von seiner höchstgefährlichen Krankheit wurden wir nicht unterrichtet und als meine Geschwister den Vater besuchen wollten, verweigerte man ihnen den Theuren zu sehen! Wir sind von diesem Jammer, der uns betroffen, tief erschüttert und es schmerzt uns daher um so empfindlicher als – nachdem uns das Schicksal den Vater entrissen eine böse Feder uns auch die Gunst der Bewohner Wiens entziehen will.*« Auch die nächste Insertion stammt vom Erben, der einen offenen Brief in der »Wiener Zeitung« vom 3. Oktober abdrucken ließ. Ein herrliches Zeugnis des Zerwürfnisses, das den Tausenden dankt, die seinen Vater auf dem letzten Weg begleiteten; das noch einmal die Notwendigkeit erklärt, einst als Neunzehnjähriger »kein unnütz Mitglied in einem Familienschoß« zu bleiben; das schließlich den Mitgliedern der Kapelle Strauß dankt und ihnen die Möglichkeit weist, wie sie weiter wirken können, damit »nicht das schöne Ganze durch nachtheilige Vereinzelung allmählig Schaden leide«.

Schon am 11. Oktober war eine nachträgliche Berichtigung in derselben Zeitung zu lesen, verfaßt von C. F. Hirsch, dem langjährigen Mitarbeiter des Vaters: »*Der Unterzeichnete glaubt es den Manen des theuren Dahingeschiedenen schuldig zu sein, zur Steuer der Wahrheit öffentlich bekannt zu machen, daß die Familie Strauß nie verlassen und insbesondere auf die Ernährung und Unterstützung von Seite des Sohnes angewiesen war, sondern daß der selige Strauß zu ihrem anständigen Unterhalte monathlich achtzig Gulden Konventionsmünze, in früheren Jahren wenigstens das dreifache dieses Betrages geleistet, und selbe außerdem bei vielen Gelegenheiten mit namhaften Geschenken in Geld oder Geldeswerth erfreut hat.«* Die Antwort der Familie kam prompt, wenngleich nicht mehr unter dem Namen Strauß. Josef Weyl zeichnete für sie verantwortlich; das Blatt, das zur Veröffentlichung gewählt wurde, war wiederum die »Geißel«. Am 13. Oktober las man: »*Herzlos und erbärmlich aber, Herr Hirsch, bleibt es jedenfalls, wenn man dem Vater dadurch ein Monument zu errichten wähnt, indem man dem Sohne in der öffentlichen Meinung schadet und Familienverhältnisse auf unzarte Weise aufzudecken sich bemüht, die dem edlen Publikum kein Interesse bieten, und nur Klatschschwestern und Tratschbrüdern einen ersehnten Stoff bieten.*« Wer lesen kann, muß diese in ganz Wien interessiert verfolgte Auseinandersetzung nicht einmal zwischen den Zeilen lesen. Sie ist eindeutig. Es geht einerseits darum, ob und wieviel Strauß Vater seiner von ihm verlassenen Familie bezahlte und andererseits wie sehr er sich von ihr abgekapselt hatte. Schließlich folgt die Aufforderung, daß es keine weiteren Auseinandersetzungen unter den Musikern oder dem Publikum geben soll, sondern nichts weiter als eine Kapelle Strauß unter Leitung des Sohnes. Und eine günstige Aufnahme seitens einer geneigten Öffentlichkeit.

Daß sämtlicher Stoff für »Klatschschwestern« auch dem edlen Publikum sehr interessant erschien, darf man annehmen. Daß die Dokumente der Auseinandersetzung zwischen der Familie Strauß und den letzten treuen Freunden des verstorbenen Familienoberhauptes bald darauf zu den Akten gelegt wurden und bei Lebzeiten von Johann Strauß nie mehr ans Tageslicht kamen, ist belegt und verständlich.

II. Revolution

Der regierende Walzerkönig war nur an dankbaren Untertanen interessiert, ließ diese manchmal in Erinnerungen an seinen Vorgänger schwelgen, hatte aber überhaupt keinen Anlaß, die Umstände zu erwähnen, unter denen der Thronwechsel vor sich gegangen war.

Es gehört zu den natürlichen Eigenschaften eines Musikers vom Schlage des Johann Strauß, daß er sehr daran interessiert sein muß, in den Zeitungen zu stehen, eine Nachricht wert zu sein und auch möglichst genau steuern will, in welcher Form und wann. D a s konnte sein Vater, der entsprechend viele Kompositionen Journalisten widmete. D a s übernahm auf das Raffinierteste der Sohn, der sich und später seine Brüder in die Annalen der Concordia, Wiens berühmter Vereinigung von Journalisten, eintrug, indem er für jeden Ball dieser Institution einen Widmungswalzer komponierte. D a s wurde durch Einladungen an einzelne führende Schreiber ausgebaut, durch nie »bewiesene« Geldgeschenke unterstützt, mit lancierten Meldungen (die der betreffende Adressat als exklusiv ausgeben konnte) und mit »Gesprächen« genannten Interviews (die nur selten gewährt wurden) auf das Klügste genützt. Immer ging es um die positive Wirkung auf die Öffentlichkeit – das Publikum, von dem der Künstler abhängig war.

Der Künstler blieb nicht nur bei seinem ersten Auftreten, sondern auch in der Folge »bla?«. Strauß Sohn war, wie sein Vater, ein N a c h t m e n s c h . Sein Gewerbe machte ihn dazu. Seine wichtigste Tageszeit war der Abend und die Nacht, denn da mußte er mit voller Konzentration vor seine Musiker treten und diese und das Publikum durch seine elektrisierende Wirkung zur Raserei bringen. Seine Kapelle konnte zwischendurch immer wieder einfach Dienst versehen, ihr Kapellmeister aber mußte jeden Abend seinen Kopf riskieren. Er mußte für alles, was aufgeführt wurde, nicht nur die Energie eines Dirigenten aufbringen, sondern die Verführung eines Magiers. Man erwartete, daß er mit seiner Geige nicht einfach den Ton angab und den Saal zum Toben brachte. Man wollte, daß er Wiederholung auf Wiederholung immer sensationeller vortrug.

Man begreift, daß er nach mindestens fünf Stunden hektischen Musizierens nicht abschalten und zur Ruhe gehen konnte, sondern erst die gestaute Kraft abklingen lassen mußte. Daß es somit immer spät nach Mitternacht wurde und oft viel, viel später. Vielleicht erklärt das auch das große Ruhebedürfnis, das man Johann Strauß nachsagt. Die ununterbrochene Nervosität im Beruf erforderte als Ausgleich totale Stille. Eine andere Deutung, Strauß Sohn sei ein zutiefst unsicherer und melancholischer Mensch gewesen, der den Anforderungen seines Berufes immer nur ungern nachkam, ist möglich. Nur, die Erklärung, er habe sich von Strapazen zu erholen gehabt, ist einfach.

Daß seine innige Beschäftigung mit Noten ein völliges Desinteresse für Literatur ergab, ist eine Tatsache, die schwer zu erklären ist. Man kennt genügend scheinbar heitere, ja vulgäre Briefe an Familienangehörige und Geschäftspartner, die mit ihren Wortverdrehungen und zotigen Wendungen an die des Kollegen Mozart erinnern. Wortverdrehungen, das waren geschriebene Ausläufer des Umgangs mit Motiven. Zoten, das war die Kompensation dafür, daß ein Großteil der Leidenschaften, die in Strauß steckte, direkt in seine Musik floß und viel seltener als man denkt in zwischenmenschliche Beziehungen.

Vielleicht erklärt sich so, daß Johann Strauß nach seinem großen Aufbegehren gegen den Vater einerseits ein F a m i - l i e n m e n s c h blieb und auf seine Mutter hörte, andererseits ein E g o i s t von überdimensionalen Ausmaßen wurde und seine Brüder dazu nutzte, das Geschäft zu erweitern und in Gang zu halten, wie er es selbst für richtig hielt. Ungezählte Briefe weisen nach, daß er sich sehr rasch insofern emanzipierte, als er die geliebte Mutter zwar nicht kränken, jedoch das Unterhaltungsgeschäft ausschließlich nach seinem eigenen Kopf betreiben wollte. Er setzte ihre Autorität ein, um Josef Strauß zur Leitung der Kapelle anzuhalten. Er ließ von ihr den jungen Eduard zum Musiker erziehen. Aber er selbst dirigierte die Brüder in ihre Positionen und duldete wenig Widerspruch. Noch vor seiner ersten Heirat war er der Despot, nach dessen Pfeife die gesamte Familie zu tanzen hatte.

Daß er in Geldangelegenheiten lange sorglos blieb, ist eine völlig andere Sache; er hatte einfach wenig Zeit, mußte ununterbrochen Kompositionen und Auftritte arrangieren und zusätzlich die Verrechnungen mit den Veranstaltern und dem Personal in Ordnung halten. Von völliger Naivität kann aber bei ihm keine Rede sein. Strauß hat genügend oft mit seinen Verlegern gehadert und sich über die Unbotmäßigkeit einzelner Musiker ausgelassen. Er wußte, was Geld ist.

Der seiner zahllosen Melodien wegen gerühmte Johann Strauß schrieb alles, was ihm als verwertbare Musik durch den Kopf ging – immer auf Notenpapier, selten auf Papierservietten oder Manschetten –, auf. Tatsächlich kennt die Forschung mehrere solcher M e l o d i e n s a m m l u n g e n, die Strauß anlegte und erweiterte, um immer Material zur Hand zu haben, wenn er eine Walzerfolge zu Papier bringen wollte. Es standen ihm Ausgangspunkte verschiedenster Art zur Verfügung; er konnte wählen. Heute noch fasziniert die Musikwissenschaft seine Sammlung von

Melodien, die er ununterbrochen erweiterte und deren Brauchbarkeit er erst überprüfte, bevor er sie für eine neue Komposition heranzog. Es ist faszinierend, das Konvolut von mehreren hundert Melodien zu sehen, in dem diejenigen durchgestrichen sind, die Johann Strauß irgendwann verwendet hat. Man ist sich über seine Arbeitsweise einig: Er holte Melodien immer und überall aus der Luft, notierte sie zum allfälligen Gebrauch und vergaß sie zuerst einmal. Anders wäre es nicht möglich gewesen, die aufwendige Notenarbeit zu erledigen, die sein Beruf erforderte. All die Märchen von Walzerfolgen, die gegen Mittag bestellt und bereits am Abend aufgeführt worden sind, sind unausrottbar. Doch bleiben sie billige Märchen, für jeden Musiker durchschaubar. Allein die manuelle Arbeit, eine Introduktion, wenigstens fünf Walzerpartien und eine Coda für Orchester zu Papier zu bringen, ist nicht einmal angesichts der anfangs weniger originellen, erst allmählich immer aufregenderen Walzer vorstellbar. Bedenkt man zudem den ausgesprochenen Ehrgeiz des jungen Strauß, nicht nach überkommenen Schemata zu instrumentieren, sondern aus dem Orchester immer neue Klangwirkungen hervorzuholen, wird das Gerücht von den im Flug entstehenden Walzern vollends Unsinn. Man muß sich zudem in Erinnerung rufen, daß Johann Strauß de facto in sehr wenigen und streng vorgegebenen Formen komponierte. Nicht nur die Abmachungen mit seinem Verleger beweisen das, auch das Werkverzeichnis ist rasch durchgesehen. Da sind die Walzerfolgen, die Polkas, die Märsche und schließlich die Quadrillen, die Aneinanderreihungen von kurzen Zitaten anderer Kompositionen. Bisher hat noch niemand versucht, die besondere Originalität an Hand der doch sehr sorgfältigen Ausarbeitungen der Quadrillen festzustellen. Von allen kritischen Schriftstellern wie Eduard Hanslick wird festgehalten, wie sehr diese »kleinen« Formen einen schöpferischen Musiker zu immer neuen Einfällen zwingen. Nie aber ist erforscht worden, wieviel Energie es einen schöpferischen Menschen kostet, diese Formen nicht revolutionär zu sprengen, sondern immer wieder im Geschmack des Publikums und doch voll Eigenart neu zu beleben.

Beim Walzer läßt sich – und Strauß hat dies bis zum Exzeß ausgeschöpft – über viele Minuten weg präludieren, eine Grundstimmung erzeugen, die der Einleitung einer Brahms-Symphonie ebenbürtig ist. Und erst dann kann die große Melodie erklingen, die sich allerdings in den naturgegebenen Dreivierteltakt-Rahmen und selten über siebzehn oder zweiundzwanzig Takte hinausstrecken darf. Bei der Polka ist dies so gut wie undenkbar, die muß mit dem Auftakt schon die Kennmelodie erklingen lassen. In den allerseltensten Fällen darf sie zwei harte Akkorde vorangestellt haben, um das Publikum auf sich aufmerksam zu machen. Und bei der Quadrille ist wiederum die Form festgelegt und kaum variierbar. Eine Art nichtssagende Überleitung ist gestattet, die von einem zum anderen Thema führt. Sonst darf nichts von dem eigentlichen Sinn der Komposition, der Huldigung an einen Kollegen und dessen Einfallskraft ablenken. Einzig die Abfolge der ausgewählten Melodien und die Instrumentation ist Zutat des Zweit-Komponisten. In diesen mehr als engen Grenzen unverwechselbar zu sein, das war nicht einfach Genie und die heitere Feder, die über das Papier gleitet, das war harte Knochenarbeit.

Wie bei allen Pointen und Geschichten, die sich um Johann Strauß ranken, hat der Komponist alle Berichte über seine sprudelnde Phantasie, seine scheinbar gottgegebene musikalische Fruchtbarkeit nie dementiert. Wenn ihm eine Legende zugetragen wurde, die geeignet erschien, sein

Image beim Publikum zu heben, dann ließ er sie weitererzählen und nickte im richtigen Moment höflich lächelnd. Korrekturen der Wirklichkeit sind nicht überliefert. Nicht von ihm, nicht aus seiner nächsten Umgebung. Wenn's gut für's Geschäft war, dann konnte es ruhig stehenbleiben ... Strauß erinnert mit dieser Gewohnheit an alle seine Nachfolger bis weit ins zwanzigste Jahrhundert, die sich gegen gute Geschichten nie gewehrt haben. Im Gegenteil, die ununterbrochen wiederholten Legenden, wie ein Einfall des Franz Lehár entstand, wie Robert Stolz inspiriert wurde, ähneln alle den Geschichten, die sich in den älteren Strauß-Biographien finden und deren Wahrheitsgehalt ohne Gefahr angezweifelt werden darf. (Als Zeitzeuge notiere ich, daß der weit über 80 Jahre alt gewordene Robert Stolz mir für eine Radiosendung zu einem seiner Geburtstage erzählte, wie er zur Entstehungsgeschichte zu »Im Prater blüh'n wieder die Bäume« kam: Er ließ sie sich von seiner lebensklugen Frau mehrfach vorsprechen, ehe er sie dann als seine eigene zum Besten gab.) Um den »Meister Johann« wird es nicht anders bestellt gewesen sein ...

III.
Die Welt ruft

Pawlowsk

»Liebster Freund Haslinger!
Nun athme etwas auf, den meine Fatiguen der Reise und der nothwendigsten Proben waren bis zu dem heutigen Tage enorm. Die große Beschäftigung war es demnach, welche mich hinderte, Ihnen früher etwas kleines von mir hören zu geben. Was meine Gesundheit betrifft, bin ich sehr zufrieden, den selbst auf dem Schiffe wurde ich auch nicht eine Minute krank, und als ich nach Pawlowsk gekomen, fand ich gutes Bier, welches mich wie Sie wißen, immer gesund sein läßt, daher betreff meines Befindens nichts zu wünschen übrig geblieben war und nun bleibt.
Eben so sehr bin ich mit der Aufnahme bei den rußischen Publicümern zufrieden. Mein Orchester macht wahrhaftig Furore, es verdient es auch, den Gott wollte, daß ich in Wien eine solche Kapelle hätte, ich kann von solcher nur das Beste sagen. Auch spielt man meine Walzer recht gut, die 4 Wiener greifen tüchtig an und reißen die Norddeutschen ohne Erbarmen mit.«

Seit 1837 gab es zwischen St. Petersburg und Pawlowsk eine Bahnlinie. An dieser war die prächtige Sommerresidenz des Zaren, Zarskoje Selo, mit einer eigenen Station für den Zaren und quasi Endstation. Das russische Publikum aber, sofern es nicht im Dienste des Zaren stand oder in unmittelbarer Umgebung Sommerhäuser besaß, hatte kaum eine Verwendung für diese Bahnlinie und nützte sie nur, weil die Direktion der Eisenbahn St. Petersburg-Pawlowsk von Anfang an auf eine Attraktion bedacht war: an der Endstation das »Vauxhall«, eine Art Vergnügungszentrum zu bauen und Sommerfeste, Bälle, Feuerwerk anzubieten. Mit einer ausländischen Kapelle als besonderer Attraktion. Sie hatte zuerst das ganze Jahr über, später nur noch von Mai bis Oktober zu spielen und zwar nicht wenig: jeden Wochentag von sieben Uhr bis zum Abgang des letzten Zuges kurz vor zehn Uhr, an Donnerstagen eine Stunde länger; an Sonn- und Feiertagen war von sieben bis nach elf Uhr zu musizieren. Während des Aufenthalts der Zarenfamilie mußte zudem ein Monat lang »bei schönem Wetter« eine Art Kurmusik von zwei bis vier Uhr gespielt werden.

Für das Orchester (das ausdrücklich nicht aus russischen Musikern gebildet werden sollte) und das abwechslungsreiche Programm (das aus »Classischen, Opern, Garten und TanzMusik Stücken« zu bestehen hatte) war ein attraktiver Dirigent verantwortlich, der als Subunternehmer der Eisenbahn-Gesellschaft fungierte. Er hatte die Musiker zu engagieren, mit ihnen zu proben und aufzutreten. Er hatte die Programme zusammenzustellen und notfalls mit einer Militärkapelle abzusprechen. Er war für das Niveau seines Orchesters ebenso zuständig wie für die Bezahlung der Musiker und er übernahm offiziell die Verantwortung für das tadellose Benehmen, die Moral der Herren. Er erhielt für die gesamte Saison einen Geldbetrag, mit dem er auszukommen hatte – von ihm allein hing also auch der finanzielle Erfolg eines langen Sommers ab.

Strauß Vater hatte ein derartiges Engagement abgelehnt, Strauß Sohn konnte ihm nicht widerstehen. In Wien war er längst nicht nur der große Strauß, sondern der Chef über ein Familienunternehmen, das den Bruder Josef als zweiten Kapellmeister (und überaus begabten Komponisten und alsbald als Vorgeiger) aufzuweisen hatte und dessen Ausweitung durch eine entsprechende Ausbildung des jungen Bruders Eduard (erst zum Harfenisten, dann nolens volens zum Kapellmeister und Komponisten und ganz zuletzt, weil es die Familientradition so vorschrieb, zum Stehgeiger) bevorstand. In Wien hatte Strauß nach dem Tod des Vaters und den vergleichsweise bitteren Jahren, die unmittelbar auf die März-Revolution folgten, seine Position nicht einfach nur gefestigt, nein, er hatte sie uneinnehmbar gemacht. Er war der Chef der Strauß-Kapelle! Er dominierte sämtliche Veranstaltungen im Fasching und musizierte bei Hof, war allerdings immer noch nicht k.k. Hofball-Musikdirektor. Der Kaiser und sein Hofstaat hatten ein gutes Gedächtnis und vergaßen nicht, daß der junge Strauß im Jahr 1848 »revolutionär« gewesen war. Sein Leumund war so beschaffen, daß die k.k. apostolische Majestät weiterhin »nicht geruhte, dem vorliegenden Gesuche eine Folge zu geben«, wie man ihn immer wieder wissen ließ.

Das Revolutionäre in Johann Strauß Sohn? Er hatte am 3. Dezember 1848 eine »musikalische Abend-Unterhaltung« im Saale beim grünen Tor in der Josefstadt gespielt, das Publikum hatte die Marseillaise verlangt und der von seinem Publikum abhängige Kapellmeister hatte, nach einigem Zögern, das Stück zum besten gegeben. Vorher hatte er es mit der Haydn-Hymne versucht, aber die war den jungen Menschen im Dezember 1848 nicht genug. Ein neuer Kaiser war da, allerorten spürte man, daß die glorreich begonnene Revolution den Bach hinunterging und von den

Pawlowsk

Der »Musik-Bahnhof« Pawlowsk, rechts der Musikpavillon, Lithographie von C. Schultz nach einer Zeichnung von J. Meyer (Kap.: Pawlowsk)

errungenen Rechten kaum mehr als das der »Press-Freiheit« bleiben werde. Also wollte man nicht die als »Volkshymne« bzeichnete Melodie von Haydn hören, sondern die aufrührerische Marseillaise. Johann Strauß der Jüngere mag sich, wie er anschließend zu Protokoll gab, geziert haben – zuletzt gab er nach und holte sich den Applaus seines Publikums mit der Musik, die es zu hören wünschte. Daß die Wiener Zeitungen von den Untaten des jungen Strauß berichteten, daß auch nach Metternichs Abreise der Spitzeldienst funktionierte, daß gegen einen Unterhaltungsmusiker, der Revolutionäres spielte, sofort eingeschritten wurde, zeigt die Sorge, mit der die Obrigkeit auf ihre Untertanen sah. Sie hatten ihren Spaß gehabt, sie sollten wieder ruhig sein – auch bei musikalischen Abendunterhaltungen mit Johann Strauß, dem auf sehr österreichische Art und Weise mitgespielt wurde: Nachdem er das Protokoll über sein revolutionäres Betragen unterschrieben hatte, durfte er weitermusizieren. Und erst Jahre danach hatte man bei Hof die Protokolle aus dem Dezember 1848 wieder bei der Hand. Er durfte selbstverständlich längst auf Hofbällen aufspielen, schließlich war er ja als Unterhaltungsmusiker ohne Konkurrenz. Aber er durfte den begehrten Titel eines Hofball-Musikdirektors, den sein Vater stolz getragen hatte, nicht in Anspruch nehmen. Noch nicht ...

Immerhin, er konnte sich bereits als Walzerkönig bezeichnen und sich selbst bestätigen, daß die schlimme Zeit der Auseinandersetzungen und der Kämpfe vorüber war. Die Familie wohnte im Hirschenhaus in der Taborstraße, die Wiener Etablissements beschäftigten die Strauß-Kapellen und der Verleger Haslinger mußte bereits seltener mit Vorschüssen auf die fix vereinbarten Honorare aushelfen. Ein weiterer Strauß, mit der Familie nicht verwandt, im selben Haus eingemietet (er sollte erst spät in seinem Leben mit dem reifen Walzerkönig verwandt werden), war immer wieder in der Lage, über finanzielle Engpässe hinwegzuhelfen. Und die kamen längst nicht mehr, weil das Nachtgeschäft nicht genug eingebracht hätte, sondern nur, weil Johann Strauß noch nicht so weit war, selbst als Geschäftsmann gelten zu können. Er nahm ein und gab aus und die Differenz erwies sich meist als eine zu seinen Ungunsten. Es mag sein, daß das geheime Protokoll, das über ihn angelegt worden war, nicht völlig falsch berichtete: »Er war, seitdem er Musikdirektor geworden, ein leichtsinniger, unsittlicher und verschwenderischer Mensch und führt erst seit kürzerer Zeit eine mehr geregelte Lebensweise.«

Leichtsinnig und verschwenderisch? Strauß gab sein hart verdientes Geld nur nicht ausschließlich bei seiner Mutter ab. Er war die einzige Geldquelle der Familie, finanzierte das Studium seiner Brüder, sorgte faktisch allein für das Überleben. Vom Vater und seinem Pflichtteil, das dieser der legitimen Familie hatte zukommen lassen, war außer der Gefolgschaft der Mitglieder der Kapelle Strauß nichts geblieben. Der neue Walzerkönig hatte, was die Finanzen anlangt, noch einmal von vorn beginnen müssen. Sein Erbe war der Name Strauß und die Musikalität. (Daß er zwischendurch der Verlockung erlag, als erfolgreicher Komponist und Kapellmeister Geld auszugeben, ist ihm nicht anzukreiden.) Beides nützte er exzessiv. Er musizierte überall, wo man ihn haben wollte, er war in Wien in allen Vorstädten präsent, er erfüllte die Luft mit seiner Musik: Im Volksgarten, auf dem Wasserglacis (dem späteren Stadtpark), in Rudolfsheim, in Hernals. Er ging über Land und stand für Bälle in Baden bei Wien und in Vöslau zur Verfügung. Man kann, wieder, seine Kompositionen nützen, um die einzelnen Auftrittsorte nachzuprüfen und man kann aus ihnen ersehen, wann er erstmals bei Hofe aufspielte: Opus 100 ist die »Vöslauer Polka«, Opus 103 ist die »Vivat!-Quadrille« zu Ehren des Namenstags von Kaiser Franz Joseph. Opus 116 ist die »Hofball-Quadrille«, denn 1852 ist der Fasching bei Kaisers nicht mehr ohne Johann Strauß zu denken.

Freilich: Wenn man vom Fasching des Kaisers spricht, darf man nicht verschweigen, daß weder der junge noch der gemeinsam mit Strauß alt gewordene Kaiser ein begeisterter Tänzer war; daß die Bälle bei Hof als Staatsaktionen und nicht zur Unterhaltung gedacht waren; daß eine Mitwirkung an ihnen zwar Ehre, aber wenig Vergnügen darstellte – weder konnte der Komponist und Dirigent sich mehrerer Hervorrufe oder Wiederholungen erfreuen noch gab es ein besonders großzügiges Salär. Der Auftritt brachte Ehre und war deshalb wichtig. Aber er brachte keine Popularität und keinerlei Befriedigung. Der Kaiser, der erste wirklich un-

III. Die Welt ruft

musikalische Habsburger auf dem Thron, ertrug die Repräsentationspflichten mit der ihm eigenen Würde. Daß es Mitglieder des Erzhauses gab, die diesen gerne auswichen, jedoch als sehr musikalisch und allmählich als Verehrer des Walzerkönigs bezeichnet werden konnten, ehrt die Familie Habsburg. Sie ließ sich nicht nur Widmungen gefallen, sie trat auch in Korrespondenz mit Strauß. Und sie komponierte selbst ...

Ende des Jahres 1852 war der erste große körperliche Zusammenbruch des Musikers – Johann Strauß hatte seine Kräfte aufgebraucht und mußte zu einer Zeit, in der er die Aufmerksamkeit der ganzen Stadt hatte und sein Verleger eine Strauß-Lithographie von Kriehuber in der Auslage stehen hatte, alle öffentlichen Auftritte absagen.

Da war er drauf und dran, sein Wien zu erobern. Da gab es bereits einen Vertrag zwischen Strauß und Haslinger. Dieser liest sich auch überaus erregend, denn der Komponist verpflichtete sich, alle von ihm komponierten Walzer, Quadrillen, Polkas, Potpourries, Fantasien, Märsche und »dergleichen musikalische Werke« in allen europäischen Ländern ausschließlich durch Herrn Carl Haslinger drucken zu lassen – mit Ausnahme von Italien, wo er ausdrücklich den »Kunst- und Musikalienhändler G. Ricordi in Mailand« als seinen Verleger anerkannte. Die Anzahl der pro Jahr geforderten Kompositionen: »Nicht weniger als Fünf und nicht mehr als Acht Parthien Walzer«, zwischen drei und fünf Quadrillen, zwischen drei und fünf Polkas und zwischen zwei und vier Märsche standen im Vertrag. Die Honorare: Hundertundzehn Gulden für eine Walzerpartie, sechzig für eine Quadrille, vierzig für eine Quadrille nach Motiven aus einer Oper, fünfzig für eine originale Polka, vierzig für ein Potpourrie, zwanzig für einen Marsch und

Henriette Treffz (1818–1878)

11 *Johann Strauß und seine erste Frau Henriette*

Angelika Dittrich (1850–1919)

13 *Adele Strauß (1856–1930)*

14 (links) Das Ehepaar Johann und Adele Strauß

15 (rechts) Die Villa in Hietzing war das Haus Hetzendorfer Straße 18 (heute Maxinggasse); es erinnert heute mit einer Gedenktafel an »Die Fledermaus«, die 1874 hier geschrieben wurde.

16 (unten) Tarock in Ischl mit (von links nach rechts) Julius Bauer (Journalist, Humorist und Textdichter der »Fürstin Ninetta«), Adele und Schwager Josef Simon

17/18 Johann Strauß' Villa in Ischl (Außenansicht und Arbeitszimmer)

zwölf für einen »Marsch samt Trio nach Opern Motifen«. Weitere mögliche Einnahmen des Komponisten: Von Honoraren, die englische oder französische Verleger an Haslinger zahlten, sollte die Hälfte an Strauß fließen. Die Dauer des Vertrags: Ursprünglich war er am 8. März 1852 auf zwei Jahre abgeschlossen, modifiziert galt er jedoch bis 1863. Die Einschätzung der Honorare: Der immer wieder zitierte und seines Fleißes wegen als eine der ersten Instanzen in Sachen Strauß und seine Zeit zu schätzende Franz Mailer nennt die erwähnten Summen »deutlich über dem Durchschnitt der Honorare anderer Verlage« und »gemessen am Lohnniveau der Arbeiter und Beamten« großzügig.

Der erwähnte »Zusammenbruch« ist für die Biographie wichtig. Denn er zeigt Johann Strauß in seiner Rolle als Familientyrann: Da die Kapelle Strauß auch ohne ihn aufzutreten hat und nicht einen Augenblick daran zu denken ist, sie längere Zeit mit einem namenlosen Stellvertreter vor das Publikum zu schicken, wird B r u d e r J o s e f rekrutiert. Der ist auf dem besten Weg zu heiraten und als Zivilingenieur sein Leben zu verdienen. Aber: Er hat offenbar überhaupt kein Stimmrecht im Familienverband. Er muß alle seine Berufspläne aufgeben und als zweiter Strauß an die Öffentlichkeit. Er wehrt sich, er ist verzweifelt, er resigniert. Am 23. Juli 1853 tritt er zum ersten Male auf. Und präsentiert sich zwar nicht als Geiger, aber sofort als Komponist. Er glaubt noch dran, daß seine Walzerfolge den korrekten Titel hat, wenn er sie »Die Ersten und Letzten« nennt. Er ahnt nicht, welche Aufgabe, welch ein Leben ihm bestimmt ist.

Daß er, einmal aus der vorgezeichneten Bahn geworfen, konsequent bleibt und es sich nicht leicht macht, ersieht man aus einem Prüfungszeugnis, das er lange nach seinem

Debüt als Komponist erlangt. Im März 1857 läßt er sich vom Inhaber der Musikschule und Professor der Harmonielehre Franz Dolleschall bescheinigen, er habe »bei der mit ihm am heutigen Tag vorgenommenen Prüfung aus den Grundsätzen des Generalbasses und der Composition die vorzüglichsten Resultate« geboten. Zu einem Zeitpunkt, da er selbst mit über dreißig Kompositionen unterwegs ist, läßt er sich prüfen, als hätte er das Zeugnis nötig, um alsbald heiraten zu können. Im Juni 1857 kann er sich als Kapellmeister ins Trauungsbuch eintragen lassen. Und wenig später wird in seinem Reisepaß festgehalten, wie ihn die Behörde sieht: »Statur: mittel, Gesicht: länglich, Haare: schwarz, Augen: braun, Mund, Nase: proportioniert, besondere Kennzeichen: keine.« Er selbst, Josef, sieht sich ganz anders. Als »Aushilfsmöbel«. Und wird auch lange Zeit in Wien und später in Pawlowsk so behandelt. Das Publikum mag ihn, das Orchester hilft ihm. Die richtige Stimmung aber kommt erst wieder auf, als nach einer langen Pause, in der Josef sehr allein das Schicksal der Kapelle Strauß bestimmt, im September der genesene Bruder wieder auf das Dirigentenpodium springt. Trotzdem kommt Josef vom Beruf, in den er gezwungen wird, aus Berufung nicht mehr weg. Er nimmt ihn ernst und wird ihm gerecht. Er nimmt schließlich Geigenunterricht bei Franz Amon, dem langjährigen Primgeiger der Strauß-Kapelle, der schon den Bruder (gegen den Willen von Strauß Vater) in richtiger Haltung unterwiesen hat. Drei Jahre nach seinem Debüt, er hat seither viel komponiert und nolens volens viel dirigiert, tritt er endlich mit der Geige unter dem Kinn vor das Publikum. Am 23. April 1856 zeigt sich »Beim großen Zeisig« der zweite, nein, der dritte Strauß als Vorgeiger und ist endlich, was ihn sein Bruder längst genannt hat – »a echter Strauß«.

Josef, der ewige Zweite, ist selbstverständlich ein ausgezeichneter Musiker, ein nervöser wie intelligenter Komponist (viele seiner Werke halten sich bis heute gleichberechtigt neben den großen Konzertwalzern Johanns) und als Dirigent verläßlich. Er kann, weil es sein muß, ganze Sommer über allein in Wien musizieren und die Strauß-Kapelle gegen alle Konkurrenz an der ersten Stelle halten. Er ist sogar in der Lage, den dominierenden Bruder in Pawlowsk zu ersetzen, als dieser mitten im Sommer »frei« haben will. Und er erntet in Rußland begeisterte Zustimmung. Zwar nur von den Musikfreunden und nicht von den weiblichen Verehrern des »großen« Strauß, aber das erträgt der glücklich verheiratete Josef. Was ihm freilich zu schaffen macht, sind seine völlige Abhängigkeit von den Dispositionen, die angeblich die Familie, in Wahrheit Bruder Johann – zuletzt Schwägerin Jetty – trifft und das sichere Gefühl, daß er der ewige Zweite bleiben wird.

Titelbild der Noten-Erstausgabe

III. Die Welt ruft

Josef weiß, daß er als Komponist mit seinem populären Bruder gleichziehen könnte. Aber er ist weniger extrovertiert und leidet lieber, ehe er versucht, eine richtige Konkurrenz anzutreten. Er hat seinen eigenen, nachvollziehbaren Aufstieg als Komponist. Er muß auch ein ausgezeichneter Dirigent sein, denn ihm sind Wiener Erstaufführungen von Werken Richard Wagners anvertraut. Trotzdem, er bleibt in Wien und später in Pawlowsk nur der Stellvertreter. (Selbst die Nachwelt beginnt ihn erst richtig zu schätzen, als um 1950 die Wiener Philharmoniker ihre Neujahrskonzerte nicht mehr ausschließlich Johann Strauß widmen, sondern auch Josef Strauß ins Repertoire nehmen.)

Die Beziehungen zwischen den Brüdern Strauß ist delikat. Johann ist der Chef des Unternehmens, er gibt sich als solcher und fordert, vorerst noch mit leiser Unterstützung der Mutter, dann unverblümt selbst die unbedingte Gefolgschaft von Josef. Er bestimmt sehr genau, in welcher Position und wo Eduard, der Jüngste, in die Geschäfte einzuführen ist. Und zwischendurch stiftet er, ob bewußt oder unbewußt läßt sich schwer nachvollziehen, Unfrieden zwischen den beiden Stellvertretern.

Beide? Sofort nach dem Eintritt von Josef begreift man in der Hirschengasse, daß es von Nutzen sein werde, Eduard mit ins Geschäft zu ziehen. Allerdings wird ihm zuerst die Harfe als Instrument zugewiesen und erst allmählich der Dirigentenstab verliehen. In der Folge erweist sich Eduard als der klügste und ruhigste der Brüder. Er übernimmt die Strauß-Kapelle, wann immer es gefordert wird, komponiert, ist aber nie in Gefahr, mit seinen Kompositionen Johann und Josef Konkurrenz zu machen. Er ist dazu da, sich nützlich zu machen und dafür zu sorgen, daß die Firma Strauß immer »am Platz« vertreten ist. Daß Johann ihn als Musiker nicht für voll nimmt, schmerzt ihn ein Leben lang, ist aber dem großen Bruder völlig gleichgültig. Er hat zu regieren und das kann er nur, indem er seine Brüder »teilt«.

Die ganz und gar unangenehme Art, in der Johann Strauß seinen ihm musikalisch ebenbürtigen Bruder Josef erpreßt und als Ersatz ausnützt, ist eine Tatsache. Die nicht minder häßliche Art, mit der er den jüngsten Bruder Eduard zwar hilfreich findet, jedoch nicht »aufkommen« lassen will, wirft gleichfalls kein gutes Licht auf seinen Charakter. Wenn er in hohen Jahren dem Bruder vorwirft, er sei leicht verletzlich und möge doch um Himmels willen endlich aufhören, sich schlecht behandelt zu fühlen, dann liest man aus jeder Zeile seiner Briefe, wie überlegen und unbrüderlich der Walzerkönig und geliebte Mensch mit seinem eigenen Bruder umgegangen ist. Und zwar ein Leben lang. Er ist, bestärkt von seinen Frauen und seiner Umgebung, in Wahrheit aber doch aus eigenem Antrieb, ein unfaßbarer Egoist. Nutzt jede Möglichkeit, Verehrer ebenso wie Verwandte zu seinen Gunsten gegeneinander auszuspielen. Er kann das schon in verhältnismäßig jungen Jahren vorzüglich. Er ist imstande, die Frauen seiner Brüder in die notwendige Korrespondenz einzubeziehen. Josef heiratet (da ist er bereits voll integrierter Bestandteil der Firma Strauß und muß zum zweiten Mal die Strauß-Kapelle den Sommer über leiten, weil sein Bruder in Rußland gastiert) seine Jugendliebe Karoline Pruckmayer und steht trotzdem bis zu seinem Tod unter Kuratel: Johann bestimmt, wann und wo er aufzutreten hat und läßt nicht zu, daß gegen seine Entscheidungen Einwände erhoben werden.

Johann hinterläßt uns Briefumschläge, die nur sehr bedingungslos liebende Straußianer als »köstlich« charakterisieren. Er schreibt scheinbar gern und immer wieder nicht

III. Die Welt ruft

nur für die Adressaten, sondern auch gleich für die Postboten. Seiner Schwägerin empfiehlt er sich einmal mit der Anschrift »*Herrn Josef Strauß Kapellmeister par excellence, versteht Blasinstrumente, wie Fagott nach dem Diner, Piccolo bei dem Beischlafe, Bombardon beim Scheißen ausgezeichnet, Leopoldstadt 314*« und weiß genau, daß das gesamte Hirschenhaus den Briefumschlag zu lesen bekommt. Er macht ihr Komplimente, die sich ähnlich direkt in Gesamtausgaben selten finden lassen. Wiederum aus Pawlowsk, wo er, anders als in Wien, offenbar ein freier, allzu freier Mann wird: »*Du weißt nicht, mit welcher Sehnsucht ich dem Augenblicke entgegensehe, einen Kuß von Dir zu erhalten ... Du sollst durch meine Zudringlichkeiten künftighin gequält werden, wie ich mir bisher noch nicht erlaubte. Was ist mit dem Sohnlein? Liebe Lina, wenn es sich sollte an Nachhilfe fehlen, verschmähe nicht die Dienste Deines Dich liebenden Schwagers Jean. Lasse um Gottes willen die letzte Phrase als Geheimniß bewahren.*« Die unmißverständliche Schreibweise, die ungenierte Freude an verbaler Sexualität lassen sich, nimmt man es genau, selbstverständlich nicht mit den Dalbereien in den berühmten Bäslen-Briefen Mozarts vergleichen. Diese sind bei aller Deftigkeit doch immer komponierte Wortspiele, aus denen mehr herauszulesen ist als Sehnsucht nach einer Gefährtin. Bei Strauß, der sich selbst der Öffentlichkeit als solider Musiker und Bürger Wiens präsentiert, sind diese unartigen Briefe ganz gewiß nur Abreaktionen, etwas zu deutlich ausfallende schriftliche Phantasien eines zutiefst unsicheren, im Umgang mit dem anderen Geschlecht in Wahrheit sein Leben lang verunsicherten Musikers. Diese Briefe entstehen, als Strauß erstmals nicht »unter Aufsicht« steht; somit ein sicherer Nachweis, daß er die Freiheit nur scheinbar zu nützen versteht. Die Freiheit von Pawlowsk ...

»Flammende Blicke und kunstvolle Seufzer«

Pawlowsk. Ein Zauberwort und für die Geschichte des Johann Strauß das, was man einen Markstein nennt. Eine zehn Sommer anhaltende Beziehung, in der der Kapellmeister und Komponist aus Wien nicht nur beliebt, sondern geliebt wird. In der er Ruhm und Geld erntet und, so scheint es, einige Kenntnis der sogenannten großen Welt erfährt.

Die Direktion der Zarskoje Selo-Eisenbahn hatte Strauß Vater zweimal eingeladen, nach Rußland zu kommen. Bald nach der Fertigstellung der Endstation und des Vauxhall-Gebäudes hatte man im August 1838 an den amtierenden Walzerkönig geschrieben und ihm ein Engagement angeboten, Strauß war aber bereits auf Reisen. Trotzdem versuchte man es 1839 noch einmal und bot großzügig ein Engagement für das ganze Jahr 1840 an. Wieder wurde nichts aus der Idee. Man weiß von einer Antwort aus Wien, in der der weltgewandte Strauß Vater skizzierte, unter welchen Umständen er sich ein längeres Gastspiel in Rußland vorstellen könnte. Man weiß aber nicht, aus welchen Gründen dies dann doch nicht zustande kam. Nur, daß die vom Vater für richtig erachteten Umstände dann die waren, die Johann Strauß erstmals für das Jahr 1856 mit Freuden annahm.

Man kann das Leben des Musikers Johann Strauß ohne Schwierigkeiten in die Zeiten vor und die nach den Pawlowsker Sommergastspielen teilen. Diese währen viele Monate, aber entfremden ihn keineswegs der Wiener Gesellschaft. Sie machen ihn sozusagen allgegenwärtig in genau der Zeit, in der es in Wien selbst keinen Fasching,

III. Die Welt ruft

Der Konzertpavillon »Vauxhall« in Pawlowsk.

keine Saison für Strauß gibt. Ein Himmelsgeschenk also für den Unternehmer, der sich und seine Verwandten zu erhalten hat. Aber auch ein Himmelsgeschenk für den Musiker, der in der Fremde nicht nur äußerliche Anregungen empfängt, sondern eine völlig neue musikalische Welt kennenlernt. Und schließlich, das ist nicht zu vergessen, ein Himmelsgeschenk für alle Biographen, denn nirgendwo findet man so viele präzise, so viele anregende Beschreibungen der Dirigentenpersönlichkeit des Johann Strauß wie in den Zeitungen und Zeitschriften Rußlands, die allmählich alle eingesehen und übersetzt sind und mehrere Kapitel eines Strauß-Buches füllen könnten. Denn: Anders als in Wien ist Johann Strauß bei seinen Auftritten am Kopfbahnhof einer seltsamen Eisenbahnlinie nicht einer von mehreren, sondern der einzige beobachtete Musiker. Und ein Magnet sowohl für die (damals naturgemäß ausschließlich männlichen) Kritiker wie auch für die (damals scheinbar ausschließlich weiblichen) Verehrer im Publikum.

Zitate sonder Zahl können belegen, was wir aus den Wiener Tagen des Johann Strauß so nie erfahren. Wie er sich bewegt, welche Anziehungskraft er auf das Publikum hat, welche Programme ihm wichtig erscheinen. Man erfährt daß Johann Strauß in Rußland die erste Uraufführung einer Komposition von Peter Iljitsch Tschaikowsky auf sein Programm setzt und mit Musikern, die uns heute fremd sind, zusammenarbeitet. Der theoretische und praktische Begründer des später sogenannten »Mächtigen Häufleins«, Alexander Nikolajewitsch Serow, hörte zuerst Bruchstücke einer seiner Opern von der Kapelle Strauß in Proben, um sich ein akustisches Bild seiner Neuerungen geben zu lassen, ehe er vor das Publikum der Oper von St. Petersburg trat. Das heißt, derjenige, dem wir die großen russischen Opern verdanken, war sehr daran interessiert, seine eigene Musik von einem gut ausgebildeten Orchester zu hören und dieses wiederum gab's nur unter der Leitung des Wieners Johann Strauß. Die Kompositionen des Maestros schilderte Serow selbst nicht weniger begeistert: »*Die Werke von Johann Strauß (Sohn) sind durchdrungen von einem großen Erbtalent in der Musik dieser Art. Die ›Juristen-Ball-Tänze‹ sind ein ausgezeichneter Walzer, der bei uns schon Beliebtheit errang; im jetzigen Benefiz wurde er ›auf Verlangen‹ gespielt und wiederholt. Der Ihrer Kaiserlichen Hoheit der Großfürstin Alexandra Iosifowna gewidmete Walzer und der ›Sirenen-Walzer‹ sind noch besser, noch reizvoller und noch hinreißender.*« Er schätzte die Musik von Strauß. Und er schätzte diese Musik bereits seit Jahren – die ersten in Rußland erschienenen Noten (von Vater und Sohn Strauß) waren um 1840 auf dem Markt. Die Musiker kannten den Maestro also, der da zu einem auf Jahre angelegten Gastspiel nach Pawlowsk eingeladen wurde. Die erwähnten Juristenball-Tänze waren die meistgespielte Strauß-Komposition; sie stand im ersten Sommer 110mal auf dem Programm.

In den ersten Jahren seines Engagements in Pawlowsk ist Strauß nicht nur Kapellmeister und Interpret russischer und österreichischer Musik, sondern nach Ansicht aller kritischen Beobachter vor allem ein F r a u e n h e l d. Und zwar auf dem Podium, zur Freude aller versammelten Verehrerinnen, die der besseren Gesellschaft angehören, in der Nähe Sommerhäuser haben oder für einen Abend mit der Eisenbahn kommen, um den feurigen Mann aus Wien aus der Nähe zu sehen und zu bewundern. *»Die musikalische Begeisterung läuft wie ein elektrischer Strom vom Bogen des Herrn Strauß hinab, steht in Kontakt mit dem Orchester, geht in die Reihen der Zuhörer über und kommt von ihnen verstärkt wieder auf die Bühne zurück. Man kann sagen, daß die Ausführenden und Zuhörer miteinander wetteifern, die einen mit ihrer Kunst, die anderen mit ihrem Verständnis und ihrer Wertschätzung«*, schreibt man in St. Petersburg 1857. Und immer wieder, bis in die letzten Jahre seiner Gastspiele, liest man von seiner »Exzentrik«. So zum Beispiel: *»Mit Bedauern werden wir uns an unseren alten Bekannten, Herrn Johann Strauß, erinnern, der mit seinem angenehmen Äußeren bis jetzt die Veröffentlichung seiner ausgezeichneten Bildung nicht notwendig hatte, sich vielmehr nur durch seine eleganten und exzentrischen Körperbewegungen ausgezeichnet hat, an die Krämpfe, jedoch in veredelter, ästhetischer Art – die sogenannten Veitstänze – erinnern, die aber trotzdem, wie böse Zungen behaupten, so viele Pawlowsker Musikbegeisterte fast bis zu Anfällen erotischen Wahnsinns treiben.«* Oder, im Rückblick auf die wilde Zeit: *»Herr Strauß hat sich seit seinem letzten Auf-*

enthalt in Rußland geändert. Er ist solider geworden und hat jetzt weniger von dem, was man ›mehr Schein als Sein‹ nennt. Er dirigiert das Orchester ernst und hat, wie es scheint, die abgeschmackten Manieren der flammenden, ausdrucksvollen Blicke, der kunstvollen Seufzer, dem Wiegen des Körpers und dem bezeichnenden Aufstampfen mit dem Absatz für immer aufgegeben.«

Die Schilderungen von aufrichtigen und kritischen, vor allem schreibenden Zeitgenossen aus Rußland sind zahlreich und sprechen eine deutliche Sprache. Aus Wien haben wir von Strauß und seiner Wirkung auf das Publikum kaum eine Reihe derartig authentischer »optischer« Berichte. Johann Strauß hat sich in Pawlowsk als ein Show-Talent ersten Ranges erwiesen, er spielt, unbeschwert von all den Vorurteilen, denen er in Wien als Sohn des ersten Strauß immer noch begegnet, den einzigen möglichen Strauß seinem Publikum vor. Und er mimt erstmals, weit entfernt von der Familie, nicht nur vor seiner Kapelle, sondern offenbar im täglichen Leben den Herzensbrecher. Es ist zu zweifeln, ob er wirklich Herzensbrecher ist. Er hat niemanden, dem er Rechenschaft ablegen muß, und so will er, wenigstens nach außen hin, »einmal ein verfluchter Kerl« gewesen sein. Das ist er auf dem Podium und (Ermahnungen der Eisenbahngesellschaft halten diesen Umstand sogar schriftlich fest) zwischendurch in den Kolonnaden, wo sich sein vorwiegend weibliches Publikum drängt. Das ist er, wenn er später von den glücklichen Tagen in Rußland berichtet oder berichten läßt. So wenigstens stellt es sich im nachhinein dar.

Bevor er erstmals nach Pawlowsk reist, bewirbt er sich zum ersten Mal, weil er ein echter Wiener ist, um den Titel, den sein Vater viele Jahre innegehabt hat und wird, seiner revolutionären, unsicheren Haltung wegen vom Hofe abgewiesen. Dem Kaiser teilt das zuständige Amt untertänigst mit, warum es tunlich erscheint, dem Johann Strauß nicht zu trauen. *»Denn nicht nur, daß er im Jahre 1848 sich bei mehreren Gelegenheiten hinreißen ließ, mit seiner Musikbande revolutionäre Märsche zu produziren und daß er während des Belagerungszustandes in Wien an öffentlichen Orten ein Quodlibet mit Reminiszenzen an derlei Tonweisen aus dem Jahr 1848 vorgetragen haben soll, hat er auch, seitdem er Musikdirektor geworden, einen leichtsinnigen, unsittlichen und verschwenderischen Lebenswandel geführt, der sich erst seit kurzem zu regeln anfängt. Ob aber diese kaum begonnene Besserung andauern werde und man nicht vielleicht bald genöthigt seyn werde, ihm bei einem Rückfalle den Hoftitel wieder abznehmen, ist unter den obigen Umständen sehr unsicher«*, schreibt das Oberstofmeisteramt 1856 an den Kaiser, und der hält sich an diesen untertänigen Ratschlag. Johann Strauß darf sein Amt bei Hof ausüben, einen Hoftitel aber, der kein Geld, sondern nur Ehre einbringt, darf er vorläufig nicht führen.

Bei all der neu gewonnenen Freude vergißt Strauß nicht, zu komponieren und zu musizieren. Was er in Pawlowsk an harter Arbeit leistet, ist aus seinen Briefen abzulesen. Er muß laut seinem Kontrakt mit dem Dienstgeber nicht nur täglich mehrere Stunden konzertieren und daher beinahe täglich Proben abhalten, er muß außerdem die Verantwortung (die künstlerische selbstverständlich, aber auch die »moralische«!) für ein von ihm zusammengestelltes Orchester tragen. Selbstverständlich hat er von Anfang an ein paar Getreue mit, die an den ersten Pulten schon den wienerischen »Schmiß« drauf haben und die Kollegen mitreißen. Ebenso selbstverständlich aber muß er den oft von einem

Agenten »auf Verdacht« engagierten Musikern erst einmal seine eigene Linie nahebringen. Um zu sparen, sind in der Kapelle Musiker aus dem Norden Deutschlands bevorzugt; deren Anreise ist billiger.

Selbstverständlich nutzt er die vertraglich zugesicherten Benefizkonzerte nach wienerischer Art. Für den 2. August ist ein »Großer musikalischer Abend zum Vorteil des Kapellmeisters Iwan Strauss« angekündigt, dessen Dekorationen ausdrücklich auf dem Plakat bezeichnet werden:

»Der Zusammenstellung des Festes, der Schmückung des Gartens sowie der Einrichtung der Illumination und des Feuerwerks wurde höchstmögliche Schönheit verliehen, gänzlich seiner Bestimmung entsprechend, und ein denkwürdiges Zeichen für alle russischen Herzen.

Den Orchesterraum schmücken Girlanden sowie verschiedenfarbige Glaskugeln und Lampions.

Die Galerien des Bahnhofs sind vollbehangen mit bunten Laternen.

Alle architektonischen Linien ebendieses Gebäudes sind mit Kugeln, Laternen, Lampions und Lämpchen geschmückt, und bei Eintritt der Dämmerung wird die unzählbare Menge der Beleuchtungskörper erstrahlen, was einen prächtigen Anblick verursachen wird.

In der Mitte des Gartens wurde ein
MALERISCHER TEMPEL
errichtet, vollbehangen mit Girlanden, verschiedenfarbigen Glaskugeln und Lampions, beleuchtet in den Tempel eingefügt das
KAISERLICHE MONOGRAMM
DER GNÄDIGEN KAISERIN
ALEKSANDRA FJODOROWNA

> die in diesem Sommer Wildbad als ihren Aufenthaltsort ausgezeichnet hat, mit den Monogrammen anderer Persönlichkeiten der durchlauchtigsten Familie.
> In den Hauptalleen des Gartens sind Steingrotten mit Wasserfällen und Kaskaden aus Glas sowie malerische Felsbögen mit Transparenten württembergischer Siedlungen.
> Dem Orchester gegenüber erhebt sich ein
> DOPPELADLER AUS BRILLANTEN
> als Symbol der Größe und Macht.
> Andere Teile des Gartens sind geschmackvoll geschmückt mit russischen wie württembergischen Flaggen und Zeichen, Girlanden, verschiedenfarbigen Glaskugeln und Lampions, bunten Laternen und Lämpchen.
> Mit der Dämmerung werden alle oben beschriebenen Gegenstände schön und prächtig illuminiert, und um 10 Uhr wird ein
> GLANZVOLLES FEUERWERK
> abgebrannt ...«

Über das Programm des Iwan Strauß wird ähnlich begeistert im vorhinein berichtet. Man weiß dank der fleißigen Wiener, die sich in russischen Archiven umgetan haben, daß nicht nur Iwan Strauß gespielt wurde. Auf dem Programm stand auch die Faust-Ouvertüre von Richard Wagner, das Nocturne aus Felix Mendelssohn-Bartholdys Musik zum »Sommernachtstraum«, ein Potpourri aus Verdis »Sizilianischer Vesper« und eine Komposition des vergessenen Komponisten Leopold de Meyer in der Instrumentierung des unvergessenen Komponisten Hector Berlioz.

Strauß hat das, was da so brillant in Pawlowsk abschnurrt, seinem Vater und dem berühmten Lamperl-Hirsch abgeschaut und Hunderte Male in Wien erprobt. Bei den unzähligen Festen, bei denen das Publikum auf seine Kosten

»Flammende Blicke und kunstvolle Seufzer«

gekommen sein muß. Manchmal mit großem finanziellen Verlust, wenn das Wetter nicht mitspielte, dann wieder mit aufsehenerregenden Einnahmen, die allerdings zum Großteil von den Unkosten wieder verschlungen wurden. Die in Wien erworbene Routine wurde in Pawlowsk nach den Ideen von Johann Strauß und einer Eisenbahngesellschaft perfektioniert.

Strauß ist zwar dazu engagiert, eine Attraktion zu sein und das Publikum die ganze warme Jahreszeit über nach Pawlowsk zu locken. Er ist aber ausdrücklich nicht dazu engagiert, den Frauen den Kopf zu verdrehen, scheinbar unendlich viele kleine und große Affairen zu haben – ein Herzensbrecher zu sein. Aber er ist es.

Ist er es wirklich? Ist er in den Pawlowsker Sommern ein völlig anderer Mensch als in seinen Jugendjahren? Hat er wirklich eine Affaire nach der anderen? Ist er, wie seine spätere Frau einmal unterschwellig stolz bemerkt, in diesen Jahren mindestens dreizehn Mal verlobt gewesen? Sind alle die Geschichten, die sich teilweise bis in Wiener Zeitungen, jedenfalls in viele Biographien verirren, wirklich wahr? Wird er nicht nur einmal erst im allerletzten Moment vor einer notwendig gewordenen Heirat gerettet? Gerät er wirklich mehrfach in Gefahr, sich mit aufgebrachten Ehemännern duellieren zu müssen? Häufen sich in seiner Dienstwohnung in einem eigens dafür reservierten Zimmer, die Lorbeerkränze und die Sträuße seiner Verehrerinnen?

Etwas Wahres muß an den Erzählungen gewesen sein: Ende des Sommers 1856 richtete Johann Strauß ein Gesuch an den Zaren. Er bittet um die Erlaubnis, in die »*erste rechtmäßige Ehe mit der Untertanin Ew. Kaiserlicher Hoheit, der Tochter eines Kaufmanns der zweiten Gilde aus Beljow im Gouvernement Tula, der Jungfrau Maria Samuilowa Frän-*

kel« eintreten zu dürfen. Alle Versuche, diese Episode (dokumentiert durch dieses Gesuch und einige Zeitungsberichte aus zweiter Quelle, einige heitere Bemerkungen und einen Nebensatz in einem Brief) deutlicher zu klären, sind fehlgeschlagen. Fräulein Fränkel wird uns als eine »hübsche junge Russin« geschildert, sehr viel mehr wissen wir nicht. Unklar bleibt, ob sie die Unglückliche war, die, nach einer anderen überlieferten Geschichte, buchstäblich auf dem Weg zum Altar des Johann Strauß verlustig ging. In Zeiten, da er es für opportun hielt, seine russischen Aufenthalte möglichst farbenfroh zu schildern, erzählte Strauß von der »Tochter eines Gouverneurs«, die ihn beinahe eingefangen hätte. Der österreichische Botschafter selbst wäre als Retter aufgetreten und hätte den Musiker »aus dem Hochzeitszug heraus« verhaften und abschieben lassen.

Ich denke, man nimmt diese und andere Geschichten wie die Anekdoten vieler populärer Musiker, die sich im Laufe ihres Lebens um den gewissen Ruf als Weiberhelden bemüht haben, zu ernst. Strauß hat, Jahre später und längst gut verheiratet, Episoden gedichtet, in denen er viel mehr erlebte, als einst in Pawlowsk. Und seine Biographien leben bis in unsere mißtrauische Gegenwart von völlig aus der Luft gegriffenen Geschichten, die Strauß selbst autorisiert hat. Man hat entweder erst spät begriffen, daß die Person Johann Strauß absichtlich ein Bild in die Welt setzte, das einen maßgeschneiderten Walzerkönig zeigte. Oder man hat in großer Verehrung die Wünsche des Meisters, und seiner lebensklugen Frau, erfüllt. Die Portraits bedeutender Maler seiner Zeit dagegen sind nicht maßgeschneidert und widersprechen seinen Biographien.

»*Flammende Blicke und kunstvolle Seufzer*«

Wir wissen trotzdem sehr genau, daß er in den ersten drei Sommern in Rußland »wild« lebt. Das heißt allerdings nur, daß er von den großen Summen, die er als Subunternehmer ausbezahlt bekommt, so gut wie nichts nach Wien bringt. Wir wissen, daß erst die als Tante Waber in die Familiengeschichte eingegangene Schwester seiner Mutter, die von 1860 an mit nach Pawlowsk fährt und den Sommer über seinen Haushalt führt, das verdiente Geld beisammen hält. Und wir wissen, daß die endlich geheiratete Henriette Treffz imstande ist, das wachsende Vermögen des Johann Strauß gut anzulegen. Daß er zuerst allein das Geld beim Fenster hinauswirft, daß er übermütig ist und daß er seine Position genießt, als wäre er in Wien nicht längst eine ebenso große Attraktion, ist unschwer zu erklären. Es ist die Freiheit, die er so genießt. Die Trennung von der gealterten, wahrscheinlich oft vorwurfsvollen Mutter. Die neue, großartige Umgebung. Der Umgang mit Hoheiten, wie er ihn in Wien noch nicht gehabt hat.

Aber die Zeit von Pawlowsk ist gewiß nicht die Zeit der übergroßen Amouren. Johann Strauß ist Walzerkönig und Nichttänzer. Bei seiner Musik haben ungezählte Paare einander gefunden. Er selbst aber ist selten und beinahe nie rettungslos verliebt. Das paßt nicht zu ihm. Das ist eine der völlig unerlaubten Charakterisierungen, die sich weder durch schriftliche Zeugnisse noch durch das Eindringen in sein Werk erhärten lassen. Immer wieder hat es Deutungen des Komponisten Johann Strauß gegeben, immer wieder auch solche, die den treuen Sohn, den liebenswerten Gatten, den bescheidenen Menschen zeigten. Nur von einem Herzensbrecher, einem Frauenhelden ist nie die Rede gewesen, nicht in den ersten, verklärenden Biographien und noch weniger in den späteren Versuchen, den Künstler Strauß ausführlicher, klüger darzustellen. Sein vielleicht nicht gestörtes, aber doch seltsames Verhalten Frauen gegenüber ist bewiesen. Und wird nur einmal dokumentarisch belegbar scheinbar unterbrochen ...

In Pawlowsk erlebt er die einzige leidenschaftliche Liebschaft seines Lebens.

Die Liebschaft hat einen Namen. Sie heißt Olga Smirnitskaja und ist im Sommer 1859 offensichtlich »wie im Rausch« über den 34jährigen Johann Strauß hereingebrochen. Seine Liebe zu ihr ist seltsamerweise in Briefen erhalten, die von Adele Strauß 1926 zensuriert herausgegeben worden sind. Bis dahin gab es die Legende von der als Adressatin einiger Kompositionen durch die Geschichte geisternden Geliebten, aber keinerlei Beweis für eine Liebe, die von der Witwe Strauß selbst mit der Werthers verglichen worden ist. Adele will die Briefe von einer Vertrauten der »als zufriedene Matrone im Kreise von Kindern und Enkeln« lebenden Olga Smirnitskaja erhalten haben. Der Strauß-Forschung ist von der Episode mit dem Komponisten nichts weiter bekannt als die im Druck erschienenen Teile. Die Abschriften, nach denen sie herausgegeben wurden, sind ebenso verschollen wie die Originale. Die eine große Leidenschaft des Walzerkönigs läßt sich nur aus dritter Hand, dargeboten von der pietätvollen Witwe Strauß, nachvollziehen: In einem Brief, datiert Ende Juli 1859, hat er seine Olga »heute vormittag« an sein Herz gedrückt, wünscht am Tag darauf einen »guten Morgen« und erklärt, seine einzige Aufgabe im Leben sei, sie glücklich zu machen. Im selben Brief schreibt er, wie ernst ihm seine Liebe sei. »Morgen, nach vollendeter Arbeit, schreibe ich an meine Mama. Ich weiß, daß alles was ich wünsche, um Dich in meiner Familie glücklich zu sehen, geschehen wird.« Am 17. September nennt er sie »Du schlimmes kleines Kind« und deutet an, daß ihre Eltern mit einer Verbindung nicht glücklich wären. »Nimm Dir auch nicht alles so zu Herzen, wenn Deine Eltern gegen Deine Wünsche handeln, ich will Dich heiter wissen.« Und weiter ist er im September erfreut, weil sie ihn »herzlicher als sonst empfangen und nicht gar so ökonomisch« mit ihren Küssen gewesen sei. Nach Wien heimgekehrt, bleibt er ihr Korrespondenzpartner. Er erwähnt stolz, daß »der höhnische Glaube der Leute«, er könne sie »wie andere vergessen«, nicht zutreffe. Der Brief, in dem diese anderen erwähnt werden, ist allerdings schon der letzte aus der Reihe der bekannt gewordenen Schreiben. Die angebliche Antwort aus Pawlowsk heißt, Olga sei »seit zwei Wochen Braut«.

Man könnte glauben, die ganze Affaire sei gut erfunden, um Johann Strauß als einen umschwärmten und geliebten Mann zu zeigen. Aber die Forschung wirkte dem entgegen, seit einigen Jahren weiß man sehr viel mehr über die Frau, die Johann Strauß geliebt und verlassen hat. Man hat eine Photographie der Olga Smirnitskaja, 1823 als Tochter eines aus der Nähe von Charkow stammenden, frühzeitig in den Ruhestand versetzten Artillerie-Oberstleutnants geboren, parat und kennt Kompositionen der jungen Person Olga. Sie war eine Schülerin des angesehenen Theodor Leschetitzky, Lehrer, Dirigent und vor allem Pianist. Er ging auf Konzertreisen und war von 1878 an Lehrer in Wien; hätte also zu dieser Zeit Erinnerungen an seine Schülerin mit Johann Strauß persönlich austauschen können. Das Leben der großen Liebe von Johann Strauß ist »erforscht«; eine Gesamtausgabe der Briefe ist »in Vorbereitung«. Olga, die zwei Jahre älter war als Johann Strauß, im Jahr der großen Liebe also schon im 33. Lebensjahr stand, hat ihre Karriere als 18jährige Komponistin begonnen, wurde als

»neues russisches Talent« gefeiert und schrieb keine Note mehr, als ihr Verhältnis zu Johann Strauß zu Ende war. Derzeit ist man sich allerdings noch nicht über die Geburtsdaten einig; kann einige weitere in Dokumenten gefundene Angaben nicht miteinander in Einklang bringen und sucht heftig nach der »Wahrheit über Olga«. Gesichert ist: Sie starb »in den ersten Jänner-Tagen des Jahres 1920«. Mag sein, daß später einmal, wenn alle zu erforschenden Details über die Kompositionen des Walzerkönigs zu Papier gebracht sind, nachgewiesen werden kann, wie sehr die St. Petersburger Romance in das Leben des Johann Strauß eingegriffen hat.

Ich verdächtige bis auf weiteres Adele Strauß, daß sie dies prophetisch vorhersah und deshalb die zu ihrer Zeit höchst fragwürdigen Dokumente über eine Liebschaft ihres Mannes in einer von ihr mörderisch zensurierten Ausgabe seiner Briefe erscheinen ließ. Und behaupte, was vorläufig nicht widerlegt werden kann, daß Johann Strauß selbst diese Episode seines Lebens nicht an die Öffentlichkeit gebracht haben wollte. Sie paßte nicht zu dem Bild, das er im Alter von sich selbst zeigen wollte. Ein Beweis für diese unbewiesene Hypothese? Als nach Jahren der Abwesenheit der weltberühmte Johann Strauß noch einmal seiner Abneigung gegen Reisen und seinem Widerwillen gegen öffentliche Auftritte Herr wurde und zu wohltätigem Zweck nach Rußland fuhr, wäre eine Begegnung der beiden einstigen Liebenden (beide verheiratet und beide an einer sentimentalen Szene gewiß interessiert) möglich gewesen. Strauß aber hatte für seine große Liebe »keine Zeit« mehr ...

Pawlowsk, das bedeutet für Johann Strauß, wie ja erwähnt, erstmals Freiheit vom Wiener Trott und eine Position, in der er sich ganz allein verwirklichen kann. Er hat zweihundert Kompositionen veröffentlicht, die Juristenball-Tänze, mit denen er in seinem Engagement viel Lob einheimst, sind bereits mit der Opuszahl 177 ausgewiesen. Vor wenigen Jahren noch hätte man behaupten können, es seien dies alles F r ü h w e r k e des Johann Strauß. Aber seit eine Gesamtausgabe auf Schallplatte vorliegt und sich die Orchester in Wien und in aller Welt immer öfter mit diesen Frühwerken auseinandersetzen, bekommt man sie in's Ohr, erscheinen sie in anderem, heiterem Licht. Der Strauß, der als neues Oberhaupt einer Dynastie auszog, um über St. Petersburg Wien ein zweites Mal zu erobern, war ein anerkannter, r e i f e r, hervorragender K o m p o n i s t.

Was er von 1856 an leistete, war schwere Arbeit. Die Wiener Strauß-Forschung besitzt ein Dokument, in dem man nachlesen kann, was die an die vierzig Musiker (mindestens vier von ihnen aus Wien) unter der Leitung des so feurigen wie beliebten Dirigenten im Repertoire hatten. Nicht nur Musik des hoch geschätzten Herrn Kapellmeisters aus Wien, sondern vor allem bedeutende symphonische Musik und viele Aus- oder Querschnitte durch Opern, Lied-Bearbeitungen und Potpourries. Der vom ersten Sommer an mit Johann Strauß in Rußland arbeitende Kontrabaß-Spieler Georg Kraus hat nicht nur Partituren geschrieben, sondern auch Buch geführt. Das war dringend notwendig, mußten doch die Noten für Rußland entweder aus den Beständen der Wiener Strauß-Kapelle mitgenommen oder von anderswo geborgt werden. Lese ich recht, so hatte die Kapelle für 149 Tage, an denen (ohne einen einzigen Ruhetag) das Publikum unterhalten werden mußte, die Stimmen für an die vierhundert Werke zur Verfügung. Kraus reiht sie nach der Gattung: Die Ouvertüren (unter anderem) aus vier Opern von Auber, aus »Egmont« und »Leonore«, aus mehreren Rossini-Opern, aus »Zauberflöte« und »La Clemenza di Tito«, aus »Oberon«, »Freischütz« und »Euryanthe«, aber auch aus den Wagner-Opern »Rienzi«, »Lohengrin« und »Tannhäuser« waren zu hören. Giuseppe Verdi war mit Stücken aus »Luisa Miller«, »Nabucco«, »Il Trovatore«, »La Traviata« und »I Vespri Siciliani« (damals noch in der ersten, französischen Fassung) vertreten. Einzelne Sätze aus Symphonien, aus den Beethoven-Symphonien V, VII und VIII, aus der g-Moll-Symphonie Wolfgang Amadeus Mozarts wurden gespielt und schon im ersten Jahr hörte man Bearbeitungen von Franz Schuberts »Erlkönig« und »Ständchen«.

Das gesamte Programm mußte in vielen Fällen bearbeitet, in allen Fällen durchgesehen, immer ernsthaft geprobt werden und für die meisten Musiker war ja das umfangreiche Strauß-Repertoire im Grunde neu und nicht einfach aufzuführen. Die erfolgreichsten Kompositionen konnten freilich immer wieder gespielt werden. Die Leonoren- und die Freischütz-Ouvertüre erreichten im ersten Sommer des Johann Strauß je sechzehn Aufführungen. Mendelssohn-Bartholdys Scherzo aus dem »Sommernachtstraum« brachte es auf einundvierzig, das Vorspiel zum dritten Akt von Wagners »Lohengrin« (nach Eberhard Würz, ein großer Kenner vor dem Herrn, gar ein »Reißer«) brachte es auf dreizehn. Freilich war auch das russische Publikum unersättlich, wenn es um Giuseppe Verdi ging: Ein Potpourri aus dem »Troubadour« brachte es auf 107 Aufführungen in einer Saison, war also offenbar in mehr als zwei Drittel aller Programme vertreten.

Das bedeutet, der beinahe jeden Abend auftretende Star (Strauß hat insgesamt sechs Konzerte in 149 Tagen nicht persönlich geleitet) hatte jeden Tag wenigstens eine Probe abzuhalten; die Einstudierung der Novitäten war keineswegs den Stimmführern überlassen. Strauß hatte vor sich selbst die Verpflichtung, in Rußland ebenso wie in Wien als Musiker zu gelten, dessen Orchester sich nicht die Noten entlang schwindelte, sondern mit erstaunlicher Präzision die Musik wiedergab. Zu den sozusagen allgemein bekannten Stücken aus dem westeuropäischen Kreis kam sehr viel Musik junger russischer Zeitgenossen. Strauß hielt es mit ihnen wie mit den Komponisten, die er in Wien kennenlernte. (Bevor noch eine Uraufführung in einem Opernhaus stattfand, hörte man die Musik in Auszügen in Pawlowsk.)

Selbst wenn man weiß, daß sogenannte äußere Einflüsse einen Komponisten selten zu einem Werk zwingen, kann man sich der elegischen Stimmung nicht entziehen, die Strauß in seinen Walzern »Abschied von St. Petersburg« op. 210 vermittelt. Er erhielt, seiner Erfolge wegen, noch im Sommer 1856 einen weiteren Vertrag für zwei Jahre, musizierte also auch 1857 und 1858, nach einem jeweils anstrengenden Wiener Fasching, in Rußland. Dann aber blieben die Verhandler aus und Johann Strauß mußte annehmen, daß er nach drei Sommern nicht mehr den Reiz einer Novität darstellte. Er komponierte für sein letztes Benefizkonzert im September die Walzerfolge, die Franz Mailer »elegisch, verhalten, wehmütig« nennt und deren Sinn sich jedermann rasch erschließt. »Ich will Walzer komponieren und dirigieren«, heißt es immer wieder, »aber demnächst nicht mehr in St. Petersburg!« ruft der Komponist sich selbst in Erinnerung.

Daß es zu keinem Abschied kommen sollte, sondern noch vor Ankunft des Musikers in Wien der Vertrag für den nächsten Sommer verlängert wurde, ist eine andere Geschichte. Strauß hat aus seinem vermeintlichen Abschied fünf wunderbare Walzer gewonnen, denen er keinen neuen Titel gab, als er sie in Wien präsentierte. Zur ersten Aufführung kamen die Herren Kritiker und befanden die Walzer als

»besonders gelungen«. Trotzdem verschwand der »Abschied« bald aus dem Repertoire von Johann Strauß und ist seither nicht zurückgekehrt. Die Zeit urteilt nicht nur über Komponisten, sondern auch über Werke ... (Sind, nimmt man einmal den Wiener Walzer insgesamt, all die Konkurrenten der Strauß-Dynastie gerechterweise in Vergessenheit geraten? Lassen sich nicht viele ihrer Kompositionen heute unschwer als ebenso »gelungen« wie viele Werke von Strauß Sohn bezeichnen? Und gibt es nicht auch in der gewaltigen Liste der Kompositionen des Walzerkönigs Meisterwerke, die aus völlig unverständlichen Gründen nicht mehr gespielt werden? Jeder Kenner nennt leicht mehr als einen Konzertwalzer, der ihm nicht nur charakteristisch, sondern besonders geglückt erscheint und trotzdem taucht dieser nur in den seltensten Fällen im Repertoire eines Neujahrskonzertes auf. Warum? »Weil die Zeit«, wie Hugo von Hofmannsthal schreibt, »ein sonderbar Ding« ist und nicht mit sich handeln läßt. Sie allein bestimmt, was auch nach einem Jahrhundert noch gespielt und verlangt wird.)

Die Produktion des Komponisten Strauß in Rußland ist sehr unterschiedlich. Er schreibt Musik für die erlauchte Zuhörerschaft, die sich mit Diamantnadeln und Orden revanchiert. Er schreibt ziemlich öffentlich für junge Damen, die er anschwärmt. Wie diese sich revanchieren, ist entweder diskret zu vermuten oder nicht sehr wichtig. Und er schreibt für das breite russische Publikum – dessen Geschmack hat er bald heraus, und er wäre kein Unterhaltungsmusiker, gäbe er ihm nicht nach. Die »Großfürstin Alexandra Walzer« op. 181 sind leicht einzureihen, die »Olga-Polka« op. 196 selbstverständlich auch. Die Komposition aber, mit der er den Geschmack der Russen am allerbesten trifft, heißt »Bauern-Polka« und ist erst spät ins Verzeichnis mit der Opuszahl 276 eingetragen. Strauß kann seinem Verleger zwar von der begeisterten Aufnahme berichten, er muß dieses Werk in Pawlowsk immer wieder auf das Programm setzen, in Wien aber erwärmt man sich nicht dafür.

Pawlowsk und Wien machen den Forschern insofern Beschwerden, als Johann Strauß seine Kompositionen in Rußland bei einem anderen Verleger unterbringt und sein Wiener Kompagnon bald eine andere Zählung hat als dieser. Von nun an muß man darauf achten, ob man von der russischen oder der hiesigen Zählung über Werke des Meisters spricht. Die Situation muß selbst für Johann Strauß unübersichtlich gewesen sein. Lange vor seiner ersten Reise nach Rußland wurden Kompositionen von ihm in russischen Verlagen angeboten. A. Büttner wurde ein ständiger Partner des Wiener Verlegers; zuerst als Kommissionär, der die von Haslinger zur Verfügung gestellten Drucke für Rußland übernahm, dann als echter Vertragspartner des Komponisten, der ihm die jeweiligen Früchte eines Sommers noch vor seinem Wiener Verleger Haslinger überließ. Wo Strauß seine Honorare einforderte und ob er nicht für mehrere seiner Werke in Rußland und in Wien kassiert hat, bleibt offen. Die unübersichtliche Reihung ergibt sich aus dieser Situation: Carl Haslinger war nicht willens, alle russischen Werke von Johann Strauß in seinen Verlag zu nehmen, und A. Büttner erhielt nicht alle Strauß-Kompositionen, die überhaupt entstanden. Zwischendurch irrte sich der eine oder andere russische Verleger, wenn er eine Komposition von J. Strauß in sein Angebot aufnahm und erst später erfahren mußte, daß diese von Josef Strauß war. Wenn wir alles ganz genau wissen wollen, müssen wir auf noch sehr viel Archivarbeit in St. Petersburg und Moskau und auf eingehende Vergleiche mit den vorhandenen Ergebnissen in Wien warten.

Allerdings: Warum sollte es uns besser gehen als Strauß selbst? Der mußte in einem seiner erfolgreichsten Sommer finanzielle Einbußen hinnehmen, weil er auf den julianischen Kalender vergessen und seine Kapelle für einen zu frühen Zeitpunkt engagiert hatte ... Immerhin, die Jahre sind fruchtbar, 1857 zum Beispiel kommt Strauß auf sechzehn Kompositionen, das sind mehr Walzer, mehr Polkas, als sein Verlagsvertrag festschreibt. Er scheint bester Laune und inspiriert zu sein und wird von Werk zu Werk »origineller«. Auch im Jahr darauf bleibt er in Geberlaune. Wenn man bedenkt, wieviele Melodien er für seine Produktion aufbraucht, dann versteht man all die Hymnen, die zu Lebzeiten auf ihn gesungen werden und die in den ersten Biographien ungefiltert wieder erscheinen. Daß ein Musiker derart aus dem Vollen schöpfen kann und seine Erfindungskraft nicht nachläßt! Strauß schreibt auf dem einmal erreichten Niveau und kann keine »Gelegenheitskompositionen« liefern, weil im allerbesten Sinn jedes seiner Werke einer »Gelegenheit« gewidmet ist.

Die »Angestellten« Johanns: Josef und Eduard

Andererseits braucht Strauß diese Masse an Kompositionen von Anfang an. Sein Bruder Josef hat es ihm schon zu Beginn des russischen Abenteuers zu bedenken gegeben: *»Haslinger wird jede Gelegenheit, also auch die Contract-Erneuerung ergreifen, die Honorare herabzudrücken, vorzüglich jedoch, wenn Du nach Petersburg gehst oder glaubst Du, er wird für die Lieferungen Deiner Compositionen, die Du im Winter in Wien schreiben wirst, eben so zahlen, als* *wenn Du im Sommer in Wien spielst?? Für ihn gehen die Sommercompositionen verloren – weil, wenn die Petersburger Verleger Dich gut honoriren, Du ein Narr wärest dem Haslinger etwas zu geben – und aus dem hauptsächlichsten Grunde – weil Du abwesend bist.«* Der brüderlich leger geschriebene Brief sagt prophetisch alles über die Situation des Johann Strauß aus. Er hatte sich für Rußland entschieden und mußte dort mindestens so viel Erfolg und Geld einspielen, daß es sich lohnte, die in Wien entstehenden Verluste auf sich zu nehmen. Und Verluste entstanden immer dort, wo er nicht persönlich auftrat.

Man kann den Brief auch anders lesen. Josef war zu dieser Zeit bereits selbst ein anerkannter Musiker, ein Komponist, und trotzdem ein »Angestellter« seines Bruders. Er suchte nach einem Verleger für sich (und wollte dabei nicht unbedingt etwas mit dem Haus Haslinger zu tun haben; suchte nach Engagements, die er ausdrücklich selbst und nach seinem Gutdünken abschließen konnte), und er wollte seinem Bruder beweisen, daß auch er ein rechter Strauß, also ein Vorgeiger, ein Komponist und ein Geschäftsmann war. Aber dieser Beweis mißlang ihm auf eine geradezu schicksalhafte Art und Weise immer wieder. Er fand seine Zustimmung beim Publikum. Er konnte seine Konkurrenten in Wien (den jungen August Lanner und Philipp Fahrbach) in die Schranken weisen. Er war als Komponist bald mit aufregenden, wagnerianischen Werken auf dem Markt. Und er war derjenige, der zeitgenössische Musik mit seiner Kapelle einstudierte und vortrug. Manchmal sehr zum Mißfallen der Herren Rezensenten, die weder Wagner noch Liszt als Komponisten hoch schätzten. Aber: Er war nicht imstande, die Herren Komponisten (vor allem Wagner) zu kontaktieren und aus seinem Einsatz für sie Gewinn zu ziehen.

Ein kluger, musikalischer, etwas zu feiner Mensch muß er gewesen sein und immer unter der Fuchtel (wie man in Wien sagt) seines Bruders. Das heißt, immer abhängig von dessen Dekreten, was zu geschehen habe. Und selbst in seinem Familienleben immer ein wenig daran erinnert, daß auch seine geliebte Braut sich in den berühmteren der beiden Brüder hatte verlieben wollen. Zwar sind die Kämpfe der Brüder um ein und dieselbe Frau nichts weiter als guter Stoff für eine Herz-Schmerz-Geschichte, doch kann man aus der Korrespondenz des Johann an seine Schwägerin lesen, daß er sich seiner Dominanz in allem und jedem sicher war und bereit war, diese seinen Bruder spüren zu lassen. Wenn uns Josefs Biograph Franz Mailer den Ausspruch überliefert: »Der Pepi ist der Begabtere von uns beiden, ich bin bloß populärer«, dann ist dies wohl der komprimierte Ausdruck dessen, was Josef und Johann gefühlt haben.

Johann musizierte und komponierte und arbeitete an seinem eigenen Ruhm. Wenn er für seine Auftritte und für seine Konzerte in Pawlowsk auch unendlich viel Musik anderer Meister verwendete, dann suchte er doch immer, seine eigenen Werke in den Mittelpunkt zu stellen. Josef dagegen setzte sich ernsthaft für Wagner ein: Im Frühsommer 1860 musizierte er bereits Fragmente aus dem »Tristan« in Wien, dessen Aufführung die Hofoper, nach dem Beginn der Proben 1862, als zu schwierig aus ihren Plänen strich. Und als gäbe es keinerlei Unterschiede oder gar Meinungsverschiedenheiten zwischen den beiden Komponisten trat er für Giuseppe Verdi ein, den Musiker, der anno dazumal in Wien einen erstaunlich schweren Stand hatte. Es scheint, nein es ist gewiß: Der ernsthafte Musiker Josef Strauß litt und leidet darunter, daß ihm der »große« Bruder in Wien und anderswo im Weg war. Auch wenn er für Johann nach Rußland fuhr, war das Publikum mit ihm längst

Die »Angestellten« Johanns: Josef und Eduard

Titelbild der Noten-Erstausgabe

nicht so zufrieden wie mit »dem« Strauß. Johann wußte das und hatte nicht die geringste Scheu, bei aller Freude an der Musikalität seines Bruders, dessen »feine« Position zu nutzen. Wo er ihn brauchte, dort ließ er ihn als Strauß aufspielen und durfte zugleich sicher sein, daß jedermann sich nach ihm, dem einzigen und wahren Strauß sehnte.

Bei dieser Art von brüderlicher Boshaftigkeit erhielt Johann sogar Unterstützung von Eduard. Die Briefe, die allesamt beim fleißigsten Kenner der Dynastie gesammelt und ediert werden, erhellen mit einzelnen Sätzen die gesamte innere Struktur des Clans. Da klagt Josef, als er wieder vertretungshalber in Rußland musiziert: »Ich mag das Engagement nicht. Es ist ein fortwährendes Bestreben, das Publikum aus seinem blasierten Zustand herauszubringen.« Da ärgert er sich über den Versuch Eduards, selbständig aufzutreten: »Wir haben Kunde erhalten, daß sich Eduard – selbständig zeigt, was verhindert werden muß.« Der kleine Bruder Eduard stand nicht weiter zur Diskussion, er war Aushilfe und blieb es sein Leben lang und litt darunter sein Leben lang. Allerdings: Wenn man in Eduards Kompositionen stöbert oder die Polkas hört, die von ihm heute noch gespielt werden, dann ist man der Ansicht der beiden »großen« Brüder. Kein einziger großer Einfall findet sich, und die Ausarbeitung seiner kurzen Perioden ist immer schülerhaft, alles andere als originell. Unterhaltungsmusik wie die, die Eduard Strauß erfand, muß in den Tagen des Johann Strauß jeder Kapellmeister am laufenden Band komponiert haben.

Zur Zeit, da sich die Brüder Josef und Johann in den Haaren liegen und ihren kleinen Bruder zur Ordnung rufen wollen, sind sie beide über die Vierzig hinaus, also reife Männer, haben Familie und sind darauf bedacht, jeder für sich und ohne weitere Anleitung aus der Hirschengasse zu leben. Aber: Daß sie reif sind und ihre Mutter nicht mehr hören, ist nicht erwiesen; die holt sie allemal wieder aus ihren Engagements heim und erklärt, was wichtig ist – das Familienunternehmen Strauß.

Ein Walzerkönig existiert, ist in großen Teilen Europas anerkannt und hat sein sicheres Auskommen, für das er allerdings hart arbeiten muß: In Wien auf ungezählten Veranstaltungen und oft auf eigene Rechnung, in Rußland Abend für Abend als Subunternehmer, zwar ohne finanzielles Risiko, aber Jahr für Jahr um die Gunst des Publikums kämpfend. Er hat populäre Kompositionen geschrieben – sein großer, sein g e n i a l e r W u r f aber steht noch aus. Sein Bruder ist ihm auf der Spur, er muß als Unternehmer nicht minder heftig in die Fron. Als Komponist aber ist er rascher als der ältere Musiker reif geworden und hat längst seinen eigenen Stil gefunden – die Wiener kennen und lieben diesen und vergleichen Josef mit Lanner und Johann mit Strauß Vater. Eduard ist als Kapellmeister zugelassen und hat einzuspringen, er entwirft Kleinigkeiten und er will trotzdem längst aus der Fron. Über ihnen allen aber, die sie scheinbar die Welt des Walzers darstellen und die Musik, die heitere, des Jahrhunderts präsentieren, thront eine dominante Frau, die dafür sorgt, daß Strauß ein Begriff ist und bleibt.

Der Ruhm der Dynastie Strauß wäre heute Geschichte und nicht mehr nachvollziehbar, geschweige denn immer noch nutzbar, hätte es nicht die eine oder andere Walzerfolge gegeben, die sich in die Ohren der ganzen Welt gesungen hätte. Ungezählte andere großartige Kompositionen sehr vieler tüchtiger Musiker aus jener Zeit wären heute neu zu entdecken bzw. zu beleben, könnte man sie mit einem oder zwei Welterfolgen in Verbindung bringen. Und ungezählte Werke der beiden bedeutenden Brüder Strauß wären ein für allemal in den Bibliotheken verschwunden, wären da nicht unsterbliche Melodien überdies aufgeschrieben und gespielt worden.

So ungerecht war die Welt seit Anbeginn und ist es noch immer. Es genügt nicht, ein Meisterwerk zu schreiben. Man muß es zur rechten Zeit schreiben und die Fähigkeit besitzen, es allgemein bekannt zu machen. Johann Strauß muß – und das hat er ja von Kindheit an gesehen und gelernt – nicht nur das Handwerk des Komponisten, sondern gleichfalls das des Interpreten verstehen. Nur so kann er seine Musik »unter die Menschen« bringen. Und er muß immer neue Musik komponieren. Nur so erhöht er die Wahrscheinlichkeit, eines Tages nicht noch eine Allerweltsmelodie, sondern eine Genietat auf das Papier zu setzen.

Hier wie in jedem anderen »Beruf« ist Fleiß ein notwendiger Bestandteil des Genies.

Man überlege, wie viele Noten die Großen der Musik geschrieben haben. Aus den unterschiedlichsten Gründen, meist als pure Handwerker – sie waren erst einmal Kapellmeister an einer Kirche oder Lehrer, oder sie mußten für sich oder für ihre Schüler Übungen und Sonaten komponieren, dann ein immer breiteres Repertoire, dann erst fanden sich unter ihren soliden Arbeiten die Goldklumpen, die Jahrzehnte überdauerten.

Bei den Brüdern Strauß war es nicht anders. Wüßte man es nicht besser, man würde viele, bei der ersten Aufführung mit Begeisterung aufgenommene Walzerfolgen Johanns als Übungen über bereits vorhandene Einfälle seines Vaters charakterisieren und viele als Gelegenheitskompositionen. Aber man weiß es besser und man hört seit Jahren auch in die selten gespielten Werke hinein und man begreift: Da ist ein ernster Arbeiter am Werk, ein geschulter Handwerker, ein fleißiges Genie, das ununterbrochen einen Weg verfolgt. Den Weg zu den großen Konzertwalzern und zu den Operetten, die man als szenische Vorlagen zu großen Konzertwalzern bezeichnen kann, wenn man zufällig einer der vielen Gegner des Genres Operette ist.

Und Bruder J o s e f ? Er hatte im Alter von 43 Jahren, als er an einem Gehirntumor starb, mehr als zweihundertsiebzig eigene Werke komponiert und über fünfhundert Arrangements geschrieben. Seine Musik war anerkannt und ging doch nahezu verloren. Erst mit dem Ruhm seines Bruders stiegen viele seiner Kompositionen in den Olymp auf, in dem sie ihren Platz bewahren sollten. Eine Art schlimmes Kompliment wurde es, daß sich die Nachwelt des Johann Strauß der Werke des Josef Strauß bediente, um aus ihr Operetten entstehen zu lassen. 1903 begann diese Art von schlimmer Fledderei mit »Frühlingsluft« und wurde Jahr für Jahr weiter gepflegt. Die Titel »Frauenherz«, »Das Schwalberl aus dem Wienerwald«, »Das Teufelsmädel«, »Die weiße Fahne«, »Freut Euch des Lebens«, »Walzerträume« und schließlich »Die Straussbuben« sind vergessen. »Nach Josef-Strauß-Motiven« hieß es da oder »Musik von weiland Josef Strauß«. In zwei der schon vergessenen Machwerken nahm man immerhin Melodien beider Brüder und weidete sie noch einmal aus.

Ein einziger positiver Grund zählt hier: Es gab in Zeiten, in denen man sich immer noch ziemlich unbedenklich der Einfälle musikalischer Vorfahren bediente, einige Kenner, die das Material des Josef Strauß sichteten und für verwertbar hielten. Sie sind alle vergessen. Nur Richard Strauss nicht, der sich bei Josef bediente, als er seinen Hauptwalzer für den »Rosenkavalier« Note für Note nachempfand.

IV.
Die ewige Operette

Die Wurzeln der Operette: Jacques Offenbach und Franz von Suppé

»*I*ch bin gerade erst fertig geworden, ich bin der Zigeunerbaron.« Mit diesen Worten stellte sich am Abend des 15. Oktober 1884 im Theater an der Wien in letzter Minute und ohne auf dem Programmzettel angekündigt zu sein, eine »Figur« vor.

Drei Jahre nach dem verheerenden Ringtheater-Brand (seit der Schleifung der Basteien 1857 hatte das neue Ringstraßen-Wien Kaiser Franz Josephs längst Gestalt angenommen und war so gut wie fertig) dachte am ersten der drei Galaabende niemand an die Gefahr, die ein bis auf den letzten Platz überfülltes, faktisch damals schon uraltes Theater für das Publikum darstellen könnte. Beim Naschmarkt, beinahe in Sichtweite des neuen Opernhauses, im traditionsreichsten Haus von Wien, füllte die Logen und das Parterre, was Rang, Namen oder Geld hatte.

Man feierte das 40jährige Jubiläum Johann Strauß Sohn: also die Wiederkehr des Tages, an dem Strauß seinen Vater mit einer Fünfzehn-Mann-Kapelle beim Dommayer zum ersten Mal herausgefordert hatte. Man feierte mit einem Programm, das mehr als drei ausverkaufte Häuser garantierte: Strauß selbst dirigierte die Ouvertüre zu »Indigo«, den ersten Akt von »Eine Nacht in Venedig«, den Walzer aus

»Blindekuh« und als Zugabe den Donauwalzer. Dann half Kapellmeister Müller aus und leitete den zweiten Akt der »Fledermaus«. Als Gäste auf dem Fest des »Fürsten Orlofsky« erschienen Darsteller in den Masken ihrer Rollen aus den Operetten »Cagliostro«, »Das Spitzentuch der Königin«, »Prinz Methusalem«, »Der lustige Krieg«, »Carneval in Rom« und »Eine Nacht in Venedig« und als Überraschung die »Figur« aus der Operette, die nicht einmal fertig komponiert war ... Das hieß: Man ließ an diesem Abend zum Jubiläum eines ehemaligen Walzerkomponisten und Stehgeigers sämtliche bisher von ihm komponierten Operetten anklingen und erinnerte nur mit der schon damals als unsterblich bezeichneten Walzerfolge »An der schönen blauen Donau« daran, daß er für die Wiener ein Walzerkomponist war.

Nach dem Ende der Vorstellung improvisierte Johann Strauß, der in diesen Tagen 59 Jahre alte, gefeiertste Wiener des neunzehnten Jahrhunderts, eine Rede. Wörtlich: *»Tief ergriffen von den Beweisen der Gunst, welche Sie mir stets erhalten haben und die mir heute in so hohem Maße zuteil wurde, wie von der Freundlichkeit, die Sie meinen musikalischen Werken entgegenbrachten, kann ich nur sagen: Dank Ihnen, tausendmal Dank!«* Das Fremdenblatt vom 16. Oktober 1884 hatte einen Reporter entsandt, der wörtlich zitieren konnte. Johann Strauß' Ansprachen vor Publikum waren so, genau so. Der Zauberer, der mit seinen Kompositionen vier Jahrzehnte lang nicht nur die Wiener, sondern die ganze Welt in Tanzwut und Musikbegeisterung versetzt hatte, dessen privaten Witz man – allerdings erst seit wenigen Jahren – aus vielen Briefen kennt, war nicht imstande, eine »öffentliche Ansprache« zustande zu bringen, die sich nur ein Deut außerhalb der Norm oder gar als anregend und witzig bezeichnen ließ. War er sein Leben lang anregend und sogar witzig in seiner Musik, so berichtete niemand je von ihm als Alleinunterhalter in Gesellschaft. Freilich, zum besonderen Anlaß könnte er eine besondere Sorge gehabt haben: eine als Komponist.

Denn: »Der Zigeunerbaron« war noch gar nicht fertig. Das heißt, das zweite große Meisterwerk des Johann Strauß, das im nachhinein zu Recht als seine einzige Oper bezeichnet wurde, war erst im Entstehen. Was der Walzerkönig bis dahin für die Bühne komponiert hatte, waren mit einer einzigen Ausnahme (allerdings einer Ausnahme von Ewigkeitsformat) nur Versuche, mehr oder minder gelungene Beiträge zu einem Genre, das damals wie heute als ein nur halbwegs anerkanntes gilt.

Nur Versuche? Versuche in welchem Genre? In dem, das man damals schon Operette nannte, heute noch so nennt und trotzdem nur sehr selten genau definiert. Immerhin, es gibt Standardwerke zu diesem Thema und die sind vergriffen. Es gibt mehrere populäre Bücher und die sind nicht zu empfehlen. Außerdem gibt es äußerst gründliche soziologische Studien und die sind zumindest für Operettenfreunde ungenießbar. Was man aus allen Büchern zum Thema Operette lernen kann (Johann Strauß hatte sich als Tanzkapellmeister zurückgezogen und machte sich als Walzerkomponist rar, als er endlich Operettenkomponist wurde), ist rasch erklärt: Strauß Sohn folgte den Spuren und den Ambitionen, ja vielleicht sogar den ausdrücklichen (der Fama nach in einem Gespräch persönlich gegebenen) Anregungen eines Konkurrenten und Komponisten, der in seiner Jugend selbst wieder von Strauß Vater beeinflußt worden war ...

Jacques Offenbach, dessen Operetten ab 1856 in Wien die Häuser füllten, hatte als nach Paris ausgewanderter Kölner Orchestermusiker (am Cello) die Faszination des Walzerkomponisten Johann Strauß Vater kennengelernt und dessen Walzer oft und oft gespielt. Er war durch und durch erfahren in dem faszinierenden Genre aus Wien, als er begann, seine musikalischen Singspiele für drei, für vier, schließlich für mehr Personen und ganz zuletzt sogar für unbeschränkt viele handelnde Personen und Chor zu schreiben. Daß er »so klein« anfing, hatte nichts mit seiner Einfallskraft zu tun, sondern mit den Pariser Verordnungen für das Theatergewerbe. Und mit der Tatsache, daß es sich Offenbach in seinen Anfängen nicht leisten konnte, auf eigene Rechnung ein den Anforderungen der Behörden entsprechendes Theater zu führen, in dem er sofort alle seine Erfindungskraft hätte anbieten können. Aber: Er war noch längst nicht auf der Höhe seiner Schaffenskraft, da fand er schon seinen Weg nach Wien. Er konnte gar nicht anders, er mußte in die Stadt, die seine Operetten längst ohne ihn aufführte.

Die erste Operette Offenbachs, die in Wien durchschlagenden Erfolg hatte, war 1858 »Hochzeit bei Laternenschein«. Vom Theatermenschen Karl Treumann wurde sie im eigenen Theater aufgeführt. Ähnlich wie bei Johann Nestroys unvergleichlichen Erfolgen war es eine grobe Verletzung des damals noch nicht bekannten Ausdrucks Copyright – also ein primitiver Diebstahl. Denn selbstverständlich holte sich der Prinzipal und Komiker im eigenen Ensemble, Treumann, aus Paris nur einen Klavierauszug, sorgte selbst für eine wienerische Übersetzung und ließ seinen Kapellmeister Karl Binder die Instrumentierung vornehmen: Sie war »wienerisch«, das heißt opulenter, also teurer aufzuführen als das Original. Offenbach, der als Unternehmer dieses Manöver nicht goutierte, jedoch seine Konsequenzen nicht mit einem Prozeß, sondern mit eigenen Gastspielen in Wien zog, hatte in Paris nie die Mittel, sich ein ordentliches Orchester zu leisten. Seine Kunst, mit einem kleinen Orchester besondere Wirkung zu erzielen, ist aus der Not entstanden und hat dazu beigetragen, daß man seine handelnden Personen verstand und der Wortwitz entsprechend war. Umgekehrt hatte Johann Strauß, als Operettenkomponist in Paris seine liebe Not mit dem für seine »Fledermaus« viel zu armselig besetzten Orchester, wobei nur Strauß und seine Verehrer, die ihm nachreisten, klagten. Die Pariser selbst waren es gewohnt, Unterhaltung selbst mit nur sehr kleiner Besetzung im Orchestergraben zu genießen und fanden nichts dabei. Sie erkannten auch die abgemagerte Strauß-Version noch als ein Meisterwerk.

Offenbachs »Hochzeit bei Laternenschein« ist ein Singspiel und noch keine Operette im heutigen Sinn. Nicht nur die Tatsache, daß die sehr populären Wiener Sängerknaben sie in ihrem Repertoire haben, spricht dafür. Die naive Geschichte: Ein armer Bursch, zwischen zwei heiratswütigen älteren Vetteln hin- und hergerissen, bekommt von seinem Oheim einen »Schatz« versprochen und findet diesen in Gestalt seiner jungen Geliebten (der gleichfalls ein Schatz versprochen wurde) unter einem Baum schlafend vor. Gewiß, viele Operetten der silbernen Ära haben nicht sehr viel mehr Inhalt, nur Offenbach beschränkt sich in seinem Stück derart spartanisch auf die einfache Handlung, daß Librettisten des frühen zwanzigsten Jahrhunderts zusätzliche Gags und viele, viele patriotische Untertöne hinzuerfunden haben. »Hochzeit bei Laternenschein« ist, was der Titel sagt: ein kleines Stück für vier Protagonisten und einen kleinen Chor. Das Libretto aus Paris war für den ersten großen Auslandserfolg nicht wichtig. Wichtig für den Wiener Erfolg Offenbachs war, daß alle Darsteller aus dem Ensemble Johann Nestroys kamen und daher keine Sänger, sondern ausgebildete Schauspieler mit einer spezifisch wie-

Die Wurzeln der Operette: Jacques Offenbach und Franz von Suppé

Titelbild der Noten-Erstausgabe

nerisch-natürlichen Musikalität waren. Daß sich die Wissenschaftler ebenso wie die Literaturgewaltigen streiten, ob Offenbach und Nestroy mit ihren Werken Unterhaltung oder Gesellschaftskritik im Sinne hatten, ist bekannt. Die Wahrheit wird wohl wie immer in der Mitte zu finden sein: Offenbach und Nestroy bedienten sich der Handlungsgerüste, die oft erstaunlich primitiv waren und unterlegten den tieferen, kritischen, häufig bösen Sinn mit Couplets und großen Auftrittsliedern. Sie wollten ihr Publikum ins Theater locken.

Daß nicht nur die ersten, sondern alle nachfolgenden Operetten in erster Linie von den Darstellern, von beliebten Diven und umjubelten Komikern lebten, ist unbestritten. In Paris ging man zu Hortense Schneider und dann erst in ein Stück von Offenbach. In Wien aber stürmte man vor allem zu den Komikern Johann Nestroy, Wenzel Scholz, Karl Treumann und dann erst in das jeweilige Stück. Später fand man allmählich, nach der Vorherrschaft der Herren Spaßmacher, auch in Wien entsprechende Idole für das Sopranfach und verlieh ihnen taxfrei den wienerischen Adel – der darin besteht, daß man anstelle des Vornamens den entsprechenden Artikel setzt, also »die« Gallmeyer, »die« Geistinger ...

Die Wiener Vorstadttheater pflegten, nach den von Mozart geadelten, sonst aber durchaus derben und in den seltensten Fällen von der Poesie Ferdinand Raimunds oder dem Witz Johann Nestroys ausgezeichneten Volksstücken, Zaubermärchen, Possen und Singspielen, das neue Genre mit Begeisterung. Jacques Offenbach war der lange unumschränkte Herrscher auf dem Spielplan, der nicht nur in Wien, sondern in allen Metropolen der Monarchie sein Publikum fand. Das heißt, die Bühnen in Budapest und Prag übernahmen, was in der k.k. Residenzhauptstadt Erfolg hatte.

Zwei Wiener konnten sich mit ersten eigenen Versuchen bald hervortun: Carl Millöcker, der später mehr als nur Versuche zuwege brachte und mit einer Operette, dem »Bettelstudent«, in den Olymp einziehen konnte. Und der Theaterkapellmeister Franz von Suppé, dem wunderbare, immer noch bekannte Ouvertüren zu längst vergessenen Theaterstücken und zwei, drei herrliche Operetten zu verdanken sind. Hat man sich erst einmal darauf geeinigt, daß Operette etwas Gutes ist, dann ist man von der Einschätzung, »Boccaccio« sei ein Kunstwerk ersten Ranges, nicht mehr sehr weit entfernt. Gemeinsam mit dem als Letzten in die Arena getretenen Johann Strauß haben Suppé und Millöcker geschaffen, was man die »Goldene Operette« nennt. Suppé hatte seine Karriere als Operettenkomponist 1860 begonnen. Er war ein Neffe Gaetano Donizettis, ein überaus solider Praktiker, Theaterkapellmeister, Komponist unzähliger Zwischenaktsmusiken. Er führte im Theater an der Wien, in dem er fix engagiert war, »Das Pensionat« zum ersten Mal auf und nannte sein Werk ausdrücklich eine »komische Operette in einem Akt mit zwei Bildern«. Er nahm ein Libretto nach französischem Vorbild. Er ließ sich vom erfolgreichen Jacques Offenbach beeinflussen, und man bestätigte ihm, daß er einen charakteristischen »Melodienreichtum« bot.

Franz von Suppé machte den Anfang, Carl Millöcker folgte: 1867 hörte man seine erste einaktige Operette, »Die keusche Diana«, ein Werk à la Offenbach. Über Budapest, wo er seine erste große Operette, »Die Fraueninsel«, 1868 herausbrachte, siedelte er aus dem Harmonietheater (ein vom jungen Architekten Otto Wagner 1866 neu errichtetes Theater in der Wasagasse, das als Prinzipalin Amalia Baronin Pasqualati hatte) ins Theater an der Wien, wo seine Musik mit unterschiedlichem Erfolg aufgeführt wurde. Bis er am 6. Dezember 1882 mit dem »Bettelstudent« sein Meisterwerk uraufführte und sich seinen bis dahin scheinbar unerreichbaren Kollegen ebenbürtig zeigte. Ein Standardwerk der Operette hielt schon vor Jahrzehnten die traurige Wahrheit fest: »*Der Bettelstudent*« sei »*als Kunstwerk unsterblich, und es ist bedauerlich, daß das Werk von vielen Theaterdirektoren heute nur als Lückenbüßer oder in verschandelten und verkürzten Nachmittagsvorstellungen von zweiten und dritten Garnituren gegeben werden darf. Freilich verlangt Millöcker Gesangskräfte und vollendete Künstler zur Mitwirkung, sie brauchen keine Beine zu schwingen, brauchen nicht zu tanzen, sondern müssen singen, singen und nochmals singen.*« Der Autor Otto Keller schrieb dies 1925. (Jahrzehnte vor dem Siegeszug des Musicals, das ganz

IV. Die ewige Operette

andere als die von ihm geschilderten vollendeten Künstler verlangt.) Mit wenigen Ausnahmen aber halten sich noch heute österreichische und deutsche Stadttheater an diese Unsitte. »Der Bettelstudent« wird ins Repertoire genommen, wenn man sich's einfach machen will.

Immer noch gibt's Schwierigkeiten bei der Beantwortung der Frage, wann und warum Johann Strauß eines Tages beschloß, nicht nur Tanzmusik zu komponieren, sondern aus seinen bereits im Dianasaal erfolgreichen »musikalischen Dialogen« (in knapp zwanzig Minuten fragten und antworteten zwei Orchester unter dem Titel »Jupiter und Pluto« mit bekannten Melodien aus Opern, Singspielen und Märschen und amüsierten das Publikum sehr) mehr zu machen und ein O p e r e t t e n k o m p o n i s t zu werden.

Eine musikwissenschaftliche Deutung hat Eduard Hanslick anläßlich seiner vernichtenden Kritik zur ersten Operette von Johann Strauß gegeben. Er nannte sie »Johann Strauß als Opernkomponist« und schrieb sie sich von der Seele: Strauß Sohn hatte als außerordentlich begabter junger Musiker begonnen, die von seinem Vater zur Blüte gebrachte Form der Walzerfolgen fortzusetzen und im rechten, biedermeierlichen, Sinn zu hegen und zu pflegen. Sein Talent war »*von allem Anfang an fraglos auf eine streng begrenzte Bahn, die der Tanzmusik, gewiesen und auf derselben in ununterbrochener, aufreibender Thätigkeit festgehalten.*« Dann aber, so Hanslick, machte sich nach fünfundzwanzig Jahren Komposition »*eine unverkennbare Erschöpfung seines Talents bemerkbar; sie (die Novitäten) wurden matt, gekünstelt, raffiniert, reminiszenzenreich und fielen gegen seine älteren Sachen ab.*« Der Tadel ist eindeutig, die »wagnerianersche Art« des Strauß-Erben konnte von Hanslick nicht gebilligt werden. Also, die weitere

Interpretation des Kritikers, mußte Strauß in eine neue Form, zur Oper ausweichen. Und da gerät ihm erst recht wieder alle Musik zur Tanzmusik. *»Es ist die Strauß'sche Tanzmusik mit unterlegten Worten und verteilten Rollen. Einen heiteren oder auch behaglichen Text kann Strauß in gar keiner anderen Form denken als in der des Walzers oder der Polka ...«*

Bei dieser Ansicht bleibt der führende Kritiker seiner Zeit, dem viele seiner Kollegen ihre Ansichten unterordnen. Er kann den Bühnenwerken des Johann Strauß nichts Positives abgewinnen. Was er aber allmählich ändert, ist seine gesellschaftliche Haltung gegenüber den Strauß-Operetten, denn der Meister ist einfach zu populär und zu beliebt, um selbst von einem Hanslick angefeindet zu werden. Der Kritiker, der über den Geschmack einer Stadt herrschen möchte, muß im Falle Strauß dem Geschmack der Stadt Konzessionen machen. Aber in der Sache bleibt der energische Verfechter einer energischen Haltung unnachgiebig: Geht es nach ihm, so ist einerseits die Zeit des Walzers allmählich vorbei, die überreiche Art der Walzer-Introduktionen eines Johann Strauß an sich nicht wünschenswert und die Idee, anstatt der Walzerfolgen Walzer-Operetten zu komponieren, zwar höchst erfolgreich, zugleich aber tadelnswert.

Hanslicks Betrachtungsweise ist eine, die sich erstens im Falle Strauß und zweitens zum Thema Operette durch alle kritischen Auseinandersetzungen zieht – bis in die Gegenwart hat sich da wenig verändert. Das heißt, bis in die Gegenwart hat der Kritiker Hanslick bewiesen, daß er einer Sache auf den Grund zu gehen imstande war. Und erst auf diesem Grund war und ist es möglich, anderer Ansicht zu sein.

IV. Die ewige Operette

Nach übereinstimmender Ansicht aller Biographen war es vor allem die erste Frau Strauß, die ihren rundum etablierten Mann aus dem Tagesgeschäft eines Kapellmeisters weg in die nicht ehrenwertere, aber finanziell beständigere Welt des Theaters führen wollte. Strauß hatte geheiratet und war damit »nach dreizehn Verlobungen« (die man als eine scherzhafte Bemerkung der glücklichen Frau Strauß zitieren, aber nicht ernst nehmen kann) ein Mann in den besten Jahren und in besten finanziellen Verhältnissen. Ein Mann, der sich nicht mehr unbedingt als populärster aller Wiener Bratlgeiger präsentieren mußte.

Freilich, außer den besseren finanziellen Verhältnissen und der musikalisch fortgeschrittenen Art, die Strauß Sohn erreicht hatte, wollte seine Frau, was er auch selbst wünschte: Ein Leben, das zwar der Hervorbringung von Musik, jedoch nicht dem raschen körperlichen Verfall gewidmet sein sollte. Ganz im Gegensatz zur Karriere seines Vaters, die die eines zweifach gebundenen Einzelgängers war, sollte die des Sohnes die eines permanent umsorgten und nie wirklich von anderen als von musikalischen Problemen belasteten Künstlers sein. Man ersieht das aus Briefen, Äußerungen, aus den Entscheidungen des Walzerkönigs, der nicht erst im hohen Alter Ruhe brauchte, um komponieren zu können. Man erkennt dies an der beinahe immer klug und egoistisch getroffenen Wahl der Lebensgefährtin. Man begreift es an der Egozentrik, die nichts mit Egoismus, sondern mit vollständiger Konzentration auf eine Sache, die Musik, zu tun hat. Aus welchen Gründen immer Johann Strauß etwas tat oder unterließ – heraus kamen Walzer und Operetten. Strauß, der den Aufstieg einer Familie und die Veränderung einer Stadt in seiner Person repräsentiert, war dem Wunsch seines Vaters insofern nachgekommen, als er kein »freier Musikant« mit ungewissen finanziellen Aussichten, sondern ein Hausherr und Walzerfabrikant geworden war.

Das »zwiespältige Weib« weist den Weg ins musikalische Theater Wiens

Was die Veränderungen der Stadt Wien angeht: Als Strauß Sohn beim Dommayer erstmals musiziert, wird der Platz Am Hof mit Würfelsteinen gepflastert, die britische Imperial-Continental-Gas-Association, die ein Monopol für die Gasbeleuchtung Wiens hat, läßt drei große Kandelaber aufstellen – an einem knüpften die gemütlichen Wiener während der Revolution den Kriegsminister Latour auf. Als Strauß im August 1862 überraschend heiratet, war durch des Kaisers huldvollen Entschluß das Neue Wien bereits im Entstehen, auf dem ehemaligen Wasserglacis, wo die Kapelle Strauß musizierte, wurde der »Stadtpark« eröffnet und die Gesellschaft der Musikfreunde erhielt das Baugelände, auf dem alsbald das Musikvereinsgebäude entstand, in dem durch Jahrzehnte eine Strauß-Kapelle jeden Sonntagnachmittag musizierte. (Im Stadtpark steht heute das Strauß-Denkmal und im Goldenen Saal am Karlsplatz pflegt man die Musik der Strauß-Dynastie wie nirgendwo sonst ...) Das im Entstehen begriffene » R i n g s t r a ß e n - W i e n «, das alle anderen europäischen Metropolen in den Schatten stellen sollte, verlangte weiterhin nach Kompositionen des Walzerkönigs und erhielt sie promt. Die Titel weisen aber immer seltener auf den Tanzsaal, in dem Strauß aufspielte, sondern auf die eine Stadt bewegenden Ereignisse; sind aus ganzem Herzen, so scheint es, dem Neuen Wien gewidmet.

IV. Die ewige Operette

Der Musiker und sein Publikum sind miteinander gewachsen und sind gemeinsam stolze Wiener Bürger geworden. Angehörige eines Gründerzeitalters, die Palais bauten und die Wissenschaft und Kunst förderten.

Strauß war um 1860 längst ein Idol, aber auch Bestandteil dieses neuen Bürgertums, das sich in Wien unter dem absolutistischen System Franz Josephs I. bildete und eine eigene Großmacht wurde. Wobei das Aufblühen der Kaiserstadt diesem Bürgertum und seiner Großzügigkeit zu verdanken war, Franz Joseph I. zwar eine k.u.k. apostolische Majestät blieb, aber allmählich in die Rolle des ersten Beamten seines Staates wuchs. Er gestattete huldvoll, was er längst nicht mehr verbieten konnte. Er erließ beinahe im nachhinein die Dekrete, die eine immer rascher und lauter lebende Zeit verlangte. Daß seine Anordnungen Wirklichkeit wurden, daß entlang der Ringstraße Palais gebaut wurden und daß diese imperial wirkten, verdankte der Kaiser und Wien nur mehr zu geringem Teil dem Adel. Das Großbürgertum, vor allem das jüdische, war es, das seine Mittel einsetzte und die Chance nützte, ernst genommen zu werden.

Allerdings: Wenn man das Werkverzeichnis von Johann Strauß durchsieht, hat er zwar eine Unzahl von Kompositionen geliefert, ist aber nach über zweihundert Opuszahlen noch immer nicht der Meister, den wir heute als Walzerkönig verehren: Noch stehen beinahe alle die großen Konzertwalzer aus, mit denen wir uns in der ganzen Welt als der Nährboden unsterblicher Melodien brüsten. Gewiß, man kennt heute wieder dank einer allmählich umfassenden Freude an Johann Strauß und einem neuen Hang zum Monumentalismus in der Discothek viele seiner Frühwerke. Und man weiß, daß er mit diesen allein Wien, Pawlowsk und halb Europa eroberte. Von Anfang an findet man herrlich erfundene Introduktionen. Kennt aber jeder Strauß-Liebhaber das, was unter dem Titel »Berglieder« op. 18 im August 1845 bei einem »außerordentlichen Tyroler-Freudenfest« in der Meierei auf dem Tivoli erstmals aufgeführt

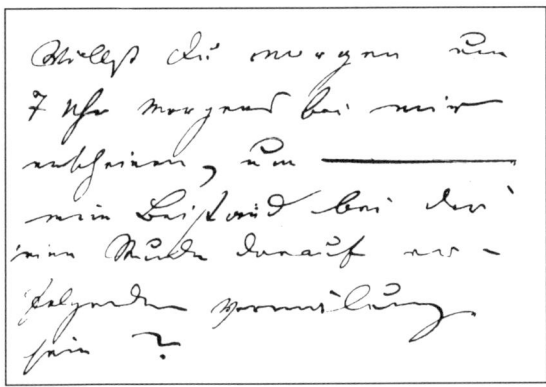

Brief an Carl Haslinger vom 26. August 1862: »Lieber Freund Haslinger, schändlich betrogene Buchdruckerseele! Willst Du morgen um 7 Uhr morgens bei mir erscheinen, um – mein Beistand bei der eine Stunde darauf erfolgenden Vermählung sein? Antworte sogleich, angeschmierter Notentandler, Jean«

wurde? Er kennt es nicht, und trotzdem verbirgt sich da in einer kurzen Walzerkette schon alle Erfindungskraft des reifen Strauß. Immer wieder blitzt in den so gut wie vergessen gewesenen Walzerfolgen die eine oder andere bekannte Melodie auf, die Strauß später noch einmal verwendet hat. Doch darf man alle die weiterhin recht unbekannten Kompositionen nur Versprechen nennen, den Olymp zu erklimmen, den Strauß allerspätestens mit den »Accellerationen« op. 234 im Fasching 1860, wirklich ein für allemal erreicht hat.

Noch einprägsamer: Er ist als Walzerkönig anerkannt, als Operettenkomponist schon sehr im Geschäft, aus dem Tagesgeschehen der Strauß-Kapelle vollkommen ausgeschieden, da schreibt er erst die Walzerfolgen, die all seinen Verehrern heute als die wahren Glanzstücke gelten.

Es ist sicher so, daß er sich erst mit dem Rückzug aus dem allabendlichen Trubel die Ruhe geschaffen hat, die ihm zu seinen ganz großen Walzern verhilft. Etwas, woran sich viele Beobachter stoßen, muß ihm dabei sehr geholfen haben: Er war als Operettenkomponist kein freier Unternehmer mehr. Riskierte nicht mehr bei all seinen Geschäften den vollen Einsatz eines Veranstalters, der draufzahlen mußte, wenn ein Unwetter ein Fest im Freien unmöglich machte oder sich kein Publikum zu einem großen Konzert einfand. Und widersprach mit seiner Art zu komponieren all den Schriftstellern des zwanzigsten Jahrhunderts, die in ihm vor allem den Musiker sahen, der sich sein eigenes Repertoire herstellen mußte. Hans Weigel, ein bedeutender Kritiker und Musikliebhaber, hat seine Theorie vom Zustandekommen großer wienerischer Kunst immer nur auf die eine Weise zu erklären versucht: Da gab es die Klassiker Ferdinand Raimund und Johann Nestroy; sie waren Schauspieler und mußten sich ihre Stücke selbst schreiben und so entstanden die großen Zauberdramen und die wunderbarsten Satiren, die je auf Wiener Bühnen zu bewundern waren. Da gab es die Musiker wie Joseph Lanner und Johann Strauß Vater und Sohn; sie waren Geiger und mußten sich ihre Walzer selbst komponieren und so entstand der Wiener Walzer. In Hans Weigels Vorstellung hatte Johann Strauß zwar sehr richtig gelebt und gewirkt, irgendwann aber zwang und zog es ihn zur Operette und weg aus den Gefilden, in denen er sich als Interpret um sein Repertoire zu kümmern hatte …

Ob das wirklich eine Interpretation ist, die Hans Weigel erfunden hat? Man kann die wahre Quelle dieser polemischen, gegen die Operette gerichteten Ansicht unschwer ausfindig machen. Karl Kraus, der keinen Nachruf auf Johann Strauß geschrieben hat, sondern nur eine Notiz in der Nummer 7 seiner »Fackel« Anfang Juni 1899, war der aufregendste Widersacher des Operettenkomponisten. Wie immer bleibt Karl Kraus sehr nahe bei der Wahrheit, wenn er seine Feder in die Tinte taucht. Wie immer aber sieht er eine andere Wahrheit als seine Umgebung, wenn er seine »Fackel« als inapellable Instanz veröffentlicht. Wie immer ist es schwer, sogar gefährlich, gegen die »Fackel« oder Karl Kraus zu sein.

Karl Kraus ist der Vater einer Generation von Kritikern und Schriftstellern, die an dem Phänomen Operette kein gutes Haar lassen wollten. Dies der guten Ordnung halber und weil sich seit seiner Zeit zwar eine Art Kulturkampf abspielt, wenn man von der Operette berichtet, weil aber diese Operette seit seiner Zeit, also das gesamte zwanzigste Jahrhundert, zum eisernen Bestand großer und kleiner Bühnen zählt und durch Generationen hindurch nicht wirklich ruiniert werden konnte. Und weil es die geschmähte Operette ist, die Johann Strauß die Möglichkeit gegeben hat, »Kaiserwalzer« oder »Geschichten aus dem Wienerwald« oder »Seid umschlungen Millionen« zu komponieren.

Es ist gar nicht schwer, nicht nur die Ausnahme gelten zu lassen und die »Fledermaus« zu lieben, sondern auch den »Zigeunerbaron«, »Eine Nacht in Venedig« und (da allerdings muß man schon sehr viel Selbstvertrauen und Mut haben) sogar »Wiener Blut« ...

Wie sich in Wien um 1870 aus dem derben Volksstück und der oft als Satire daherkommenden Operette Offenbachs allmählich die farbenprächtige und opulente Form

IV. Die ewige Operette

der »Wiener Operette« bildete, kann man einzig und allein an Johann Strauß erklären, denn er erfand sie.

Was Strauß aus dem Genre Operette machte, das waren unterhaltende Stücke. Mit Handlungen und Texten, deren Sinn und Aktualität man heute noch erklären kann. Wirklich mühsam ist es ja nicht, die »Fledermaus« als liebevolles Abbild der Ringstraßen-Gesellschaft und als ironische Darstellung des neuen, noch etwas unsicheren Bürgertums zu sehen. Besonders schwierig ist es auch nicht, den »Zigeunerbaron« als eine Operette des Ausgleichs zwischen Österreich und Ungarn zu charakterisieren und auf die Satire und Kritik hinzuweisen, die Strauß und sein Librettist für die Bürokratie und die Zensur erfanden; oder die Ironisierung des Adels, die Idealisierung eines freien, herrlichen Magyarentums. Trotzdem bleibt wichtig, daß alle Operetten von Johann Strauß für den Tag und nicht für eine vage Ewigkeit geschrieben sind. In seinem Jammer während der Arbeit an seiner ersten und einzigen Oper erwähnt er in einem Nebensatz, er hätte statt der Oper drei Operetten komponieren und mit diesen »gutes Geld« verdienen können. Das heißt: Er war nicht darauf aus, mit seinen Bühnenwerken in eine besondere Art von Ewigkeit einzugehen. Er war als Komponist der »Schönen blauen Donau« längst ein Meister an der Seite anderer unsterblicher Musiker.

Und er wurde unterstützt – andere sagten »getrieben« – von seiner Frau, die ihm nicht nur Geld, sondern auch ein neues Lebensgefühl ins Haus gebracht hatte. Erinnert man sich? Als Henriette Treffz sich von ihrem Lebensgefährten, dem reichen jüdischen Bankier Moritz Todesco, trennte und mit eigener Barschaft zum Altar kam, konnte Tante Waber als Abgesandte der Familie die nötige Gegengabe aus den Ersparnissen von Pawlowsk dazu legen. Das nicht so junge Ehepaar, das rasch aus dem Hirschenhaus weg wollte und sichtbar darauf aus war, eine neue Seite im Buch der unaufhaltsamen Welteroberung durch Strauß & Co. zu schreiben, war wohlhabend. Die Familie Strauß Sohn mehrte ihr Geld, legte es in Obligationen und Zinshäusern an und wurde die einzig richtige Adresse für die Form der Operette, wie sie seither existiert – zwar nie um ihre Existenz, aber immer wieder um ihre Reputation kämpfend.

Einer der einfachsten und deshalb wohl einleuchtendsten Beweggründe für die Triebkraft, ein Operettenkomponist zu werden und das Geschäft eines Tanzkapellmeisters – sei es das des bedeutendsten und beliebtesten der Stadt – aufzugeben, war tatsächlich das Geld. Die Verträge des Komponisten Strauß mit seinen Verlegern schrieben klar fest, welche Fixbeträge für einen Walzer, eine Polka, ein Quodlibet zu bezahlen waren. Das Risiko des Verlegers, der jährlich eine bestimmte Anzahl an Kompositionen abzunehmen hatte, war im Falle Strauß gering. Die Chance, am Welterfolg eines Walzers finanziell mitpartizipieren zu können, war für Strauß gleich Null. Einmal verkauft, war »das Stück« für immer vergeben! Ganz anders waren die Relationen zwischen Verleger und Komponist im Falle einer Operette: Dem Verleger winkte entsprechender Gewinn durch den Verkauf von Aufführungsrechten und Notenmaterial und in der Folge von Arrangements der beliebtesten Melodien aus einer Operette. Der Komponist aber erhielt nicht nur die einmaligen Zahlungen des Verlegers, sondern die Tantiemen aus den Einnahmen aller Aufführungen, also einen Prozentsatz am finanziellen Erfolg in Wien und in aller Welt und außerdem die Möglichkeit, die erwähnten Arrangements zu verfertigen und so noch einmal Geld zu machen. Und weiter die Chance, aus den zündendsten Melodien

IV. Die ewige Operette

Walzerfolgen zusammenzustellen, die auch noch einmal Honorar brachten. Will man ausgerechnet Johann Strauß den Vorwurf eines geldhungrigen Musikers machen, weil er mit einer Möglichkeit, aus seinen Kompositionen mehr Einnahmen zu erzielen, sehr einverstanden war? Vergißt man so rasch, daß er sein Leben lang unter dem Zwang, Geld zu verdienen, musiziert hatte, bevor er zur Operette kam? Und daß er das nicht aus Lebenslust, sondern aus Überlebensnotwendigkeit getan hatte? Schließlich war ein Tanzkomponist gezwungen, sich physisch für die Verbreitung seiner Kompositionen einzusetzen, sich also eine Kapelle zu halten und für deren Auftritte zu sorgen. Dabei war er als freier Unternehmer genötigt, seine Musiker nicht nur als Dirigent und Vorgeiger, sondern auch als Prinzipal zu leiten, ihnen eine anständige Gage auszuzahlen und für sich nur das zu behalten, was an Überschuß blieb. Ein Operettenkomponist dagegen übernahm kein derartiges finanzielles Risiko. Er engagierte weder Sänger noch Musiker, bezahlte keine Kostüme oder Dekorationen, sondern investierte ausschließlich das, was er in seine Walzerfolgen steckte: musikalische Einfälle und deren unverwechselbare Ausarbeitung. Sollte da nicht einer, der alle erdenklichen Höhen des Tanzkapellmeisters bereits erklommen hatte, auf ein Metier, das ihm zudem finanziell einträglicher sein mußte, umsatteln? Und das ihn zudem der Qual enthob, sich als Geiger ununterbrochen dem Publikum auszuliefern und unter den unterschiedlichsten Umständen seine Reputation auf's Spiel zu setzen?

Henriette Treffz, die kluge Gefährtin, überredete ihren Jean nicht sofort, sondern allmählich. Sie ließ ihn nach Pawlowsk fahren und half ihm, auf Reisen große Erfolge als

Das »zwiespältige Weib« weist den Weg ins musikalische Theater Wiens

Walzerdirigent zu feiern. Gleichzeitig wies sie ihm sehr nachdrücklich den Weg in eine Stellung, die ihm und ihr wirkliche Reputation brachte. (Wobei eine der nettesten Geschichten zum Thema Reputation nichts mit Johann Strauß, aber doch etwas mit einem Walzer zu tun hat und von Gustav Mahler handelt. Alma Mahler erzählt die Geschichte in ihren »Erinnerungen«: Das Ehepaar Mahler besuchte ausnahmsweise einmal an einem freien Abend eine Operette, wollte daheim dann einen Walzer aus der »Lustigen Witwe« tanzen und konnte eine bestimmte Wendung nicht einwandfrei nachsingen. Um diese authentisch zu haben, gleichzeitig aber das Gesicht zu wahren, ging man am nächsten Tag »zu Doblinger«. Der Herr Hofoperndirektor verwickelte den Geschäftsführer des angesehenen Musikalienladens in ein Gespräch über den Verkauf seiner eigenen Werke. In der Zwischenzeit blätterte die gnädige Frau in einem Arrangement der Lehár-Operette und prägte sich die Noten ein …)

Um den Werdegang des Operettenkomponisten Johann Strauß nicht aus den Augen zu verlieren: Seine reife, ältere, künstlerisch versierte Frau holte ihn also nicht unmittelbar nach der Heirat vom Podium des Tanzgeigers der Metropole – und auch nicht von dem der Attraktion der Pawlowsker Eisenbahn. Sie ließ ihn erst nach und nach in die Gegend des musikalischen Theaters blicken und gab ihm vor allem das Gefühl, er könne an ihrer Seite alle erdenklichen Erfolge erringen. Sie holte sich, was bisher nur die Mutter im Hirschenhaus besessen hatte – sein unbedingtes Vertrauen und Zutrauen!

Strauß war ein zwiespältiger Mann und nahm sich ein seltsam zwiespältiges Weib. Völlig unerklärlich scheint zum Beispiel der latente Antisemitismus, den Jetty Strauß, geborene Treffz, sogar in ihren Briefen anklingen läßt. Die Künstlerin, die lange und offenbar glücklich mit dem jüdischen Bankier Todesco liiert war, ihm Kinder geboren hatte und sich, als sie heiraten wollte, über die Haltung ihres Partners nicht beschweren konnte, klagte über den Schulfreund ihres Mannes, den Verleger und Agenten Lewy. Sie klagte über sein »Geseire« und sie verurteilte immer wieder seine »Machloikes« (zweifellos wußte sie weder von den jüdischen Vorfahren ihres geliebten Jean noch machte sie sich Gedanken darüber, daß sie ihn selbst auf der von ihr vorgezeichneten Bahn als Operettenkomponisten in engste Verbindungen zu jüdischen Theaterleuten bringen mußte). Ist es Antisemitismus, der aus ihren Briefen aus Pawlowsk und London spricht? Dieser war in Wien immer gegeben und zugleich in Wien anno dazumal scheinbar ein wenig menschlicher als anderswo. (Später erwies sich allerdings die wienerische Art des Antisemitismus als bösartiger und wahrhaft unmenschlich, da aber war das Zeitalter des Johann Strauß bereits vorbei.)

Der zwiespältige Strauß? Einerseits war er zu Ehren seiner Mutter ins Feld gezogen und hatte sich mit unerbittlicher Energie gegen den abtrünnigen Vater durchgesetzt. Andererseits war er in den Händen seiner Mutter selbst als erfolgreicher Musiker scheinbar formbares Material, das sich über Jahre, ja Jahrzehnte nur zu Verlobungen, nie zu einer wirklichen Verbindung mit einem Menschen außerhalb des Hirschenhauses bewegen ließ. Und er wurde unter der Aufsicht seiner ersten Frau endgültig zu dem F a m i l i e n t y r a n n e n , der selbst keine Kinder hatte, und deshalb seine Brüder Josef und Eduard nicht nur nach Belieben nutzte, sondern ganz ohne brüderliche Liebe kommandierte – besser noch, kommandieren ließ. Denn

Das »zwiespältige Weib« weist den Weg ins musikalische Theater Wiens

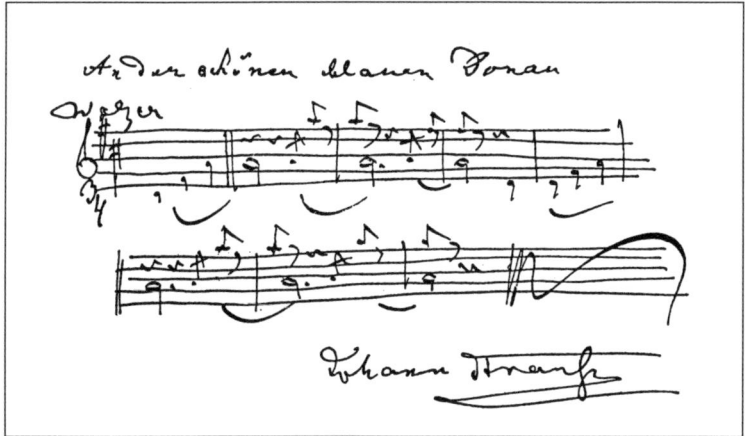

Die Hymne an die Donau in der Handschrift von Johann Strauß

der Einschnitt in der Lebensgeschichte des Johann Strauß ist spürbar: Nach der langen Zeit, in der Anna Strauß die Firma in Wien und Pawlowsk nach außen hin geführt hatte, übernahm Jetty Strauß nicht nur die liebevolle Betreuung ihres Mannes, sondern konzentrierte sich darauf, Johann als Oberhaupt des Clans sukzessive aus dem Tagesgeschäft zu ziehen und die verbliebenen Mitglieder des Hauses zu Diensten auszusenden. Daß sie dadurch wenig Zuneigung in der Familiengemeinschaft der Strauß' errang, nahm sie gerne auf sich. Sie hatte den wichtigsten Mann der Familie, ihren »Jean«, für sich.

Zu den notwendigen, anstrengenden, aber finanziell besonders einträglichen Geschäften der Firma Strauß, zählte der hochdotierte Vertrag mit Pawlowsk. Dieses Engagement sollte ab nun ganz in die Verantwortung eines der Strauß-Brüder überführt oder »halt fallengelassen« werden. Bald darauf begann der neuen Familie Strauß auch die Reisetätigkeit, an der sie zuerst noch einigen Gefallen fand, zu viel zu werden. Die einstige Künstlerin Jetty Treffz war die

IV. Die ewige Operette

wahre Organisatorin und ständige Triebkraft hinter allen Unternehmungen und blieb mit vorbildlicher Selbstverleugnung hinter den Kulissen, wenn ihr Jean in Rußland gefeiert wurde oder in London ein Konzert gab. Sie ließ sich nur noch selten als Sängerin hören und war bereit, ihre Auftritte wegzulassen, um das volle Scheinwerferlicht auf ihren Mann zu richten. Gleichzeitig aber gab sie ihm die ununterbrochene Pflege, die er als erster und prominentester der Brüder im Hirschenhaus genossen hatte. Das heißt, sie war ihm keineswegs bloß Mutterersatz, sondern sie war die ideale Mutter.

Übereinstimmend sind die nahen wie die aus der Ferne zugelassenen Beobachter der Familie Strauß der Ansicht, die ältere Frau habe sich in jeder Hinsicht als kongeniale Gefährtin erwiesen. Zuerst, indem sie aus dem scheinbar von Frauen umschwärmten Liebling Strauß einen respektablen Ehemann machte. Und später, weil sie den weiterhin von jungen Frauen begeisterten Ehemann nicht an der kurzen Leine hielt, sondern über die eine oder andere Liebschaft großzügig hinwegsah. (Ob das heute noch als Kompliment gelten könnte?)

Ihre Ehe begann unter glücklichen Vorzeichen: Man trauerte angeblich in Pawlowsk um den jetzt nicht mehr zu umschwärmenden Maestro, aber man ging weiterhin allabendlich in seine Konzerte. Jetty selbst übernahm die Korrespondenz; ihren Briefen verdankt man die gewiß nicht unvoreingenommenen, aber immerhin kompetenten Berichte von Erfolgen: 6000 Personen in einem Konzert; eine Einladung, vor dem Zaren in Zarskoje zu musizieren; die Bitte des Kaisers, Frau Strauß möge singen; die Komposition eines Lieds »im ital. Styl« für sie, von dem wenigstens die Widmungsträgerin meint, es werde »gehen wie die ersten Semmeln nach einer Hungersnoth«. Und die Tatsache, daß Johann Strauß einen ganzen Sommer lang ihr »Jeanybub«

ist, also ein sehr braver, lenkbarer Mann. Und ihr kaufmännisches Interesse, wie man das in Pawlowsk erworbene Geld richtig anlegt. (Sie kauft Papiere; sie erörtert den Wert der in Wien bereits gekauften Häuser; sie sorgt sich, ob man nicht lieber Gold anstelle von Wechseln mit in die Heimat nehmen soll ...) Und sie ist boshaft bis zum Exzeß: Um eine Sängerin, die nicht gefallen hat und ausbezahlt werden muß, möglichst zu strafen, läßt sie sich österreichische Banknoten senden. Durch die Auszahlung soll die Unbeliebte »hübsch verlieren«. Und sie rechnet mit dem Verleger höchst korrekt und penibel ab.

Jetty Treffz war Künstlerin (was entsprechendes Verständnis für das Metier ihres Mannes bedeutet) und ein paar Jahre älter als ihr Ehemann, der in all seiner scheinbar exzessiven Männlichkeit in der Realität nicht Abenteuer, sondern Melodien suchte. Sie hatte ihre großen Erfolge hinter sich (mußte nicht behaupten, ihrem Mann die Karriere geopfert zu haben) und war gewillt, ihrem Ehemann noch viel größere Erfolge möglich zu machen: Er sollte unter ihrer tätigen Anteilnahme die Welt erobern. Nach Europa auch noch die ganze Welt!

Immerhin, die Welt beginnt – wieder einmal – für Johann Strauß in Paris. 1867 verzaubert er die Stadt. Als wichtigste Unterstützerin fungiert die Fürstin Pauline Metternich-Sandor, die Enkelin des großen Metternich. Sie ist die Frau des österreichischen Botschafters, in Wahrheit aber die Gastgeberin von ganz Paris. Sie protegiert Richard Wagner, was ihr in der Gesellschaft Hochachtung einbringt.

Das Land, das sie repräsentiert, hat 1866 bei Königgrätz eine entscheidende Schlacht verloren. Es legt daher gesteigerten Wert darauf, sich im Jahr darauf der Welt als eine Großmacht darzustellen und investiert enorme Mittel in ein gesellschaftliches Ereignis. Der österreichische Botschafter und seine Frau bitten in eine eigens für diesen einen Abend erweiterte, feenhaft dekorierte Residenz ... Beim großen Österreicher-Ball der Fürstin Metternich-Sandor zur Weltausstellung im Mai 1867 erscheinen nicht nur das Kaiserpaar, der König der Belgier, der Kronprinz der Preußen, der Herzog von Edinburgh; es spielt vor allem Johann Strauß auf, der offenbar imstande ist, den Herrschern Europas das »Alles Walzer« aufzuzwingen.

Strauß ist natürlich nicht nur dieses Festes wegen in Paris. Er hat ein eigenes Lokal gemietet und will als dirigierender Unternehmer seinen Ruhm und seinen Besitz mehren. Dazu braucht er Reklame. Die Fürstin verhilft ihm und sich zu Aufsehen, kann aber die notwendige Laufkundschaft nicht allein auf die Beine bringen. Darum schaltet sich unmittelbar nach Frau Strauß und Fürstin Metternich, als dritte große Förderin, die Zeitung »Le Figaro« ein. Ihrem Chefredakteur hat Johann Strauß gefallen. Die Zeitung berichtet über den Musiker aus Wien so begeistert und so oft, daß er den Herren Journalisten eine Komposition widmet. Und damit ist endlich erreicht, daß er für ganz Paris den Ton angibt. Sein Gastspiel wird, was im vorhinein nicht so sicher war, ein großer finanzieller Erfolg. Strauß kann gemeinsam mit seinem deutschen Partner Gewinn machen, doch verliert er rasch die Lust am Unternehmen. Er überläßt das Publikum dem Kollegen und setzt wie sein Vater selig zum Sprung über den Kanal.

So erobert sich das Ehepaar Strauß auch noch London. Vom 15. August bis 26. Oktober läßt sich in einer Art Tagebuch des Musikers, der wenigstens einmal mitschreibt, nachlesen, wie viele Menschen kommen, welche Programme gespielt werden und welche Nummern wiederholt werden müssen: 3000 Besucher sind es beim ersten Konzert, beinahe jede Komposition muß wiederholt werden. Man spielt in Covent Garden, das heißt, man gibt Promenaden-Konzerte. Und man – der geneigte Leser – darf sich einen aus London eingesandten Bericht auf der Zunge zergehen lassen, in diesem heißt es nämlich: »*Bis vor einigen Tagen waren Strauß und seine reizenden Walzer noch unbekannte Größen. Ein einziger Abend war jedoch imstande, den Walzerkönig und seine Melodien außergewöhnlich populär zu machen.*« Gewinnt Johann Strauß, von dem wir längst annehmen, er werde überall auf der Welt getanzt, erst mit diesen großen Gastspielen unter der Aufsicht seiner Frau wirklich die Welt?

Sicher ist, daß er nach Paris und London (mit Einladungen aus der ganzen Welt in der Tasche) nicht weiter reist, sondern nach Wien zurückkehrt. Und beginnt, sich eine weitere Welt zu erobern. Die Welt der Operette.

Ein Unternehmen, das allerdings Jahre dauert: Im Jänner 1864 liest man erstmals von einer einaktigen Operette, an der Johann Strauß angeblich komponiere. Man darf rätseln, wer den Zeitschriften »Der Zwischen-Akt« und dem »Wanderer« diesen Tip gegeben hat.

Das Datum ist im Leben des Komponisten aus einem weiteren, ganz anderen Grund sehr wesentlich. Der endgültige B r u c h m i t seinem Verleger Carl H a s l i n g e r fand zur Jahreswende statt. Erstaunlich: Der kurz vorher noch als Trauzeuge gebetene Verleger, den Jetty und Johann Strauß mit Briefen verwöhnten und als ihren treuesten und wichtigsten Partner immer wieder umschmeichelten, hatte offenbar plötzlich genug von den ewigen Klagen des Komponisten über Abrechnungen. »*Ich bitte Dich, mir die Rechnung für mich, armen Teufel zukommen zu lassen, um einen*

Abschluß zu erlangen, da ich Dienstag Abends, trotz meiner Rekonvalescenz, nach Petersburg abreisen werde. Ich bitte Dich, in dieser leisen Anspielung nichts Arges zu erblicken, es ist nur die gewöhnliche Schmutzerei, die ich durch die langjährige Verbindung mit Dir, edle Seele erlernt habe«, lautet einer der Briefe des Komponisten an seinen Verleger. Wenige Monate später hieß es: »*Es steht nichts über ehrliche Schurkerei! Und welchen Leuten ist sie eigen? Du fühlst Dich in dieser Frage schon hinlänglich getroffen, als daß ich über die Beantwortung dieser Frage ein Wort zu schreiben hätte.*« Wer den Anfang machte, ist nicht mehr zu eruieren: Am 4. November 1863, dem – damals in Wien lauter als den Geburtstag gefeierten – Namenstag seines Verlegers, hatte Strauß kein Interesse daran, ihm seine Aufwartung zu machen. Das war »das Zeichen«. Gleichzeitig mußte Haslinger bereits selbst auf einen Bruch hingearbeitet haben, denn er hatte sich schon einen neuen Schützling gewählt. Trotzdem: Es ist unverständlich und mit keinem Dokument erklärbar, warum die Familie Strauß und der mit ihr erfolgreiche Verleger auseinandergingen. Die Klagen von Komponisten über habgierige Verleger sind in der Musikgeschichte etwas völlig Normales. Auseinandersetzungen von kalkulierenden Verlegern mit den nicht unmittelbar am Absatz beteiligten Komponisten sind häufig. Was sich zwischen Strauß und Haslinger – den beiden Protagonisten einer verläßlichen Ehe in der zweiten Generation – wirklich abgespielt hat, ist und bleibt unverständlich. Der einzige äußere Anlaß, den die wienerische Musikwelt kennt, ist Haslingers totaler Einsatz für den jungen Komponisten und Kapellmeister Carl Michael Ziehrer. Strauß aber ist aus eigenem Willen kein Tanzkapellmeister mehr; er will nicht mehr jeden Abend für die Produkte seines Verlegers werben. Ist es da wirklich notwendig, eine ererbte, jahrelange und rundum geschäftlich befriedigende Freundschaft abzubrechen und sich, koste es, was es wolle, anderswo umzusehen?

Im Dezember 1863 begann das Haus Haslinger, die Werke des Kapellmeisters Ziehrer zu forcieren, sich um Auftritte der Kapelle zu kümmern, also eine ernsthafte K o n k u r r e n z zu ihrem Hausautor aufzubauen. Man sollte glauben, Haslinger hätte für's Tagesgeschäft den neuen Mann und für die Ewigkeit den alten Freund in seinem Verlag unterbringen können. Doch das konnte offenbar so nicht sein. Denn wenn Johann Strauß etwas nicht vertrug, sein Leben lang nicht vertrug, dann war es Konkurrenz eines Musikers, von dessen Zweitrangigkeit er überzeugt war. Und wenn er von etwas überzeugt war, dann von der Zweitrangigkeit des Militärkapellmeisters Ziehrer, dessen kompositorische Fähigkeiten über lange Zeit für einen Erfolg nicht ausreichten, sondern heftig »nachgebessert« werden mußten. Man weiß, daß ein von Haslinger ausgewählter Musikprofessor namens Johann Emmerich Hasel die von Ziehrer am Klavier gespielten Melodien erst in Form brachte, an der Instrumentation entscheidenden Anteil hatte und bei den ersten Konzerten des quasi »aus dem Hut gezauberten« neuen Strauß-Konkurrenten als Dirigent eingesetzt werden mußte. Selbst der bedeutende Ziehrer-Forscher Max Schönherr verschweigt diesen Umstand nicht: *»Heute ist es sicher, daß die harmonische, dynamische und orchestrale Ausfertigung Ziehrers Lehrer und Mentor besorgte. Hasel wird daher auch bei einer Reihe von Ziehrers Werken Mitkomponist gewesen sein, zumindest so lange, als sie im Verlag Haslingers erscheinen bzw. Carl Haslinger lebt.«* Haslinger wollte partout das Monopol der Familie Strauß brechen, spürte zudem, daß die Zeit der Tanzkapellen zu Ende ging und sich die billigeren Militärkapellen als ernsthafte Konkurrenz etablierten. Auf lange Sicht hatte er richtig vorhergesehen. Sofort nach der Trennung zog er sich vor allem den Zorn des Familienoberhauptes zu.

Johann Strauß spürt offensichtlich auch, daß sich die Zeit der Tanzkapellen ihrem Ende zuneigt, daß also, was sein Vater und er als sichere Einnahmequelle kannten, nicht ewig existieren wird. Aber obwohl er selbst in diesem Tagesgeschäft kaum mehr tätig war, wollte er es nicht wahrhaben, nicht zulassen, daß Wien nach einem anderen als dem Takt der Kapelle Strauß tanzte und blieb Carl Michael Ziehrer gegenüber immer unversöhnlich. Briefe von seiner und der Hand seiner Frau triefen vor bösen und boshaften Bemerkungen, wollen den bevorstehenden Untergang des noch nicht einmal richtig »aufgebauten« neuen Komponisten und Dirigenten vorhersehen und sind ganz und gar keine Äußerungen eines angeblich guten Menschen, sondern allerschlimmste Verleumdungen, wie man sie in der Musikwelt nur unter wirklichen Kollegen kennt.

Zwischen Strauß und seinem Trauzeugen Haslinger tobte also Krieg. Strauß gründete in aller Eile vorsichtshalber einen eigenen Verlag, in dem er seine Kompositionen hätte betreuen können, fand aber dann rasch den Verlag C.A. Spina, der mit ihm als Autor kein Risiko einging, im Gegenteil auf Jahre hinaus Erfolge einfuhr: Bei Spina erschien, quasi als Morgengabe, die Folge »Morgenblätter« op. 279, gleich darauf die »Vergnügungszug«-Polka op. 281, die Polka »S'gibt nur a Kaiserstadt, s'gibt nur ein Wien« op. 291, der genialische Walzer »Aus den Bergen« op. 292. Als die »Hofball-Tänze« op. 298 herauskamen, war es nicht mehr weit bis zum Höhepunkt im Leben des Johann Strauß. Unter den – vorher für Haslinger gültigen Bedingungen – der einmaligen Zahlung bei Ablieferung erhielt der neue Verleger den Walzer aller Walzer »An der schönen blauen

Donau« op. 314 und kam in der Folge mit dem Herstellen der Druckplatten und der Arrangements nicht nach. Die ewige Hymne an Wien, die Johann Strauß das Honorar einer beliebigen Walzerfolge einbrachte, ging an C.A. Spina. Für einen Walzer, der als Vorahnung auf die Operette bezeichnet wurde – es war der erste Versuch des Johann Strauß, nicht ausschließlich für Orchester zu schreiben.

Was immer über diese H y m n e v o n d e r s c h ö n e n b l a u e n D o n a u geschrieben worden ist, ergibt wenig Sinn: Sie ist weder der eine noch der besondere Walzer des Johann Strauß, sie war weder ein »Durchfall«, als man sie zum ersten Mal sang noch ging sie besonderer Umstände wegen um die Welt. Sie war ein Glücksfall wie einige andere im Komponistenleben des Johann Strauß und vor allem: Sie ist ihrer ganz einfachen, also genialen Tonfolge wegen die unverwechselbarste, die er geschrieben hat.

Sinnlos, sich darüber Gedanken zu machen, daß Johann Strauß die Musik zu diesem Chor-Walzer schrieb, bevor ein Text vorlag. Sinnlos, sich über die erste oder eine der nachfolgenden Textfassungen den Kopf zu zerbrechen. Sinnlos schließlich, zu grübeln, wie denn der geniale Titel der Komposition zustande kam, ohne im geringsten mit dem Text des Originals in Verbindung gebracht zu werden.

Strauß hatte dem Männergesang-Verein eine Komposition zugesagt, lieferte sie mit einjähriger Verspätung und erhielt, außer dem Verlegerhonorar, den beim Verein üblichen »Ehrensold« von einem Golddukaten, für den er schriftlich seinen »verbindlichsten Dank« aussprach. (Die Quittung liegt im Archiv des Wiener Männergesang-Vereins, das im Musikvereinsgebäude am Karlsplatz mehr als einen Schatz hütet.) Diese »Wiener Männer« und die

Kapelle des Infanterie-Regiments »König von Hannover« Nr. 42 waren die ersten Interpreten bei der Uraufführung am 15. Februar 1867. »Die Komposition wurde jubelnd aufgenommen.« »Das ist aber auch ein echter, guter Strauß.« So lauteten die ersten Zeitungsberichte über die Uraufführung, von der nur die Legende berichtet, sie sei kein Erfolg gewesen.

Das muß ein Fasching gewesen sein: Das Schlittschuhlaufen kam in Mode, Wiens Finanzen wurden durch eine Anleihe endgültig saniert, man stritt wieder einmal um oder wegen der Donauregulierung, im Stadtpark wird der Kursalon erbaut und auf dem Rennplatz in der Freudenau werden die ersten Pferderennen veranstaltet, Vizeadmiral Wilhelm von Tegetthoff wird Ehrenbürger von Wien, der Rektor der Wiener Universität kommt um den Bau einer neuen Universität ein und die Firma Philipp Haas und Söhne eröffnet ein Warenhaus auf dem Graben. Und im fernen Mexiko wird ein Mitglied des Kaiserhauses, das sich aus seltsam idealistischen Beweggründen zum Kaiser von Mexiko hatte ausrufen lassen, von Aufständischen erschossen ... So viele Ereignisse der Stadtchronik gelten auch über ein Jahrhundert später etwas. Aber »An der schönen blauen Donau« ist noch mehr. Es ist ein Ereignis, das weit über ein Jahrhundert, über die ganze Welt erklingt. Nicht als Vorstufe zu einer Operette, nicht als der Versuch, endlich den besonderen Walzer zu komponieren, sondern einfach als eine Walzerfolge, die er auf Wunsch dem hochgeachteten Wiener Männergesang-Verein widmete ...

Die erste Operette: »Indigo und die vierzig Räuber«

Trotzdem: 1864 war von einer Strauß-Operette keine Rede, erst 1866 weiß man von einem »Operntext«, den der Direktor des Carl-Theaters Strauß vorlegte. »Frauenherzen« wurde allerdings niemals komponiert. 1867 wurde berichtet, Strauß habe für das Theater an der Wien (an das er sich dann tatsächlich kontraktlich band) eine Operette komponiert. Und wieder gab es diese Operette nicht. Ein durch die Fachliteratur geisternder Entwurf zu einer Operette »Romulus« hat sich von Fachliteraturschreibern schließlich als ein Entwurf von Richard Genée herausgestellt. Noch ein Titel also, den Johann Strauß nicht komponierte. Spät im selben Jahr wurde für Paris eine Operette »Die lustigen Weiber von Wien« von Johann Strauß angekündigt. Und da also war man endlich der Sache ziemlich nahe. Denn eine so benannte Operette wurde, nach einem Textbuch eines Wiener Journalisten Josef Braun von Strauß, tatsächlich komponiert – und kam dann erst recht nicht zur Aufführung. Um eine sehr lange Geschichte sehr kurz zu erzählen: Nach all den durch die Wiener Gazetten geisternden Operetten, die nie komponiert wurden und einer, die immerhin beinahe aufgeführt worden wäre, kam im Jänner 1869 die erste wahre Meldung auf den Zeitungsmarkt: Kronprinz Rudolf hörte im Dezember desselben Jahres bei einem Hofkonzert für Erzherzogin Sophie mit Wohlgefallen die Ouvertüre zu einer Operette. Am 10. Februar 1871 war im Theater an der Wien die Uraufführung von »Indigo und die vierzig Räuber« angesetzt und fand auch tatsächlich statt. – Eine schwere Geburt?

Wie anders soll man's nennen, wenn eine durchaus dominierende Ehefrau, ein Chor von Verehrern, ein Verein von

Librettisten und mehrere Wiener Theaterdirektoren auf den populärsten Komponisten einer Stadt zehn Jahre einzuwirken hatten, um ihn zu einem Operettenkomponisten zu machen?

An dieser Stelle muß der Versuch gemacht werden, den Operettenkomponisten Strauß auch in seiner Naivität darzustellen: Allen Schilderungen des Meisters ist zu entnehmen, daß er wohl das Gegenteil eines literarisch interessierten Mannes war. Sein erster Leib-Biograph durfte ungehindert behaupten, Strauß lese nur zum Frühstück die Zeitung und da nichts als die Nachrichten über das musikalische Geschehen in der Stadt.

»Stoffe« für Operetten mußten Strauß also in Form von knappen Erzählungen im Gespräch nahegebracht werden. Selbst Textbücher waren ihm ein Greuel und zudem für die meisten der Werke, die er schließlich doch komponierte, nicht einmal im Ansatz vorhanden, wenn er bereits ganze Passagen geschrieben hatte. Wo eine Handlung auf einer erfolgreichen Komödie basierte, muß man annehmen, daß der menschenscheue Strauß sie nie gesehen hatte. Ging es um die Dramatisierung einer Novelle, ist ganz sicher, daß Strauß diese nicht gelesen hatte. Auch in späteren Jahren, er war längst mit dem Metier vertraut, blieb er ein Musiker, der seine Komposition immer nur bis zu dem Punkt vorantreiben konnte, den ihm die Librettisten angaben. Oft wußte er dabei weder die Handlung noch das Gerüst eines Werkes, sondern war nur damit beschäftigt, eine scheinbar interessante Situation, die nach Musik verlangte, zu vertonen oder aus seinen Vorräten Nummern zu komponieren, die alsbald eine Art von Handlung rund um diese Nummern entstehen ließen. Nicht mehr, nicht intensiver war er mit dem Stück befaßt, das unter seinen Händen entstand. Er wußte den Titel, denn dieser stand im Vertrag mit den Autoren und dem Uraufführungstheater. Er hatte eine unbestimmte Vorstellung vom Land, in dem die jeweilige Handlung spielte. Und er wußte genau, welche Interpreten man für ihn unter Vertrag genommen hatte ...

Ein Zeugnis dafür gibt ein Brief aus dem Jahr 1893, der sich auf die Entstehung der »Fürstin Ninetta« bezieht, wohl aber auf viele andere Operetten zutrifft: »*Ich habe nie das Libretto mit seinem Dialog vor mir gehabt, nur die Gesangstexte. Ich habe demnach manches zu edel aufgefaßt, was der Sache Schaden gebracht hat. In diesem Buche gibt es nichts, was edel aufzufassen ist. Bei den letzten Proben, bei welchen ich die ganze Geschichte kennenlernte, war ich ganz erschreckt. Kein redlich Fühlen, – keine Wahrheit, keine Vernunft – endlich – nur Narretei!!!*

Die Musik passt gar nicht zu diesem tollen, confusen Zeug. Ninetta ist ein Schwank tollster Gattung ohne Musik (oder höchstens ein paar Schnadahüpfeln).« Mußte der Komponist der »Fledermaus« und des »Zigeunerbarons« an die Sechzig werden, um eine Operette zu komponieren, deren Inhalt oder Handlung er erst auf den letzten Proben kennenlernte?

Diese Arbeitsweise heißt auch, Strauß selbst konnte keinerlei erste Anregung für eine neue Operette geben. Er mußte von Gesprächspartnern erfahren, wo ungefähr welche Chance einer neuen Operette zu suchen wäre, und zeigte sich dabei, wenn man den Zeitzeugen glauben darf, mehr als naiv und einfach nur neugierig auf einen möglichen Erfolg. Was bereits beklatscht worden war, schien ihm interessant. Wo ihm eine Rolle für seine Lieblingsdarsteller angeboten wurde, weckte man seine Neugierde. Was seine Frau durch die Vorzensur ließ und ihm ans Herz legte, das war für ihn der einzig denkbare Operettenstoff. Diese seltsame Beziehung des Komponisten zur Welt des Theaters änderte sich im Laufe der vielen Begegnungen mit der Bühne nicht wirklich. Strauß wurde selbst als Praktiker – der sich zu Änderungen in letzter Minute bereit erklärte, der die seltsamen Abenteuer ein und derselben Operette mit leicht veränderten Libretti miterlebte – niemals Musikdramatiker. Bis hin zu seinen Versuchen, eine Oper zu schreiben und zu seiner Resignation, sich darauf wieder mit Operetten abzuplagen, liest man in seinen Briefen an Librettisten und Verleger keine einzige Anmerkung, die nur entfernt an die Phantasie und dramatische Begabung eines Verdi oder eines Wagner erinnert. Anfragen über den Sinn einer Szene oder Wünsche bezüglich eines besonderen Effekts finden sich in seiner Korrespondenz nur in der äußerlichsten Form. Er wollte wissen, ob es denn schon ein Girardi-Couplet gäbe, und er war sehr darauf aus, beim »Zigeunerbaron« im Finale einmal die Bühne des Theaters an der Wien bis zum Papageno-Tor öffnen und von Massen füllen zu lassen.

Sein schärfster Kritiker, Eduard Hanslick, zog sich, wenn er über Operetten von Strauß zu schreiben hatte, meist mit den treffendsten Bemerkungen über deren Textbücher aus der Affaire – gegen die Kompositionen konnte er angesichts der Popularität des Meisters nicht ins Feld ziehen. Die Zeit, in der Hanslick dem Komponisten Vorwürfe machte, daß er nicht in der klaren, einfachen Sprache des Vaters, sondern voll Wagnerismen Walzer komponierte, ging nie ganz vorüber. Nur, da gab es plötzlich Johannes Brahms, das Idol Hanslicks. Und dieser wiederum liebte Johann Strauß und achtete dessen Walzer, wenn sie nicht in der Großvaterart komponiert waren, sondern mit ihren überdimensionierten Präludien und ihren reich besetzten einzelnen Teilen sehr an Wagner erinnerten. Der auf seine Art über das Musikle-

Die erste Operette: »Indigo und die vierzig Räuber«

Titelbild der Noten-Erstausgabe

ben der Monarchie gebietende Hanslick konnte urteilen und verurteilen, entschied über Wohl und Wehe vieler Komponisten und Interpreten. Gegen Strauß aber blieb er machtlos. Ihn mußte er als eine feste Größe am Firmament der Stadt anerkennen. Deshalb arrangierte er sich und drang auf gesellschaftlichen Verkehr. Erst ein Moment der Wahrheit, als er die einzige Oper von Johann Strauß zu rezensieren hatte, brachte wieder Verdruß und eine Zeit, in der man einander aus dem Wege ging. Hanslick hatte, was ihn als Kritiker ehrt, ohne Rücksicht auf die Folgen deutlich geschrieben, was er von »Ritter Pasman« hielt. Freilich, ein Verriß nach heutigen Maßstäben wurde es nicht. *»Strauß hat sich in diesem ihm bisher ganz fremden Styl und fremden Ton mit einer geradezu überraschenden Geschicklichkeit hineingearbeitet«*, liest man da, und als Lob wird angefügt, *»Sein Orchester ist immer klangschön, vornehm, charakteristisch und doch niemals lärmend oder aufdringlich. An vielen Stellen ist es wahrhaft entzückend und jungen Componisten zum Studium zu empfehlen.«* Damals aber empfand man dieses Lob durchaus als Tadel und der Verleger von Johannes Brahms und später auch von Johann Strauß, Friedrich August Simrock, klagte deutlich über Hanslick: *»Er hätte wahrlich nichts von seinem Nimbus eingebüßt – hätte er weniger Schlechtes über das Sujet gesagt. Er ist aber weder mit dem einen noch dem anderen der Oper einverstanden.«* Simrock schreibt, was geschehen ist: *»Lieber Freund, ich muß Ihnen nun unverhohlen gestehen, daß uns Eduard H. enorm geschadet hat.«*

»Indigo und die vierzig Räuber« ist das erste Buch, das Johann Strauß tatsächlich auf die Bühne bringt. Im Sprachgebrauch werden die Librettisten dieses Buches sofort »die vierzig Räuber der Weltliteratur« genannt, für die Öffentlichkeit aber übernimmt der Direktor des Theaters an der Wien, Maximilian Steiner, die alleinige Verantwortung für das Werk. »Nach einem älteren Stoff für die Bühne eingerichtet von Max Steiner« lautete die Formulierung, die jedem Eingeweihten klarmachte, daß sehr viele Autoren an

Die erste Operette: »Indigo und die vierzig Räuber«

dem Buch mitgearbeitet hatten. Steiner kündigt für den 10. Februar 1871 die Uraufführung an. »Unter der persönlichen Leitung des Komponisten« soll es eine »komische Operette in drei Akten« sein. Ein Widerspruch für unsereins, denn tragische Operetten kennt das neunzehnte Jahrhundert nicht, allenfalls kann man die eine oder andere Geschichte, die Franz Lehár vertonte, als weniger komisch, weil ohne das obligate Happy-End, bezeichnen.

Die Handlung des Erstlings von Johann Strauß ist rasch erzählt: Fantaska, die Lieblingsbajadere von König Indigo, befreit sich aus ihrer Abhängigkeit und flüchtet verkleidet nach Wien. – Nicht einmal die Berichte der Uraufführung erzählen Details, sondern retten sich in die Aufzählung der Piecen, die uneingeschränkt bejubelt wurden. Die Glanznummer des Abends ist ein Gesangswalzer »Ja so singt man, ja so singt man in der Stadt, wo ich geboren bin« und läßt das Publikum einen Schrei der Begeisterung ausstoßen. Ganz Wien war in dem Theater nächst der Stadt und wollte den Walzerkönig in seiner neu gewählten Rolle miterleben. Ganz Wien war gewillt, sich nicht über irgendwelche Ungereimtheiten auf der Bühne zu alterieren, sondern wollte Strauß dirigieren und (behauptet man) wenigstens bei diesem Walzer auch gleich aufgeigen sehen. Ganz Wien begriff, daß Strauß in seinem ersten Werk einen Ton anschlug, den er und ungezählte Operettenkomponisten nach ihm für den bleibenden Erfolg eines Werkes brauchten: die Sehnsucht nach Wien. »Dort an der blauen Donau möchte ich gehen« heißt ein Terzett im ersten Akt und seither sind in fernsten Gegenden blasse Operettenfiguren in Loblieder auf Wien ausgebrochen und haben sich, spätestens mit diesem Heimweh nach der einzigen Stadt, ihren Beifall ersungen.

IV. Die ewige Operette

Einen vernichtenden Bericht über den Erstling kann man in den Akten der Behörde nachlesen: Auch die Strauß-Operette mußte dem k.k. Innenminister zur Zensur eingereicht werden, auch sie erregte – was den Text anlangt – gelinden Ärger, es mußten sämtliche Anreden à la »Ihre Majestät« gestrichen und eine Priesterprozession aus der Handlung genommen werden.»*Die Operette, welche ihrem Texte nach Offenbach's Produkte an Gehaltlosigkeit noch übertrifft, hat mit denselben jedoch gemein, daß darin die Grundlagen, auf welchen Staat und Gesellschaft basiren, ins Lächerliche gezogen werden, und selbst die geltenden Regeln des Anstandes und der guten Sitte nicht immer Beachtung finden. Solche Machwerke sind nicht geeignet, die Aufgabe der Bühne – als einer Bildungsanstalt – zu erfüllen, sie erscheinen vielmehr als Ausgeburten einer verdorbenen Geschmacksrichtung, deren Förderung weder im Interesse des Publikums, noch des Theaters liegt.*« Am 19. Jänner 1871 ist dieses Urteil als Bericht der k.k. Polizeidirektion an das k.k. Statthalterei-Präsidium ein bemerkenswertes Dokument. Und am 11. Februar liest sich der amtliche Bericht über die Premiere nicht minder aufschlußreich. An der Kritik der Operette wird festgehalten, gleichzeitig wird jedoch positiv vermerkt: »*Gleich beim Erscheinen im Orchester empfing das Publikum den beliebten persönlich dirig. Componisten mit demonstrativ rauschendem Applaus, dessen er sich ebenfalls im Verlaufe der in allen Theilen gelungenen Aufführung häufig erfreute; wurde auch nach jedem Akte und am Schlusse mit wiederholtem stürmischen Hervorrufe ausgezeichnet.*« Und prophetisch: »*Die Novität verspricht nach vorgenommener Kürzung eine dauernde Zugkraft, und die melodienreichen Musik- und Gesangsweisen dürften bald Eingang im Volksleben finden.*« Davon war man in der Polizeidirektion überzeugt ...

Die erste Operette: »Indigo und die vierzig Räuber«

Erich Schenk, der Historiker, teilt Franz von Suppé den Ruhm zu, nach der Parodie-Operette des Jacques Offenbach die Tanz-Operette erfunden zu haben und läßt keinen Zweifel daran, daß Strauß sich in die Nachfolge des Franz von Suppé einreiht. Selbstverständlich ist Strauß mehr als ein Nachfolger, er ist der eigentliche Herr der Tanz-, vor allem der Walzer-Operette. Schenk aber ist (wenn man schon zwischendurch der Wissenschaft ihr Recht geben will und wie sie auf Ordnung bedacht ist) allen seinen bedenklichen Eigenschaften zum Trotz immer noch zu zitieren. »*Die Straußsche Operette kennzeichnen Dreiaktigkeit, Nummerneinteilung und gesprochener Dialog, wobei die Handlung sich wesentlich in den ersten zwei Akten und innerhalb derselben in den Finales vollzieht. Der knappe Schlußakt ist Wesensmerkmal des Operettentyps. Schon die Ouvertüre, neben Entreeact, Ballett, Aufzugs- und Illustrationsmusik der Ort instrumentaler Entfaltung, verrät die große Bedeutung des Walzers. Gemeinhin als Potpourrie-Ouvertüre bezeichnet mit variativer Verarbeitung der Hauptnummern, läßt sie sich bei näherem Zusehen als nachhaltig von der französischen Ouvertüre des Barock (in Oper und Sinfonik des 19. Jahrhunderts lebendig geblieben) wie von den Rahmensätzen des Kunstwalzers (Introduktion und Coda) bestimmt erkennen. Zudem erweist sich gelegentlich die klassische Sonatenform als verbindlich.*« Und weiter im Zitat, das in seiner vollen Länge nur deshalb nicht angeführt wird, weil der Musikwissenschaftler sich in erstaunlicher Deutlichkeit damit befaßt, wie präzise die einzelnen Gesangsnummern aufeinander abgestimmt sind: »*Der Orchestertyp der Operette wie der des Walzerwerks ist der der klassischen Sinfonik und frühromantischen Oper, mit Streichquintett, 2-fachem Holz, 4 Hörnern, 2 Trompeten, 3 Posaunen, Schlagzeug und Harfe. Den bestimm-*

ten Operneinfluß verraten hier neben zunehmender Verfeinerung der Instrumentationskunst ganz bestimmte Instrumentationseffekte wie Cello-Kantilenen, selbständige Streicherbegleitung ohne Bindung an die Gesangsmelodie (Fledermaus Nr. 14) oder die bezwingend komische Fagottverwendung im ›Fledermaus‹-Melodram. Die Auseinandersetzung mit der Oper wie der französischen Operette wurde für Strauß schicksalshaft. Dort, wo er den Ausgleich fand zwischen deutscher Singspielhaltung, hoher Opernkunst und gallischem Esprit, gelangen ihm die großen Würfe, die ihn auch als Opernkomponisten unsterblich machen.«

Daß »Indigo«, der erste Auftritt auf der Operettenbühne, ein kleiner Mißerfolg war, muß festgehalten werden: Jacques Offenbach erzielte in Wien mit seinem »Blaubart« 140 Vorstellungen, »Indigo« brachte es auf 30 Wiederholungen und wurde in der Folge für ausländische Bühnen wie Neapel und London immer wieder bearbeitet, jedoch nie zum großen Triumph – am ehesten noch in Paris, wo »La reine Indigo« 1875 viele Wochen hindurch auf dem Spielplan stand, und von wo der aus Wien angereiste Hofrat Hanslick voll Patriotismus berichtete: Strauß sei halt doch »unser Strauß« und er sei nach einer Vorstellung mit dem Meister beisammengesessen.

»Indigo« war ein Markstein im Leben des Walzerkönigs. Strauß spürte, daß er in seiner neuen Eigenschaft Erfolg haben werde. Er legte seine Stelle als Hofball-Musikdirektor nieder und begann mit der Arbeit an seiner zweiten Operette – vertraglich ein für allemal ans Theater an der Wien gebunden und in der Lage, sich zwar nicht auf erfolgreiche Libretti, aber auf seine erfolgreichsten Interpreten einzustellen.

Der Entschluß, lange hinausgezögert, spät gefaßt, mit einigem Erfolg zu einem ersten Ende gebracht, erwies sich für den Komponisten Johann Strauß als folgenreich oder folgenschwer. Er wies ihn ein für allemal auf eine neue Bahn, er machte aus ihm ein für allemal einen »anderen« Musiker. Er setzte Strauß allerdings auch einer Verführung aus: Dem sehr bedeutenden Walzerkomponisten wäre ein Auftreten mit den Wiener Philharmonikern im Musikverein die Krönung seines Lebens gewesen. Für den Operettenkomponisten aber zeigte sich als höchstes seiner Ziele der Einzug in die Hofoper. (Hätte er ihn rasch und konsequent mit der »Fledermaus« erreicht, wäre ihm, seinem Verleger und seinem Publikum das jahrelange Ringen um »Ritter Pasman« erspart geblieben.)

Sein neuer, sein zweiter, sein von da an lebenslanger Abschnitt hatte in traditionsreicher Umgebung begonnen: Das Theater an der Wien war einst die zweite Bühne der Stadt; auf ihr führte Schikaneder seine »Zauberflöte« auf; sie war die Uraufführungsstätte des »Fidelio«. Mit Johann Strauß und seinen Operetten wurde sie wieder ein Theater, das in eine andere Art von Geschichte einging.

Strauß fand den Übergang vom Stehgeiger oder Vorgeiger zum Bühnenkomponisten, geruhsam, mit höchst erfolgreichen Rückfällen in die erste Existenz. Er ging immer noch auf Konzertreise, allerdings nicht mehr als Veranstalter, sondern als hochbezahlter und hochgeschätzter Gast mit oder bei Ensembles, die er alle ausdrücklich nicht als die Kapelle Strauß bezeichnete. Er verbrachte sehr viel Zeit vor den unzähligen Seiten Notenpapier, auf denen sich die Partituren seiner Operetten sammelten. »Notenmillionär« nannte ihn sein erster Biograph – was ausschließlich als

IV. Die ewige Operette

Anspielung auf die Arbeit zu nehmen ist, die Johann Strauß sich selbst aufbürdete. Im Gegensatz zu vielen seiner sehr viel besser ausgebildeten Nachfolgern war er sein eigener Instrumentator und gab auch als höchst erfolgreicher Operettenkomponist die Nachbearbeitung nicht aus der Hand. In Briefen an seine Verleger kann man lesen, wie er sich gegen Arrangeure verwahrte, wie er Hilfskräfte höflich, aber bestimmt ablehnte, wie er ganz genau wußte, daß es einfach keinen Musiker gab, der Strauß-Musik besser schrieb als er.

Freilich, es blieb ihm auch Zeit und gute Gelegenheit, seinen gewachsenen Weltruhm auszukosten. Noch vor der zweiten Operette, »Carneval in Rom«, die ihm bereits besser von der Hand ging, fand die zur Pioniertat und Legende gewordene Reise über den Ozean statt, sein Gastspiel anläßlich der Hundertjahrfeier der Unabhängigkeit Nordamerikas.

Strauß hat immer zugegeben, daß das ausschlaggebende Argument für seine R e i s e n a c h A m e r i k a ein im voraus hinterlegtes Honorar von 100 000 Dollar war. Er selbst hat allerdings auch eine so humoristische wie leider ernst genommene Schilderung seines Auftritts in Boston legitimiert, bei der er 20 000 Sänger und Instrumentalisten vor 100 000 Zuhörern dirigiert haben wollte. Es ging um den Donauwalzer, es ging um eine Reihe von Subdirigenten, die nach seinem Auftakt (von einem Dirigententurm aus gegeben) die Massen in Gang setzten und gemeinsam mit ihm zu einem befriedigenden Ende führten. So weit war alles wahr, aber weder die 20 000 Musiker noch die 100 000 Zuhörer, noch die ungezählten Subdirigenten hat es gegeben. In Wahrheit ging es um ein Reiseabenteuer, um eine

Promotion-Tour, wie man das heute nennen würde, und um einige USA-Auftritte, die sich, in Relation zu heute stattfindenden Events, sehen lassen konnten. Sie waren großartiger und erregender als alles, was sich heutzutage von einem Star auf Reisen veranstalten läßt. (Bei den Monsterkonzerten in Boston war unmittelbar anschließend an Johann Strauß der große Giuseppe Verdi als Dirigent eigener Werke zu hören. Als eine der dankbarsten Nummern seines Konzerts gab er den Zigeunerchor aus dem »Troubadour«, und Jahre später hatte Strauß im »Zigeunerbaron« keine Schwierigkeiten, die Partitur so effektvoll zu schreiben wie Kollege Verdi. Ich glaube, Strauß hat seine zigeunerische Musik nicht nur aus ungarischen, sondern auch aus einer einzigen sicheren italienischen Quelle geschöpft.) Strauß eilte ein gefestigter Ruhm voraus. Den begeisterten Beifall eines Kontinents kassierte er mit sehr wenig Aufwand. Für Amerika schrieb er einen Walzer, den er aus längst Komponiertem zusammenstellte. Sein im voraus deponiertes Honorar in Wien blieb ungeschmälert in Europa, wo er auf dem Heimweg eine der wichtigsten Zwischenstationen seines Lebens einschaltete ...

Johannes Brahms' »leider nicht von mir!«:
»Die Fledermaus«

In Wien grassierte eine Infektionskrankheit, und Strauß hatte endlich keine permanenten Auftrittsverpflichtungen mehr. Also machte er Station und dirigierte in Baden-Baden, fand dabei die volle Anerkennung des großen Hans von Bülow, errang dank dessen Begeisterung das Interesse

IV. Die ewige Operette

Johannes Brahms als Dirigent und Komponist. »Aus Strauß' Vortragsweise ist für die Neunte Symphonie wie für die Pathethique zu lernen!« schrieb Bülow und dieses Lob hat sich in der Geschichte erhalten. »Leider nicht von mir!« ist eine der berühmtesten Widmungen, die Johannes Brahms je auf einen Damenfächer schrieb – er setzte diese Worte unter die ersten Takte des Donauwalzers.

Das Schicksal, das es gut mit Strauß meinte, gab ihm in einem einzigen Jahr, wovon er nur träumen konnte: den selbst erlebten Ruhm auf einem anderen Kontinent, die Anerkennung eines bedeutenden Dirigenten der ernsten Musik, die Hochachtung des deutschen Kaisers Wilhelm I., der als Gast in Baden-Baden Strauß zu Privatkonzerten bat. Und seine zweite Operette, bei der unter den Librettisten der später unersetzliche Richard Genée zu finden ist. Der Mann, dessen Anteil am Meisterwerk des Genres nicht zu unterschätzen ist, dem man allerdings oft mehr zuschreibt, als er wirklich für Strauß geleistet hat.

Nicht auszudenken, was der Komponist Strauß ohne den grundmusikalischen L i b e r e t t i s t e n R i c h a r d G e - n é e alles nicht erreicht hätte: »Carneval in Rom« hätte allenfalls durch andere Mitarbeiter auch geschrieben werden können, die darauf folgende »Fledermaus« aber war und bleibt eine Gemeinschaftsarbeit der Autoren. Abgesehen von den erhaltenen Aussagen Genées, die im Autograph gefundenen Spuren und dem nach einigem Briefwechsel für diesen Sonderfall ausgehandelten besonderen Schlüssel in der Aufteilung der Tantiemen (der Genée einen höheren als den üblichen Anteil zugesteht), kennt man unzählige Zeugnisse für dessen Mitarbeit.

Er »komponierte« nicht für Strauß, er instrumentierte nicht einmal. Aber er lenkte spürbar die musikalische Phantasie des noch unerfahrenen Operettenkomponisten und war an dem Gerüst beteiligt, das meisterhaft gezimmert ist und die »Fledermaus« faktisch zum Muster werden läßt. Genée war ein Mitarbeiter, der in den wahrscheinlich aufregendsten Wochen, die Strauß je erlebte, Tag und Nacht zur Verfügung stand, der jede notwendige Veränderung mitmachte, der auf den Proben darauf bestand, daß einmal nicht die Theaterpraktiker, sondern die Schöpfer das letzte Wort behielten und quasi als Sprecher des Komponisten Änderungen verbat, die man anbringen wollte – Maria Geistinger wollte das Melodram, mit dem der dritte Akt beginnt, streichen lassen. »Ah, das is' fad, wann so lang nix g'redt wird!« war ihr Verdikt. Und Strauß war nahe daran, der bühnenerfahrenen Primadonna zuliebe auf seine Musik zu verzichten. Genée aber bestand darauf, daß nach dem rauschenden Finale des Orlofsky-Aktes genau diese Szene folgte.

»Die Fledermaus«, an deren Genialität niemand zweifelt (deren Stimmigkeit erst in der allerletzten Zeit in Frage gestellt und von deutschen Regisseuren mit Billigung deutscher Intendanten – jedesmal mit bösem Mißerfolg – zerpflückt wird), wurde tatsächlich in sechs Wochen komponiert. Zum Jahreswechsel 1873/74 schrieb Strauß seine Antwort auf alle Fragen nach einem Meisterwerk, seine Darstellung einer Epoche, seine Gedanken zu dem, was rund um ihn geschehen war.

Seine A r b e i t s w e i s e ist im Revisionsbericht zur 1974 erschienenen endgültigen Ausgabe dargestellt: »*Die Beschaffenheit der autographen Partitur gestattet es, sich den Arbeitsprozeß etwa so vorzustellen, daß Strauß Genée zunächst die Skizze einer Nummer oder eines Teilstückes zukommen ließ, dieser danach ein Partiturgerüst verfertigte, darin das von Strauß Empfangene mit nötigemfalls neuem Gesangstext und gelegentlichen Änderungsvorschlä-*

Theaterzettel der Uraufführung im Theater an der Wien am 5. April 1874

gen eintrug und die Blätter dann zur Instrumentationsergänzung und Endredaktion an den Komponisten zurücksandte. Dabei konnte es auch vorkommen, daß Strauß die Ausgestaltung potpourrieähnlicher Wiederholungen ganz seinem Mitarbeiter überließ. Jeder abgeschlossene Partiturteil wurde sodann durch Genée sofort an die Kopisten weitergereicht.« (Weiter im Revisionsbericht und um die Erben Genées nicht zu vergrämen.) Wo über die Vorlagen der neuen und wohl endgültigen Ausgabe geschrieben wird, steht zur eigenhändigen Partitur von Johann Strauß ausdrücklich: »*Richard Genée, dessen Handschrift der Straußschen in vielen Zügen sehr ähnlich ist, hat auch sonst beträchtlichen Anteil am Zustandekommen von Vorlage A. Gänzlich frei von Ergänzungen seiner Feder sind nur die Ouvertüre und die beiden Fassungen des Csárdás, während alle übrigen Nummern mehr oder minder deutliche Spuren seiner Mitarbeit aufweisen, deren Skala von mechanischen Hilfen bis zu mitschöpferischer Leistung reicht.*«

Wen kümmert es heute noch, daß es zum Thema »Fledermaus« unbeantwortete Fragen gibt? In den e r s t e n R e z e n s i o n e n sind zum Beispiel »überflüssige Personen« erwähnt. Man findet einerseits auf dem ersten Besetzungszettel und andererseits in der Partitur Namen weiblicher und männlicher »Chargen«, die alle auf dem Ball des »Fürsten Orlofksy« auftauchen und alsbald in der Versenkung verschwinden. Sie sind längst von den Besetzungszetteln der Operette verschwunden. Allerdings nicht ganz: Immer wieder gibt es an großen Opernhäusern Galapremieren oder Galavorstellungen, in denen sich aus besonderem Anlaß populäre Interpreten als Gäste auf dem Fest des Fürsten einfinden. Herbert von Karajan hielt es so, als er in der von ihm geleiteten Staatsoper die »Fledermaus« als Silvesterpremiere ansetzte. Und an der New Yorker MET waren zum Abschied für Sir Rudolf Bing und anläßlich eines Jubiläums für James Lewine ziemlich illustre »Fledermaus«-Gäste. Kein Operetten- oder Opernfreund hat bisher an dieser Tradition Anstoß genommen. Kaum einer weiß

IV. Die ewige Operette

allerdings, daß schon bei der Uraufführung mehr Personal bei Orlofksy auftrat, als ursprünglich vorgesehen war.

Man darf nicht vergessen: 1873 war für die Monarchie ein Katastrophenjahr, die Weltausstellung zu Wien begann mit dem berühmtesten aller Schwarzen Freitage, rief Pleiten aller Art hervor, ließ Bankhäuser einstürzen und den berühmten kleinen Mann in völliger Verzweiflung seine persönliche Katastrophe erleben. Weder die Besuche von Monarchen aus aller Welt noch die scheinbar glanzvolle Zeit auf dem Ausstellungsgelände beim Prater, weder die zahlreichen künstlerischen Darbietungen noch die für die Ausstellung geschaffenen neuen Straßenzüge stadtauswärts konnten darüber hinwegtäuschen, daß 1873 das Jahr des ersten großen allgemeinen Bankrotts war. Ganze Bankhäuser und mit ihnen ihre kleinbürgerlichen Kunden verloren über Nacht alles. Nicht so Johann Strauß – er war zwar Aktienbesitzer, der Großteil seines Geldes war aber in Zinshäusern angelegt, und diese behielten ihren Wert. Quasi als Antwort darauf und als ein musikalisches Bühnenwerk, das in dieser tristen Gegenwart angesiedelt war, schrieben Genée und Strauß »Die Fledermaus«. In einem Zug und ohne eine überflüssige Note. (Die schlimmsten Widersacher, die sich lange nach Straußens Tod meldeten und die ihre Zweifel hatten, ob es je eine Wiener Operette gab, können nicht an der Tatsache vorbei, daß sozusagen als Werk einer einzigen Nacht ein Wunder niedergeschrieben wurde, das ganz den Traditionen dieses seltsamen Genres verpflichtet ist und gleichzeitig in die großen Opernhäuser der Welt paßt.)

Im Gegensatz zum Briefwechsel, der die Entstehung so mancher Oper von Giuseppe Verdi oder Richard Strauss dokumentiert, im Gegensatz zu den qualvoll ausführlichen

Erläuterungen, die Richard Wagner seinen Werken zuteil hat werden lassen, gibt es zur »Fledermaus« nur sehr einsilbige, kurze Billette, die zwischen den Autoren gewechselt wurden. Man kennt die Wurzeln der Komödie: Vaudeville von Meilhac und Halévy, das seinerseits wieder auf ein deutsches Lustspiel zurückgeht. Man kennt also die Väter, die bei der »Fledermaus« unbewußt Pate gestanden haben und einige von ihnen meldeten sich angesichts des Welterfolgs auch und wollten ihren Anteil. Aber sie alle sind vergessen und haben mit dem Stück so gut wie nichts zu tun. Es ist wie aus einem Guß. Es ist (die Erben des Richard Genée mögen verzeihen) für die Nachwelt von Johann Strauß, der bei dem oben erwähnten Schema blieb und es zugleich sprengte, der scheinbar eine unendliche Fülle an Melodien verschenkte und zugleich mit äußerster Disziplin eine Form fand, an der nichts zu verändern ist. Von den ersten Akkorden der Ouvertüre, die »Eisensteins« »Ja, ich bin's« aus dem letzten Akt vorwegnehmen und uns völlig in Aufregung versetzen, bis zu dem großen Melodram zum Beginn des dritten Aktes (das man als Gegenstück zu Wagners Beckmesser-Szene in den »Meistersingern« sieht) ist die Geschichte die eines wienerischen Spießers, der von seiner Umgebung, seiner Frau und vom unwirklichen, fremden »infantilen« Gastgeber genarrt wird. Eine Geschichte, bei der nicht ein Augenblick Leerlauf eintritt, die man selbst bei der hundertsten Begegnung immer noch atemlos miterlebt. Da hört man die Einladung »Freund Falkes« zu einem Souper, »ganz auserlesen«, und wartet auf den Auftritt des Gefängnisdirektors. Da präsentiert sich »Fürst Orlofsky«, und man zittert der großen Arie der »Rosalinde« entgegen, die als Czárdás daherkommt. Diese Arie ist eines der faszinierendsten Gustostückerln, das je ein Komponist einer Diva geschrieben hat. (Die große Arie der

»Zerbinetta« in »Ariadne auf Naxos« ist etwas Ähnliches.) Da scheint für das Finale des zweiten Aktes kein einleuchtender musikalischer Höhepunkt vorhanden zu sein und schon kommt nach all den erwarteten, möglichen Balletteinlagen die wienerische Variation der Neunten Symphonie Beethovens: zuerst »Brüderlein, Brüderlein und Schwesterlein«, darauf, scheinbar ohne Text, in Wahrheit aber sorgsam abgestimmt, das berühmte »Duidu, Duidu, lala, la lalala«; und jeder weiß, daß dies so viel bedeutet wie »alle Menschen werden Brüder«.

Der sehr einfühlsame Schriftsteller Ernst Decsey hat die kleinen und großen Effekte der »Fledermaus«-Partitur beschrieben und ausführlich dargelegt, wie genial sparsam Strauß im Orchester vorwegnimmt, was in der Szene noch gar nicht passiert ist, sondern erst geschehen wird. Zuletzt begreift man: Es war sowohl der Walzerkomponist als auch der versierte Kapellmeister Strauß am Werk, der die gesamte musikalische Literatur dirigierte und begriff – und dieses einzige Mal mit nachtwandlerischer Sicherheit alles verwendete, was er in Jahrzehnten seiner Arbeit gelernt hatte. Mit seiner »Partitur« zeigte er ein für allemal, wie er zu instrumentieren verstand und all seine Nachschöpfer an seinem Meisterwerk nur schlimme Retouchen anbrachten.

Die in 42 Tagen und Nächten fertiggestellte Arbeit gestattete keinen Briefwechsel à la Strauss-Hofmannsthal. Nirgendwo findet sich ein Dokument, das die Schaffensfreude des Komponisten festhält, das Aufschluß darüber gibt, wieso er sich dieses eine Mal in einem derartigen Rausch befand. Und doch zweifelt niemand: Da ist ein Musiker, der weit über alle seine bis dahin verschenkten Möglichkeiten nach den Sternen greift und sie herunterholt; der souverän wie die Größten seines Metiers die Forderungen der Bühne begreift, die Übersicht, den klaren Kopf behält, der Gliederung und Relation der Stimmen bedenkt und dessen Orchester mit ungezählten, nicht aufzählbaren Nuancen aufwartet.

Ein »Wunder«: In den sechs Wochen, die man als Zeitspanne annimmt, in der die »Fledermaus« entstanden ist, kann es keine Möglichkeit zu ausführlichen Korrekturen, zu langem Brüten über einer Wendung gegeben haben. Da muß das Meisterwerk einfach in die Feder, auf's Papier geflossen sein; da war alle Erfahrung da, die man dem Tanzkomponisten Strauß nie hätte anmerken können; da gab es sehr viel mehr als eine stimmige Walzerkette über ein billiges Libretto; da ist die Operette aller Operetten »wie nichts« zur Welt gekommen.

Nichts liegt mir ferner, als im Zusammenhang mit einem Menschen von einem Gottesbeweis zu schwärmen. Aber, Strauß selbst hat für uns diesen Gottesbeweis mit einigen seiner Walzerfolgen und mit der »Fledermaus« angetreten. Zwischendurch hat er grandiose Musik geschrieben und dabei häufig bewußt dem Geschmack seines Publikums nachgegeben. Oft und oft hat er einfach nur aus vertraglichen und finanziellen Gründen etwas auf's Papier gebracht und seinem Verleger erklärt, dies sei die dritte Pizzikato-Polka, eine sehr effektvolle und zugleich einfach zu exekutierende Form, die wenig Instrumente braucht. Vor allem hat er aber »Die Fledermaus« komponiert!

Daß die U r a u f f ü h r u n g am 5. April 1874 im Theater an der Wien ein Mißerfolg gewesen, die Operette »kühl« aufgenommen worden sei, ist eine der typisch wienerischen Anekdoten, wie man sie gern erfindet. Nichts davon ist wahr. Mitten hinein in die Ouvertüre wurde geklatscht, viele Gesangsnummern mußten wiederholt werden, sogar der wahrlich stimmraubende Csárdás mußte von Marie Geistinger gleich zweimal gesungen werden. Sämtliche zeitgenössischen Berichte erwähnen die Ovationen zur Pause und nach dem Finale.

Es gibt Rezensionen; diese sind durchwegs positiv, nur »unser geliebter« Hanslick bleibt wieder einmal kühl. Es gibt genügend triviale Erklärungen, warum man das Werk nicht en suite spielte, sondern nach 16 Aufführungen erst einmal vom Spielplan absetzte. Aus unbegreiflichen Gründen wurde um die »Fledermaus« der falsche Mythos vom mißverstandenen wienerischen Genie erdacht, der auch »An der schönen blauen Donau« anhaftet. Die lebensfrischen Einfälle des Johann Strauß wurden bei ihrem ersten Erklingen als genial erkannt und wuchsen sich rasch, sehr rasch zu Welterfolgen aus. Nichts konnte sich ihnen in den Weg stellen, die heimliche Hymne der Stadt und die Meisteroperette wurden, weit über Wien hinaus, sofort als das erkannt, was sie darstellten. Das wußte auch ihr Schöpfer.

»Der Triumph dieser Operette ist ein bisher unerreichter«, schrieb Ludwig Eisenberg mit Billigung von Johann Strauß noch zu dessen Lebzeiten und gibt im Anhang die großen Städte an, in denen die Operette immer und immer wieder auf dem Spielplan steht. (Da stehen, dem Alphabet nach, alle wichtigen Bühnen von Aachen und Adelaide bis Zürich und Zwickau. Die Aufführungszahlen der ersten Jahre: 250mal Wien, 130mal München, 160mal Breslau, 170mal Hamburg.) Um 1894 hatte Gustav Mahler die »Fledermaus« in Hamburg ins Repertoire des Stadttheaters aufgenommen, und es stand eine Premiere am k.k. Hofoperntheater in Aussicht.

Aber: Wie konnte Johann Strauß nach seinen Erfahrungen, die er bei der »Fledermaus« gemacht hatte, weiter komponieren und dabei Stoffe wählen, die nicht im geringsten an das Erfolgsbuch herankamen? Wie war er nach dem Gottesgeschenk in der Lage, weiter zu schreiben und »Cagliostro«, »Prinz Methusalem« und »Blindekuh« unter seinem Namen auf die Bühne lassen?

Man kennt zumindest einen Teil der Antwort. Die Operettenbühnen wurden von Direktionen geleitet, die rasche Erfolge brauchten. Die Operettendarsteller hatten weniger an Meisterwerken als an dankbaren Rollen Interesse. Und die Librettisten waren allesamt in ihrem Hauptberuf Journalisten, Beamte oder Lohnschreiber, denen es darum zu tun war, mit rasch hingeworfenen Texten, zu Tantiemen zu kommen. Es stimmt, das Genre hatte (auch und vor allem nach Strauß) etwas von einem Dienstleistungsbetrieb und gab sich auch so. Es zeigte wenig Ehrgeiz, es wollte nicht nach oben. Es wollte seinen Ertrag am Tag der Aufführung. Trotzdem, spätestens mit der »Fledermaus«, seinem dritten und vollkommen gelungenen Versuch, hätte Johann Strauß Ansprüche stellen können, hätte auf der Operettenbühne erscheinen müssen wie auf dem Walzerpodest – nur mit Edelsteinen. Aber, er tat es nicht; er komponierte ohne innere Notwendigkeit, wie in der Fron auch Simili. Jahr auf Jahr, unverdrossen bis hin zum nächsten großen Ereignis, welches in der Tat »Der Zigeunerbaron« wurde.

Zwischen den einzelnen Operettenerfolgen, die Strauß allesamt sehr bieder vorbereitete und – allmählich ein Experte in dem Metier – auf seine Lieblingsdarsteller hin konzipieren ließ, fuhr er im Ausland seine letzten großen Erfolge als Dirigent seiner eigenen Werke ein. Strauß erntete. Er hatte als Unternehmer keine Risiken mehr zu tragen. Er konnte als Dirigent einfach Honorare kassieren. Er konnte als Komponist hohe Summen fordern, und er hatte für die Plazierung seiner Operetten einen eigenen Agenten,

IV. Die ewige Operette

der sein Jugendfreund war und als Blitzableiter zu dienen hatte, wenn es irgendwo nicht nach Wunsch lief. Es gab Reisen nach Berlin, wo die »Fledermaus« bereits eine Sensation war und Strauß, in zwölf großen Konzerten, nur noch einzelne kurze Auftritte hatte. Vier von dreiunddreißig Programmnummern behielt er sich vor. Den Rest dirigierten heimische Maestri, die es sich zur Ehre machten, mit Strauß aufzutreten. Diese knappen Gaben Strauß', weiß man im nachhinein, waren wichtig, denn er zeigte mit seinem Temperament, wie man Walzer richtig dirigierte. Immer etwas langsamer als die anderen, immer als Tanzmusik, bei der im Konzertsaal Tanzpaare jederzeit zu ihrem Recht gekommen wären. Zeitgenössische Berichte halten fest, daß der Walzerkönig sich als Dirigent gegen überhitzte Tempi und rasche »Wechsel zwischen stark und schwach« wehrte, daß eine Walzerfolge unter seinen Händen zwar blühte, aber nicht nervös machte. (Sinnlos, sich angesichts der Gegenwart Gedanken darüber zu machen und die berühmten Dirigenten der Neujahrskonzerte gegeneinander auszuspielen. Reizvoll aber, zwei der bedeutendsten und miteinander befreundeten Dirigenten zu erwähnen: Wo Carlos Kleiber aus einem Walzer eine Folge von »zehrenden« Temporückungen und Hinhaltungen und Attacken machte, da war Herbert von Karajan darauf bedacht, ein ruhiges, gleichmäßiges Tempo zu finden und zu halten. Er hörte die Interpretation seines Kollegen gern, meinte aber stolz, bei i h m hätte man auch tanzen können ...)

Die Textdichter, die man Johann Strauß teilweise zumutete, sind längst vergessen. Die Bücher, die er zwar nicht gelesen, sich aber hat erzählen lassen, ergäben mehrere Dissertationen. Und die Schicksale, die die Stoffe hatten, die

Strauß schließlich tatsächlich vertonte, sind zwar anregend, aber unwesentlich. Von kaum einem Stoff weiß man, welchen Reiz er auf den Komponisten ausübte. Man weiß nur, daß er einigermaßen erfolgversprechend war, wenn sich Richard Genée an ihm versuchte. »Cagliostro in Wien«, ein Triumph bei der Premiere im Februar 1875, mit der Zeit völlig vergessen und ausschließlich seiner Ouvertüre wegen angefragt, mengt die Freude über die Befreiung Wiens von den Türken mit dem Zauberer »Cagliostro« und seinem Diener »Blasoni« – Alexander Girardis erste große Strauß-Partie. »Prinz Methusalem« (zwei »Lustspiel-Fürsten« sind die Hauptfiguren, Revolution der Inhalt) ist seit Generationen nicht mehr aufgeführt worden. Kenner erklären gern, erstens sei der Stoff dieser Operette eher für Offenbach als für Strauß geeignet gewesen und zweitens wäre in Wien die Freude an einer »kritischen« Operette nicht aufgekommen. Die Uraufführung 1877 verläuft wie alle anderen Abende, an denen der geliebte Johann Strauß selbst ein Werk dirigierte. Das Publikum jubelte im vorhinein, die Kritik kühlte ihren Mut an den Librettisten. *»Der junge Prinz Methusalem, Sohn des lächerlichen Herzogs von Ricarac, heiratet die Tochter des Fürsten von Trocadero. Während der Zeremonie wird der Herzog von Ricarac seines Thrones verlustig und Mandelbaum und Feuerstein, zwei Abgesandte von Ricarac, verschachern dem Herrn von Trocadero Thron und Hermelin. Dann wird wieder Revolution gegen den Fürsten von Trocadero gemacht und der junge Prinz bringt alles zu allgemein wohlgefälliger Lösung. Das ist die ganze Geschichte; sie spielt in Italien.«*

1877 war auch das Jahr eines weiteren Triumphs von Johann Strauß in P a r i s . Er dirigierte an der Oper, mußte sich

IV. Die ewige Operette

einige Grobheiten des Orchesterpersonals gefallen lassen, gewann aber mit seinem Charme – und dank der öffentlichen Meinung, die in Paris auf seiner Seite stand – Oberhand. Die Journalisten erfuhren von »passiver Resistenz« des Orchesters gegen den Dirigenten, polemisierten rasch und nachhaltig. Aber beim Ball selbst war dann keinerlei Möglichkeit für die Pariser Musiker, Strauß bei seinen Walzern nicht zu folgen. Beim zweiten Ball, zu dem er engagiert wurde, waren schließlich sämtliche Auseinandersetzungen vergessen: 5000 Gäste jubelten ihm zu. Dem Weltmann, denn alle Berichte aus der Zeit zeigen Strauß nicht mehr am Gängelband seiner Frau, sondern als souveränen Verhandler, Gastgeber, Plauderer – wenn man will, sogar als konstruktiven Intriganten. Als man ihn in Paris quasi als Störenfried bezeichnete, erbat er sich die Mitgliedschaft des Musik-Künstler-Vereins, legte den Betrag von 1000 frs bei und nahm damit allen weiteren Angriffen die Spitze.

Weniger glücklich waren die Verhältnisse in Wien: »Methusalem« gefiel seinem Schöpfer längst nicht mehr; um die Rechte der nächsten Operette wurde bereits gefeilscht; zwischen Eduard und Johann Strauß war wenig Freundschaft zu spüren. Der Statthalter der aufgeigenden Sträuße war schon lange von seinem großen Bruder enttäuscht. Ihm wurde zwar die Aufgabe zugewiesen, alle neuen Kompositionen vorzutragen; Unterstützung aber erhielt er nicht. Johann versagte sich als Dirigent, wenn er nötig gewesen wäre und war nie bereit, als Fürsprecher aufzutreten. Der heftig gegen die Zeit kämpfende Eduard stand allein. Er wollte und mußte seine Kapelle gegen die immer stärkere Konkurrenz halten. Er konnte seine Kapelle zwar attraktiv die einzige Strauß-Kapelle nennen, aber er war für die

Öffentlichkeit nur der kleine Bruder des Walzerkönigs. Und spürte ohne Zweifel auch, daß er immer ein kleiner Bruder bleiben würde ...

1878 ging es ihm wirklich schlecht: Er wollte auf Tournee gehen, hatte plötzlich keine Musiker und zusätzlich Wiener Konkurrenz zu befürchten. Die »gewesene Strauß-Kapelle« wollte beisammen bleiben und unter Carl Michael Ziehrer, dem Erzfeind der Familie Strauß, auftreten. Bei den folgenden gerichtlichen Auseinandersetzungen war Eduard Strauß im Recht und sehr allein. Zwar gewann er (die aufrührerischen Musiker mußten sich »Kapelle Ziehrer« nennen, und eine neue Kapelle Strauß konnte aus neuen Musikern gebildet werden), aber über diesen Streitigkeiten gingen Zeit und Nerven verloren. Eduard Strauß hatte oft blanke Nerven. Er mußte, anders als sein Bruder, sein Lebtag ein auf eigene Gefahr agierender Kapellmeister bleiben und für die Jahreszeiten, in denen in Wien nicht genügend Engagements zu holen waren, immer ausgedehntere Konzertreisen, mit Musikern, denen er Jahresengagements anzubieten hatte, arrangieren.

Die erhaltenen Briefe von Eduard und Johann sprechen Bände. Eduard forderte bzw. bettelte (je nach der vorgegebenen Situation), Johann lehnt immer souverän ab und erinnert dran, daß er seinem Bruder »nicht feindlich gesinnt« sei, ihm jedoch nicht verzeihe, daß dieser ihm »feindliche Gesinnung« unterstelle. Über Jahre bleiben die Beziehungen so und ändern sich, wenigstens bei Johann, nie: Er schätzte den Bruder Josef und mißbrauchte ihn trotzdem immer. Er zeigt für seinen Bruder Eduard keinerlei wirkliche Sympathie. Manchmal gibt er ihm kollegial und überlegen einen Rat. Dann belächelt er ihn wieder. Nie zeigt er aufrichtige brüderliche Gefühle.

Der Tod der »mütterlichen Gefährtin« und das Intermezzo mit Angelika Dittrich

Die nächste Operette, ein echter Reinfall, ist für Strauß beinahe ohne Belang. Er hat an ihr gearbeitet, wie an den anderen Büchern, aber er hat während der Arbeit den schmerzlichsten Verlust seines Lebens erlitten. Der Tod seiner Frau Henriette in der Nacht vom 8. auf den 9. April 1878 macht ihn erstmals in seinem Leben einsam. Die »mütterliche Gefährtin«, wie sie auch von den Verehrern des Komponisten genannt wird, ist einem Schlaganfall erlegen. Unbewiesenen Gerüchten zufolge sei dieser einem erpresserischen Brief ihres Sohnes anzulasten. Der noch vor Jettys Beziehung zu Baron Todesco auf die Welt gekommene junge Mann hat sich im Hause Strauß immer nur dann gemeldet, wenn er Geld brauchte ...

Strauß reagiert auf den Verlust rasch und unheimlich: Er meldet sich krank, nimmt nicht am Begräbnis teil, verläßt seine Villa in Hietzing und quartiert sich im Hotel ein. Wie ein mutterlos gewordenes Kind verkriecht er sich und verstummt. Er hat so eine Situation noch nie erlebt. Bisher war er, selbst ein Despot und Disponent seines Ruhms, immer behütet und umsorgt und im rechten Moment ganz seiner Arbeit überlassen, ungestört. Urplötzlich hat er niemanden, der ihm den Haushalt macht, der alle notwendige Ordnung garantiert. Niemand, der für ihn gute und böse Nachrichten an Verleger oder Theaterdirektoren weitergibt. Niemand, der dafür sorgt, daß er für seine Musik leben kann.

Kein Wunder, daß ein solcher Mann rasch wieder »eingefangen« ist, daß ihm selbst seine treuen Freunde, die genau wußten, wie wichtig Henriette Treffz für Strauß war, zu einer schnellen Wiederverheiratung rieten. Kein Wunder allerdings auch, daß Strauß sich gründlich irrt: endlich »eine Junge« ins Haus nimmt und sich mit ihr nichts als Ärger einfängt. A n g e l i k a D i t t r i c h aus Köln ist angehende Künstlerin, will zur Bühne, läßt von Strauß ihre Stimme prüfen und überzeugt ihn bei dieser Gelegenheit von ihrem Liebreiz. Sie ist mit ihren achtundzwanzig Jahren nur für den Musiker jung, der sein ganzes Leben lang mütterlichen Frauen zugetan war. Daß er Angelika Dittrich bereits kannte, als Henriette starb, nimmt man allgemein an. Wie sehr er sie kannte und wie sehr sie ihn anhimmelte, weiß man nicht.

Was man aus Briefen, den besten Zeugen einer Beziehung, ersehen kann, ist die rasche Vertrautheit des Witwers mit seiner zweiten Frau. Man weiß, daß Johann Strauß, dessen erste Frau am 8. April starb, bereits Mitte April mit seiner Werbung um Angelika Dittrich begann und daß sich die Künstlerin am 23. April, kaum zwei Woche nach dem Tod der Rivalin, von der Deutschen Botschaft bescheinigen ließ, daß sie »keiner obrigkeitlichen Eheerlaubnis bedarf«. Wir lesen Briefe von Johann Strauß aus dem Mai, in denen er sich an das »herzige, heiß geliebte Liliweiberl« wendet, es »Mein Alles« nennt und (eine für Biographen angenehme Gewohnheit) rekapituliert, was ihn zum Abfassen seines Briefes stimuliert hat. »*Diese Nacht war wieder sehr stürmisch und ließest Du mich nicht vor $^{1}/_{2}6$ einschlummern – die Folge davon, daß, als ich erwachte die Uhr $^{1}/_{2}9$ Uhr zeigte.*« Und später: »*Bis 3 Uhr warst Du an meiner Brust. Du warst himmlisch! Schon drängt es mich zu dem Original zu eilen! Nun Liliweiberl lasse Dich recht abbußeln und abmudeln und sei überzeugt – daß Niemand in der Welt Dich eben so zu lieben vermag, wie Dein Hans.*«

IV. Die ewige Operette

Der offizielle Biograph des Hauses Strauß hat der Episode wenige Zeilen gewidmet. Die späteren Biographen haben sich ausführlicher und immer abträglich geäußert. Faktum war: Wie sehr viele andere nur scheinbar gut verheiratete Männer und unglückliche Witwer ist Johann Strauß sehr rasch zu trösten. Nach nur sieben Wochen der Trauer heiratet er wieder. Vor Gott und den Menschen, also auf dem Standesamt und in der Kirche. (Strauß hält es immer so, und das wird ihm in diesem Fall viele Sorgen bereiten.) Statt Liliweiberl nennt sich die neue Frau Johann Strauß »Lily«, hat bodenlanges blondes Haar, ist ganz nach dem Geschmack der Zeit sehr hübsch und bringt ihrem Mann wenig Glück.

Für den Durchfall von »Blindekuh« kann sie allerdings rein gar nichts; die Operette ist noch durch die Zensur von Henriette gegangen und wurde komponiert, als Lily Frau Strauß wird. Für ein dem Meister angemessenes Heim sorgt sie durchaus. Das zu Lebzeiten von Henriette »angelegte Palais« in der Igelgasse (heute Johann-Strauß-Gasse) wird nach den Bedürfnissen des Komponisten eingerichtet und bleibt sein geliebtes Heim bis zu seinem Tod. Aber: Für die Unruhe, die sie in das Leben eines hart arbeitenden Mannes brachte und für die alsbald berechtigte Eifersucht (die ein reiferer Mann seiner jungen Frau gegenüber zu empfinden hat), ist Lily (oder Lilli) Strauß wahrhaft zu tadeln. So altmodisch sich das liest, die umtriebige Frau, die alle Pflichten und Agenden einer Impresaria und Hüterin des 53jährigen Komponisten übernahm, war für ihn kein Jungbrunnen, sondern eine Belastung und für die Freunde des Komponisten ein Hemmnis. »Die Geschichte scheint älteren Datums und schon bei Jettis Lebzeiten vorbereitet gewesen«, schrieb der Bankier Albert Strauß über die junge Frau an seine als ehrbare Witwe lebende Schwiegertochter Adele, die damals noch nicht wissen konnte, daß sie selbst

Titelbild der Noten-Erstausgabe

die dritte und letzte Frau Strauß werden sollte. In einem Alter, in dem Strauß sich all seinen bisher oberflächlich gepflegten Verbindungen zur Literatur und zum Theater hätte widmen müssen, um aus den eingesandten Textbüchern die richtigen zu filtern, war er von einer auf diesem Arbeitsgebiet unerfahrenen Frau und wenig glücklichen Ratgebern umgeben. »Blindekuh« entstand; von der Geschichte knapp und unbarmherzig als »ein elendes Textbuch« bezeichnet und musikalisch ebensowenig erfreulich.

IV. Die ewige Operette

Strauß konnte aus dem Durchfall nur einen einzigen Walzer »Kennst du mich« op. 381 kompilieren. Und d a s tut ein Komponist, der von Franz Liszt hoch geschätzt, von Richard Wagner richtig eingeschätzt, von Johannes Brahms als Freund bezeichnet wird?

Die Tollheit des Genres Operette und die Tollheit des wiederverheirateten Strauß ist nur damit zu erklären, daß »holder Unsinn« ein Charakteristikum des Lebens und somit auch des Johann Strauß ist. Andererseits sind Operettenkomponisten wie Walzermusiker gezwungen, nicht auf den Lorbeeren eines Erfolgsstücks auszuruhen, sondern haben spätestens unmittelbar nach der Premiere das nächste anzugehen. Ob man ein Werk ein Jahr en suite geben und an hundert Bühnen nachspielen wird oder ob es nach dreißig Aufführungen abgesetzt wird, hat keinerlei Einfluß auf die notwendige, stete Arbeitsweise. (Später wird der sehr erfolgreiche Franz Lehár nicht anders produzieren und in einem Jahr gleich drei Operetten en suite auf drei Bühnen in Wien haben, trotzdem aber schon nach dem Stoff für die vierte suchen.) So viele Noten, so viele Situationen, so viele Chancen. Johann Strauß hat sich für eine neue Form der Existenz entschieden und muß diese auf Gedeih und Verderb ausfüllen.

Eine einleuchtende Erklärung, warum sich auch für Strauß kein adäquater Librettist fand, ist besonders einprägsam: Das Wiener Bürgertum der siebziger Jahre hatte *»seinen Behaglichkeits- und Verdienerfrieden mit den Staatsgewalten geschlossen. Es scharte sich in Anbetung um den Thron, den imperialen Götterhimmel und hatte weder Kraft noch Neigung zu parodistischem Peitschenknall«.* Decsey bezeichnete weiters die vorhandenen Schreiber als das, was sie waren: Handwerker, die mehr oder minder geschickt Textbücher »zimmerten«.

Die gezimmerten Bücher? Beispielsweise »Das Spitzentuch der Königin« (Oktober 1880), ein ausgesprochenes Kassenstück, das rasch internationale Bühnen eroberte? Es war in Zusammenarbeit mit Richard Genée entstanden, die Anwesenheit von gleich drei Komikern auf der Bühne kann nicht gestört haben. Eine der Hauptfiguren dieser Operette ist Miguel de Cervantes. Eine verbannte spanische Königin gibt sich zum Finale ihrem Mann dadurch zu erkennen, daß sie ihm genau die Trüffelpastete serviert, die ihm einst am Hochzeitsabend so besonders gut geschmeckt hat. Strauß kann das Buch nicht gelesen haben, als er es komponierte. Es gibt keine Situation in der Handlung, aus der er seine Inspiration zu einem Wunder wie den Walzern »Rosen aus dem Süden« hätte ziehen können. Eduard Hanslick gebührt der Ruhm, in seiner recht vernichtenden Kritik am Tag nach der Uraufführung, dem Walzer zu attestieren, er habe »berechtigte Anwartschaft«, bald populär zu werden.

Strauß blieb der Arbeit treu. Während das »Spitzentuch der Königin« Erfolge im Ausland erzielte, stand er in der Igelgasse bereits wieder am Notenpult und komponierte. »Der lustige Krieg« (November 1881) wurde ein weiterer ausgesprochener Triumph; 127 Bühnen nahmen ihn ins Repertoire. Wir wissen von der Operette nur noch, daß sich Alexander Girardi als »Sebastiani« unterbeschäftigt fühlte, um ein zusätzliches Couplet bat und Strauß ihm widerwillig im letzten Moment einen kleinen Walzer »Nur für Natur« komponierte, mit dem der Erfolg des ganzen Stückes ein für allemal festgeschrieben wurde. Das heißt in der Realität, daß er seinem wichtigsten Interpreten aus dem Fundus an vorbereiteten Melodien eine Walzermelodie schenkte: sie war längst notiert, wo und wofür sie eingesetzt werden sollte, stand nicht fest. Nicht auszudenken, was geschehen wäre, hätte Strauß sie seinem Freund Girardi nicht geschenkt. Wir wissen, daß der Ringtheater-Brand, kaum zwei Wochen nach der Premiere, ganz Wien schockte, jedoch das Interesse an der neuen Strauß-Operette nicht schmälerte. Wieder zwei Wochen später feierte man Weihnachten, ging ins Theater und hatte vergessen, daß 384 Menschen bei einem Theaterbesuch um's Leben gekommen waren.

»Eine Nacht in Venedig«, ursprünglich unter dem Arbeitstitel »Venetianische Nächte« in Auftrag gegeben, sticht aus der Reihe der versunkenen Operetten hervor. Ihre Aufführungsgeschichte zeigt einerseits den völlig ahnungslosen Komponisten, der bis zur Premiere in Berlin nichts dagegen hatte, einen Text »Bei Nacht sind die Katzen grau, dann singen sie zärtlich miau« zu komponieren. Das Publikum hätte bei dieser Melodie beinahe den Abbruch des ersten Abends provoziert. Wir alle kennen sie, nennen sie zärtlich den »Lagunenwalzer« und können nicht verstehen, wie man aus einer an sich heiteren Verkleidungskomödie, die in Venedig spielt und die Strauß-Musik von allerfeinster Erfindungskraft hat, erst einmal ein echtes Debakel machen konnte. Daß allerdings schon die Wiener Premiere eine Woche später (Oktober 1883) umjubelt wurde, trägt ein wenig zum Verständnis bei.

Die Operette ist immer und immer wieder überarbeitet, Melodien sind dem Tenor weggenommen und einem Bariton geschenkt worden. Niemand ist in der Lage, in diesem Jahrhundert das »Original« gehört zu haben und jedermann ist trotzdem der Ansicht, die »Nacht« sei eine ganz wunderbare Operette, die unter ihrem Wert verkauft wird.

Nach dieser Serie von Konfektionen geht Johann Strauß wieder an ein Meisterwerk und schreibt (allerdings nicht in sechs durchwachten Wochen, sondern sehr bedachtsam in zwei mühevollen Jahren) den »Zigeunerbaron«, den man, vielleicht noch mehr als die »Fledermaus«, eine Oper nennen möchte. »Der Zigeunerbaron« ist noch lange nicht fertig, als im Oktober 1884 der Jubel der ganzen Welt über Strauß hereinbricht. Da aber ist die Episode Lily bereits beendet, Strauß hat sich von der zu jungen Frau getrennt und, selbstverständlich, sofort eine neue Gefährtin gefunden – denn allein zu leben ist er nicht imstande.

So sehr uns der Mensch Strauß interessiert (die kleine Geschichte einer kurzen Ehe mit einer Sängerin, die sich sehr rasch ein Verhältnis mit dem neuen Direktor des Theaters an der Wien, Franz Steiner, leistete und offensichtlich nicht einmal sehr diskret, hat den Musiker Strauß nicht spürbar belastet), so leicht man versucht, aus Kompositionen Rückschlüsse auf die »private Befindlichkeit« eines Komponisten zu ziehen, so sicher mißlingt dies, wenn dieser Komponist ein Musiker von Rang ist. Und Johann Strauß erweist sich als einer von Rang. Er hat seine sehr persönliche Tragödie zu tragen. Er muß sich selbst eingestehen, daß er für eine Ehe mit einer jungen Frau nicht geschaffen ist. Aber er musiziert vor, während und nach dieser persönlichen Tragödie auf seinem eigenen Niveau Meisterwerke.

Während der Arbeit an der »Nacht in Venedig« ist Strauß auf seinem Landsitz Schönau unweit von Bad Vöslau Strohwitwer und schreibt an seine noch geliebte Frau Briefe, die allesamt lesenswert sind. Unter anderem, weil in ihnen aufzuspüren ist, wie genau der Musiker wußte, daß seine Frau nicht zur Kur in Franzensbad weilt, sondern zum Vergnügen. »Mein Lilerl« heißt es, »Mein theures Weib«, aber auch »Geliebtes Drutscherl Lili«. Die präzise Übersetzung eines Drutscherls oder einer Trutschen ist zwar nicht anzugeben, doch leitet sich das wienerische Wort von einer

IV. Die ewige Operette

»Trutzigen« her, meint aber insgesamt sehr viel mehr. Es ist immer abfällig gebraucht, auch bei Johann Strauß, dem in der Literatur nicht bewanderten, in Briefen aber immer sehr treffsicheren Mann. »Laß mich auch nicht um ein einziges Bußerl beschaßeln«, schreibt er nach Franzensbad und das heißt, eindeutig, er wolle ganz gewiß nicht einmal um einen Kuß betrogen werden. »Warum sagst Du nie: Deine Dich liebende Lili?« schreibt er als Nachsatz zu einem Brief. Aufregend ist zu lesen, daß er nicht wahrhaben wollte, was er ahnte – daß sein Drutscherl nicht mehr zu ihm zurück wollte.

Zur S c h e i d u n g , über die Johann Strauß später nichts berichtet haben wollte, kam es auf die einfachste Art. Seine Schwester Anna sagte ihm deutlich, was außer ihm ganz Wien wußte. Lily Strauß kam weder nach Schönau noch in das Palais in der Igelgasse zurück. Sie verzichtete auf jeden Anspruch, machte dem Meister keine Schwierigkeiten. Sie schrieb sich ihre Enttäuschung von der Seele und war der Ansicht, sie wäre doch die Richtige für ihn gewesen ... Und sie hinterließ Johann Strauß einen Schwiegervater, der nicht gewillt war, sich aus dem Familienverband entfernen zu lassen. Josef Ritter von Scherer lebte zwar lange in der Nähe von Lily, fand aber zuletzt, daß es ihm bei Johann Strauß sehr viel besser gegangen sei. Er ist eine der seltsamsten Figuren, die man an den Rand einer Lebensgeschichte zeichnen kann. Und er hat immerhin auch eine Episode gespielt, die man kaum vernachlässigen kann. Mit Einverständnis seines Schwiegersohnes hat er durch Eingaben bei Hof versucht, sein Adelsprädikat dem Johann Strauß übertragen zu lassen. Es wurde nichts daraus, der Walzerkönig sollte kein Ritter werden.

Adele (ver)führt Strauß zur »Nacht in Venedig«

Mit dem Höhepunkt seiner Karriere und dem zweiten Höhepunkt seines dramatischen Schaffens war Strauß aber auch der Erfüllung seines privaten Lebens nahe.

Die Frau in seinem Haus, noch längst nicht seine Ehefrau, heißt trotzdem Adele Strauß und ist eine Witwe. Sie war die Schwiegertochter eines gewissen Albert Strauß, der – ohne jede Verwandtschaft mit der Walzerfamilie – im Hirschenhaus in der Taborstraße wohnte, sich als Ratgeber und immer wieder auch als Finanzier der Musikantenfamilie bewährte. Sein Sohn Anton hatte ein Fräulein Adele Deutsch geheiratet, starb jedoch nach drei Jahren. Adele Strauß, geborene Deutsch, und ihre Tochter, kennen Johann Strauß selbstverständlich. Sie besuchten schon das Ehepaar Henriette und Johann Strauß in Hietzing. Sie weiß von ihrem Schwiegervater und dank Johanns Bruder Eduard, der weiter im Hirschenhaus wohnt und weiter Anleihen beim Albert Strauß nimmt, genügend über die Verhältnisse im Haus des Komponisten.

Der offiziellen Familiengeschichte nach trifft man sich schließlich bei einem Konzert im Musikverein, bei dem Johann Strauß ausnahmsweise die Kapelle seines Bruders Eduard dirigiert. Die »junge, bildhübsche Witwe« wird im Hause ihres Schwiegervaters besucht; bald darauf übersiedelt sie mit ihrer Tochter in das Palais in der Igelgasse. Als …?

Zuerst einmal »als guter Genius in seinem Hause«, wie man zu umschreiben hat, daß der zwar geschiedene, nach kirchlichem Recht jedoch weiterhin verheiratete Johann Strauß mit ihr zusammenlebt. Einer rechtsgültigen Ehe stellt sich zudem die Tatsache entgegen, daß Strauß katholisch und Adele mosaischen Glaubens ist. Nur: Im großbürgerlichen Wien nimmt man derlei Schwierigkeiten nicht sehr ernst, sieht aber über Verbindungen dieser Art gern hinweg. Vorwürfe, wie sie der große Giuseppe Verdi in seiner engeren Umgebung hat und gegen die er sich zur Wehr setzen muß, hört Johann Strauß nicht. Niemand würde den guten Geist im Haus des Komponisten anders ansprechen als sie sich selbst in ihren Briefen fortan nennt: »Frau Johann Strauß« unterschreibt sie bis an ihr Lebensende.

»Frau Adele« ist angesehen, hoch geschätzt und wird auch nach großen Staatsaktionen vor dem Gesetz »Frau Strauß« werden. Vor allem aber ist sie etwas Besonderes: *»Den guten, in das innere Leben der Familie Strauß eingeweihten Freunden ist es bekannt, daß Frau Adele eine merkwürdige diplomatische Begabung bewahrt in der Behandlung ihres Gatten, der wie jeder hervorragende, schaffende Künstler nervös und schwer zu behandeln ist. Lebt er doch eingesponnen in die Welt seiner klingenden Gedanken, die ihn ewig umtanzen, die für die Mit- und Nachwelt von ihm festgehalten sein wollen, als von ihrem König, der sie beherrscht, und die ihn zugleich zu ihrem Diener machen, der von ihnen beherrscht wird.«* Oder: *»Sie ist sein vollständiger Berather, sein Sekretär. Da Johann Strauß nur selten Besucher empfängt, so besorgt sie dies und kommt dabei oft in die Lage ihre Liebenswürdigkeit zur Geltung zu bringen.«* Oder, besonders euphemistisch ausgedrückt: *»Sie waltet als guter Genius in seinem Hause. Sie erräth jeden seiner stillen Wünsche, aber weiß auch durch ihre Klugheit, die ihren zu den seinen zu machen, umgiebt ihn mit Liebe und Sorgfalt und erhöht durch ihr anmuthiges, wohltuendes Wesen die ohnehin große Anziehungskraft seines Heims.«* Johann Strauß, der Adele sofort nach der Ankunft im Palais in der Igelgasse per Vertrag zur Erbin all seines Besitzes gemacht hat, ist anläßlich seines 40jährigen Künstlertums eine große Sorge los. Er hat wieder seine Ruhe. Er war zuerst bei seiner Mutter geborgen gewesen und hatte dann eine treue, ihn umsorgende Frau gehabt. Nach deren Tod, hatte er sich in ein Abenteuer gestürzt und war ziemlich verletzt aus diesem hervorgegangen. Jetzt war er wieder in – zwar vor dem Gesetz noch nicht anerkannten, für ihn aber bereits ein für allemal gesicherten – guten Familienverhältnissen.

Selbstverständlich sucht er nach Wegen, aus einer guten, eine auch vor dem Gesetz gültige Verbindung einzugehen. Es dauert lange, bis ein zielführender Weg gefunden wird, und es sorgt für ziemliche Erregung, was Strauß sich dafür antut: Er wird »Ausländer«, und er tritt zum protestantischen Glauben über, um, als Untertan des Herzogs von Coburg, Adele Strauß standesamtlich und kirchlich heiraten zu können. Von diesen Miseren abgesehen hat er bereits mit dem Einzug der nachmaligen »Frau Johann Strauß«, was ihm wichtig ist – einen Menschen, der ihm den Haushalt führt und seine schöpferische Ruhe garantiert!

In diesem Klima entsteht »Die Nacht in Venedig«. Es gibt bereits eine Korrespondenz zwischen Genée und Adele Strauß, die erkennen läßt, was man unter der Zusammenarbeit des musikalischen Librettisten und eines Komponisten, der vom Text wenig weiß, zu verstehen hat. Endlich sind Genée und Strauß einmal nicht ununterbrochen an einem Ort, während gearbeitet wird. Genée schreibt aus Preßburg nicht einfach, er habe neue Texte zur Hand, sondern sendet auch Noten. Sie sind allerdings ausdrücklich »aus dem Skizzenbuch« des Komponisten, und Genée unterbreitet nur Vorschläge, an welcher Stelle sie einzufügen wären. Genée selbst behauptet sein Leben lang auch nicht mehr als das:

Partiturseite aus »Eine Nacht in Venedig« (Lagungenwalzer)

»Wenn ich jener schönen Tage gedenke, wo wir uns musikalische Einfälle mitteilten, das rechte Wort dafür suchten, sie systematisierten, einteilten, charakterisierten, zuspitzten, so regt sich noch heut mächtig in mir der Wunsch nach Wiederkehr einer Minute solch traulichen, genußreichen Verkehrs ...«

Oft und oft hat man versucht, den Meister der Inspiration und der Instrumentation als einen Musiker darzustellen, der auf die Unterstützung eines Praktikers vom Schlage Richard Genées angewiesen war. Und immer wieder haben sich genügend kluge Kenner gefunden, die diese Angriffe zurückwiesen. So sehr es später üblich wurde, daß Operettenkomponisten sich der Hilfe junger Musiker versicherten, um rechtzeitig Partituren abliefern zu können (die musikgeschichtlich aufregendste Zusammenarbeit war wohl die zwischen Arnold Schönberg und Bruno Granichstädten, der den Revolutionär unter den Musikern unseres Jahrhunderts als Instrumentator verwendete und ein säumiger Zahler war), so eindeutig ist die dokumentierte Situation, daß Strauß noch bei allerletzten Proben Kürzungen und die dadurch notwendigen Übergänge in der Partitur (oft nur vier Takte fürs Orchester), selbst zu schreiben wünschte. Er allein wollte für die Eigenart seines Klanges zuständig bleiben.

Was die Wohltat der neuen H ü t e r i n   d e s   H a u s e s anlangt, sind für die »Nacht« Einschränkungen zu machen. Das Stück ist teilweise noch ein Stück der Vorgängerin. Es soll als Operette von Johann Strauß ein Erfolg werden, zugleich aber (unterstellt die Geschichtsschreibung der neuen Frau Johann Strauß) wäre es durchaus nicht ungelegen, wenn es insgesamt nur ein halber Erfolg würde. Dies resultiert aus der Schwierigkeit der Wahl eines Uraufführungstheaters in Wien: Strauß will natürlich seine neue Operette ganz sicher nicht am Theater an der Wien herausbringen, wo der Liebhaber seiner geschiedenen Frau Direktor ist. Andererseits will er sein Werk selbstverständlich nirgendwo als im Theater an der Wien herausbringen, denn das ist sein Haus, sein Ensemble.

IV. Die ewige Operette

Wie liest sich eine Ankündigung, die Privates nur andeutet, gleichzeitig dem Eingeweihten der privaten Situation diese doch noch einmal rasch in Erinnerung ruft? *»Dem Chef unserer Agentur ist es gelungen, Herrn Johann Strauß zu bewegen, sein neuestes musikalisches Werk ›Eine Nacht in Venedig‹ der Direktion des Theaters an der Wien zur Aufführung in der bevorstehenden Saison zu überlassen. Der betreffende Vertrag ist gestern ratifiziert worden. Ernste, rein künstlerische Motive haben Herrn Johann Strauß bewogen, Bedenken privater Natur, welche sich obiger Abmachung in den Weg stellten, niederzukämpfen. Nachdem alle Versuche, das Werk an anderen Wiener Bühnen würdig zur Darstellung zu bringen, total gescheitert waren, konnte Herr Johann Strauß es nicht über sich gewinnen, daß eine für das erlesene Ensemble jener Bühne gedachte Operette, an welcher er seine schönsten Erfolge feierte, kontraktmäßig in Berlin und Pest in Szene gehen solle, ohne dem Wiener Publikum in ursprünglicher Frische vorgeführt zu werden. Er fürchtete, daß seine Partitur durch öffentliche Aufführungen von Musikkapellen usw. abgespielt würde, ehe das Werk in seiner Totalität dem Wiener Publikum vorgeführt werden könnte. Herr Strauß hielt es zudem für kollegiale Pflicht gegen die Librettisten des Buches, seine Privatanschauungen endlich all den Opportunitätsgründen unterzuordnen, welche für eine baldigste Aufführung einer Operette hier sprechen, die in Wien, für Wien geschrieben, ursprünglich dazu bestimmt war, vor dem Wiener Publikum die Feuertaufe zu erhalten.«*

Die Agentur heißt G u s t a v L e w y , ihr Inhaber ist ein Schulfreund des Komponisten. Die Abmachung mit den Berlinern ist längst getroffen, die mit dem privaten Rivalen Steiner auch. Trotzdem kann man aus einer derartigen Ankündigung alles erdenkliche publizistische Kapital schlagen und vielleicht sogar noch Karten verkaufen, das Gesicht wahren und das Publikum darauf aufmerksam machen, daß es unmittelbar nach einer nicht mehr zu verhindernden Aufführung in Berlin imstande sein werde, die wahre, die einzig wichtige Feuertaufe vorzunehmen. Es gibt Geschichtsschreiber, die derartige Praktiken vor allem dem erwähnten klugen Agenten zuschreiben. Im Falle des Johann Strauß darf, muß man annehmen, daß sie erstens dem Meister selbst mehr als geläufig waren (Freund Lewy war zu intim mit seinem Komponisten, um sich eine private Ankündigung ohne vorheriger Übereinkunft mit ihm zu leisten) und zweitens in Absprache mit Adele Strauß erdacht waren. Sie war bereits in ihrer Rolle als Beschützerin des häuslichen Friedens tätig und eine Zensurbehörde, an der kein Weg vorbeiführte. Trotzdem hatte sie eigene Sorgen; dem bedeutendsten und beliebtesten Musiker der Stadt gönnte man die Mesalliance nicht und schrieb immer wieder über das unverheiratete Paar im Palais in der Igelgasse. Auch der Schwiegervater Strauß war mit der Tatsache, daß sich Adele so bald nach dem Tod seines Sohnes mit einem anderen Strauß tröstete, alles andere als einverstanden. Er kündigte dem immer noch bei ihm Kredite aufnehmenden Eduard das Geld, die Freundschaft und sperrte auch Adele alle Mittel.

Angesichts dieser Situation begreift man, daß da in allen zeitgenössischen Berichten zwei völlig verschiedene Leben gesehen und erläutert wurden: Das offizielle des glücklichen, behüteten, umsorgten und verliebten Komponisten und das eines nur »halbwegs verheirateten« Paares, das seine privaten Probleme meistern, rasch eine legitime Verbindung eingehen wollte und gleichzeitig eine neue Operette vorzubereiten hatte. Andererseits sind die kleinen Seitenhiebe der Zeitungen nicht so ernst zu nehmen. Man kennt die familiäre Situation im Hause Strauß und schreibt über sie, weil das Publikum dergleichen zu lesen liebt. (Es gibt eine indiskrete Berichterstattung über skandalträchtige Verhältnisse in prominenten Kreisen damals nicht anders als heute.) Die Journalisten sind mit den Verfassern von Textbüchern für die jeweils bevorstehenden Operettensensationen entweder befreundet oder bekannt – oder identisch – und berichteten dem Publikum, was es an Interna über das Entstehen zu berichten gibt.

Man weiß, daß zum Zeitpunkt des Erscheinens der erwähnten Notiz die Operette nur scheinbar fertig und in Wahrheit, wie immer, gar nicht fertig komponiert war. Man weiß, daß Strauß, auch wie immer, noch kurz vor der Uraufführung in Berlin Noten zu schreiben hatte. Und man weiß, daß er zu keinem Zeitpunkt vor der Uraufführung die Handlung seiner neuesten Operette im Kopf hatte. Über die »Nacht« schrieb er angesichts der letzten Proben in Berlin, der Regisseur hole erstaunliche Wirkungen aus dem Buch, die Effekte täten der »Geschichte« sehr gut. Erst nach dem Mißerfolg des ersten Abends (an dem im Grunde eine einzige Textzeile im Lagunenwalzer schuld war) sah Strauß, was er komponiert hatte. Ob er genau wußte, wie typisch und wienerisch und zugleich absurd es bei den Librettisten, denen er sich nur scheinbar kollegial verbunden fühlte, zuging?

In der »Neuen Freien Presse« konnte man lesen, das Libretto der Herren Walzel und Genée sei nichts anderes als das der Operette »Château Trompette« von Eugène Cormon und Michel Carré aus dem Jahr 1860 aus Paris. Entgegnungen wurden geschrieben, für den Ernstfall auch Bestechungsgelder verteilt. Ein in Briefform erhaltener Vorschlag von Camillo Walzel hält sehr geschäftsmäßig fest, was zu tun ist: »*a) Wir schreiben auf den Zettel: (Mit freier*

Adele (ver)führt Strauß zur »Nacht in Venedig«

Benützung eines franz. Stoffes) – b) Wir nehmen 6 gedruckte Bücher der ›N.i.Venedig‹ – c) wir lassen 6 Broschüren von Château Trompette kommen! – d) Wir schiessen 600 Mark zusammen – e) Wir redigieren 6 gemeinsam lautende Briefe an: – f) 3 Berliner – g) 3 Wiener Schriftsteller von Bedeutung. – h) Wir gestehen in den Briefen, daß wir Ch. Trop. benützt haben (was wir ja auf dem Zettel zugestehen!!) Bitten aber die betreffenden beiden Bücher einer möglichst strengen, unnachsichtlichen objectiven Prüfung darauf zu unterziehen, ob mehr gethan, als: ›einen französischen Stoff frei benützt haben!!‹ – Dies ist kein Vergehen! Wir schließen 1.) jedem Briefe 100 Mk bei – da wir kein Recht dazu haben solche literr. Mühe umsonst zu verlangen, und stellen es den Betreffenden frei damit zu machen, was sie wollen! Dazu aber – lesen Sie nochmals ›Ch.Tromp.‹ – und sind wir weiter gegangen als wir sollten, so halten wir's Maul!« Die Absicht ist erstens deutlich erklärt und zweitens erstaunlich: Camillo Walzel wollte sich bis zu sechs Gutachten erkaufen. Oder, wenn diese nicht um den Preis zu haben waren, einfach schweigen und ruhig bleiben. Und das angesichts eines Librettos, das eine hübsche Geschichte auf der Operettenbühne erst einmal bis zur Unverständlichkeit verunstaltete.

Eine hübsche Geschichte?

Sie ist kaum mehr verbindlich nacherzählbar, wird sie doch seit den ersten Aufführungen in Anwesenheit des Komponisten auf die verschiedenste Art erzählt und auf die Bühne gebracht. Wichtig sind und bleiben die handelnden Personen: Auf dem Markusplatz zu Venedig tummeln sich drei leicht vertrottelte Senatoren der Stadt, die drei lebenslustige Frauen haben. Die Liebesabenteuer besteht »Guido«, der Herzog von Urbino, der mit seinem Leibbarbier »Caramello« um das Hauptlied der Operette zu streiten hat. Das populärere Mitglied des Ensembles bekommt »Ach, wie so herrlich zu schauen« zu singen und gewinnt damit, wie bei der ersten Wiener Aufführung Alexander Girardi, den meisten Applaus. Meist mehr als der Herzog, dem immer das »Gondellied« reserviert blieb, weil er Tenor ist. In der einen oder anderen Fassung ist aufdringlich und gleichzeitig ebenfalls applaushungrig der Makkaronikoch »Pappacoda« eine der Figuren, denen der Regisseur gestattet, sich in den Vordergrund zu spielen. Dies dank der Mithilfe des Komponisten, der für »Pappacoda« ein Auftrittslied komponiert hat, das uns erstens die Figur sofort sympathisch macht und zweitens ihre Umgebung, den Markusplatz, so richtig zu musikalischem Leben erweckt.

Die Vorliebe für italienische Sujets war bei Strauß immer gegeben. Der im Gegensatz zu seinem Vater zwar weltmännische, aber nicht in Weltreisen verliebte Wiener hatte schon mit seiner zweiten Operette »Karneval in Rom« (1873) den richtigen Ton getroffen; war bei »Cagliostro in Wien« (1875) zwar bei einem lokalen Sujet geblieben, hatte aber eine Reihe von italienischen Figuren rund um den bedeutenden »Alessandro Cagliostro« in Musik gesetzt; war beim »Lustigen Krieg« (1881) dem Italienischen nicht untreu geworden; und war also nun konsequent mit einem Werk, das ihm 1883 innerhalb von zehn Tagen eine berühmt gewordene Niederlage in Berlin und einen triumphalen Erfolg in Wien gebracht hatte, in die Lagunenstadt übersiedelt. Angesichts des albernen Textes begannen die Berliner die Vorstellung zu stören. Nach den Berichten über Berliner Störaktionen waren die Wiener darauf aus, ihren Strauß zu lieben. Und die bewußte Textstelle war entfernt, gab also keinen Anlaß mehr, eine Arie zu unterbrechen.

Uns mag die Stoffwahl als eine Sehnsucht nach dem Süden, eine Liebe zu Venedig oder eine Verbeugung vor Rom erscheinen. Wir vergessen dabei aber, daß Johann Strauß in einer anderen Welt lebte. Für ihn war die Monarchie eine Welt für sich, er war Untertan eines Kaisers, der als oberster Kriegsherr den Oberbefehl über eine Flotte hatte. Triest, Venedig und Mailand waren für einen Johann Strauß zwar italienische, aber gleichzeitig österreichische Städte, wie selbstverständlich auch Budapest und Prag und viele andere musikalische Gegenden, aus deren Stoff Strauß ein Leben lang Anregungen schöpfte.

Mit dem »Zigeunerbaron« zum Meister der Operette

Daß Strauß während der Arbeit an der »Nacht in Venedig« und der ersten Liebe zu Adele schon den Helfer fand, der ihm das zweite große Meisterwerk seiner Operettenlaufbahn schenken sollte, ist Geschichte. Daß der mehrfach erwähnte Albert Strauß dabei seine Hand im Spiel hatte, ist dokumentarisch belegt. Noch bevor ihm bewußt wurde, daß seine Schwiegertochter die »Maitresse des Walzerkönigs« war, schrieb er ihr von einer Begegnung mit *»Herrn Schnizer«*, der ihm »ein Libretto für Jean« erzählte. I g n a z S c h n i t z e r , Journalist, Schriftsteller und Ungar, war durch die Übersetzung von Gedichten von Petöfi Sándor bekannt geworden und wurde der Librettist des »Zigeunerbarons«. Der Stoff stammt jedoch von einem dritten, weitaus berühmteren Ungarn: von Maurus Jókai und die Novelle, aus der ein Welterfolg wurde, heißt »Saffi«.

Ein erster, noch gar nicht sehr legitimer, gemeinsamer Besuch des späteren Ehepaares Strauß in Budapest brachte den sofort veröffentlichten, dann aber ganz anders realisierten Wunsch, eine ungarische Operette zu komponieren und gehört zum Auftakt der dritten ehelichen Verbindung des Johann Strauß. Gleichzeitig erschien, wenigstens andeutungsweise, der »Lebensplan« des Johann Strauß in der Öffentlichkeit: Agent Gustav Lewy dachte nach, ob nicht die »Nacht in Venedig« etwas für das Hofoperntheater wäre. Sein Gedanke war, zu diesem Zeitpunkt jedenfalls, falsch; provozierte aber die Idee nach einem Ballett von Johann Strauß für dieses Mekka aller Komponisten. Man sieht: Nach dem Intermezzo mit der Sängerin Angelika Dittrich und noch vor der endgültige Bindung an Adele Strauß ordnete sich das Leben des Komponisten und entstand der Plan, dessen Ausführung die reifen, meisterlichen Jahre bringen sollten.

»Der Zigeunerbaron« etablierte, simpel nacherzählt, nach einigen routiniert geschriebenen Zwischenstücken, den Komponisten Strauß ein für allemal als den Meister der Operette, die ebensogut eine heitere Oper heißen könnte. Man weiß, daß Strauß zuerst der Ansicht war, er schreibe sein neues Werk für das Haus am Ring. (Maurus Jókai wollte das Werk bei der Weltausstellung in Budapest und dann an der Oper in Wien sehen.) Ignaz Schnitzer dagegen war darauf aus, den »Zigeunerbaron« der Direktion Franz Jauner im Theater an der Wien zuzuschanzen. Er sollte als erste Premiere dieser neuen Direktion das traditionsreiche Strauß-Haus auf einen neuen Höhepunkt führen.

Die Arbeit am neuen Stück ist (im Gegensatz zur »Fledermaus«) nicht in einem Zug, nicht problemlos vor sich gegangen. Strauß war (das ist die einfachste Erklärung) älter geworden, komponierte sorgfältig, voll Verantwortungsbewußtsein und ließ sich Zeit. Zweifellos hat auch die Zusammenarbeit mit einem Autor, der nicht zugleich musikalische Kenntnisse hatte, also keine Hilfsdienste à la Genée leisten konnte, den Arbeitsprozeß verlangsamt. Strauß mußte von der ersten bis zur letzten Note allein für die Partitur verantwortlich zeichnen und hatte niemanden neben sich, der seine Anmerkungen zum Fortgang des Stückes auf der Basis eines musikalischen Mitarbeiters unterbreitete.

Nebstbei war Strauß wieder einmal in wienerische Intrigen eingebunden, von ihnen aufgehalten, irritiert. Der Erwerb des Theaters an der Wien durch Jauner (er war Direktor des Ringtheaters gewesen, wurde für den Brand des Hauses und den Tod unzähliger Besucher verantwortlich gemacht und hatte mehr als zu kämpfen, um weiter sein Metier ausüben zu können) war keine einfache Sache. Es wurden Eingaben gemacht und Komitees gegründet und immer neue Persönlichkeiten ins Rennen um eine Konzession geschickt. Am liebsten hätte man Strauß als künstlerischen Leiter des Hauses mit in die Direktion gesteckt. Zuletzt war Camillo Walzel, dessen Operettenlibretti unter dem Pseudonym Zell erschienen, der einzige von den Behörden anerkannte Strohmann für den unglücklichen Jauner. »Der Zigeunerbaron« war das Werk, mit dem das Haus sein altes Renommee zurückerobern wollte. Wo um die sehr wichtige, aber banale Sache wie um die Direktion des Theaters an der Wien gerungen wurde, dort kam eine noch nicht einmal zu Ende geschriebene Operette von Strauß als Argument für oder gegen eine Direktion mit ins Spiel.

Strauß komponierte lange gar nicht und wurde schließlich aus Budapest vom Autor gemahnt, dann in nächster Umgebung vom Übersetzer und Librettisten nicht gemahnt, son-

IV. Die ewige Operette

dern mit Briefen und Telegrammen eingedeckt und zuletzt richtiggehend genötigt: Man liest, das fertige Textbuch ließe sich ja dem verehrten Meister auch wieder wegnehmen, der Vertrag über den »Zigeunerbaron« sei zwischen dem Librettisten und dem Theater abgeschlossen, wenn Meister Strauß also keine Freude daran habe ... Man weiß, daß genau diese Drohung zu spät kam. Strauß hatte mit der Arbeit begonnen und schrieb am ersten Akt.

Anno dazumal verzichtete man auf groß angelegte Zusammenkünfte der Damen (die's noch nicht gab) und Herren Journalisten, sondern lancierte Meldungen in Zeitungen. Manchmal, um das Publikum hungrig zu machen, manchmal, um dem verehrten Johann Strauß den Rückzug aus einem gemeinsam erdachten Projekt unmöglich erscheinen zu lassen. Im Fall des »Zigeunerbarons« ging man so vor: Man verriet dem Publikum den Inhalt, so weit er Strauß als Text vorgelegt worden war, als fix und versprach, demnächst werde die Musik fertig sein. Und siehe da, Strauß begann zu komponieren und am Inhalt änderte sich nur noch wenig. Und wo er sich änderte, da war nicht der Komponist, sondern nur seine nähere Umgebung verantwortlich. Er interessierte sich für Alexander Girardis Zufriedenheit mit seiner Rolle, und er fragte zuletzt an, wieviel Geld denn die Direktion in Ausstattung und Personal zu stecken gedenke. Denn ihm schwebte naiv vor, je prunkvoller der Aufzug im letzten Akt sein werde, desto eher werde das neue Stück Furore machen. (Als hätte eine Operette wie die »Fledermaus« der Dekorationen, des vergrößerten Chores oder der Effekte wegen das Publikum hingerissen.) Naiv?

Der Komponist Johann Strauß, der auch die Operette des Ausgleichs, also die erste österreichisch-ungarische

Theaterzettel der Uraufführung im Theater an der Wien am 24. Oktober 1883

Operette, leise und scheinbar bieder auf seinem Harmonium komponierte, der die Texte des »Zigeunerbarons« nicht kannte, beim Vorsingen deutlich machte, daß er nur unge-

IV. Die ewige Operette

fähr den Sinn, nie aber die gewählten Worte im Kopf hatte, ist und bleibt e i n R ä t s e l ...

Suchte er einfach Themen (Melodien) aus seinen Schatzbüchern, um sie quasi die Geschichte entlang zu streuen? Reihte er nur einen Einfall an den andern, bis sich die Notwendigkeit ergab, ein krönendes Finale zu schreiben? Hatte er wirklich keine Ahnung von der Oper, die sich als verkleidete Operette und Meisterwerk darstellt? Es ist nicht zu glauben. Es kann nicht so sein, auch wenn gutwillige Musikwissenschaftler nachweisen, daß das Stück nicht komponiert, also nicht strategisch ertüftelt ist.

Die D e u t u n g e n d e r O p e r e t t e sind klug und zielen alle auf ein Thema. Im »Zigeunerbaron« wird, im Kostüm des 18. Jahrhunderts versteckt, der in mühsamen Verhandlungen erzielte Ausgleich von 1867 und das von Spannung geladene Verhältnis zwischen Wien und Budapest nachvollzogen. Ein Ausgleich, der vor allem nach Ansicht Wiens ein fauler Kompromiß war, denn nach der damaligen Quotenregelung, die sich ergab, zahlte Budapest weniger ins Staatsbudget als man erwarten durfte und verlangte mehr Rechte, als man ihm zugestehen wollte. Daß die Monarchie daran zugrundeging, daß sich 1867 eine Regelung zwischen Wien und Budapest erzielen ließ, man jedoch nichts derartiges mit Prag versuchte, sondern die Tschechen als Nation nicht genügend ernst nahm, wußte man erst im nachhinein. Daß sich jedoch die Autoren des »Zigeunerbarons« sowohl mit der ungarischen Nation und deren Folklore wie mit einer wichtigen Minderheit, den Zigeunern, auseinandersetzte, ist evident: Eine in Wien geschriebene Operette betont ausdrücklich, die Ungarn seien eine stolze, ideale Nation. Und mit ihr lebten treue, fleißige Untertanen, denen man zwar das poetisch verklärte Kostüm der Zigeuner umhängen konnte, die sich aber im rechten Moment als Patrioten erwiesen. Und wenn es schwierig wurde und »Wien« rief, dann eilte man beinahe freiwillig in den Krieg, aus dem man dann (beladen mit Beute und zugleich mit einem neuen Couplet für Alexander Girardi) heimkehrte, um von der guten Maria Theresia und dem Volk von Wien empfangen, belohnt und bejubelt zu werden. Zwischendurch war man mit der sogenannten Obrigkeit, die Kommissionen entsandte, gar nicht zufrieden, sondern narrte sie. Und hielt zugleich auf all die Werte, die diese Kommission kontrollieren und regulieren sollte: Schon im ersten großen Liebesmoment, der in der Operette vorkommt, singt der Abenteurer, der sich später in das Zigeunermädchen verliebt, von Ehe. Und gleich darauf, als er erfährt, daß es sich bei »Saffi« nicht um ein einfaches Zigeunermädchen, sondern um ein Fürstenkind handelt, scheut er zurück und weiß genau, daß er nicht »von Adel« ist und deshalb zu verzichten hat; oder sich in einem Krieg so auszeichnen muß, daß ein Operettenfinale mit entsprechender Standeserhöhung und damit möglich gewordener Ehe denkbar wird ...

Eine kluge »Soziologie der Operette« deutet den gesamten »Zigeunerbaron« ausdrücklich als Kind des bürgerlichen Liberalismus, der widerspiegelt, was die Gesellschaft bewegt: die 48er-Revolution, aus der alles, nur keine allgemeine Freiheit entstanden ist; die Sehnsucht nach Gerechtigkeit für ungarische Aufständische, die sich ähnlich wie »Sándor Barinkay« in der Welt herumtreiben müssen, ehe sie heimkehren; die Freude an »freier Liebe«, die sich nicht mehr von den Gesetzen der Kirche, sondern ausdrücklich ohne deren Segen entfalten kann. Die Trennung von Staat und Kirche, denn »die Liebe ist eine Himmelsmacht«, derjenige aber, der die Liebenden traut, ist ein »Dompfaff«, also nur mehr ein heiterer, liebenswerter Vogel und kein

IV. Die ewige Operette

Pfarrer. Außerdem: Kritik an Kommissionen, an der Obrigkeit. Allerdings längst nicht so heftig, wie man uns glauben machen will. Und längst nicht so leidenschaftlicher Widerstand gegen die »Rekrutierung«, wie sie neuerdings aus der Partitur herausgelesen wird.

Wenn es richtig wäre, daß Johann Strauß sich im »Zigeunerbaron« vor allem gegen den Staat und den Krieg hätte äußern wollen, dann hätte er aller Erfolgswut zum Trotz das Finale der Operette nicht so komponieren können, wie er es getan hat. Mag sein, daß all dies auch den Erfolg, den unbezweifelbaren Uraufführungserfolg des »Zigeunerbarons« ausgemacht hat. Mag sein, daß der Librettist, der eine einfache Novelle in drei Akten auszuarbeiten hatte und dem für den dritten nicht sehr viel Stoff blieb, alle die Beweggründe hatte, die man ihm erst hundert Jahre später zuschrieb. Sicher ist, daß Johann Strauß zwar von den Schwierigkeiten, eine Liebe zu einer Ehe zu wandeln, wußte und daß er Ungarn kannte und liebte, aber auch, daß er seine unsterbliche Musik ohne die weltanschaulichen und gesellschaftlichen Implikationen schrieb, die man dem Werk andichten kann, denn er war an einem Bühnenerfolg interessiert.

Abgelenkt von den großen Feiern zu seinem v i e r z i g j ä h r i g e n B e r u f s j u b i l ä u m, die ihm taxfrei das Bürgerrecht der Stadt Wien, Kränze und Medaillen aller Art brachten (sogar ein Festkonzert, das Bruder Eduard im Musikverein veranstaltete und Bruder Johann nicht nur mit seiner Anwesenheit, sondern auch mit seiner Mitwirkung als Dirigent beehrte), war Johann Strauß eigenen Angaben zufolge bis zum Ende des zweiten Akts gekommen. Das Uraufführungstheater stand noch nicht fest, erst zu Jahresbeginn 1885 wurde endgültig gegen die Hofoper und für das

Operettentheater entschieden: also endgültig festgelegt, daß »Der Zigeunerbaron« dem Wesen nach eine Operette und keine Oper sein sollte.

Darauf begann nicht nur der Librettist, in Zusammenarbeit mit Mitgliedern des Theaters an der Wien, sondern auch der Komponist erneut mit Erfindung und Instrumentation von vorn. Strauß stand erst wieder im Juli beim Finale des zweiten Aktes, also ungefähr dort, wo er angeblich schon im Herbst zuvor gewesen sein wollte. Freilich, die bisher für den »Zigeunerbaron« gefundenen Melodien blieben erhalten und im Stück. Strauß hatte sie bereits als wesentlich bezeichnet, hatte sie den handelnden Personen zugewiesen und einige von ihnen veröffentlicht. Trotzdem mußte nun nach eisernen, ehernen Gesetzen des Unterhaltungstheaters noch die eine oder andere Situation gefunden werden, denn eine Operette in einem Operettentheater stellte andere Anforderungen als eine heitere Oper im Mekka aller Musikliebhaber der Monarchie ...

Strauß (wir Nachgeborenen wissen es zu schätzen) arbeitete in dieser letzten Phase einmal nicht in der gleichen Stadt wie sein Librettist, es gab also einen Briefwechsel und darin die Aussage des Komponisten: »*Es ist doch mit Anstrengung sogar daran gearbeitet worden, daß wir uns kurz geschürzter bewegen können.*« Im gleichen Atemzug bemerkte Strauß, daß er sich einen besseren Text für das Schweinehändlercouplet wünsche; dieser Wunsch wurde ihm nicht erfüllt und ein allseits populäres Stück blieb, wie es war. Ein Zitat aus einem Brief von Johann Strauß schildert sehr einprägsam: »*Sollte der Einzug von Seite der Direction glänzend, in grösserem Maßstabe ausgeführt werden können als wir bisher angenommen haben – so müßte ich dies so bald als möglich erfahren, um die Composition danach zu gestalten. Ich glaube, daß der Einzug brillant –*

pompös – (z.B. *eine ansehnliche Anzahl von Marketenderinnen in spanischen, österreichischen, ungarischen Costümen, ungarisches Militär 12 Hussaren zu Pferde etc. etc.) als Ausstattungsstük behandelt werden muß.*« In einem anderen Brief werden die Mitwirkenden dieses großen Auftritts im dritten Akt noch zahlreicher und der Wunsch, man möge doch einmal die Bühne des Theaters an der Wien in ihrer ganzen Tiefe für diesen neuen Triumphmarsch öffnen, geäußert. Strauß, der als das Gegenteil eines Theatermenschen bezeichnet wird, hatte im Laufe seiner Erfahrungen mit erfolgreichen und weniger erfolgreichen Produktionen gelernt, daß eine große »Ausstattung« immer einen sehr günstigen Effekt erzielt. Er wußte genau, daß im »Zigeunerbaron« das musikalische Feuerwerk in den Akten eins und zwei abgebrannt wurde und für den letzten Akt weder Handlung noch neue Musik zu erfinden waren. (Das später von seinen Nachfolgern immer unverschämter eingesetzte Mittel, den dritten Akt durch den Auftritt eines bis dahin gar nicht notwendigen Komikers zu dehnen und das Publikum noch einmal zur Aufmerksamkeit zu zwingen, kannte man zu seiner Zeit noch nicht.) Ein musikalisch brillantes Finale, wie es in der »Fledermaus« quasi zwingend gestaltet worden war, bot sich nicht an. Also mußte ein teures Finale her.

Noch ging es, vor allen anderen Überlegungen zum Thema erfolgreiche Operette, dem Komponisten um die finanziellen Mittel, die man in die Aufführung investieren wollte: »Mehr Pferde, mehr Musik« lautete die einfache Gleichung. Kein Musikfreund, der den »Zigeunerbaron« liebt, würde heute wagen, so zu denken, und doch könnte er guten Gewissens genauso denken. Die Beispiele dafür, daß Komponisten in ihren Meisterwerken auf die besonderen Fähigkeiten einer Interpretin, die sonoren Tiefen eines

Basses Rücksicht genommen oder sich der finanziellen Möglichkeiten eines Prinzipals bedient haben, sind selbst an den Fingern mehrerer Hände nicht abzuzählen. (Ich schreibe bewußt den Terminus Meisterwerke und denke dabei an die Musiker Wolfgang Amadeus Mozart oder Giuseppe Verdi, weil Verdi zum Beispiel bei all seiner Strenge bereit war, für seine bedeutendsten Werke Balletteinlagen zu komponieren, um dem Pariser Geschmack gerecht zu werden. Und weil er mit seinem Zigeunerchor aus »Il Trovatore« dem Kollegen Johann Strauß in Boston ein so gutes Vorbild für die musikalische Darstellung fleißiger, guter Zigeuner gegeben hat ...)

Am 24. Oktober 1885 leitete Johann Strauß die U r a u f f ü h r u n g des »Zigeunerbarons« im Theater an der Wien. Die von der Generalprobe veröffentlichten Berichte ließen ihn zuversichtlich sein. Der Triumph war vorhergesagt und stellte sich ein. Der manchmal zitierte Aberglaube von einer erfolgreichen Premiere nach einer verpatzten letzten Probe hatte in diesem Fall nicht den geringsten Einfluß. In keiner Zeitung las man etwas anderes als Loblieder auf den Meister. Wundert das? Kann das einen heute lebenden Opernbesucher wundern, der vom ersten Akkord der Ouvertüre an die wundersam erfundene und effektvoll gefügte Partitur lieben muß und anschließend allein im ersten Akt einen Ohrwurm nach dem anderen zu hören bekommt und keine einzige schwächere Nummer?

Sie, die nicht schwächeren, sind kaum aufzuzählen. Da sind große Walzer verborgen wie der »Schatzwalzer«; da gibt es das Couplet der Sittenkommission; da sind die grandiosen Auftrittslieder, mit denen sich sowohl der Held »Barinkay« wie der Schweinezüchter »Zsupán« als pralle, lebendige Persönlichkeiten ankündigen; da sind wunderbare Polkas eingearbeitet und die großen Duette »Wer uns getraut« und »Oh Blick um Blick« (das ein richtiges Thema für ein Wienerlied darstellt). Und wie endet das Stück? Mit dem frohgemuten Walzer »Ja, das alles auf Ehr« (»Barinkay« hat das Thema in seinem Auftrittslied in strahlender C-Dur vorzugeben), als wäre das jetzt die Devise des Meisters, der nicht nur an Ehren, sondern an Einfällen weiterhin überreich beschenkt wird.

Die Musik hört sich spontan und ganz und gar nicht konstruiert an und ist ein Genuß für Musiker, die sich einmal mit der Auswahl der Tonarten abgeben und sich an Kleinigkeiten erfreuen: welches Thema welchem Instrument zuerst zugeordnet wird. Und wie geschickt sich in die Strauß-Musik im richtigen Moment der Rákóczymarsch, die ungarischeste aller Kennmelodien dieses Volks, einfügt. So oft verwendet, findet er doch nur bei dem großen Franz Liszt, bei Hector Berlioz und bei Johann Strauß den richtigen Platz in einer Partitur. Selbst kritische Geister, die sich gegen ein Lob für den »Zigeunerbaron« entscheiden (sie mögen domestizierte Zigeuner nicht; sie sehen im Ausgleich eine fatale Entscheidung sowohl der Ungarn als auch des Kaisers; sie wollen weder von Schnitzer noch von Strauß ein Loblied dieser Art hören) geben zu, daß sich Strauß selten derart in der Tradition der komischen Oper befunden hat wie diesmal: Rossinis »Figaro«, Lortzings Bürgermeister »van Bett«. Singspiel- und Opernfiguren, kommen ungefähr so auf die Bühne wie »Barinkay« und »Zsupán«. Selbstverständlich kann man nicht anders und muß die Kunst loben, mit der der Komponist solche Auftrittslieder begleiten läßt: Flöte und Klarinette über Streichern, dann das Blech, und wenn die erste Strophe vorbei ist, ist endlich das ganze Orchester auf dem Plan und hat den Walzer gefunden, mit dem Strauß einmal mehr sein Publikum verwöhnt ...

Die Zensurakten über den »Zigeunerbaron« sind langweilig zu lesen: Man beanstandet nur Worte, das Kaiserhaus durfte nicht im Zusammenhang mit der Sittenkommission gedacht werden; doch nachträglich eingereichte Couplet-Strophen passierten rasch die Zensur. Die amtliche Feststellung zur ersten Aufführung ist wieder lesenswert, denn sie ist naturgemäß von einem Beamten und keineswegs von einem Kritiker verfaßt. Lapidar heißt es: »*Das Publikum nahm die Operette, welche sich durch ihre melodiöse Musik auszeichnet und deren szenische Ausstattung eine vortreffliche ist, mit rauschendem Beifall auf und zollte den Trägern der Rollen des Stückes sowie dem Componisten seine Anerkennung in reichlichstem Maße. Die Vorstellung, welche bis ca. 1/4 11 Uhr währte, bot vom Standpuncte der Censur aus keinerlei Bedenken.*«

Die Rezensionen der Uraufführung wußten von den durch Jubel erzwungenen Wiederholungen und von den Huldigungen für den Komponisten zu berichten. Hier und da las man, was dem Meister noch viel Beschwerden machen sollte: den Hinweis darauf, daß er noch eine Stufe höher greifen sollte. »*Nach den interessanten Aufschlüssen, die wir von Johann Strauß in diesem seinem neuesten Werk empfangen haben, leben wir inniger denn je in der frohen Hoffnung, die graziöse Muse des genialen Componisten bald einmal dort zu begrüßen, wo wir sie längst zu treffen gewünscht haben: in der Oper*«, schrieb der Freund und spätere Biograph Johannes Brahms', Max Kalbeck, in der »Presse« und dachte, damit ein besonderes Kompliment abgeliefert zu haben.

Daß er und alle, die Strauß in diesem immer wieder geträumten Traum bestärkten, dem Komponisten mit diesem Hinweis vor allem jahrelange Mühen und alles andere

IV. Die ewige Operette

als einen weiteren triumphalen Erfolg ans Herz legten, wußte Kalbeck freilich noch nicht. Ihm und allen Wienern, also auch Johann Strauß, galt die H o f o p e r   a l s   d a s   Z i e l jeden Traums. Dieses Ziel genannt zu haben, war dem Herrn Rezensenten ein Lob und Johann Strauß eine Aufforderung. Freilich, das Hofoperntheater reagierte vor allem in Sachen »Zigeunerbaron« mehr als zögerlich: Man sollte es nicht glauben, aber dieses ideale Stück kam erst 1910 zu Hofopernehren und da war Dresden dem Haus in Wien immer noch um einige Wochen voraus ...

V.
Der Opernkomponist

Früchte der Arbeit

Johann Strauß Vater hatte den Lebensabend nicht mehr erreicht. Er war als regierender Walzerkönig Wiens an Überanstrengung, an unzähligen (nennen wir sie einmal so) Äußerlichkeiten gestorben. Das lag wohl daran, daß er weder während seiner Eroberung Wiens noch später während der fieberhaften Flucht- und Reisetätigkeit, vor allem aber in den Jahren der Konkurrenz und Auseinandersetzung mit dem fürwitzigen Sohn, ein Familienleben und fürsorgliche Pflege genoß. Seine Geliebte, die ihm die Familie ersetzte, muß ein recht sorgloses Geschöpf gewesen sein. Er starb trotz vieler Kinder sehr einsam. Da war er erst 45 Jahre alt.

Der Sohn und alsbald regierende Walzerkönig, hatte es sein Leben lang anders gehalten. Er hatte sich zwar in seiner Jugend ebenso bis zum Äußersten angestrengt und mehrmals aus Ermattung seine Auftritte unterbrechen und Monate auf Kur fahren müssen. Was er mit seiner Hast zwischen mehreren von ihm an einem Abend geleiteten Kapellen leistete, als er seinen Vater verloren hatte und sich nicht mehr der Konkurrenz erwehren, sondern nur des Publikums versichern mußte, erinnerte in Rastlosigkeit und völligem persönlichen körperlichen Einsatz einmal an den Raubbau, den sein Vater mit sich selbst getrieben hatte.

V. Der Opernkomponist

Aber er war ein völlig anderer Mensch als sein Vater. Ihn hielt er als Musiker und Vorbild stets in Ehren, als Familienmensch lehnte er ihn jedoch ebenso ab wie er auch seine eigene Gesundheit im Auge behielt. Er hatte die ärztlich verordneten Unterbrechungen ernst genommen. Er hatte als Despot den für dieses Geschäft weder ausgebildeten noch vorbereiteten Bruder als Stellvertreter abkommandiert und den zweiten Bruder heranbilden lassen. Er hatte sich selbst auf Kuraufenthalten gepflegt und war immer erst wieder vor sein Orchester getreten, wenn er dazu in der Lage war.

Zuerst die Mutter, dann die an Mutterstelle angenommene Frau: Sie hatten seine den großen Strapazen nicht immer gewachsene Gesundheit beobachtet und bewacht. Im großen und ganzen war er zwar offensichtlich von robusterer Natur als sein Vater, gleichzeitig aber unterlag er den ehernen Gesetzen des Unterhaltungsgeschäftes – und das fordert von einem Solisten seines Formats immer zu viel.

Von Mutter Strauß wissen wir die Besorgnis um Johann aus dankbaren Berichten des Sohnes, von Frau Henriette Strauß haben wir es schriftlich bekommen. Sie hielt in ihren Berichten an Familie und Freunde immer wieder fest, wie sehr sie sich doch um ihren Jean sorge. Es wird schon so gewesen sein. Die Gefühle, die die erste Ehe Strauß zu einer glücklichen machten, müssen eine gute Mixtur aus Zuneigung, Freude an der Musikalität und Popularität des Partners und ein herzliches Miteinander gewesen sein. Es war zweifellos so, daß der Walzerkönig von seiner Frau abhängig war, wenn er der Walzerkönig sein wollte. Anders ist auch nicht zu erklären, warum sich Strauß sofort nach ihrem Tod um eine Ehefrau umgesehen hat. Man kennt die sogenannten guten Ehen: Wenn der unersetzbare Partner stirbt, muß der untröstliche Witwer möglichst in Monatsfrist wieder vor den Altar. Er bewahrt der Hingeschiedenen ein dankbares Andenken und sorgt sich um sein Wohlergehen, das ihm nur eine neue Ehe bieten kann.

Man spekuliert, Strauß habe schon während seiner ersten Ehe das eine oder andere Abenteuer gehabt. Ich neige sehr der Ansicht zu, Johann Strauß sei sein Leben lang das Gegenteil eines Weiberhelden gewesen. Als junger Mensch war er, wenn nicht gerade in den Kampf gegen den Vater verwickelt, vor allem ein guter Sohn. Als er selbständig wurde und aus dem Familienverband in die weite Welt ging, holte er sich vielleicht einige, aber gewiß nicht sehr viel Erfahrung. (Für das Ansehen und die Attraktion beim Engagement von St. Petersburg sind noch die glaubwürdigsten Amouren erfunden worden. Aber diese Schwärmereien dürften in Wahrheit vor allem Reaktionen auf das gewesen sein, was der Kapellmeister aus Wien in Pawlowsk für seinen Erfolg dringend nötig hatte: schwärmendes Publikum.) Seine eigenen Berichte wie die von ihm autorisierten Lebensbilder sind mit Vorsicht zu genießen. Der Walzerkönig, der sein Haar färbte und sich offiziell immer als stolzer, blitzender Mann präsentierte, könnte in Wahrheit ein mehr als solider, ein äußerst seriöser Mensch gewesen sein. In seiner mit der ersten Ehe gewonnenen Freiheit dürfte der feurige Musiker sogar noch ruhiger geworden sein als jemals zuvor. Zwar deuten Biographen gerne an, seine Frau hätte als die Ältere über Eskapaden hinweggesehen, doch findet man nirgendwo Hinweise oder gar Namen dieser Abenteuer, die einem Walzerkönig wohl angestanden hätten, die er selbst aber offenbar lieber träumte als lebte.

Es ist gefährlich, ein Genie zu deuten. Es ist gefährlich, Dokumente zu deuten. Im Falle Johann Strauß aber ist es

V. Der Opernkomponist

noch gefährlicher, die vorhandenen Dokumente für bare Münze zu nehmen und aus seinen Briefen und Schilderungen sein Leben nachzuschreiben. Wie viele Musiker hat er allein und mit Hilfe seiner Freunde und seiner Journalisten ein Bild von sich entstehen lassen, das zwar bis zum vergoldeten Strauß-Denkmal im Wiener Stadtpark stimmig erscheint, das aber ganz und gar nicht richtig sein kann, wenn man die vielen kleinen Einzelheiten auffächert, die man von ihm und seinem Leben und seinem Charakter weiß. Der leidenschaftliche Schilderer des Wienerwaldes war alles, nur kein Spaziergänger oder Wanderer. Der scheinbar im Sturmschritt Kontinente erobernde Künstler war, soweit es ihm seine Lebensumstände gestatteten, ein Einsiedler in engster Umgebung. Der wilde Kämpfer ungezählter Ballnächte war gegen jede rasche Fortbewegung. Vor allem aber, der in seinen Operetten die Liebe besingende Johann Strauß dürfte in Wahrheit ein ziemlich »fader« Mensch gewesen sein.

Begibt man sich wenigstens ein einziges Mal auf das gefährliche Terrain der Charakterdeutung, dann war Johann Strauß in seinen Beziehungen zu Frauen ein enormer E g o i s t, der sich – um des lieben Unfriedens willen – vielleicht in kurze Abenteuer stürzte. Seiner Natur nach aber war er alles andere als ein Draufgänger wie sein »Barinkay« oder ein vermeintlich Verwegener wie sein »Gabriel Eisenstein«. (Man könnte behaupten, er sei niemals der »Barinkay«, manchmal aber eine Art »Eisenstein« gewesen.) So überzeugend er in Musik darzustellen vermochte, was große Leidenschaft ist, in seinem Leben hatte er dazu weder Zeit (einmal muß an das Arbeitspensum erinnert sein, das er in »Milliarden« von Noten lieferte) noch Animo. So unwesentlich es für das Bild des Johann Strauß sein mag, so fürchterlich modisch es anmutet, aus Zeugnissen und nachträglichen Schilderungen in die privateste Sphäre eines Menschen eindringen zu wollen, der uns genug Musik hinterlassen hat, um alle Neugierde der Welt zu befriedigen: Beschäftigt man sich mit dem großen Liebenden Strauß, dann erfährt man wenig.

Er schrieb sich, wie bereits erzählt, in Briefen an die Schwägerin seine erotischen Phantasien von der Seele; er fand in Briefen an seine dritte, um dreiunddreißig Jahre jüngere Frau die allerzärtlichsten Ausdrücke, und er war schriftlich allzeit zum Kosen, zum Austausch von Küssen, zu innigster Liebe bereit. Es ist eine beinahe unerlaubte Interpretation all seiner Liebesbriefe, aber ich sehe den kleingewachsenen, um seine Figur besorgten, auf gute Haltung sehenden Mann mit dem erst stechenden, dann bezwingenden, dann tief melancholischen Blick als einen Biedermann vor mir. Als einen, der seine große Liebesfähigkeit in seiner Produktivität als Komponist bewies und schlechten Gewissens an seine Ehefrau Liebe in Briefen niederlegte. Einer, der gute sechzig Jahre geworden war, als er es noch einmal mit der Liebe versuchte, der vor allem aber den Ehestand suchte.

Er ist da nur einer in der Reihe der sogenannten M e i s t e r d e r h e i t e r e n M u s e. Von mehr als einem seiner legitimen Nachfolger weiß man, daß er ein guter Ehemann und fleißiger Arbeiter, in Gesellschaft ein bezwingend liebenswürdiger und höflicher Mann, allein gelassen aber ein ruhebedürftiger, seinen Kompositionen nachlauschender Mensch gewesen ist. Franz Lehár zum Beispiel war genauso: fleißig und im Privaten uninteressant.

Und von mehr als einem schöpferischen Menschen, vor allem österreichischer Prägung, weiß man um seine Unfähigkeit, eine Partnerschaft wichtiger zu nehmen als

V. Der Opernkomponist

seinen Kampf um die Kunst. Die nachgerade traditionell schlechten Ehen der Dynastie Strauß ähneln da denen des großen Joseph Haydn, den in sentimentale Geschichten und schließlich sogar in eine Operette eingegangenen Liebesproblemen des Wieners Franz Schubert, den unerwiderten Lieben des nicht minder großen Ludwig van Beethoven, aber auch den so zutiefst unglücklichen Beziehungen, die man dem ewigen Bräutigam Franz Grillparzer, dem ewig mit sich unzufriedenen Ferdinand Raimund und vielen, vielen Großen nachweisen kann.

Die Anlage der Wohnungen, zuletzt des Palais in der Igelgasse und der Villa in Schönau zeigen einem aufmerksamen Beobachter: der Meister war durchaus für Repräsentation und einigen soliden Prunk nach dem Geschmack der Zeit zu haben. Aber er sorgte immer auch und vor allem für ein ruhiges Arbeitszimmer, für ein noch intimeres Musizierzimmer, für ein von den Räumen der Gattin weit abgeschiedenes Schlafzimmer und somit für Einsamkeit für die Stunden, die ihm die wichtigsten waren: die Nachtstunden, in denen er komponierte! »Bei Johann Strauß« ist eine ausführliche Schilderung des Palais, in dem der Walzerkönig sein Leben zubrachte, des von seiner ersten Frau noch vorbereiteten, von der zweiten kurz verstörten, von der dritten in großer Hingabe gepflegten Heims: »*Eine herrschaftliche Einfahrt ... mündet in einen gartenähnlichen Hofraum, in dessen Mitte sich, umschattet von mehreren Bäumen, eine Fontaine befindet, und an welchen die Wohnungen des Gesindes und die Ställe grenzen.*« Der Autor Victor Léon zeigt uns den Grundriß des Hauses, die Räume der Hausfrau, die des Hausherren und den kleinen gemeinsamen Salon als Speisezimmer für die intimsten Gäste; weiters ein »Kaffeehaus«, einen Saal mit allem für das Billardspiel notwendigen Gerät, schweren Eichenschränken und dem

Spieltisch für die geliebten Tarock-Partien. In diesem Saal und in allen anderen Räumen Notenpapier und gespitzte Bleistifte. Strauß, dem nicht eine Textzeile seiner Operetten wichtig war, wollte nicht einen einzigen Takt eines Einfalls verlieren, den er mitten in der Unterhaltung haben konnte, wobei der Eindruck, Strauß habe während einer Partie Billard oder einem Kartenspiel mit Freunden einen neuen Walzer konzipiert, völlig falsch ist. Er notierte, wie er es seit frühester Jugend gewohnt war, Fetzen von Einfällen, die ihm durch den Kopf gingen. Er nutzte diese keineswegs alle. Aber er konnte seine Gewohnheit, die ihm als Kapellmeister im allabendlichen Betrieb geholfen hatte, nicht ablegen. Aus den Notizen eine Melodie zu machen, einen zuletzt als genialisch empfundenen Einfall, das war später harte Arbeit.

Deshalb existiert ein Arbeitszimmer, zu dem der Gast des Hauses keinen Zutritt hat. Dahinter ist aber erst das Heiligtum, in dem der Komponist sein Harmonium, seine große Zimmerorgel nutzt: Ihm gibt sie mehr Eindruck von einem zukünftigen Werk als den Hörern, die immer wieder verzweifeln, wenn ihnen Walzer auf diesem Instrument zum ersten Mal vorgespielt werden. Und bis heute läßt sich nur schwer vorstellen, wie die zündenden Walzer auf einer gut ausgestatteten Orgel geklungen haben mögen. Wenigstens hörte der Komponist auf diesem Instrument bereits das ganze Orchester, das er klingen lassen wollte. Und es war zu seiner Zeit und noch eine Generation nach ihm üblich, ein überdimensioniertes Harmonium in kleinen Orchestern spielen zu lassen. Dieses ersetzte im Ernstfall die Instrumente, die sich ein Kurtheater nicht leisten konnte.

Strauß, dem E i n s i e d l e r, wurden von seiner Frau und von seiner Stellung viele Gesellschaften zugemutet. Ihm,

V. Der Opernkomponist

dem Ruhebedürftigen, wurden die wichtigen Persönlichkeiten seiner Zunft und der angrenzenden Sektoren – Librettisten und Kritiker, aber auch Maler und Bildhauer – zugeführt. Das hatte begonnen, als ihn Henriette, die erste Frau, zu etwas Besserem als einem Vorgeiger machen wollte: Das ergab sich mit dem Aufstieg vom Kapellmeister zum Komponisten wie von selbst. Das war angesichts der bedeutenden Position, die Strauß in einer immer aufregender werdenden imperialen Stadt hatte, ganz ohne Zweifel nicht zu vermeiden. – Wie wenig dies allerdings seinem Geschmack entsprochen haben dürfte, entnimmt man jeder Zeile, die er als Einladung oder als bedauernde Absage schreibt. Wenn er nicht seine engsten Freunde zu einer gemütlichen Kartenpartie einlädt, sondern eine Abendgesellschaft zu geben oder bedauerlicherweise abzusagen hat, liest man sehr genau, was ihm wirklich wichtig ist. Zum Beispiel hat er eine Loge beim Ronacher, dem Vergnügungsetablissement, bestellt und muß deshalb eine andere Verabredung ablehnen. In seinem Brief jammert er überzeugend, wie spät er von derlei Abendveranstaltungen heimkäme und wie spät er Schlaf fände. *»Dann ärgere ich mich über meine Bummelei, und kann mich über etwas, das doch nicht mehr ungeschehen zu machen ist, so grämen, daß ich in den nächsten Tagen erst recht nichts Rechtes machen kann. Ich wandere dann beständig in meiner Arbeitsstube auf und ab und komme zu keiner Sammlung. Was hilft mir da ein bißchen Lustigkeit, die ich von einer Bummelei habe? Ich kann nur arbeiten, wenn ich keinen kleinlichen Ärger habe. Entweder es stürmt in mir oder ich bin ausgeglichen ruhig. Sonst geht es mit meiner Arbeit absolut nicht vorwärts.«* Ganz nebenbei ist dieser Brief eine vorzügliche Erklärung seiner S c h a f f e n s m e t h o d e : Entweder hat er einen Einfall (einen Auftrag versteht sich) und arbeitet an diesem rasch und begeistert, oder er erledigt quasi Notenarbeit und schreibt an einem längeren Passus, zu dem er mehr als Inspiration, nämlich strenge Beachtung von Form und Konzentration auf den Klang des Orchesters braucht. Da ist dann absolute Konzentration angesagt; er kann sich zwar von der körperlichen Spannung in ein kurzes Kartenspiel retten, will aber alles andere als eine Ablenkung im Gespräch, schlimmer noch, im Geplauder. Sehr im Gegensatz zu Richard Strauss, der dermaßen organisiert war, daß er nach einem Abendessen (oder einer Kartenpartie oder angeblich auch während eines Gesprächs mit seiner Frau) seine Riesenpartituren akkurat schreiben konnte, war Johann Strauß bis an das Ende seines Lebens kein Routinier, machte ihm die endgültige Niederschrift Mühe. Beinahe immer. Er war imstande, wie vor ihm Mozart, in wenigen Stunden gewünschte oder notwendige Änderungen oder Zusätze zu liefern, wenn sich auf einer Probe herausstellte, daß die Handlung es verlangte. Da aber war die Musik als Ganzes bereits abgeliefert, da kam es nur mehr auf Retouchen oder minimale Veränderungen an. An einem einzigen Vormittag noch ein Couplet zu liefern, wie er in seiner Jugend eine Reihe von Walzern konzipieren konnte, das war ihm als Meister verwehrt. Er hatte ein Niveau erreicht, auf dem er sich nicht frei, sondern mit großer Mühe und Ernsthaftigkeit zu halten trachtete.

Zeitgenossen schildern ihn (wenn man aus den geschönten Berichten Exzerpte ziehen will) als einen zauberhaften, einen bezaubernden Gastgeber, nie aber als einen geistreichen Plauderer, nie als einen raffinierten Diskussionspartner. Er dachte, wenn man Geist ins Spiel bringen will, in Noten. Er unterhielt, wenn man an Auseinandersetzung denken möchte, beste Beziehungen zu den Kompositionen anderer Musiker und konnte sich mit ihnen am Klavier unterhalten. Im persönlichen Gespräch muß er ungefähr so blendend gewesen sein wie als Mann des Buches ...

Hierin liegt auch die Antwort auf eine Frage: Wie konnte sich ein von Geburt und Erziehung einfacher Mensch als Musiker auf ein derartiges Niveau schwingen? Wohl, indem er auf vielen anderen Gebieten keine Anstrengungen unternahm, sein Leben nur auf eine Sache setzte: die Musik. Und bei dieser blieb, über alle Lebensstationen bis hin zu der des reifen, dann des alten Herrn. Zuletzt dürfte es nur noch Adele Strauß gewesen sein, die für notwendige gesellschaftliche Ereignisse sorgte und aufrecht erhielt, was ihrem Mann als ideales Heim vorschwebte. Die Raumeinteilung der Häuser in Wien, in der Schönau, in Ischl blieb, wie sie noch von der ersten, der mütterlichen Ehefrau getroffen wurde. Der Tagesablauf des Komponisten, der zur Erholung besonders gern allein eine Partie Billard spielte, änderte sich nicht. Nur die Sehnsucht nach Ruhe und Abgeschiedenheit von der Welt, die Sehnsucht nach Einsamkeit (nicht nur, was seine Freunde oder Partner anlangt, sondern auch im intimsten Rahmen) nahm bis zuletzt immer stärker zu.

Wie wäre es sonst anders zu verstehen, daß wir aus der dritten und letzten und glücklichen Ehe des Komponisten so viele Briefe haben, in denen er seiner Angetrauten, seiner mit ihm unter einem Dach lebenden Frau, mitteilt, was er fühlt, was er tut, was er denkt? In denen er ihr eine »Gute Nacht« wünscht, als wäre er im Ausland und sie einsam? In denen er sie seinen »Engel«, die »Herrin seines Glückes«, seines »Lebens« nennt und offenbar nicht daran denkt, die zwei oder drei Türen zu öffnen und das alles ihr selbst zu sagen? Der Musiker, auf Noten und ausschließlich auf Noten konzentriert, war offenbar zufrieden, einen Engel, eine Herrin seines Glücks zu haben. Er mußte das nicht auch noch körperlich spüren. Es hätte ihn wahrscheinlich allzusehr gestört in seiner wahren Liebe. Der Liebe zur Musik.

Um Adele zu erringen, um sie als seine l e g i t i m e F r a u daheim zu haben, hatte Strauß mehr als eine Hürde zu überwinden und sich mehr als gewöhnlichen Mühen unterzogen.
In einem durch und durch katholischen Land trat er zum Protestantismus über, weil dies die einzige Religionsgemeinschaft war, zu der auch die geliebte Frau übertreten und ihn kirchlich heiraten konnte. Als Inbegriff des Wienerischen und mit all den Ehren ausgezeichnet, die ihm als Untertan seines Kaisers zustanden, war er bereit, aus der Stadt und dem Land, das er verkörperte, in ein deutsches Herzogtum zu übersiedeln, weil ihm nur dort die notwendige Scheidung von seiner zweiten Frau in Aussicht gestellt werden konnte.
Das bedeutet so ganz nebenbei: Dem Walzerkönig war, wenn er etwas wirklich haben wollte, weder der Glaube noch die Bürgerehre noch das Heimatrecht so teuer und heilig, wie man es erwarten sollte. Allen Äußerlichkeiten, zu denen die unzähligen Lieder und Bekenntnisse zum Wiener gehören, konnte er ohne besondere Gewissensbisse oder Schaden an seiner Seele abschwören, weil es nur Äußerlichkeiten waren. Wirklich ernst war ihm immer nur das Leben, das er nach seinen Vorstellungen zwecks Erschaffung seiner Musik gestalten wollte. Dafür nahm er alle kleinen und großen Veränderungen in Kauf.
Unmittelbar nach dem Triumph des »Zigeunerbarons« hatte er nicht nur Freude an der Arbeit zu seiner nächsten Operette, sondern vor allem Korrespondenz und Aktivität

V. Der Opernkomponist

in Sachen Ehestand: Er verhandelte über Dritte und mit Unterstützung von Anwälten über Monate, um das »Heimathsrecht in der Stadt Wien aufzugeben und das deutsche Reichsbürgerrecht zu erwerben«. Nach seinen offiziellen Gesuchen hieß das: »*Zu diesem Behufe wünsche ich mich für die Zukunft in der freundlichen Stadt Coburg unter der Regierung des kunstsinnigen Herzogs Ernst niederzulassen, von hier aus meine Kunstreisen in die größeren Städte des In- und des Auslandes zu unternehmen und von Zeit zu Zeit zum Zwecke musikalischer Compositionen sowie zu meiner Erholung hierher zurückzukehren.*« So gelogen in einem Gesuch an den Magistrat von Coburg am 24. Mai 1886.

Ungeklärt bleibt, ob Johann oder Adele die legitime Ehe wünschte. Es scheint nicht abwegig, daß dem Mann, der die Sechzig und alle überhaupt denkbaren Erfolge hinter sich hat, mehr darum zu tun ist als der viel jüngeren Frau, die sich rasch in ihre Rolle als Gastgeberin, Ratgeberin, Betreuerin und Angebetete gefunden hat. Andererseits darf man an die Moral der Zeit erinnern und begreift so, daß auch Adele es für erstrebenswert halten mußte, als Ehefrau anerkannt zu sein.

Die Wiener Gesellschaft war, seit einem Ausflug der beiden nach Siebenbürgen, unsicher, ob es da nicht längst eine Zeremonie gegeben hatte, die man allgemein als »Siebenbürger Ehe« bezeichnete und als eine beinahe gesetzliche, jedenfalls rechtlich geltende Verbindung ansah. Gleichzeitig erklärten die Informierteren der Wiener Gesellschaft, daß diese halbherzige Verbindung erstens keine volle Gültigkeit hätte und zweitens nie eingegangen worden sei. Die Metropole Wien war auch anno dazumal eine Stadt des Tratsches und der Munkelei und selbstverständlich sollte der populäre Musiker ein untadeliges Leben vorweisen. Ebenso selbstverständlich lag den beiden Partnern daran, nicht einfach als ein mittels längst abgeschlossener Verträge »wild« miteinander lebendes Paar, sondern die eine und einzige Familie Johann Strauß zu sein. (Der Musikfreund erinnert sich unwillkürlich an Giuseppe Verdi und seine privaten Auseinandersetzungen um die außerehelichen Verbindung mit einer Sängerin. In Verdi und in Strauß lebte der Wunsch nach einer eheähnlichen Verbindung, die von der Gesellschaft als Ehe akzeptiert werde. Beide waren bereit, dafür Energie und Zeit aufzuwenden. Beide erreichten, daß sie zu guter Letzt wieder Ehemänner wurden ...)

Mehr als ein Jahr wendete man nach dem zitierten Gesuch des Johann Strauß noch auf die Angelegenheit. Die Arbeit an der nächsten Operette, die lange erst gesucht werden mußte, verzögerte sich. Eingaben an Mitglieder des Erzhauses mußten geschrieben werden. Erzherzog Johann, ein musikalischer Mann, wurde bemüht und mußte sich an den Prinzen Ferdinand Coburg wenden, um durch dessen Vermittlung das Interesse des regierenden Herzog Ernst II. in Coburg zu wecken. In einem Schreiben an den Komponisten war der Erzherzog mehr als höflich. *»Daß es mir jederzeit wahre Genugthuung ist, unserem allverehrten Meister wenn auch in noch so bescheidenem Maße dienlich sein zu können, brauche ich wohl nicht erst zu sagen, da Sie meine Gefühle der Verehrung und Dankbarkeit gewiß kennen, welche Ihnen stets bewahrt Ihr aufrichtig ergebener Erz. Johann FML«*, liest man als Abschluß eines Handschreibens vom 24. Mai 1887.

Die Operette, an der Johann Strauß während seines erzwungenen Aufenthaltes in Coburg arbeitete, wird nicht mehr gespielt. Und die Formalitäten, die notwendig waren, um aus einer kongenialen Verbindung zweier Menschen eine Ehe zu machen, sind heute nur mehr mit Staunen zu lesen. Es mußte noch einmal geschieden werden, es mußte längerer Aufenthalt in Coburg genommen werden, es gab Schwierigkeiten, entsprechend hohe Anwaltskosten, es gab nach der gesicherten standesamtlichen noch eine beinahe im letzten Moment gescheiterte kirchliche Trauung – und es gab ein Ehepaar Strauß, das sofort darauf Coburg verließ und in Franzensbad (wo man, wenn jemand in Wien nachgefragt hätte, die ganze Zeit gewesen sein wollte) glücklich war.

Der ein für allemal gültige Ton in der Familie Strauß läßt sich aus einem Brief in Sachen »Simplicius«, heraushören. Noch mitten in den letzten Aufregungen zum Thema Hochzeit hatte Strauß Lewy pessimistisch mitgeteilt, es sei in der Arbeit am »Simplicius« etwas, das er »eine Stockung« nannte, eingetreten. Der Brief hatte jedoch eine Randnotiz von Adele. »*Es ist nicht wahr! Der ›Simplicius‹ wird Anfang Saison fertig sein. Ich sag's.*« Und wenn sie das sagte, dann war das die einzige Mitteilung, die von Wichtigkeit war. Johann Strauß wußte das. Während er in seiner ersten Ehe die Korrespondenz mit seinem Verleger nach dem »Duett-System« schrieb, wobei er manchmal den Part des Verärgerten und sie den der Beschwichtigenden übernahm, so überließ er im Alter einen Großteil aller Beziehungen zur Außenwelt seiner Frau. Sie filterte nicht nur die Autogrammwünsche oder die Bitten um Fürsprache, sie war es auch, die einlangende neue Libretti las und Änderungen an bereits angenommenen Texten zur Sprache brachte. Kluge Briefpartner des Johann Strauß adressierten die wichtigen Bitten an sie.

Da nistete sich aber nicht eine energische zukünftige Witwe in der Igelgasse ein, sondern da fand ein um sein eigenes Wohlbefinden besorgter Mann die einzig richtige Frau für sich: Die Liebesbeteuerungen waren ihm ernst, die Dankbarkeit war ihm nicht fremd, sondern Liebe. Adele verdiente sie sich. Sie arrangierte die berühmten Gesellschaften, zu denen sich Johannes Brahms, Viktor Tilgner und Eduard Hanslick einfanden, bei denen sich die Brüder Schrammel produzierten, zu denen manchmal all die Kritiker eingeladen wurden, die einem Operettenkomponisten wichtig sein konnten; jedoch immer mit Maß und nach vorheriger kluger Abstimmung. Die Einladungen sind genußvoll zu lesen und im Detail nicht ernst zu nehmen, wenn sich Strauß zum Beispiel über die »Hofrathsgattin« lustig macht, also Frau Hanslick nicht wirklich mag, dann soll uns das recht sein. Wenn er im nächsten Satz Brahms »diese kalte norddeutsche Seele« nennt und in Klammern anfügt »alle Achtung vor seiner Mache«, dann müssen wir seine Bemerkungen als Gedankenlosigkeit in Kauf nehmen. Zu viele Zeugnisse gibt es für Begegnungen zwischen diesen beiden Musikern, die in großer Freundschaft und gegenseitiger Hochachtung verliefen; zu oft wird von den Momenten berichtet, in denen Brahms sich ans Klavier setzte und nach ernsthaftem Präludieren in eine Walzer-Paraphrase kam; zu viele Briefstellen von Brahms an seine Freunde bezeugen, daß der sehr wählerische Mann in die Melodien von Strauß vernarrt war. Und außer Strauß ist bis heute kein Wiener Musiker bekannt, dem man nachsagen kann, daß er sich als enger Freund und Verehrer von Johannes Brahms, um die Bekanntschaft mit Anton Bruckner bemühte, Einladungen an ihn aussprach und ihm nach Uraufführungen gratulierte. Der Unterhaltungsmusiker mit dem besonders ausgebildeten Sensorium für die hohe Musik seiner Zeit war nicht bei Richard Wagner stehengeblieben, sondern hatte dessen österreichischen Schüler Bruckner für sich entdeckt und mit großer Hochachtung behandelt.

Manchmal gewinnt man aus der vorhandenen Lektüre den Eindruck, Strauß habe (wie vor ihm und auf anderem

Gebiet zum Beispiel Ferdinand Raimund) auf höchst naive Art angebetet, was nicht seine, sondern eine kompliziertere Sprache sprach. Oft kann man seine Bemerkungen folgendermaßen deuten: Er habe demütig von den Symphonikern gesprochen und die Nähe von Opernkomponisten gesucht, gleichzeitig aber war sich Strauß (scheint mir erwiesen) in seinen letzten Lebensjahren seiner eigenen, überragenden Stellung bewußt und schätzte weder seine Musik noch deren Wirkung gering. Es hinderte ihn aber nicht daran, nach den Sternen zu greifen, indem er gleichzeitig mit der Arbeit an einer neuen Operette, auch seine erste Arbeit an einer Oper begann: Im Sommer 1888 bereits schreibt er aus der Schönau, seine Adele werde immer dicker, er immer dünner und ausdrücklich, »denn ich schreibe eine Oper«.

Nebenbei dirigierte er die zweihundertste Aufführung der »Fledermaus« im Theater an der Wien und hatte seine kleine Auseinandersetzung mit dem einstigen Mitarbeiter Genée, der aus diesem Anlaß nichts von einem »Autoren-Benefiz«, sondern nur von einem »Komponisten-Benefiz« lesen wollte und Klage führte, weil er wegen einer einmaligen Abfindung an den Tantiemen der »Fledermaus« keinen Anteil hatte. Strauß war im nachhinein großzügig, überließ Genée auf Lebenszeit einen Anteil der Tantiemen, war aber gleichzeitig nicht zu großzügig, denn er behielt die gesamten Tantiemen nach Genées Tod wieder für sich und seine Erben.

Die Oper »Ritter Pasman«

Strauß schrieb an einer Oper. Er hatte wenigstens zwei Titel für sie und er fand in Schönau wie in Wien genügend Möglichkeiten, Besuch abzuwehren und sich intensiv der Arbeit zu widmen. Die Zeitungsmeldungen erklärten diese neue Oper bereits als ein W e r k   f ü r   d i e   H o f o p e r. Es ist sehr sinnlos, den Wegen nachzugehen, die eine einzelne kleine Mitteilung in einer Zeitung genommen hat, ehe sie erschienen ist. Man wird jedoch, wenn man sich dieser Mühe einmal unterzieht, zumeist den eigentlichen Urheber ausfindig machen: Es ist der Autor, der heftig dementiert, oder doch sein Mitarbeiter, der mit niemandem aus der Journalistik gesprochen haben will. (Die heitersten Nachweise für diese Allerweltsregel finden sich im Briefwechsel Hugo von Hofmannsthals mit Richard Strauss, wo der Librettist sich verwahrt, mit einem Redaktionsmitglied der »Neuen Freien Presse« gesprochen zu haben, dann der Komponist wieder ersucht, doch eine notwendige Nachricht in dem oder jenem Blatt zu lancieren …)

Die Oper. Sie heißt zu Beginn ihrer Entstehung wahlweise »Ein Kuß in Ehren« oder »Ritter Pasman« und wird bereits mit einem Uraufführungsdatum (das ganz und gar nicht zustandekam) genannt. Sie wird die große, beinahe überlebensgroße Anstrengung des Johann Strauß, sich selbst zu verleugnen und einmal, wenigstens einmal »etwas Besseres« zu schreiben.

Ganz am Rande: Außer der Arbeit an einer Operette und einer Oper hatte Strauß im Sommer 1888 auch noch einige Nebendinge zu erledigen: einen sehr dümmlichen Rechtsstreit (wie man ihn als Wiener mit Zweitwohnsitz wohl auszustehen hat). Er mußte wegen sinnloser Zwistigkeiten mit dem Besitzer des Nebengrundstückes Prozesse führen und sich eine Brücke bauen lassen, um ungestörten Zugang zu seinem Park, seiner Villa zu haben – und hatte eine Auseinandersetzung, um eine Operette nicht komponieren und nicht Bußgeld bezahlen zu müssen. Der Autor des »Zigeunerbarons«, der ihm ein weiteres Libretto vorgelegt hatte, wollte dessen Komposition oder eine Tantiemenzahlung in der Höhe der bereits angefallenen Tantiemen des »Zigeunerbarons« erwirken. Die Brücke wurde gebaut, die Operette nicht geschrieben, die Buße nicht bezahlt, und Strauß konnte berichten, daß er mehr als fleißig komponiere. Denn: »*Es schreibt sich gar so leicht bei solchem Regenwetter. Die Melodien fliessen heraus wie leeres Wasser!*« Und das war ein Scherz auf eigene Kosten, eine Variation zu dem Thema, daß der Städter Strauß, der sich für die Sommermonate eine Villa bei Baden leistete und später auch eine in Ischl, von der Natur rund um diese Villen wenig hielt und begeistert war, wenn er vom schlechten Wetter gezwungen wurde, im Haus zu bleiben und, möglichst bei geheiztem Ofen, über Notenpapier zu sitzen. Dem fleißigsten unter den Strauß-Forschern ist zu danken: Er eruierte, daß die Tage im Sommer 1888 im Raum Wien-Vöslau-Wiener Neustadt tatsächlich fast täglich verregnet waren, daß es zu Überschwemmungen kam, daß also Strauß in seinen Briefen aus der Villa Schönau in Sachen Wetterberichterstattung korrekt gewesen ist.

Die Sommermonate in Schönau gestatteten Strauß aber auch E n t s p a n n u n g beim Enthülsen von Bohnen, beim Entfernen der Fäden an Fisolen oder beim Pflücken von Ribisel zu finden, also bei einfachen Hilfsdiensten für die Köchin. Er kaufte seiner Frau ein Reitpferd und gestattete ihr, in der Umgebung als die junge Frau des berühmten

Johann Strauß auszureiten. Aber sie zwangen ihn auch, Interviews zu geben und sich so zu zeigen, wie ihn Max Kalbeck beschreibt: »*Elastischen Schrittes*« zwischen den Bäumen hervortretend, »*eine elegante, streng nach der neuesten Mode gekleidete Erscheinung. Jedem anderen würde eine solche, die ernstesten Fragen der Kleidermacherkunst heraufbeschwörenden Toilette etwas Geschniegeltes, Steifes und Gesuchtes geben ...*«, aber Strauß trägt für den Journalisten Hosen aus feinem hellen Tuch und Stiefel aus zartem Glanzleder, vergißt nicht auf die schief von der Seite in die seidene Krawatte gesteckte Brillantnadel und zeigt seine nervösen Finger von kostbaren Edelsteinen glitzernd. Vom komischen Stil einmal abgesehen, beobachtet Kalbeck genau und interpretiert die Erscheinung richtig. Er merkt ihm an, »*daß er von früher Jugend an dazu verhalten war, sein Äußeres wichtig zu nehmen, wie es der Mann benöthigt, der den größten Teil seines Lebens in unmittelbarem Verkehr mit der Öffentlichkeit zugebracht hat*«. Und er beobachtet weiters, wie seltsam der »Gärtner«, »Koch« oder »Villenbesitzer« sich ausnimmt: »*Der Weltstädter sitzt ihm tiefer in den Adern, als er sich eingesteht, und als ein Einsiedler in Glacé könnte er jeden Augenblick vor die Kulissen treten, um unter anmuthigen Verbeugungen den Dank der entzückten Menge entgegenzunehmen.*«

Mit Journalisten setzt sich Johann Strauß am liebsten unter vier Augen zusammen, steckt jedem eine andere kleine Geschichte aus seiner Kindheit oder den abenteuerlichen Tagen in Rußland, schenkt jedem eine musikalische Aufmerksamkeit in Form einer noch nicht veröffentlichten Walzermelodie und verwöhnt ihn mit ausgesuchten Speisen und Getränken. Und schreibt gleich nachher Briefe an Freunde, die er allenfalls zum Kartenspiel sehen will; mit denen er längst nicht so viele Umstände macht, deren

V. Der Opernkomponist

Bemerkungen er allerdings auch nicht anschließend öffentlich korrigieren muß.

Er lebt zwei Leben und sucht wahrscheinlich darum für sein drittes, sein wahres, sein musikalisches Leben die totale Einsamkeit, in der ihn niemand beobachten darf, bei der er nicht gehört werden will. (Ein wahres Vorbild für den geräuschempfindlichen Komponisten Gustav Mahler, der während der Saison imstande ist, mit großer Leidenschaft im Opernhaus Musik zu entfesseln und als Direktor Organisationstalent zu entwickeln, der aber in den Sommermonaten nicht nur abgelegene Gegenden, sondern auch noch ein abgelegenes Komponierhäuschen braucht, dem nicht einmal die geliebte Frau nahekommen darf.)

Ein Vorbild? Nun, Johann Strauß ist im Gestank und Lärm der verschiedensten Etablissements aufgewachsen. Er hat an der Spitze großer Orchester wahrlich pompöse Gastspiele gegeben. Er war bei den jeweils letzten Proben zu seinen Operetten im Theater alles andere als ein weltfremder Musiker. Er hat an Operettenabenden vor vollem Haus seine gewinnende Persönlichkeit gezeigt und wirken lassen. Wenn er sich aber an sein Harmonium setzt oder vor das Stehpult tritt, an dem er seine Partituren schreibt, dann muß Ruhe um ihn sein und zwischen ihm und allen anderen Menschen möglichst viel Zwischenraum. Viel Zeit ist vergangen seit den Tagen, in denen er nach dem Vorbild des Vaters seine Walzer gemeinsam mit den Musikern seiner Kapelle komponiert und instrumentiert hat. Um vieles sind die Ansprüche gewachsen, die vor allem er selbst an seine Arbeit stellt. Vergessen ist, wie rasch und heiter er eine Walzerfolge zusammenzustellt. Sehr quälend kann es sein, eine Oper schreiben zu müssen, die noch weit über die Partitur des »Zigeunerbarons« hinaus soll, die zwar eine komi-

Das Theater an der Wien (Von Schikaneder 1801 nach Schließung des ältesten Wie- Volkstheaters im Freihause, wo »Die Zauberflöte« ihre erste Aufführung erlebt hatte, öffnet.)

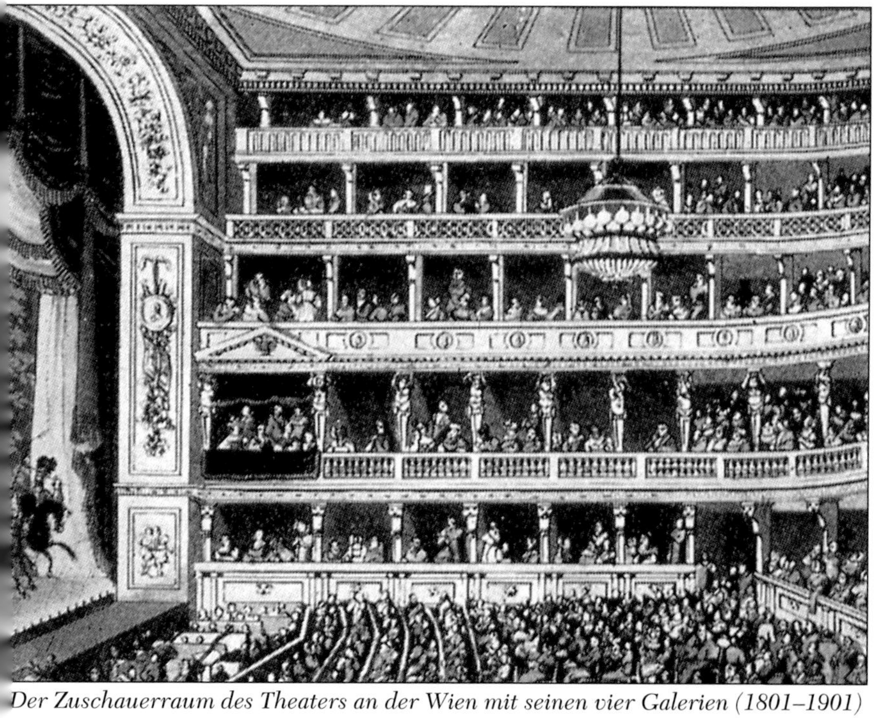

Der Zuschauerraum des Theaters an der Wien mit seinen vier Galerien (1801–1901)

21 Maria Geistinger als »Fantasca« in Johann Strauß' erster Operette »Indigo und die vierzig Räuber«

22 »Ich lade gern mir Gäste ein«: Irma Nittinger als »Fürst Orlofski« in der Meisteroperette »Die Fledermaus«

23 (links außen) Rose Streitman sang die Köchin »Ciboletta« in »Der Nacht in Venedig«.

24 (links) Alexander Girardi in »Der Nacht in Venedig«

Szenenbild zum
»Zigeunerbaron«

Fräulein Reisser
»Arsena« und Frau
...ifer als »Mirabella«
»Zigeunerbaron«

27 Alexander Girardi als »Joschko« in »Jabuka«

Die Oper »Ritter Pasman«

sche Oper, aber alles andere als eine Operette werden soll. Strauß hat sich in eigenen Ansprüchen gefangen und bedenkt nicht, daß sich seine Operetten aus der komischen Oper und dem Singspiel herleiten. Er nimmt selbst nicht zur Kenntnis, daß seine besten Operetten jederzeit Anrecht darauf haben, in Opernhäusern aufgeführt zu werden. Er hat sich selbst eine Falle gestellt. Eine fatale Falle, in die er schließlich unter lebhafter Anteilnahme vieler echter und vieler falscher Freunde tappen wird.

Vergessen wir nicht: Man hat ihm jahrelang erklärt, er sei ein genialischer Walzerkomponist und vernachlässige sein Talent, wenn er es auf der Bühne ausbreite. Man hat ihm Lorbeerkränze gewunden und überreicht und seine Bühnenwerke als Vorstufe zu Opern bezeichnet. Man hat ihn in seine neue Rolle als Opernkomponist getrieben. Und vergessen wir nicht: Er hat mit genialer Geste den Walzer als Kunstform etabliert und zu mehr als Tanzmusik gemacht. Auf der Höhe seiner Kunst und seines Ruhmes als weltweit gesuchter »Star«, hat er die Möglichkeit entdeckt, aus Tanzformen eine Bühnenform zu entwickeln, die in der »Fledermaus« ihren unbestrittenen Höhepunkt hat – die Operette. Ihm genügt dieser Gipfel nun nicht mehr ...

Der kluge und in der Musikgeschichte wahrlich bewanderte Kapellmeister, der ungezählte Opern auf ihre populärsten Bestandteile untersucht und aus ihnen Quadrillen gemacht hat, der die Meisterwerke der Vergangenheit und seiner Gegenwart für sein Orchester neu gesetzt hat und die innere Struktur der Opern von Mozart und Beethoven, aber auch die Meyerbeers, Wagners und Verdis kennt, wagt sich an eine Oper. Er schreibt und bekennt nicht, daß sie mehr sein soll als alle andere Musik von ihm.

V. Der Opernkomponist

Aber man merkt an den M ü h e n , die er hat, an den Mühen, die er auf sich nimmt, daß er da einen Gipfel sieht, den er bezwingen will.

Unverständlicherweise, wie ich hinzufügen möchte. Denn Johann Strauß ist in musikalischen Fragen sonst weder ein Phantast noch ein Visionär; er weiß alles, was man als Komponist wissen muß. Er kennt jede Wirkung und wie man sie erzielt. Und plötzlich ist ihm sein Werk nicht wertvoll genug, will er »mehr«?

Er hat sich selbst beim »Zigeunerbaron« bewiesen, daß er ein über alle Zweifel erhabener Komponist und imstande ist, ein Meisterwerk mit all den ihm eigenen Wendungen, aber auch seiner Klangsprache aufs Papier zu bringen. Seine Arbeitsweise, eigenständig und nach Jahren der Übung am lebenden Objekt, der eigenen Kapelle, keiner Nachbearbeitung bedürftig, hat kein geringerer als Johannes Brahms charakterisiert. Sie erinnere ihn oft an Mozart, sagt Brahms. Somit hatte Johann Strauß mit seinem leichten Wiener Wesen und seiner handwerklichen Sicherheit einen bewundernden Brahms als Fürsprecher, wie man ihn sich nicht grandioser wünschen konnte.

Nebenbei hat er mit seinem zweiten großen Wurf auf der Operettenbühne, mit dem seither beinahe unverzichtbaren ungarischen Element aus der Wiener Operette, die Operette schlechthin entworfen. Das aber war ihm offenbar noch nicht genug. Es mußte keine verkappte, sondern eine offen so deklarierte Oper sein, mit der er sein Werk krönen wollte. Man hat Indizien dafür: »Die neue Oper« ist während ihrer Entstehungszeit erst einmal kein Gesprächsstoff, wenn Gäste kommen und der Meister plaudert. Er verweigert das Thema, er zieht sich in sein allgemein bekanntes Metier zurück, er gibt nicht einmal zu, daß er an dieser neuen Oper schreibt. Er umgibt seine neue Leidenschaft mit einem Geheimnis. Hinter seinen Mauern ist er mit der unlösbaren Aufgabe sehr allein.

Zwischendurch besucht er Bayreuth, hört »Parsifal« und »Die Meistersinger von Nürnberg« und wird auch erkannt und gefeiert. *»Johann Strauß ist Gegenstand wärmster Sympathien unter den Künstlern und Teilnehmern der Aufführungen. In einer Künstlergesellschaft sprach Hans Richter einen warmen Toast auf den von Richard Wagner hochverehrten Wiener Meister«*, weiß im August das »Wiener Tagblatt«. Das keinesfalls »am Rande«, denn es ist mehr als symptomatisch, daß sich der Walzerkönig, der an seiner ersten Oper schreibt, zu den Bayreuther Festspielen begibt und dort zwei Werke hört, die noch Jahrzehnte später ein Richard Strauss als »Gebirge« beschreibt, um das sich ein Opernkomponist einen Umweg suchen muß.

Hätte Strauß nur ein Tagebuch geschrieben, wüßte man nur, was ihm zu »Parsifal« und den »Meistersingern« und zu »Pasman« durch den Kopf gegangen ist! Machte ihn die Begegnung mit den Werken Wagners verzagt? Überzeugten sie ihn von seiner Sendung? Der in Gesellschaft unüberbietbar scheue und höfliche Johann Strauß hat nichts darüber verlauten lassen und auch seine Frau nicht in seine Gedanken eingeweiht. Im Gegensatz zu der berühmten Komponistenwitwe Cosima hat Adele keine Tagebücher geführt und auch keine autorisierten Erinnerungen hinterlassen. Man darf daraus schließen: Strauß behielt seine Eindrücke und seine Gedanken für sich.

Immerhin, weiß man von den Einflüssen, die Wagner zu dieser Zeit auf Strauß längst ausgeübt hatte. Man kennt die heftigen Einwände, die Wagners theoretisch beschlagenster Widersacher Eduard Hanslick erst gegen den Bayreuther Meister, dann aber (in milderer, aber gleich unerbittlicher Form) auch gegen Strauß vorgebracht hatte. Einflüsse von

»Parsifal« auf »Pasman« hat die Musikwissenschaft bisher aber noch nicht untersucht. Ohne Zweifel deshalb nicht, weil diese Oper nicht zu den Hauptwerken von Johann Strauß zählt, sich erst sehr spät in einer Gesamtausgabe findet und im wesentlichen nur Biographen interessiert. Es würden sich aber auch keinerlei Einflüsse im üblichen Sinn finden lassen. Allerdings weisen viele Hinweise darauf, daß Johann Strauß erst recht seit dem Besuch in Bayreuth wußte, was es bedeutete, eine Oper schreiben zu wollen. Notizen vom Besuch existieren nur von der Hand seiner Frau. Sie beschreiben die Stadt, die Festspiele, deren Besucher und deren Enthusiasmus – nichts, was nicht in jedem Bericht aus dem Bayreuth dieser Jahre geschrieben worden wäre. Nichts über Richard Wagners Werk und Johann Strauß. Der war bereits zu sehr in seine Aufgabe vertieft.

Johann Strauß brauchte Jahre, um an seiner Oper zu zweifeln, diese Zweifel zu artikulieren und zuletzt resignierend festzustellen, er hätte in der Zeit, die er auf »Pasman« verwendete, zumindest drei Operetten fertigstellen können, von denen wenigstens eine ein Erfolg wie der »Zigeunerbaron« hätte werden können ...

Jahre mußten vergehen, bevor sich Strauß selbst dies eingestand. Jahre, in denen, glaubt man den Briefen des Komponisten an seine Frau, Eingebungen von ihm nicht angenommen wurden. »*Plötzlich, während ich an einer hochdramatischen Szene arbeitete, fährt mir wie ein Blitz durch den Schädel ein verfluchter Hauer von einem Walzer, der den ›Naturwalzer‹ fast überflügelt – weil er bei seiner Gemüthlichkeit eine unverschämte Keckheit entwickelt. Als er entstanden, fluchte ich und dachte: Saukerl, Dich kann ich jetzt nicht brauchen, – verschwind ...*« Man hat nur das

Die Oper »Ritter Pasman«

Billet, man weiß nicht, ob Strauß diesen »Saukerl« nicht doch notiert und später verwendet hat. Man darf aber sogar annehmen, daß Strauß in seinem Ringen um eine hochdramatische Szene auf einen »verfluchten Hauer von einem Walzer« verzichtete. Und trauern ...

Aber die Jahre mit »Pasman« (die vollständig erhaltene Korrespondenz mit dem Verleger von Johannes Brahms, der sich die Rechte auf die einzige Oper von Johann Strauß sicherte und mit ihnen wenig Freuden hatte) sind für den Komponisten keine armseligen, keine grüblerischen, keine wirklich schlimmen Jahre. Er ist berühmt, er ist geliebt, er ist unangefochten in seinem eigenen Metier und deshalb hat er neben allen anderen Verpflichtungen immer wieder eine Jubiläumsvorstellung einer Operette zu dirigieren und kann sich, so oft er will, vom Publikum beweisen lassen, daß es nur einen Strauß gibt.

Nur einen? – In Wien und auf Reisen um die Welt vertritt ihn der jüngste Bruder, der dirigiert und selbstverständlich auch komponiert – freilich klingen seine Werke alle wie die eines routinierten Wiener Kapellmeisters, haben weder im Einfall noch in der Durchführung die Originalität, die man von einem Strauß erwarten darf. Ob er es weiß und darum verbittert ist? Ob er es nicht verträgt, daß er die Werke seines Bruders auf das Programm setzen muß, wenn er Erfolg haben will? Ob er die unzähligen Verwechslungen nicht verwinden kann, die er nicht heraufbeschwört, die sich aber ergeben, wenn irgendwo die Kapelle Strauß angekündigt ist und das Publikum Eduard erlebt und Johann hochleben läßt?

Die Wiener gehen nicht mehr regelmäßig in Strauß-Konzerte, die Unterhaltungsmusik wird entweder von den M i l i t ä r k a p e l l e n oder von den überaus populär gewordenen Volkssänger-Gesellschaften betreut. Johann bemerkt, versteht und unterstützt das. Militärkapellen spielen seine Kompositionen; die beliebtesten Volkssänger übernehmen seine Melodien. Sie alle mehren seine Popularität. Nicht die des »schönen Edi«.

Die Wiener Volkssänger, denen genügend liebevolle Untersuchungen gewidmet sind, waren in Gesellschaften zusammengeschlossen. Sie hatten ihre eigenen Theater, gingen nicht einzeln, sondern immer als Truppen ins Gefecht und waren, das läßt sich nicht verleugnen, ihrer gern gezeigten erotischen Komponente wegen die Freude des Publikums. Fesche Damen in knapp sitzenden Herrenanzügen sangen Anzügliches, flotte Männer mit gezwirbelten Schnurrbärten hatten ein überaus wienerisches, heiteres, gemütliches Repertoire. Sie alle begannen ihre Karriere (mehr als ein halbes Jahrhundert später) noch einmal im Prater, in den Wirtshäusern. Viele von ihnen brachten es zu übergroßer Popularität und zu immensem Reichtum. Beinahe alle zerbrachen an ihrer Popularität, an ihrem Reichtum und endeten vergessen in bitterer Armut. Immerhin, sie sangen und pfiffen, schrieben sich Wienerlieder und verwöhnten ein Publikum, das zu seiner Zeit dem ersten Strauß zugejubelt hatte. Die Nachfahren dieser Volkssänger übten ihr Amt bis in das zwanzigste Jahrhundert aus. Das Standardwerk über sie nennt den unvergessenen Hans Moser in seiner Eigenschaft als junges Mitglied einer solchen Truppe und den Komponisten Anton Gruber, »Mei Muatterl war a Weanerin«, als eine der letzten bedeutenden Vertreter.

Was diese »Abart« der wienerischen Unterhaltung anlangt, ist sie – sehr im Gegensatz zu der Musik der Dynastie Strauß – heute vergessen. Was die kammermusikalische

Die Oper »Ritter Pasman«

Variante der U-Musik aus den Tagen des Johann Strauß anlangt, so war und ist sie lebendig und erstaunlich: Es ist die nach den Brüdern Johann und Josef Schrammel genannte Musik, die äußerste Musikalität und großes interpretatorisches Können verlangt. »Die Schrammeln« spielten bei Johann Strauß in der Igelgasse, sie erfreuten sich der Hochachtung des Dirigenten Hans Richter, sie empfingen die Wiener Philharmoniker als Gäste beim Heurigen.

Und sie hatten zu Lebzeiten des Komponisten ihre eigenen Versionen seiner Musik im Repertoire und spielten sie mit seinem dankbaren Einverständnis. Er hatte Freude an seinen Melodien, die sich auch mit zwei Geigen, einer E-Klarinette und einer Kontragitarre, der klassischen Besetzung der »Schrammeln« ausgezeichnet vortragen ließen. (Ich kenne keine andere so klar definierte Form eines Ensembles, die man über Generationen einfach nach den ersten Mitwirkenden benennt.)

Schon in den Jahren, in denen er an der Oper schrieb, waren die Brüder Schrammel Gäste von Johann Strauß und seine Schützlinge. Er hatte selbst für sie und ihre kleinen Probleme, die ihnen die Obrigkeit bescherte, ein offenes Ohr, auch wenn er Walzerthemen verjagte und an einer überdimensionierten Partitur saß, die er unbedingt schreiben wollte.

Daß Strauß am »Pasman« arbeitete, als sich Kronprinz Rudolf (knapp drei Wochen, nachdem er das letzte Mal im Theater an der Wien die »Fledermaus« besucht hatte, unmittelbar nachdem er sich und seiner Geliebten noch einmal etwas vom berühmten Fiaker Bratfisch hatte »pfeifen« lassen) das Leben nahm, ist Geschichte. Die Familie Strauß durfte auf eine seltsame Verbindung zum Kronprinzen verweisen, aber auf sie nicht stolz sein: Einer der beiden »mißratenen« Söhne Eduards unterhielt eine Zeit lang ein Verhältnis zu der Prostituierten Mitzi Caspar, die auch den Kronprinzen als treue Kundschaft hatte. Wechselbeziehungen zwischen dem, was sich in der Welt abspielt und der Arbeit, die ein Musiker zur gleichen Zeit an seinem Schreibtisch vollzieht, sind nur selten erkennbar. Wenn es sich nicht um Auftragsarbeiten handelt oder Kompositionen, die ausdrücklich auf eine Revolution oder einen siegreich beendeten Krieg Bezug nehmen, dann findet sich in Noten kaum je eine Bestätigung – daß zum Beispiel der Selbstmord des Kronprinzen Rudolf dem »Ritter Pasman« in die Quere gekommen wäre.

Die »Krönung« wird zum Mißerfolg

Wichtig, unendlich wichtiger, war für Strauß die Verbindung zu einem neuen Verleger. In Wien vorübergehend nicht mehr heimisch, wechselte Strauß in Deutschland das Verlagshaus. Johannes Brahms machte ihn mit seinem eigenen Verleger bekannt: Friedrich August Simrock aus Berlin war dazu ausersehen, der neue Partner des Walzer- und Opernkomponisten zu werden. Im Juni 1889 kamen die ersten Anfragen aus Berlin, die prompt beantwortet wurden. Relativ rasch kam man zu einem vorläufigen Vertragsabschluß. Und noch rascher war die erste Komposition von Johann Strauß im Hause Simrock abgeliefert und ein Glücksfall sondergleichen: die »eigens für Berlin komponierten Kaiser-Walzer«, von deren erster Aufführung zuerst nur kühl aus Berlin berichtet wurde, hatten großen Erfolg erzielt ...

Die »Krönung« wird zum Mißerfolg

Strauß lieferte dem Haus Simrock ein Einstandsgeschenk, das sofort einschlug: Zweimal mußte der K a i s e r w a l z e r wiederholt werden, das »förmlich elektrisierte Publikum« ließ sich kaum beruhigen, man verglich die Komposition am Abend ihrer Uraufführung mit dem bereits rund um die Welt populären und geliebten Donauwalzer. Der finanzielle Erfolg kam auf der Stelle; der Verleger erbat rasch die notwendigen Arrangements für Salonorchester, der Walzer war ohne besondere Reklame in Berlin, in Wien und bald auf der ganzen Welt ein Triumph.

Der wienerische Erfolg liest sich in einer oft zitierten Kritik Ludwig Speidels, der die Erstaufführung der Originalkomposition im Musikverein (ein Sonntagskonzert der Strauß-Kapelle, unter der Leitung des Komponisten) zum Anlaß nahm, die Walzerfolge genau vorzustellen. Zuerst »preußisch-kriegerisch«, dann mit »echt-wienerischem Schwung«, beschrieb Speidel die sorgfältig gearbeitete, symphonisch ausführliche Introduktion. Er war mit seiner Auflistung der Gegensätze dem ursprünglichen Titel, den Strauß selbst lange für die neue Walzerfolge genannt hatte, »Hand in Hand«, recht nahe.

Brahms, der sich rechtens als Vermittler bezeichnen konnte, war stolz und sonnte sich (lange bevor er selbst Widmungsträger eines Strauß-Walzers wurde) im Erfolg der »Kaiser-Walzer«. Die kollegiale Freundschaft und Bewunderung, die er wenigen Menschen zuteil werden ließ, aber bis an sein Lebensende für Johann Strauß bewahrte, war mehr als die Sehnsucht eines herben Norddeutschen nach dem wienerischen Charme eines Musikers. Sie bestand auch aus dem Staunen über die scheinbare Leichtigkeit der Erfindung und aus Freude daran, daß in der Kaiserstadt neben ihm ein Musiker wirkte, den er aus vollem Herzen bejahen konnte. Brahms kam schwer mit Bruckner und

V. Der Opernkomponist

überhaupt nicht mit den nachdrängenden Jungen zurecht, war klug genug, seine Wirkung auf das Publikum nicht zu hoch einzuschätzen und gleichzeitig großherzig genug, einen ausdrücklichen Publikumsliebling unter den Musikern hochleben zu lassen.

Ganz nebenbei war die Erstaufführung eine sonderbare Angelegenheit: Der Erfolg, den Strauß in Berlin mit seiner neuen Komposition hatte, wurde in Wien sofort zu einem kleinen Rachefeldzug genutzt. Carl Michael Ziehrer verschaffte sich den Klavierauszug und präsentierte dem Wiener Publikum die »Kaiser-Walzer« in einer eigenen Instrumentation, die mit der sorgsam gearbeiteten Partitur des Originals wenig zu tun hatte. Um dieser »verstümmelten, entstellten« Darstellung entgegenzutreten und das Wiener Publikum hören zu lassen, was den Reiz dieser Komposition ausmachte, mußte der Komponist selbst auf das Podium. Es muß ein besonderer Tag in der an besonderen Tagen reichen Geschichte des großen Musikvereinssaales gewesen sein, als es am Vormittag ein Konzert mit Beethovens IX. Symphonie und am Nachmittag, bei dem traditionellen Konzert der Strauß-Kapelle, eine »Premiere« gab ...

Ziehrer, der dieses spektakuläre Auftreten provoziert hatte, war längst ein anerkannter Militärkapellmeister und Komponist und konnte sich Liebling der Wiener nennen. Er tat genau das, was man zuvor von den Mitgliedern der Familie Strauß erwartet hatte: Er schrieb zu allen wichtigen Bällen Widmungswalzer. Dabei war auch einmal einer, der in seinem Schwung von Johann Strauß sein könnte. »Wiener Bürger« ist eine Komposition, die ganz zu den Huldigungen paßt, die Wiener Komponisten ihrer aufblühenden, scheinbar von Jahrzehnt zu Jahrzehnt bedeutsamer werdenden Stadt widmeten. Daß man von einer neuen Walzerreihe

Die »Krönung« wird zum Mißerfolg

von Strauß so viele, so bedeutende Rezensionen nachweisen kann, sagt viel über die Stellung aus, die der Komponist (über dessen Lippen weiterhin kein gutes, kein versöhnliches Wort über den einstigen Rivalen kam) im Wiener Musikleben zu dieser Zeit einnahm: Er war über sich selbst und seine größten Ziele hinaus gewachsen, nicht mehr der Vielschreiber, der ununterbrochen Widmungswalzer produzierende Tanzmeister der Stadt. Er war in seligen Höhen angesiedelt und wenn er »als Gast sein früheres Gebiet« betrat, dann nahmen das nicht nur die Wienerinnen und Wiener, sondern auch die wichtigsten Kritiker ernst.

Der Opernkomponist hatte Reputation. Und der Verleger dieser Oper erfuhr, was sein neuester Autor (auch im Finanziellen) zu bewegen imstande war. Das war für die Zusammenarbeit wichtig, das war für Strauß von großem Vorteil, das gab ihm die Möglichkeit, auf für ihn und Simrock neuem Gebiet als ein Herr und nicht als ein Bittsteller aufzutreten. Trotzdem war die vielbesprochene, die oftbeschworene Oper weder geschrieben noch in einem Stadium, das man der Öffentlichkeit verraten durfte: Strauß suchte förmlich nach Ausreden, sich mit anderen Problemen befassen zu können, sich mit diesen sogar an die Öffentlichkeit zu wenden.

In dieser Zeit herrschte eine seltsame Aufregung um eine Korrespondenz, die sich um eine Reform des Walzers dreht: im entsprechenden Dreivierteltakt zwischen der Journalistik, dem Komponisten und einem Mittler, der Eduard Hanslick hieß. Im »Wiener Tagblatt« erschien ein als Gespräch mit Strauß getarnter Angriff auf den an Popularität verlierenden Walzer (wohlgemerkt, den auf Ballveranstaltungen getanzten). Glaubte man der Zeitung, dann sprach sich der Walzerkönig dafür aus, eine neue Form für den Walzer zu erfinden: den »Menuet«-Walzer. Strauß, längst nicht mehr in den Ballsälen unterwegs, soll der Zeitung erklärt haben, die Jugend widme sich dem Tanzvergnügen nicht mehr mit dem Eifer früherer Tage, es werde mehr promeniert und geplaudert als getanzt. Bei Hofe seien nur mehr kurze, vier Minuten lange Walzer gestattet, in den »höheren Kreisen« merke man, daß sie die Tanzlust eingebüßt hätten. Also soll Strauß sich vorgenommen haben, der bisher von ihm selbst festgesetzten Folge von wenigstens fünf Walzern zwischen Introduktion und Coda eine andere, kürzere Tanzform entgegenzusetzen – nur noch drei Sätze, welche alle »andantino gracioso« beginnen, also einen promenadenhaften Beginn haben und erst allmählich dazu verführen, lebhaft Walzer zu tanzen. Seine Idee zur Ausführung wäre gewesen, zuerst eine Dame zu engagieren, mit der man gleichsam innig und gemütlich den Saal durchquert und sich, sofern diese an einem richtigen Walzer keinen Gefallen fände, für den wirbelnden Ausklang eine andere Partnerin zu suchen ...

Solche Ansichten über den »nicht mehr zeitgemäßen Walzer«, vom Walzerkönig kundgetan, machten nicht nur in Wien, sondern in der ganzen Welt Furore, provozierten journalistische Meisterleistungen zu einem Thema, das an sich keines war und außerdem nicht von Strauß aus der Lade geholt worden war.

Strauß hat das bewußte Gespräch entweder geführt und anschließend bereut, oder er ist von einem Journalisten gründlich mißverstanden worden, oder er hat das Gespräch gar nicht geführt. Man weiß nur eines ganz sicher, daß er nach dem Aufsehen, das das »Interview« machte, mit Eduard Hanslick in Klausur ging und von diesem eine Entgegnung angeboten erhielt, die anschließend in der vom Kritiker aller Kritiker vorgeschlagenen Form in der »Neuen Freien Presse« erschien und einen klaren Tenor hatte: Der Walzerkönig sei der Walzerkönig und denke gar nicht daran, abzudanken oder (sofern er Lust habe) etwas anderes als eine richtige, weiterhin verbindliche Walzerfolge zu komponieren. *»Es ist mir nie eingefallen und wird mir nie einfallen, das Tempo des Walzers zu einem Andante commodo oder überhaupt nur im geringsten zu verlangsamen. Meine beiden neuesten Compositionen: ›Kaiser-Walzer‹ und ›Rathausball-Tänze‹ sind die bündigste Widerlegung jener Behauptung. Tempo und Charakter des Walzers sind darin genau so geblieben, wie sie vor vierzig Jahren gewesen. Nur die Introduction und die Coda habe ich etwas erweitert und wol gelegentlich auch gegen Freunde geäußert, daß diese Theile (Introduction und Coda) vielleicht noch einer weiteren musikalischen Entfaltung fähig wären.«* Mit 3. März 1890 ist dieser »Leserbrief« datiert, der eindeutig klarstellt, was Johann Strauß allenfalls einmal gesagt haben könnte und was er mit seinen großen symphonischen Walzern längst tat. Zwar nicht zum Gefallen aller kritischen Beobachter, aber uns allen zur Freude! (Was wären die Neujahrskonzerte der Wiener Philharmoniker ohne die großen, die weit ausholenden Introduktionen und die an kurze symphonische Sätze erinnernden Codas in den Meisterwalzern?)

Zu ihrer Entstehungszeit erschienen sie einem Max Kalbeck ganz und gar unpassend. Man las da: *»Den breitesten Raum des Ganzen nimmt die stimmungsvolle Coda ein; das ist nicht mehr das gewöhnliche abschließende Anhängsel, nicht jener flotte, dem Ende ungeduldig zueilende Kehraus, bei welchem die Tänzer ihre Damen tief aufathmend zu den Ballmüttern zurückgeleiten, das ist eine ganze Phantasie, ein* *symphonisches, nach bekannten Leitmotiven componirtes Tanzpoem.*« Und als Folgerung, um jedermann bekannt zu machen, weshalb dergleichen nicht sein durfte: »*Wir sehen unseren Walzerkönig noch unter die Programmusiker der neudeutschen Schule gehen.*« Jahrzehnte nach einem ähnlichen, ahnungsvollen Verdikt Eduard Hanslicks wurde der Vorwurf erneuert und wieder von einem Parteigänger des Johannes Brahms, der selbst nicht im mindesten daran dachte, Strauß seiner breit angelegten Einleitungen und Finali wegen Vorwürfe zu machen. Im Gegenteil, man weiß von einer Abendgesellschaft bei Strauß, die mit einer Darbietung des anerkannten Pianisten Brahms endete: Der präludierte à la Brahms und fand, als jedermann bereits Phantasien über ein eigenes Thema zu hören glaubte, endlich in einen Walzer von Strauß, der dieses Präludiums würdig war. So weit Brahms das Thema interessierte, stand er auf der Seite des bewunderten Freundes.

Zurück zu »Ritter Pasman«: Als Strauß einen selbstgestellten Termin nicht halten kann, verfällt er auf die absurde Idee, es seien große T e i l e d e r P a r t i t u r v e r l o r e n gegangen, er müsse sie, da es keinerlei Particell (die letzte ausführliche Skizze vor der Partitur) gibt, faktisch noch einmal erfinden und sei daher in seiner Arbeit um Monate zurück. Er baut diese Phantasie aus und läßt berichten, der gesamte dritte Akt sei entweder gestohlen oder durch einen treuen alten Diener versehentlich mit »unbrauchbaren Manuscripten« verbrannt worden.

Niemand kann ernsthaft glauben, Gäste im Palais hätten die Chance gehabt, die Partitur eines beinahe vollendeten dritten Aktes einer Oper unbemerkt auf die Seite zu räumen und aus dem Haus zu tragen. Niemand kann denken, im Hause Strauß wären unbrauchbare Manuskripte verbrannt

Die »Krönung« wird zum Mißerfolg

und dabei versehentlich Noten, deren Tinte noch naß war, mit in den Ofen geworfen worden. Alle Vertrauten kannten die Lokalitäten, wußten um die Gewohnheiten; auch, daß Strauß nicht einmal von seinen gespielten Kompositionen Noten im Hause hatte. Jedermann wußte somit, daß die im Spätherbst 1890 verbreitete Nachricht nichts als eine mühsam erfundene Ausrede war. Oder war es Angst?

Unmittelbar vor der Nachricht vom verlorengegangenen dritten Akt hatte der k.u.k. Direktor des k.k. Hofoperntheaters Wilhelm Jahn geschrieben, er sähe der Einsendung der Partitur »mit besonderem Interesse« entgegen. Das war das Zeichen, das für Strauß bedeutete, es werde keinerlei Schwierigkeiten bei der Annahme geben. Undenkbar wäre es ja gewesen, daß man ihm eine Notenarbeit dieser Dimension als »ungenügend« retourniert hätte.

War vielleicht Strauß in diesem vorletzten Moment mit seiner eigenen Arbeit nicht zufrieden? Scheute er vielleicht angesichts der wenigen Schritte von der Igelgasse zum Opernhaus am Ring aus eigenem Antrieb zurück?

Der Komponist hielt die T ä u s c h u n g selbst vor Freunden aufrecht, verzögerte alle notwendigen Schritte, ließ sich erst den Uraufführungstermin bestätigen und erbat sich dann, zwecks neuerlicher Durchsicht, die Partitur und alle anderen Materialien zurück und ließ, als es nur noch Monate bis zur bestätigten ersten Aufführung dauern konnte, in Händel mit seinem Verleger ein. Erklärte, Änderungen vornehmen zu müssen und feilschte ums Honorar. Man gewinnt den Eindruck, daß er zu diesem Zeitpunkt alles tat, um sich und seiner Oper Schwierigkeiten in den Weg zu legen. Mehr noch, er komponierte statt ihr Walzer, um nur nicht an sie denken zu müssen. Und er unterschrieb einen Vertrag mit einem amerikanischen Agenten, um seine

V. Der Opernkomponist

Werke auf einem anderen Kontinent untergebracht zu wissen und um neuerliche Schwierigkeiten mit Simrock heraufzubeschwören. Um Geld ging es dem Hausherren Johann Strauß längst nicht mehr; um günstigste Bedingungen nur insofern, als er auf diese Anspruch hatte. Worum ging es ihm? Um Verzögerung, um Hinauszögerung des scheinbar so sehnlich erwarteten Augenblicks: der Krönung seiner Laufbahn ...

Ist es etwas anderes als die natürliche Reaktion, daß diese Krönung nicht zustandekam? Daß, als »Ritter Pasman« am 30. Dezember 1891 bei der öffentlichen Generalprobe im Hofoperntheater stattfand, man den Berichten nach vor allem die Mitglieder des Jockey-Klubs als »Generalgewaltige des Balletts« und im Parkett Johannes Brahms, Viktor Tilgner, Franz Jauner als engste Vertraute des Komponisten, zudem »sechzig Vertreter der in- und auswärtigen Presse« erwähnte?

Von Johann Strauß ist als einzige sichere Äußerung von diesem Tag ein Billet an Gustav Lewy erhalten: »*Habe mich leider wieder durch den fürchterlichen Zug im Theater erkältet, sodaß mein Zustand es nicht erlaubt, das Zimmer zu verlassen. Husten und allgemeines Frösteln wechseln miteinander ab, deshalb ich auf das Vergnügen, bei Euch zu tarockieren, verzichten muß. Mit hochachtungsvollen Grüßen ...*« Man weiß, da leben und arbeiten zwei Wiener über Jahrzehnte, kennen sich aus der Schule und haben gemeinsame Interessen. Der Theateragent und Verleger weiß ganz genau, daß er dem Freund, dem Komponisten, am Abend nach der wichtigsten Generalprobe seines Lebens nichts bieten kann als eine seiner geliebten Tarockpartien. Und der sagt ab. Mit Husten und allgemeinem Frösteln, vor allem aber mit einer Floskel, die er nicht einmal nahezu unbekannten Herren Rezensenten zumutet. Hochachtungsvolle Grüße – Strauß schreibt sie hin, nachdem er begriffen hat, begriffen haben muß, daß er sein Lebensziel seit Jahren erreicht, jetzt aber verfehlt hat. Denn nicht der Komponist, der Jahre seines Schaffens dafür verwendet hat, sondern der unbestechliche Kapellmeister weiß genau: »Die Fledermaus« und »Der Zigeunerbaron« gehören in das Hofopertheater und werden dem Haus und dem Komponisten Ehre einbringen. »Ritter Pasman« aber gehört spätestens nach der Generalprobe der Vergangenheit an. Strauß weiß es besser als alle seine Rezensenten, die es ihm in den Tagen darauf (jeder auf seine Art, einer besonders bösartig) bestätigen werden.

Sofort nach der glanzvollen – nach außen hin glanzvollen – U r a u f f ü h r u n g »Ritter Pasmans« beginnt der Kampf, die Selbstverteidigung des Opernkomponisten Johann Strauß. Gemeinsam mit seinen Agenten und seinem Verleger will er die Oper ebenso durchsetzen wie er es mit seinen Operetten gewohnt ist. Das heißt, er sucht nach Häusern, die eine zweite Produktion herausbringen; er setzt sich für eine Serie von Aufführungen an der Hofoper ein; er bekämpft alle die höflich vernichtenden Kritiken und er gibt allen, allen die Schuld an der mißlungenen Oper.

Sinnlos, wie er selbst weiß. Seine treuesten Freunde schmeicheln ihm, sein Verleger zeigt sich über den dirigierenden Hofoperndirektor verärgert und noch mehr über den Kritikerpapst, der den »Ritter Pasman« auf dem Umweg über eine Vernichtung des Librettos aburteilt. Sein Agent macht ihm das Leben schwer, indem er nicht genügend Operndirektoren interessieren kann. Und seine Sänger, bei denen er sich höflich für ihren Einsatz bedankt hat, werden krank und verzögern die Aufführungen, mit denen er die Oper wenigstens in Wien am Leben zu erhalten hofft.

Das Publikum ist ganz und gar nicht unhöflich, es will natürlich die Oper von Strauß hören. Wenn man sie ansetzt, ist das Haus am Ring ausverkauft und eine Chance, bei einer der Aufführungen den Komponisten zu sehen, gibt es noch dazu. Aber das Haus am Ring hat noch keinen festen Spielplan im heutigen Sinn. Man disponiert erstaunlich improvisiert, man hat zwar eine bestimmte Anzahl von Aufführungen angesetzt, aber man kann diese auch im letzten Moment ändern und damit eine neue Oper zugrunde richten. Anders als in einem Operettentheater, das Abend für Abend zu einem neuen Werk einlädt und nach einigen Wochen entweder einen Erfolg oder einen Mißerfolg meldet, ist an der Oper Repertoire angesagt. Strauß weiß das ganz genau, will aber sein Glück erzwingen und in rascher Folge mehrere ausverkaufte Häuser vorweisen, um deutsche Bühnen dazu zu bringen, den »Pasman« anzunehmen.

Man intrigiert, man geht mit den Preisen für das Material herunter, man spielt Direktoren gegeneinander aus, man lanciert Meldungen über bevorstehende Aufführungen. Und man hat kein Glück. Es kommt nur zu einer einzigen Produktion, die den Komponisten einigermaßen zufriedenstellt: In Prag wird im April »Ritter Pasman« von Johann Strauß persönlich einstudiert. Er leitet nicht die Aufführungen, sondern die Proben. Und er macht sich immer wieder etwas vor. Plötzlich ist er »im Allgemeinen contentiert« und lobt vor allem die Tempi, die gewaltig von denen der Wiener Einstudierung abweichen. Als hätte es in der Hofoper an zu raschen Tempi gelegen, daß aus einer unspielbaren, überlangen Oper kein Erfolg geworden war ...

Der Millionenwalzer

Wieder belügt Strauß sich selbst. Er hat seit seinem Opernmißerfolg Walzer komponiert, hat vor allem den Johannes Brahms gewidmeten Walzer »Seid umschlungen, Millionen« uraufgeführt und auf Anhieb im Musikverein die obligaten vom Publikum geforderten zwei Wiederholungen erlebt. Bei der Gelegenheit konnte er (als sei die Oper eine Operette) aus dem »Pasman« eine Polka zugeben. Die Tatsache, daß seine große Balletteinlage im dritten Akt ein allgemeines Entzücken hervorgerufen hatte, war ihm überhaupt nicht recht, in seiner Oper sollte die reiche Partitur, die Tatsache, daß es keinen Dialog, sondern ausschließlich Komposition gab, überzeugen. Aber nicht nur die Kritik, das Publikum hatte entschieden und sich vom ersten Tag an für Walzer und Polka begeistert und so blieb Strauß keine Wahl. Er gab den Walzer und die Polka und ließ die »Ableger« spielen, wenn man schon von der Oper selbst nichts hören wollte.

Der Millionenwalzer war für die große Musik- und Theaterausstellung komponiert, die alsbald eines der wichtigsten Ereignisse in der Geschichte Wiens werden sollte, und er war, als diese eröffnet wurde, bereits Allgemeingut. Aber, er konnte von der Kapelle Strauß bei der Ausstellung nicht gespielt werden, denn Eduard Strauß war auf Reisen.

Der Walzer war uraufgeführt wie seine unmittelbaren Nachbarn: in einem der Nachmittagskonzerte des Bruders Eduard (das Publikum mußte gut zwei Stunden alte Nummern hören, bevor zum krönenden Abschluß der Walzerkönig selbst auf dem Podium erschien und seinen Triumph feierte). Bei allem Zwist zwischen den Brüdern war es für beide selbstverständlich, daß Uraufführungen auf diese Art gefeiert wurden. Mit der vorangegangenen Probe hatte die Kapelle Strauß die authentische Interpretation kennengelernt und konnte sie fortan unter ihrem Kapellmeister Eduard vortragen. Mit dem sicheren Untergrund der auf seine Musik spezialisierten Wiener Musiker hatte der Komponist die Gewißheit, daß gleich beim ersten Auftreten der von ihm erträumte Schwung und Charme zu hören waren. Diese Zweckgemeinschaft der Brüder hielt bis ans Ende.

Man verständigte sich über die Chancen und über den »Absatz« der Walzer: Obwohl nicht nur der Widmungsträger und die Kritik, sondern das Publikum begeistert waren, setzte der Verleger längst nicht so viele Noten ab, wie allgemein erwartet. Simrock in Berlin war zwar ein Musikverlag mit großem Prestige, aber nicht auf Tanzmusik spezialisiert, somit der denkbar ungeeignetste Verbreiter für Johann Strauß. Man brachte es auf nur 6000 verkaufte Exemplare als unmittelbare Folge der Uraufführung und muß dabei bedenken, daß man anno dazumal ausschließlich am Verkauf der Noten feststellen konnte, wie sehr das Publikum die Musik annahm. Strauß reagierte auf die Nachricht vom schwachen Absatz verzweifelt. Er erinnerte seinen Verleger daran, was er im Normalfall mit einer neuen Komposition erreichte: »*Sie müßten wenigstens 36 000 Exemplare abgesetzt haben ... Fragen Sie Eberle, wieviel Cranz per Walzer absetzte.*« Und er war auch des Verlegers wegen entsetzt: »*Es existiert doch der Verleger für mich nicht, um ihn auszubeuten! Alle Verleger haben durch mich verdient – es sind zwar sehr wenige – Mechetti, Müller als ich 18–20 Jahre alt war, später Haslinger, Spina und dessen Nachfolger Cranz – Sie allein verlieren an mich Geld. Ein trostloses Gefühl für mich!!*« Man darf diese Ausrufe aufrichtig und ernst nehmen. Es war ein »trostloses Gefühl« für einen bisher immer und in jeder Hinsicht erfolgreichen Musiker. Und man darf innehalten und sich die Opuszahl in Erinnerung rufen: »Seid umschlungen, Millionen« trägt die Zahl 443, so viele Kompositionen hatte Johann Strauß bereits geschrieben, die Zahl der Einfälle, die sich in diesen verbargen, gingen weit über dieses Maß hinaus. Und doch war der alte Herr ganz ohne Zweifel imstande, einen aufregenden, einen weltumspannenden, einen alles andere als altersweisen Walzer zu erfinden. Mehr noch, er war imstande, diesen sicherer und »haltbarer« zu machen als viele seiner Kompositionen, die er selbst nicht einmal mehr kannte. Ein Wunder? Ein Geheimnis, an das man nicht rühren soll ...?

Aus der Korrespondenz zwischen den Brüdern weiß man, daß Johann von der Enttäuschung des Verlegers Nachricht gab und Eduard sich daraufhin intensiver für »Seid umschlungen, Millionen« einsetzte. Beide hatten keinen finanziellen Vorteil von den verkauften Exemplaren, beide aber waren dermaßen am Erfolg interessiert, daß sie diesen vom Verleger bestätigt haben wollten. Außer dem erwähnten Walzer war eine »Neue Pizzicato-Polka« entstanden: Man weiß aus einem Brief von Johann an Eduard, wie sie geplant und ausgeführt war. »*Sie ist dem Zeitgeschmack gemäß diesmal etwas interessanter gehalten (ohne eigentlich concertant in Bezug auf musikalischen Gehalt). Sie läßt manierierte Vortragsweise zu – dies die Hauptsache einer Pizzicatonummer. Dort wo der Ton nicht singt – kann nur in einer ich möchte sagen koketten Vortragsweise ein Erfolg liegen – da weder Piano noch Forte in einer solchen aparten Piece genügende Abwechslungen bieten. Ich denke selbes vorgestern improvisirtes Agaziestückel Dir übermorgen senden zu können. Es sind nur ausschließlich Quartett u. ein paar kleine Glockenspieltöne dazu nöthig.*«

»Agaziestückerl« – diese wienerische Charakteristik für eine Komposition, die man vor allem als Zugabe verwenden kann, hat eine kleine Geschichte: Ein Mitarbeiter des Klavierfabrikanten Bösendorfer, den man nach dem Gehalt eines Klavierstücks befragte, nannte es schlicht ein Agaziestückerl und erinnerte seinen Chef damit an den ungarischen Komponisten und Pianisten Carolus Agghazy. Damit war ein neuer Gattungsbegriff geschaffen. Der Mitarbeiter geriet in Vergessenheit, der ungarische Musiker und seine Kompositionen verschwanden in den Archiven. Agaziestückerln aber gab es immer wieder und erst seit wenigen Jahren weiß man, wie kleine, effektvolle Stücke zu diesem Namen kamen. Einige Virtuosenstücke des Carolus Agghazy sind seither wieder aufgeführt worden. In Wien spielt und hört man weiterhin Agaziestückerln ...

Und in Wien nahm man auch die Prager Aufführung des »Ritter Pasman« nicht anders zur Kenntnis als die Uraufführung: Man ließ sich vom allgemeinen Aufsehen, vom großen Jubel für den beliebten Komponisten berichten. Aber man hatte im vorhinein (Strauß wußte das und konnte es nicht verhindern) nicht die Absicht, das ausgesprochene Verdikt zu ändern. Strauß war privat mit ihnen einer Meinung: Die Tempi seien besser, einige Umstellungen gäben Anlaß zur Freude, »doch kann man das Buch nicht neu machen u. bleibt es immer ein G'frett, das langweilige maskiren zu können.« Er hatte sich also längst der allgemeinen Ansicht angeschlossen und war (wie bei vielen seiner Operetten) im nachhinein selbst ein harter Kritiker der Texte, die er während des Komponierens nicht gelesen hatte.

Wie bei seinen Operetten war Strauß »glücklich und zufrieden«, wenn ein Regisseur im letzten Moment Veränderungen oder Umstellungen wünschte. In Prag war es Angelo Neumann, der Theaterdirektor. Und wie bei seinen Operettenaufführungen war Strauß darauf bedacht, den Librettisten nicht bei den letzten Proben dabei zu haben. Ludwig von Docsy, der Unglückliche, kam nicht nach Prag. Wie viele seiner Vorgänger war er von seiner Wichtigkeit überzeugt, wie sie alle, ist er vergessen.

Zum Beispiel der Journalist Hugo Wittmann, dessen »Fürstin Ninetta« nach Strauß auch kein Meisterwerk wurde. Die Arbeit daran aber wurde dem Komponisten leicht. Er entschuldigte sich beinahe, hätte noch eine Oper komponiert, wäre man ihm nur rechtzeitig mit »guten Büchern« gekommen. So aber war er gezwungen, in sein altes Metier zurückzukehren und damit Geld zu verdienen. Die Oper hatte Strauß nur Honorar, kaum Tantiemen eingebracht, die Zusammenarbeit mit Simrock hatte insgesamt nicht den gewünschten Erfolg und mit seiner nächsten Operette war er schon wieder beim alten Verlag und somit in den allerbesten Händen. Denn August Alwin Cranz arbeitete so rasch, daß Strauß nach der Uraufführung nicht einmal die Einzelnummern aus der »Fürstin Ninetta« selbst aufführen konnte; sie waren längst im Repertoire der Militärkapellen.

Die »Oper« »Fürstin Ninetta«

R asch, das Wort ist für die Operette durchaus am Platz, fand Ende Dezember 1892 die erste Leseprobe statt; am 10. Jänner 1893 gab es die U r a u f f ü h r u n g . Eine Intrige der Direktorin Alexandrine von Schönerer des Theaters an der Wien machte es notwendig. Sie wollte Aufsehen erregen, bat und erhielt darauf die Zusicherung, der Kaiser selbst werde die erste Aufführung besuchen und man hatte sich somit an den vom Hof genannten Termin zu halten.

Die »allerhöchste Gegenwart« bestimmte später auch den Erfolg. Daß der Kaiser ein privates Theater besuchte, daß er alle drei Akte blieb, daß er anschließend den Komponisten in seine Loge rufen ließ und daß er schließlich gratulierte, war wenigstens für die Berichterstatter sensationeller als die Rückkehr des Johann Strauß zur Operette. Wenn man den Ohrenzeugen trauen darf, dann gratulierte der Kaiser Johann Strauß ausdrücklich zu seiner neuen Oper, bei der er sich herrlich unterhalten hatte.

Es sind mehrere Begegnungen von Kaiser Franz Joseph mit Strauß überliefert und immer sprach die Majestät von Opern. Das war nicht weiter ernst zu nehmen, der allerhöchste Herr war unmusikalisch und hatte von Opern keine Ahnung. Opern waren seiner Erfahrung nach lang und langweilig und sollten nur aktweise konsumiert werden und das auch nur, wenn ein hoher Gast in Begleitung seines Gastgebers das Opernhaus zu besuchen wünschte. Wenn man den Kaiser also zu einem Stück mit Gesang und Musik führte und er sich dabei unterhielt, dann war das für ihn ein besonderer Abend. Ein Opernabend, den er ausnahmsweise zufrieden verbrachte.

Der bereits von Gicht geplagte Komponist (längst über das Stadium hinaus, in dem ihm ein Wort aus dem Mund des Monarchen mehr als eine willkommene Reklame bedeutete) hatte keine besonders gute Laune angesichts seines Erfolges. Er hatte Jahre seines Lebens an eine Oper gewendet und war mit drei verschiedenen Aufführungen (Berlin kam dazu) nicht zufriedengestellt. Jetzt hatte er eine nicht

Die »Oper« »Fürstin Ninetta«

sehr anspruchsvolle Operette komponiert und alle Welt war glücklich. Die Welt war ungerecht. Sie blieb es in den Augen des Walzerkönigs. Sie nahm seine Tanzmusik auf der Bühne an und sie interessierte sich nicht für seinen Versuch, sehr viel »mehr« anzubieten.

»Fürstin Ninetta« wurde rasch von vielen Bühnen übernommen und überall ein heiterer Erfolg. In Wien wurde sie nach 75 ausverkauften und von allen nur erdenklichen Hoheiten besuchten Vorstellungen abgesetzt. Nicht, weil der Besuch zu wünschen übrig ließ, sondern weil das Theater an der Wien auf der von Johann Strauß unterschätzten Theaterausstellung bei der Rotunde im Prater eine Oper erworben hatte: Friedrich Smetanas Oper »Die verkaufte Braut« hatte gefallen und kam zu Ehren. Die Direktorin von Schönerer hatte den Wert der Oper erkannt, der Regisseur Franz Jauner die Proben übernommen. Nach einem schwachen, aber erfolgreichen Johann Strauß kam eine gar nicht schwache und überaus erfolgreiche »Verkaufte Braut« auf die Bühne. Die Bühne, die wahrlich die wichtigsten Werke ihrer Zeit präsentierte! Kein anderes Haus in Wien (vor allem keines, das heute noch um Besucher wirbt) kann sich einer derart stolzen Reihe von Ur- und Erstaufführungen rühmen wie das Haus, das am Naschmarkt liegt und immer noch zwischen Oper und »Anderem« pendelt.

Daß der Smetana-Erfolg der Firma Strauß (vor allem der aufmerksamen Ehefrau) als Sujet der nächsten Operette das Kolorit vorgab, wundert nicht. Die Mitarbeiter mußten gefunden werden, ein Buch mußte, vor allem, Alexander Girardi auf den Leib gedichtet werden. Strauß, des neuerdings erfolgreichen Dialekts seit Jugendtagen mächtig, setzte sich vor's Notenpapier und komponierte »Jabuka«, eine Operette für Girardi und nach der Mode ...

V. Der Opernkomponist

Man darf sich den weltberühmten Mann, der 1893 in Ischl ebenso zu den Attraktionen gezählt wurde wie der Kaiser, Johannes Brahms und berühmte Sänger als einen L o h n - s c h r e i b e r vorstellen. Texte wurden geliefert, zwischendurch wurde er gebeten, sich lieber mit dem zweiten Finale zu beschäftigen und auf große Änderungen im ersten Akt zu warten. Er beschäftigte sich, wartete und war dabei zufrieden. Im Theater gab man ein Stück des begabten jungen Wieners Arthur Schnitzler, der bei der Gelegenheit auch Johann Strauß treffen durfte. Was Brahms komponierte, erfuhr die neugierige Welt prinzipiell nicht. Daß Strauß an einer Operette für die nächste Saison saß, war jedermann bekannt und selbstverständlich. Was erwartete man sonst anderes von ihm?

Man erwartete, daß er an einem Festabend, zu dem der Kaiser geladen war, im Theater die Ouvertüre zur »Fledermaus« dirigierte, und er tat es. Man sandte ihm Nachrichten von Jubiläumsvorstellungen in aller Welt, und er nahm sie zur Kenntnis: Das Stadttheater Baden brachte es in diesem Sommer auf die hundertste Vorstellung der »Fledermaus« und in Wien erklärte man sich diese enorme Aufführungszahl damit, daß Baden ein »großes Contingent von theaterfreudigen Curgästen, die jährlich die Stadt bevölkern«, habe und es so möglich sei, Strauß-Operetten zu derartigen Jubiläen zu führen.

VI.
Das Alter

»Das lebhafte Auge«

Die reifen, letzten Jahre des Johann Strauß sind (sagt die Statistik, die sich auf das pure Nachzählen der geschriebenen Noten beschränkt) alles andere als Jahre des Müßiggangs. Im Gegenteil, nimmt man die rasch hingeworfenen Walzer aus den Zeiten, in denen Kapellmeister Strauß Musik für seine abendlichen Auftritte finden mußte und setzt sie in Relation zu den meist langwierigen Arbeiten für eine Operette und deren Ausarbeitung in Partitur, dann kommt man auf ein gleichmäßiges, ein niemals rückgängiges Arbeitspensum.

Seine letzten großen Walzer sind von einer Pracht, daß man ihnen nicht nur anhört, sondern auch ansieht, wieviel Arbeit auf sie verwendet wurde: Nach dem Johannes Brahms gewidmeten »Seid umschlungen, Millionen« folgen »Märchen aus dem Orient« (ein Widmungswalzer an den Sultan Abdul Hamid Khan), ein »Hochzeitsreigen«, »Auf dem Tanzboden. Musikalische Illustration zu dem gleichnamigen Gemälde von Franz Defregger« (eine Rarität, denn Naturschilderungen des Johann Strauß scheinen sonst aus seiner Naturverbundenheit entstanden; diesmal aber gibt der Meister zu, daß seine Inspiration eher aus Bildern als aus dem Aufenthalt in Gottes freier Natur stammen). Sogar zu Gelegenheitskompositionen findet er noch Zeit;

VI. Das Alter

den Lesern der »Gartenlaube« wird ein Walzer op. 461 geschenkt und für das berühmte K.u.k. Infanterie-Regiment Hoch- und Deutschmeister wird ein Jubiläums-Marsch op. 470 geschrieben, den der Komponist erstmals am 9. September 1896 im Prater dirigiert. Eine der letzten Kompositionen ist eine wundersame Walzerfolge, »An der Elbe« op. 477, und hat verdient, daß sich die Wiener Philharmoniker ihrer erinnerten.

Der Dirigent Nikolaus Harnoncourt hat in einem seiner Vorträge über die Klangrede Strauß-Musik als Beispiel für die S c h w i e r i g k e i t e n r i c h t i g e r I n t e r p r e t a t i o n gewählt. Er meinte vom jungen Strauß: »*Der Komponist versuchte hier das in die Noten hineinzuschreiben, was seiner Meinung nach notwendig war, und zwar für die Musiker, die vor ihm im Orchester saßen; sie wußten ja genau, was ein Walzer oder eine Polka ist und wie sie zu spielen sei. Wenn man diese Musik einem Orchester vorlegt, das dieses Wissen nicht besitzt, das diese Tänze nicht kennt, und die Musiker spielen noch so exakt, was in den Noten steht, so kommt doch eine völlig andere Musik heraus. Man kann diese Tanzmusik nicht genau so niederschreiben, wie sie gespielt werden soll. Oft muß ein Ton etwas früher oder später, kürzer oder länger gespielt werden, als er niedergeschrieben ist, usw. Man könnte also diese Musik noch so genau spielen, metronomisch genau – und doch hätte das Resultat nichts mit dem vom Komponisten gewollten Werk zu tun.*« An diesen sehr richtigen Ausführungen ändert sich auch nichts, wenn man sie auf den alten, den reifen Johann Strauß anwendet. Er lebte bis zuletzt in einer Zeit, in der der Musiker, all den damals bereits erfundenen Ausdrücken zum Trotz, keine Zukunftsmusik schrieb, sondern seine Noten in erster Linie aufgeführt, verstanden und geschätzt

»Das lebhafte Auge«

haben wollte. Noch gab es weder die Trennung zwischen ernster und unterhaltender Musik, noch gab es Meister, die nichts dagegen hatten, unverstanden zu bleiben und auf kommende Generationen zu hoffen, denen sie ihre Arbeit widmeten ...

Ähnlich erging es auch der Operettenmusik des Johann Strauß, obwohl es genügend Übereinkunft unter den Interpreten und eine sehr genaue Kenntnis des Tempos und des Vortrags, die dem Komponisten vorschwebten, gab. Bereits zu Lebzeiten des Johann Strauß war so viel Zeit zwischen seinen ersten Walzern und seinen ersten Operetten vergangen, daß selbst Strauß klagte, man halte sich immer seltener an das von ihm vorgegebene T e m p o , man wisse gar nicht mehr, wie ein Walzer zu spielen sei und seine Operettenproduktionen seien nur manchmal in seinem Sinne musikalisch. Der Komponist schrieb Danksagungen an Dirigenten und Künstler, wenn eines seiner Werke in einer Stadt Erfolg hatte.

Kein Wunder also, wenn er bei allem Fleiß und in all seiner scheinbar problemlosen Art, zu komponieren, mit den Jahren immer genauer, immer vorsichtiger wird in seinen Partituren und versucht, den Orchesterklang so festzulegen, daß er weder verfettet noch abgespeckt werden kann. Denn der mit allen Wassern gewaschene Strauß, der Meyerbeer und Wagner arrangierte, ärgerte sich bis zuletzt über die fremden Arrangements seiner eigenen Kompositionen.

Hier werden Musikwissenschaftler einwerfen und darauf hinweisen, daß es mehr als eine »originale« Art der Strauß-Musik gibt. So hat der Komponist seinen »Zigeunerbaron« zum Beispiel auf unnachahmlich schlanke und durchsichtige Art geschrieben, und damit den Stimmen die Möglichkeit gegeben, leicht über das Orchester zu kommen. Bei seinen anschließend für den Konzertgebrauch geschriebenen

VI. Das Alter

Piecen aus dieser Operette aber, hat er selbst losgedonnert und mehr Bläserakkorde erklingen lassen als zuvor im Theater an der Wien. Das bedeutet, daß er als Mann der Praxis für das Theater anders komponierte als für den Konzertsaal und daß er damit rechnen mußte, daß seine Musik hier und dort anders klingen und in einem anderen Zeitmaß gespielt werden würde. Denn, ein größeres Orchester verlangsamt im Prinzip allemal das Tempo, wenn man nicht ausdrücklich und per Metronom auf genaue Ausführung dringt. Interpreten, die nach Strauß geboren und über seine eigenen Ansichten über Tempi nicht mehr informiert waren, konnten sich zwar auf eine »wienerische Tradition« berufen, haben aber alle ihre eigenen Ansichten über Tempi gezeigt. Gerade die Musiker, die sich mit großen Orchestern an Strauß versuchten, sind in ihren Interpretationen weit auseinander. Und immer haben sie alle recht, wenn sie nur die Relationen einhalten, wenn sie in sich stimmig interpretieren. Man wird es bald vergessen. Eine Generation von Musikern wird heranwachsen, die seine Operetten aus dem Klavierauszug dirigiert und sich nicht kümmert, welche Instrumente im Orchester sitzen. Eine weitere Generation von Musikern wird kommen, die sich ein ordentliches Zubrot verdient, indem sie jeweils eine »Hausfassung« schreibt, also Änderungen am Notenbild vornimmt, um in den Genuß von Tantiemen zu kommen. Das Urheberrecht um die Jahrhundertwende, das Werke nur dreißig Jahre nach dem Tod des Komponisten unter Schutz stellte, schrie förmlich danach, daß sich Bearbeiter Honorare verdienten, wo keines mehr an den Autor abzuliefern war.

Strauß, der ahnte, was man alles mit Musik anstellen konnte, stand als alter Mann bei seinem Stehpult und schrieb – viele Noten. Schrieb so genau, wie man Musik nur notieren kann. Was der von verschiedensten Lei-

»Das lebhafte Auge«

den geplagte Mann (er selbst gibt in Briefen neben Gicht, Kopfneuralgie auch einen Lungenkatarrh an) sich leisten konnte, das war der Verzicht auf einen Großteil der finanziell verlockenden Angebote. Er hätte in aller Öffentlichkeit Konzerte leiten, zu Jubiläen seiner Operetten reisen und sich gerührt vor dem Vorhang zeigen können. Angebote gab es laufend und diese waren finanziell mehr als verlockend: St. Petersburg wollte Stauß noch einmal erleben; aus Amerika kam eine dringliche und geschäftlich verheißungsvolle Einladung; in Europa meldeten sich italienische Städte, es kamen en masse Angebote aus Paris und Berlin. Strauß nahm sie nicht an und er bagatellisierte die kurzen Wiener Gastspiele; vor allem deshalb, weil er nur noch dirigierte und fand, das sei nicht das Richtige. Unter Auftritten verstand er, was er längst aufgegeben hatte: Die Leitung eines Walzerkonzerts mit der Geige in der Hand und ein Spiel, wo sich der Klang deutlich von den Streichern im Orchester abhob. Wenn er zu der Zeit im Musikverein den einen oder anderen Walzer persönlich vorstellte, bat er sogar in Briefen, nur ja niemanden im voraus aufmerksam zu machen. Seine diesbezüglichen Briefe kann man bescheiden nennen, sie sind freilich zugleich voll Resignation. *»Meine Leistung dort ist eine zu geringe, als daß ich ihren Besuch verantworten könnte. Ja, würde ich noch geigen – dann könnte ich doch wenigstens zeigen, was ein Walzerstrich ist! Aber mit dem Staberl in der Hand einen Walzer aufführen, das ist nicht der Rede werth!«*

Es ist der jungen Frau Strauß gewiß zu danken, daß sie ihrem nach eigener Jugend gierenden Mann eine getreue Hüterin und Sekretärin war. Wie in jeder guten Künstlerehe (vor der Zeit der Gleichberechtigung) war sie ein Schutzschild, den Johann Strauß bewußt nützte. *»Die Anfänge seiner Operettentexte weiß der Meister fast immer auswendig,* *während seine Frau Zeile um Zeile in ihr Gedächtnis eingeprägt hat, um ihn im Augenblick der Nothwendigkeit beispringen zu können«*, berichtet der von Adele Strauß zugelassene Hofbiograph Ludwig Eisenberg, von dem man vielleicht nicht die richtigsten, aber viele unscheinbare wichtige Details aus den späten Jahren des Meisters erfahren kann. Unter anderem auch den Tagesablauf: Strauß stand spät auf, hielt nach dem Essen keine Siesta, nach dem Abendessen aber lange Nachtwachen am Stehpult (auch im Alter und Ruhestand nicht mehr abgelegte Gewohnheiten eines Kapellmeisters und Theatermenschen). Der schon in der Kindheit mit dem Klavier vertraute Komponist besaß zwar einen stattlichen Bösendorfer, verwendete ihn aber nicht, um neue Werke zu erproben; mit ihm animierte er nur bei Gesellschaften seine Gäste. Und, immer wieder liest man auch, daß Strauß sich selbst am frühen Morgen daheim nicht leger gab, »Negligee, Schlafrock, Hauskappe und weiche Schuhe« immer mied und Wert darauf legte, immer und überall mit »aufgezwirbeltem Schnurrbart, Ringellocken und Lackstiefeletten« gesehen zu werden. Er wollte, bezeugt man ihm zu Lebzeiten, um dreißig Jahre jünger erscheinen. Er tat's, indem er zu seiner sorgfältig gewählten Kleidung auch das berühmte »lebhafte Auge« zu zeigen liebte; das freilich nur die Gesellschaft täuschte, nicht aber Künstler, deren Bilder ihn als einen pessimistisch und starr blickenden Herrn im Frack zeigen. Frau Strauß ließ sich zwar im intimen Kreis als diejenige bezeichnen, bei der man »Dienst« zu tun hatte (Johannes Brahms bezeichnete es so und übernahm den Dienst von Herzen gern), nach außen aber blieb sie immer die damals üblichen »zwei Schritte« hinter ihrem Mann zurück. Konzerte im Prater, bei denen er manchmal noch eine seiner Kompositionen dirigierte, waren ausschließlich Auftritte von Johann Strauß. Konzerte

»Das lebhafte Auge«

im Musikverein, in denen er für zwei Piecen die Kapelle seines Bruders leitete, waren Strauß-Ereignisse, die nur dem Meister gewidmet waren. Adele war hinter den Kulissen tätig. Das mag für sie nicht leicht gewesen sein, war aber anno dazumal üblich. Die Frau war noch wortwörtlich die bessere Hälfte des Mannes. Aus Dutzenden Briefen, die nicht in der von Adele Strauß zensurierten ersten Briefausgabe, sondern in sieben Bänden erstaunlich vollständig vorliegen, finden sich auch höfliche bis untertänige Bitten möglicher Librettisten und die manchmal liebenswürdigen, oft sehr geschäftsmäßigen, manchmal entwaffnend direkten Antwortschreiben aus dem Hause Strauß. Diese sind meist von der Ehefrau, nur in den seltensten Fällen vom Komponisten. Immer mit dabei auch beleidigte Briefe von Librettisten, die sich im Verlauf der Arbeit zu einer Strauß-Operette zu wichtig genommen hatten. Kaum war bekannt, daß sie mitarbeiteten, stieg ihnen diese Nachricht in den Kopf und machte sie im Umgang mit Strauß arrogant.

Konkurrenten waren kaum mehr zu fürchten. Der einzige erfolgreiche Wiener Musiker neben Strauß war C a r l M i l l ö c k e r, zwar erfolgsverwöhnt, aber krank und schwach, schwächer als Strauß. Weitere populäre Musiker neben Strauß waren K a r l Z e l l e r (»Der Obersteiger« heißt eine seiner erfolgreichsten Operetten; mit dem »Vogelhändler« ist er bis heute im Repertoire) und C a r l M i c h a e l Z i e h r e r. Doch sie allein waren nicht imstande, den Kampf gegen den Walzerkönig zu führen. Zeller war ein Komponist für sich und hielt sich an sein Theater. Ziehrer blieb sein Leben lang vor allem der berühmte Kapellmeister und war als Veranstalter und Leiter eines Orchesters geschäftstüchtig genug, immer wieder selbst Strauß aufzuführen. Ohne das Repertoire des alten Mannes, der ihn nicht mochte, hätte er sich in seiner Position als Musiker nicht halten können. Das uralte Zerwürfnis wurde in der Öffentlichkeit keineswegs breitgetreten. Zum großen Fünfzig-Jahr-Jubiläum von Johann Strauß komponierte Ziehrer den Walzer »Verborgene Perlen« ausdrücklich als »Walzer über Motive von Johann Strauß«; bezeichnet und dirigierte sein op. 467 bei einem »Johann Strauß Huldigungskonzert der vollständigen Kapelle C.M. Ziehrer« im Etablissement Ronacher. Die junge Garde war noch nicht angetreten. F r a n z L e h á r war noch Musiker in der Kapelle seines Vaters; brachte es aber immerhin zu einer denkwürdigen Begegnung mit dem Meister, als er anläßlich eines Monsterkonzertes im Prater unter dessen Leitung spielen und ihm nachher (als Sohn eines angesehenen Militärkapellmeisters) unter die Augen treten durfte.

»*Liebster Freund Xandi*«

Kein Wunder, daß man zu Frau Johann Strauß pilgerte und ihr die attraktivsten Angebote unterbreitete und vorsorglich auch den Komponisten selbst zu interessieren versuchte, indem man ihm neue Stoffe als »ideal für Girardi« proponierte. Denn wenn sich auch die Korrespondenz von Adele Strauß so liest, als sei sie die einzige Instanz, gibt es doch eine sehr innige und liebenswerte andere Korrespondenz: die von Johann Strauß mit Alexander Girardi; ein Bündel an Elogen und »Liebesbriefen«, in denen man die Anhänglichkeit, Bewunderung und Dankbarkeit eines Meisters für seinen Interpreten nachlesen kann. Sie erinnern an Liebesbriefe, an ehrlichere sogar als die, die Strauß in stiller Nacht seiner Frau zudenkt. »*Auf Ihren Schultern ruht nicht nur jedes Werk, sondern auch die Existenz des Theaters an der Wien. Sie können begreifen, daß sich alle Autoren, die für dieses Theater schreiben, an Sie so fest als nur möglich klammern; daß sie Sie beim Kopf und an den Füßen packen und Sie nimmer auslassen – denn Sie allein haben über das Sein und Nichtsein zu entscheiden und damit die größte Macht«*, schreibt er »*nachts, halb 2 Uhr*« in Ischl an den Freund, mit dem er immer noch per Sie ist. Bald darauf aber bietet er ihm die Bruderschaft an und hält das in einem Schreiben fest: »*... freue ich mich von ganzem Herzen über unsere Verbrüderung, die uns als Kunstkollegen fernerhin näher zusammenbringen soll, als dies leider bisher der Fall war. Übrigens schlage ich mit Dir einen ganz anderen Ton an – die, wenn auch noch so junge Freundschaftsbesieglung legt uns beiderseitige Verpflichtung auf.*« Von da an ist Girardi für ihn nur noch der »*Liebste Freund Xandi*« und er kommt sogar zu Überlegungen, wie man sie von Johann Strauß sonst nicht kennt. Mit dem Kunstkollegen theoretisiert er über die Kunstform des Couplet: »*Der Text im Couplet spielt meiner Erfahrung gemäß eine zu wichtige Rolle, als daß man die Musik – welche, wie ich schwören kann, keinem Komponisten je Inspirationswehen verursacht hat – demselben nicht unterordnen sollte. Ein textlich gutes Couplet kann von keinem lebenden oder noch ungeborenen Komponisten in spe musikalisch umgebracht werden. Schlechte Texte aber bringen alles um – sei es ein Couplet, sei es ein Duett oder Terzett, Quartett, Ensemble oder selbst ein mit Posaunen oder Pauken stark gefüttertes Ensemble.*« Man lese diese Sätze und begreife, daß Strauß seinem wichtigsten und liebsten Interpreten gegenüber einmal das Herz ausschüttet und nach ungezählten gemeinsam errungenen Erfolgen festhält, was wichtig ist und ohne Scheu angesichts eines beiliegenden Manuskriptes bekennt: »*Ich habe es –*

Erste Seite eines Briefes Strauß' an Girardi

wie ich offen gestehe – ohne textliche Inspiration niedergschrieben. Nur ein bisserl Wienerluft liegt drinnen, und der neue Text wird dementsprechend sein müssen, ohne den Charakter der Situation zu schädigen. Eine im wienerischen Genre – musikalisch gehaltene Nummer verfehlt, wenn der

»Liebster Freund Xandi«

Text darnach angethan, nie ihre Wirkung – besonders bei dem Umstande, daß größtenteils slavische Charakteristik in Handlung und Musik in den Vordergrund tritt. Habe ich Recht?«

Mitten in der Arbeit an »Jabuka«, der Operette, in der nach dem ungarischen das slawische Kolorit zu seinem Recht kam und auf der Operettenbühne Erfolg haben sollte, was in der »Verkauften Braut« Beifall gefunden hatte, war Strauß erstens in Liebe zu seinem Xandi entbrannt und zweitens der sicheren Überzeugung, es könne ein schlechter Text immer, eine im wienerischen Genre gehaltene Musik aber niemals schaden. So einfach, so einfach richtig und so offen hat sich Strauß niemals zuvor oder später über seine Arbeit geäußert. Zu diesem Zeitpunkt war der genialische Singschauspieler ein langjähriger Mitkämpfer, hatte viele Uraufführungen des Meisters gesungen und wenigstens einer beinahe allein zum Erfolg verholfen. Daß Strauß sich erst so spät zu einem intimeren Gedankenaustausch, zu Briefen und endlich zum brüderlichen Du entschlossen hat, zeigt einen nie hervorgekehrten Charakterzug. Johann Strauß war scheu, kaum in der Lage, seinen Freunden anders näher zu kommen als in den Momenten, in denen er sie zu einer Kartenpartie einlud. Längst tanzte und sang die ganze Welt seine Kompositionen und er? Er fand es schwer, sich einem neuen potentiellen Freund zu nähern ...
Strauß, der immer erst auf den letzten Proben begriff, daß er wieder einmal Musik zu Texten komponiert hatte, die ihm völlig fremd waren, war in diesem Punkt ein Theatermensch: Er hörte und sah mit großer Klarheit, welche Interpreten fähig waren, seine musikalische Botschaft in das Publikum zu tragen. Er sah und hörte und beurteilte seine

Sängerinnen offenbar goldrichtig. Er war bei seinen Helden, was die Ausstrahlung anlangte, nachsichtig, wenn sie nur Stimme hatten. Und er war vom Glücksfall eines musikalischen Schauspielers und Publikumslieblings wie Girardi hingerissen. Nicht nur, weil er ihm große Erfolge verdankte, sondern weil er wie alle Welt in diesen Künstler v e r n a r r t war.

Kaiser Franz Joseph und König Johann Strauß

Zu jener Zeit saß Strauß längst in Ischl in seiner eigenen Villa, die er als letztes Haus erworben hatte. Er begründete damit eine Tradition, die durchaus an die seines Kaisers anschloß, denn die Familie Strauß war dem Kaiserhaus auf eine pragmatische Art treu. Man kann das anhand der Kompositionen des Walzerkönigs mitverfolgen, mit Beginn seiner Funktion als H o f b a l l - M u s i k d i r e k t o r nahm er das »Kaiserlied« immer wieder taktweise in seine Kompositionen auf. In den letzten Lebensjahren zitierte er sogar so deutlich, daß sein Publikum verstand, was er sagen wollte: In einem Walzer mischte Strauß zwei Melodien, die den Kaiser und den König symbolisieren, und so konnte man in der Introduktion das »Kaiserlied« und »An der schönen blauen Donau« hören; d.h. eine Vereinigung Kaiser Franz Josephs I. und Johann Strauß' in der Musik. Die Sommerresidenz Franz Josephs wurde mit dem Erwerb einer eigenen Villa zur Sommerresidenz des Walzer- und Operettenkönigs und ist dies wenigstens für zwei weitere Generationen nach seinem Tod geblieben. Kein Operettenkomponist, der etwas auf sich hielt und es sich leisten konnte, der nicht den Sommer in Bad Ischl verbrachte. Kein Operettenkomponist vom Range eines Franz Lehár beispielsweise, der nicht seine eigene Villa in Ischl hatte und sich während der Saison beim Spazierengehen sehen ließ ...

Die **Uraufführung** von »Jabuka« war der Auftakt zu Feierlichkeiten, die Strauß noch einmal als den Mittelpunkt der musikalischen Welt darstellten. Man beging ein imperiales Fest, den **fünfzigsten Jahrestag** des ersten Auftretens des Komponisten und Walzerdirigenten: Ehrungen oder Titel waren keine mehr zu vergeben; man hatte sie ihm alle schon zehn Jahre zuvor zuteil werden lassen. Aber es gab Huldigungen, zum Beispiel den berühmt gewordenen Lorbeerkranz aus Amerika, der aus fünfzig goldenen (oder silbernen?) Blättern, auf denen jeweils der Name einer berühmten Komposition des Meisters stand, gewunden war und Aufführungen der berühmtesten Strauß-Kompositionen in ganz Wien. Die Hofoper ließ am Tag nach der Premiere im Theater an der Wien das Ballett »Rund um Wien« folgen; man tanzte zu Strauß-Melodien in der Bearbeitung von Joseph Bayer eine Choreographie von Franz Gaul. Beim Donauwalzer mußte unterbrochen werden, weil das Publikum vor Begeisterung tobte. Am dritten Festtag versammelten sich im goldenen Saal des Musikvereins die Philharmoniker, der Wiener Männergesang-Verein und der beliebte Wiener Pianist Alfred Grünfeld und musizierten zur philharmonischen Stunde (damals um halb ein Uhr) Strauß-Musik. Am Nachmittag ging es weiter: Die Kapelle Eduard Strauß hatte, wieder im Musikverein, ihr Festkonzert angesetzt und der Jubilar hatte aufzutreten, zu dirigieren und gerührt zu danken. Das heißt: Vom 12. bis zum 14. Oktober gab es Vorbereitungen der prächtigsten Art auf den eigentlichen Jubiläumstag. Am 15. Oktober aber ging es

VI. Das Alter

mehr als hoch her. In den Sälen der Gartenbau-Gesellschaft wurden Kompositionen zu Ehren des Jubilars uraufgeführt. Im Sofiensaal konzertierte eine Kapelle mit dem Huldigungsmarsch »Österreichs Walzerkönig«. Im Hopferschen Casino (dem ehemaligen Dommayer) wurde aufgespielt und beim Dreher auf der Landstraße war ein Strauß-Abend angesetzt, wo man hinhörte, saß doch an diesem Tag eine der populären Kapellen der glorreichen Armee und musizierte zu Ehren von Johann Strauß. Im Palais in der Igelgasse wurde eine Abordnung nach der anderen empfangen, wurden Blumenkränze und Telegramme entgegengenommen, die alle festhalten, was die Welt wußte: Johann Strauß, der einzige weltumspannende Musiker seiner Zeit, hatte ein halbes Jahrhundert ohne Unterbrechung Musik gemacht, als Komponist und Interpret und schließlich wiederum vor allem als Komponist.

Er ist nach damaligen Verhältnissen ein Greis, gleichzeitig aber der anerkannte und geliebte Wiener, der immer noch zu musizieren weiß und dem im richtigen Moment alles gelingt, außer der Umgang mit großen Worten. Von seiner Dankesrede auf dem ihm zu Ehren gegebenen Festbankett sagt man, daß sie platt, banal und unpersönlich war und ihn trotzdem erschöpfte. Er war gewohnt, seine Umgebung mit einem Auftakt zu gewinnen, nicht mit einem Feuerschwall der Worte ...

Der gesellschaftliche Umgang des Johann Strauß waren richtige Musiker und Musikfreunde: der Klavierfabrikant Ludwig Bösendorfer, der Inbegriff eines Wiener Bürgers; der Dirigent Hans Richter, eine Kapazität und gleichzeitig ein offenbar höchst unkomplizierter Mensch, mit dem gut essen, trinken und reden war; der Komponist Johannes Brahms, ein anhänglicher, im Wiener Bürgertum

Tarock mit Johannes Brahms (links), Johann Strauß und Hans Richter (rechts), Chefdirigent der Wiener Philharmoniker

als treuer Gast geschätzter Mann, der sich seinen Ruf als bärbeißig und beleidigend zu gelten nur erwarb, weil er es ablehnte, sich der sogenannten Gesellschaft zu präsentieren, und deshalb in der Musikgeschichte zweifellos für immer falsch beschrieben wird; und der Komponist Karl Goldmark, ein zu seiner Zeit hoch geschätzter Musiker, über dessen Werke das Vergessen aber längst hereingebrochen ist. Zu diesen von Strauß selbst gewählten und geliebten Menschen, zu denen auch der treue Bildhauer Viktor Tilgner gezählt werden darf, muß zusätzlich der Kreis derjenigen gezählt werden, die eine Eintrittsgenehmigung ins Palais von der Hausfrau erhielten. Dazu zählten ausgewählte Literaten, die wichtigsten Kritiker der Hauptstadt, Verehrer, die allerdings den Rang eines Ludwig Anzengrubers oder eines Franz Defreggers haben mußten. Ausgeschlossen blieb die engste Verwandtschaft. Wenn es nicht um ein Konzert, um eine neue Komposition, um Tempofragen ging, dann hatte Johann Strauß keinerlei Umgang mit seinem Bruder und dessen Familie. Bei all den Aufregungen im Hause Eduards (Probleme mit den Söhnen, Verlust eines

Großteils des auf Reisen angesammelten Vermögens) hielt es Strauß nicht für nötig, helfend einzugreifen, persönlich Besuch zu machen oder seinen Bruder samt Familie in seinem Haus zu begrüßen!

Letzte Kompositionen

In seinen Tagesablauf war R o u t i n e eingekehrt. Die öffentlichen Auftritte, die Verbeugungen bei runden Wiederholungen seiner Operetten, die Auseinandersetzungen mit seinen Verlegern, das weiterhin gespannte Verhältnis zu seinem Bruder und dessen wenig erfreulichen Söhnen – es gab für den alten Johann Strauß keine Überraschungen mehr. Er lebte weiter. Er führte weiter sein musikalisches Notizbuch, aus dessen Fundus er Material nehmen und drechseln konnte. Er komponierte weiter vom Publikum am ersten Abend umjubelte, von der Kritik als konventionell gescholtene Operetten. Das bedeutete allerdings auch, daß er weiter Walzermusik schrieb ... Aus der »Fürstin Ninetta« kam vor allem die schon erwähnte »Neue Pizzikato-Polka«, die sich in einem Ballett »allerliebst« gemacht hatte und als Einzelstück im Konzertsaal ihren sicheren Erfolg hatte, wie Strauß ihn vorhersagte. Sie ging in der Monarchie gut und hatte weniger Publikum im benachbarten Deutschland. In der Operette »Jabuka« interessierten Strauß ursprünglich nur die Einlagen für Girardi; zuletzt aber brachte es Strauß doch zu einem aparten Walzer und holte sich das Lob der treuen Freunde schon bei der Generalprobe. Johannes Brahms, Richard Heuberger und Eduard Hanslick hörten sie gemeinsam und Heuberger konnte

Letzte Kompositionen

das Lob des großen Brahms notieren: »Das prachtvolle Orchester!«

Während der Proben zu »Jabuka« schrieb Strauß bereits an » D e r   W a l d m e i s t e r «, einem ihm selbst werten und lieben Stück, dessen Ouvertüre die Kriterien bestand, nach denen wir viele seiner Kompositionen werten: Sie wird bis auf den heutigen Tag als eigenständige Musik geliebt und gespielt. Und als sei das nicht genug und ein Siebzigjähriger weiterhin unbedingt zur Arbeit anzuhalten, lockte man ihm auch noch die Operette » D i e   G ö t t i n   d e r   V e r n u n f t « ab. Alexandrine von Schönerer führte das Theater an der Wien samt seinem Hauskomponisten mit unerbittlicher Strenge und verlangte immer noch ein weiteres Werk. »Die Göttin der Vernunft« wurde im März 1897 uraufgeführt, hatte wenig Erfolg und bildete den Endpunkt für Johann Strauß. Er hatte sich »ausgeschrieben«, war zu keinem weiteren Operettenabenteuer mehr zu bewegen ...

Daß man ihn deshalb längst nicht in Ruhe lassen wollte, versteht sich. Man, das waren keine Theaterdirektoren mehr, sondern Freunde und Verehrer, die sich von Strauß weitere Kompositionen erhofften. Und zwar nicht einfach den einen oder anderen Walzer, sondern Musik für die Bühne.

Kein Wunder, daß man auf den ganz und gar unoriginellen Einfall kam, ein Walzerkomponist sollte sich zu einem großen, möglichst abendfüllenden B a l l e t t aufraffen. Kein Wunder allerdings, daß Strauß mit diesem Einfall, dieser Anregung wenig anzufangen wußte. Wenn er komponierte, dann hatte er entweder pure Musik im Kopf, oder er hatte eine Handlungsvorlage vor sich, die ihm die eine oder andere Stimmung suggerierte, aus der er Auftrittslieder, Duette, Couplets und groß angelegte Finale formte. Tanzmusik zu irgendeiner Art von Handlung? Es konnte ihm der immer wieder und spätestens seit dem »Ritter Pasman« auch öffentlich ausgeschriebene Vorschlag wenig sinnvoll erscheinen. Sollte er, der in seinen Operetten durchaus zum Tanz aufforderte und der mit den meisten seiner großen Operettenschlager ja wiederum Tanzstücke komponierte, plötzlich an die Tänzer der Hofoper und deren Virtuosität denken?

Man muß sich in Erinnerung rufen, welche Funktion diese Tänzerinnen und Tänzer in Wien in der Hofoper hatten. Ganz im Gegensatz zu ihrer großen Vergangenheit, in der sie dank großer Choreographen an der Revolution der Tanzkunst mitgewirkt hatten, waren sie eine noble Staffage geworden. Sie waren entweder dazu verdammt, in beinahe allen großen Opernproduktionen die notwendigen Einlagen zu tanzen, oder sie kamen mit eigenen Auftritten unmittelbar nach Opernvorstellungen zum Zug (das Publikum hatte noch Zeit und Muße, sehr lange Abende in der Hofoper zu verbringen). Außerdem aber war das Wiener Ballett, sehr im Gegensatz zum Sängerensemble, durch viele Handlungsballette wenig interessanter Art verdorben. Der Ruf der jungen Tänzerinnen hielt sich in Grenzen. Das Klischee von den Herren der Gesellschaft, die zuerst möglichst nahe der Bühne, dann vielleicht gar hinter der Bühne, anschließend aber unbedingt bei »Sacher« mit ihnen in Kontakt kommen wollten, war alles andere als ein Klischee. Was sollte Johann Strauß da komponieren?

Hofoperndirektor Gustav Mahler selbst wurde mobilisiert, um den Meister noch einmal zur Annahme eines Auftrags zu motivieren. Die Wiener Wochenzeitschrift »Die Waage« machte sich mit einem Wettbewerb für das passendste Libretto wichtig, und eine Jury ordnete die über 800 Einsendungen. Heraus kam (es müssen sich bei den Einsendungen schlimme Idee befunden haben) nichts weiter als eine zeitgenössische Version des Märchens vom Aschenputtel: Eine Verkäuferin in einem Warenhaus sollte die Heldin sein, der Herr Direktor ihr moderner Prinz ... Es ehrt Johann Strauß, der den Auftrag höflich annahm und sogar zu komponieren begann, aber trotz aller Diskussionen mit dem bereits bestellten Choreographen und vieler Seiten Partitur offenbar nur sehr lustlos bastelte. »A s c h e n b r ö - d e l« wurde nicht vollendet. Aufträge zwischendurch dagegen wurden noch angenommen und erledigt: Als letzten Walzer komponierte Johann Strauß ein Werk, dem er keine eigenen Einfälle mehr schenkte. »K l ä n g e a u s d e r R a i m u n d z e i t« ließen sich aus Motiven von Joseph Drechsler, Konradin Kreutzer, Joseph Lanner, Wenzel Müller und Johann Strauß Vater zusammenstellen.

Bis heute denkt kein Wiener, der betriebsam am Volkstheater vorbeifährt, daß Strauß diesen Walzer zur Einweihung des immer noch beim Volkstheater stehenden Raimund-Denkmals am 31. Mai 1898 komponierte und auch selbst dirigierte. An dieses denkwürdige Ereignis erinnert allerdings keine Tafel ...

VII.
Abgesang

»Da verstummte das Orchester ...«

Am 3. Juni 1899 gab man im Volksgarten unter Eduard Kremser (ein profunder Kenner der Wiener Musik) ein Konzert anläßlich der Einweihung eines Denkmals für die beiden Walzer-Dioskuren Strauß Vater und Lanner. Es soll ein schöner, warmer Sommertag gewesen sein.

Da verstummte das Orchester plötzlich, der Dirigent gab einen neuen Auftakt – die Geigen flirrten die ersten Akkorde zu »An der schönen blauen Donau«, danach aber wurde es still und das Publikum ging bedrückt auseinander. Kurz darauf wußte ganz Wien, was geschehen war. Der ewige Walzerkönig, der sich mit einer schweren Erkältung zu Bett hatte legen müssen, war tot; er war dem Jahrhundert, das seines gewesen war, vorausgegangen.

Das Bild der Musiker, die nur die Geigen ansetzen mußten, um ihrem Publikum die Trauernachricht zu übermitteln, ist in beinahe allen Biographien übermittelt. Ob wahr oder nicht ist gleichgültig, denn es ist unendlich schön und zeigt das Verhältnis der Stadt zu ihrem Genius. Johann Strauß Sohn, der gesünder und ruhiger gelebt hat als sein Vater, der in seinen letzten Lebensjahren allen Verlockungen zu immer höher honorierten Auftritten widerstand, hatte nicht lang zu leiden gehabt ...

»Da verstummte das Orchester ...«

Er war am Pfingstmontag, dem 22. Mai, in der Hofoper aufgetreten und dirigierte in einer Nachmittagsvorstellung die Ouvertüre zu seiner »Fledermaus«. Es sollte, wieder einmal, ein Jubiläum mit und für ihn gefeiert werden – fünfundzwanzig Jahre begeisterte sein Meisterwerk die Welt. Der greise Strauß, dessen Lebensziel immer die Hofoper gewesen war, ließ sich nur zu gern verführen, noch einmal selbst vor das Orchester zu treten. Nach der Ouvertüre aber, übergab er die Leitung an Joseph Hellmesberger und ließ sich heimführen. Vier Tage später übernahm er wiederum eine repräsentative Aufgabe. In der Rotunde im Prater (dem Wahrzeichen und Mahnmal der Weltausstellung von 1873, die den Aufstieg eines Reiches beweisen sollte und einen Schwarzen Freitag hervorgerufen hatte) gab er zu wohltätigem Zweck Autogramme. Dabei erkältete sich der alte Herr, der viel zu warm angezogen war und sehr verschwitzt aus der Halle ins Freie trat. Am Tag darauf mußte er ins Bett.

Die letzten Tage seines Lebens sind nur nach den Worten von Adele Strauß zu rekonstruieren: Man konsultiert den berühmten Internist Hermann Nothnagel, der ihn untersucht und ihn zu husten bittet, worauf Strauß in »sarkastischem Ton« frägt: »Ist das Eure ganze Wissenschaft?« Er weiß (wie das Menschen offenbar immer sehr viel früher noch als die Anverwandten wissen), daß er nicht verkühlt ist, sondern sterben wird. Er versucht, am Ballett »Aschenbrödel« zu arbeiten, denn schließlich ist es ein Auftrag der Hofoper. Aber er ist nicht nur lustlos bei der Arbeit, wie er es von Anbeginn war, sondern auch zu müde, um Noten zu schreiben. Doch singt er, angeblich, das Lied der Jugend aus dem »Verschwender«. Echte Wiener werden »Brüderlein fein, Brüderlein fein, einmal muß geschieden sein« immer im Kopf haben. Es stammt von Ferdinand Raimund

und Joseph Drechsler, dem strengen Lehrer des jungen und stürmischen Johann Strauß.

Sein letzter Walzer heißt, wie gesagt, »Klänge aus der Raimundzeit« und ist eine feine, beinahe zierliche Verbeugung vor seinen Vorgängern – auch eine Verbeugung vor seinem bedeutendsten Widersacher, seinem Vater. Denn in einem Punkt ist der junge Revolutionär und der alte Meister immer ein Verfechter des Vaters gewesen: Was er komponierte, das war eine Fortsetzung der Musik des ersten Walzerkönigs, und alle, die in der ersten Hälfte des Jahrhunderts Unvergessenes komponiert hatten, waren dem Abschied nehmenden Walzerkönig Begriff, Vorbild oder Lehrer.

Johann Strauß' T o t e n m a s k e und eine Zeichnung »Johann Strauß auf dem Totenbett« zeigen nicht mehr den feschen Walzerkönig, sondern den alten, müden Mann, der scheiden muß; denn wenn das Ende gekommen ist, fällt die Pose ab. So lange er lebte, lebte eine Legende. Im Tod kam die Wahrheit an den Tag: Ein alter, müder Mann ist aus der Welt gegangen ...

»Fahre wohl«

Johann Strauß' L e i c h e n b e g r ä b n i s wurde zu einem letzten Triumphzug des großen Meisters. Es wurden Straßen für den öffentlichen Verkehr gesperrt, die Straßenlaternen am hellen Tag beleuchtet. Von der Igelgasse führte man den Sarg in die Innere Stadt. So kam er noch einmal am Theater an der Wien, am Haus der Gesellschaft der

Musikfreunde und an der Hofoper vorbei. Der Sarg wurde von Karl Lueger, dem Bürgermeister der Stadt, und von Tausenden von Wienern begleitet. Die Einsegnung fand in der Evangelischen Kirche in der Dorotheergasse statt. Sein Grab widmete ihm die dankbare Stadt Wien am Zentralfriedhof, neben Johannes Brahms und den Ehrengräbern, in denen man Ludwig van Beethoven und Franz Schubert endgültig beigesetzt hatte. Die Grabrede hielt der Bürgermeister, danach spielte man »Fahre wohl« von Johannes Brahms.

Im Theater an der Wien wurde später, am 1. September, ein szenischer Prolog von Max Kalbeck aufgeführt, der an den Musiker erinnerte, der dem Haus unzählige ausverkaufte Vorstellungen gebracht hatte, und am 25. Oktober führte man zu seinen Ehren im großen Musikvereinssaal das Requiem des acht Jahre früher verstorbenen Freundes Johannes Brahms auf.

Strauß' weltliches Vermögen geht an die »würdige Witwe«

Strauß Testament aber war längst geschrieben und enthielt sehr klare, eindeutige Verfügungen: Die G e s e l l s c h a f t d e r M u s i k f r e u n d e zu Wien, deren Ehrenmitglied er war, wurde darin zum Nachlaßverwalter bestellt. Diese traditionsreichste bürgerliche Vereinigung des musikalischen Wiens war freilich nur zur Vollstreckerin seines letzten Willens ernannt. Sie hatte in allen amtlichen Dokumenten ihren Platz, sie mußte ihre Vertreter zu allen Verlassenschaftsabhandlungen entsenden und ist bis auf den heuti-

VII. Abgesang

gen Tag mit dieser Ehrung mehr belastet als beschenkt. Vermögen im eigentlichen Sinn fiel ihr nicht zu. Denn mit Ausnahme einiger Legate und Pensionen hatten Adele Strauß und ihre Tochter aus erster Ehe von der Barschaft ebenso wie vom Hausbesitz und den auf Jahre fließenden Tantiemen Vorteile zu ziehen. Strauß wußte genau, daß sie seine würdige Witwe sein würde ...

Die »Todesfalls-Aufnahme«, wie das Amtsdeutsch heißt und in Dokumenten nachzulesen ist, wiederholt für uns die E r b a n s p r ü c h e : Johann Strauß war Inhaber allerhöchster Orden, von denen einige zurückgestellt werden mußten. Er war mehrfacher Hausbesitzer, er hatte Aktien, und er besaß Juwelen. Vor allem aber hatte er Verträge, die ihm und seinen Erben Tantiemen aus seinen Operetten sicherten. Als Aktivstand wurden 83 449 467 Gulden errechnet. Nach heutigen Begriffen war Strauß bei seinem Tod mehrfacher Millionär. Schätzungen über die zu erwartenden Tantiemen wurden unterlassen. Der noch vor der Eheschließung mit Adele errichtete Schenkungsvertrag, der sämtlichen Besitz ihr zusprach, wurde voll anerkannt. Kleine Irrtümer oder Versehen wie das »halbe« Eigentum an seiner Villa in Ischl ließen sich leicht und im Sinne der Erbin korrigieren.

Adele Strauß lebte als »Frau Johann Strauß« mit großer Energie weiter. Sie war eine i d e a l e W i t w e und Propagandistin des Werkes und des Rufes ihres Mannes. Sie hielt die Interpreten dazu an, weiterhin Strauß zu spielen. Sie sorgte für Biographien, die ganz im Sinne des Meisters waren. Als die Schutzfrist für die Werke ihres Mannes zu Ende ging, versuchte sie alles, um diese zu verlängern. Leider ohne Erfolg, das kleine Österreich begriff noch nicht, welche Einnahmen dadurch auch dem Fiskus entgingen. Sie starb 1930, ihr Werk war vollendet.

Eduards Rache über den Tod hinaus

Selbst im Tod zeigt sich Johann Strauß aber noch als eigenwilliger Familientyrann. Die üblichen Legate an treue Diener hatte er in sein Testament aufgenommen. Seinen Bruder Eduard aber schloß er als einzigen sehr ausdrücklich von der Erbschaft aus. Im ursprünglichen Text begründet er diesen Umstand damit, daß dieser sich »in günstigen Lebensverhältnissen« befinde. In einem Nachtrag, als sich die Lebensverhältnisse Eduards traurig änderten und einer seiner Söhne die Familie an den Rand des finanziellen Ruins brachte, hieß die aufrechtgehaltene Begründung des Familienoberhaupts: »*Obwohl das Motiv, aus welchem ich meinen lieben Bruder Eduard in meinem Testament nicht bedacht habe, meines Wissens nun nicht mehr zutrifft, so treffe ich doch diesbezüglich keine Änderungen. Ich hoffe, daß sich die Verhältnisse meines Bruders wieder bessern werden.*«

Die Öffentlichkeit wußte nichts davon, auch 1897, zwei Jahre vor seinem Tod, sah der geliebte Walzerkönig Wiens keinen Anlaß, dem Bruder zu helfen oder sich wenigstens im Testament mit ihm zu versöhnen. Eduard sollte sich aus eigener Kraft (als Interpret von Strauß-Musik) wieder hochkämpfen. Das »hoffte« derjenige, der ein mehr als labiles Verhältnis zum »schönen Edi« gehabt hatte. Entgegen aller freundlichen Worte hielt er nichts von ihm als Musiker und offenbar auch nichts von ihm als Bruder.

VII. Abgesang

Was er Eduard in Briefen schrieb, war von einer Herablassung gekennzeichnet, die nur schwer zu deuten ist. Eifersucht kann nicht im Spiel gewesen sein, denn zu keinem Moment hatte es Zweifel über die künstlerische Rangordnung gegeben. Neid konnte es auch nicht gewesen sein, denn den Beifall, den sich Eduard auf seinen Kunstreisen rund um die Welt holte, hatte Johann Strauß genossen. Eine einzige Erklärung ist denkbar: Johann mag über den Tod des so begabten Bruders Josef nicht hinweggekommen sein. Und Eduard hatte hinter seinem Rücken mit Josef paktiert, um sich gegen den übermächtigen Chef des Hauses auf den Beinen halten zu können. Ob Strauß ihm das nachtrug?

Unter der Oberfläche schwelte der Familienzwist nach dem Tode Johanns weiter. Eduard machte niemanden Mitteilung von der Demütigung, mit der ihn sein Bruder im Testament bedacht hatte. Denn er hatte zu diesem Zeitpunkt seine Stellung und die Engagements seiner Kapelle zu wahren, mußte von den Kompositionen seines Bruders leben und war darauf angewiesen, daß überall in der Welt Verwechslungen stattfanden. »Heut' spielt der Strauß« galt, über Generationen als eine Aufforderung, die suggerierte, Johann werde auftreten.

1907 aber revanchierte sich Eduard Strauß für all die Herabsetzung, die ihm zuteil geworden war. Als er nach mehreren Reisen durch die Welt wieder zu dem Wohlstand gekommen war, der ihm ermöglichte, sich zur Ruhe zu setzen, entsann er sich eines Gesellschaftsvertrages, den er vor Urzeiten mit seinem Bruder Josef abgeschlossen hatte, in welchem stand, daß das Notenmaterial der Kapelle Strauß keinem anderen als einem echten Strauß gehören und nach Auflösung der Kapelle vernichtet werden sollte. Zwei große Firmen wurden engagiert. Eduard Strauß ließ sämtliche Orchesternoten in großen Kisten liefern und saß mehrere Tage vor den Öfen, in denen in Rauch aufging, was über Generationen die Welt verzaubert hatte. Die Arrangements der Kompositionen seines Vaters, seiner Brüder, aber auch die Arrangements zu ungezählten Werken, mit denen die Strauß-Kapelle jahrzehntelang in aller Welt unterwegs gewesen war.

In seinen dubiosen »Erinnerungen« verteidigte der Sonderling seine Aktion als eine Tat, die notwendig war: Kein anderes Orchester nach dem seinen sollte den besonderen, den einmaligen Klang haben, der dem Musikfreund ausschließlich und sofort »Strauß« suggerierte. Mit ihm und dank seines einsamen Entschlusses sollte die Strauß-Musik ein für allemal enden ...

Natürlich ist dieses Vorhaben Eduard Strauß nur halb gelungen. Zwar sind viele für die Wissenschaft wichtige Noten für immer verloren gegangen, aber man fand Material in Archiven, in privaten Sammlungen, bei einzelnen Kopisten und hat so einen Großteil der Fassungen rekonstruieren können. Wien hat eine besonders wienerische Spezialität zum Thema Strauß beigesteuert: Es gibt hundert Jahre nach dem Tod des Walzerkönigs zwei rivalisierende Gesellschaften, die sich um eine Gesamtausgabe seiner Werke wie um die geschichtliche Erforschung der Familie Strauß bemühen. Derzeit existiert eine Wiener Johann Strauß-Gesellschaft, Kern und erste Adresse aller in der Welt gegründeten ähnlichen Gesellschaften. Sie hat bereits einmal eine Gesamtausgabe begonnen, jedoch nach einigen Jahren den zwei großen Wiener Musikverlagen das Recht, diese auf den Markt zu

VII. Abgesang

bringen, entzogen. Der Rest der Strauß-Experten bildet die Johann Strauß-Forschungsgesellschaft. Auch sie hat ihren Sitz in Wien und sieht ihre Hauptaufgabe darin, das Werk von Johann Strauß zu erforschen und zu fördern. Deshalb erscheinen mit ihrer Unterstützung weiterhin »gereinigte« Ausgaben von Kompositionen der Werke von Johann Strauß. Beide Institutionen geben eigene Zeitschriften heraus, die eine heißt »Fledermaus« und die andere »Wiener Bonbons«; bei aller wissenschaftlichen Strenge, mit der man einander Fehler im Werkverzeichnis oder in einem Uraufführungsdatum nachweist, kann man doch nicht darauf verzichten, in der Nachfolge von Johann Strauß populär zu sein …

Die Untat des seltsamen Menschen Eduard Strauß ist nicht folgenlos, aber auch nicht tödlich verlaufen.

Eine Rekonstruktion der Strauß-Kapellen-Fassungen der Ouvertüren, Opernquerschnitte oder Symphonie-Sätze anderer Meister ist aber wohl noch nicht versucht worden. Die ungefähre Kenntnis, wie da zur Zeit der Strauß-Dynastie vorgegangen wurde, genügte bisher. Man weiß aus Untersuchungen, welche Kompositionen von der Kapelle Strauß ohne besondere Veränderungen gespielt werden konnten. Man weiß, daß die ursprüngliche Besetzung der Kapelle Strauß es erforderlich machte, daß Walzer mit kurzen Pausen (zum Wechsel der Instrumente) aufgeführt wurden. Seit jenen Tagen haben die verschiedensten Ensembles Arrangements der Strauß-Musik benützt. Der Anlaß, Schubert oder Wagner in der Besetzung der Kapelle Strauß zu spielen, ist nicht gegeben. Die Rekonstruktion der Strauß-Kompositionen dauert an und ist längst nicht abgeschlossen. Sie war über viele Jahre beinahe unmöglich und förderte nur die Arbeit unzähliger Komponisten und Musikhandwerker, die ihre eigenen Versionen auf den Markt warfen und – als Strauß-Musik tantiemenfrei wurde – mit ihren eigenen Bearbeitungen Geld verdienten.

Das Autodafé war R a c h e , pure Rache am großen Bruder. Eduard Strauß, dessen Nachkommen sich bis in die Gegenwart als die einzigen musizierenden Abkömmlinge des Walzerkönigs feiern ließen, hat nicht nur seinem großen Bruder, sondern sich selbst und seiner Familie großen Schaden zugefügt. Den Zauber des großen Johann Strauß konnte er nicht brechen. Seine eigenen Kompositionen konnte er nicht populärer machen. Seine Reputation konnte er nicht erhöhen. Er war und blieb bis zu seinem Tod der »schöne Edi« und im allerbesten Fall der kleine Bruder des großen Strauß. Friede seiner Asche, kein Streit mit seinen Nachkommen, die existieren und sich in seltenen Fällen zu Wort melden. Zum Beispiel, wenn sie gegen eine Fernsehserie über die »Strauß-Dynastie« wettern, in der es von historischen Fehlern und bösen Interpretationen nur so wimmelt. Sie alle sind Nachfahren Eduards. Der letzte unter ihnen, der dirigierte, hielt sich streng an die Tempoangaben seiner Vorfahren und behielt selbst in einem hektischer gewordenen Zeitalter den ruhigeren Tonfall des Johann Strauß bei.

Sein musikalisches Erbe und Vermächtnis

Strauß hinterläßt uns in seinem Nachlaß keine einzige Komposition, die aufgeführt werden kann. Wie wunderte man sich doch, daß im Nachlaß seines Bruders Josef kaum Noten zu finden waren! Und wie leicht ist das zu erklä-

VII. Abgesang

ren. Die Musiker Strauß komponierten nichts, was nicht schon bestellt oder für einen Anlaß bestimmt war. Nichts für die Schublade. Nichts für den Nachlaß. Das Ballett »Aschenbrödel« wäre vielleich noch ein Erfolg geworden. Strauß war stolz, daß in der Jury zum Wettbewerb für dieses Ballett der Hofoperndirektor Gustav Mahler saß, gleichzeitig aber war er nicht mehr ernsthaft bei der Arbeit. (»Aschenbrödel« wurde später in Berlin uraufgeführt und kam erst danach auf die Wiener Bühne. Es wurde, obgleich lange im Spielplan gehalten, nur noch ein Achtungserfolg.) Es war aber auch gar nicht mehr notwendig, die Qualitäten des Walzerkomponisten zu bekräftigen.

Die auf eine gewisse Weise »nachgelassene Operette« »Wiener Blut« aber sollte noch einmal ein rauschender und um die Welt bejubelter Erfolg werden. Sie mußte nicht mehr komponiert werden, denn sie wurde »nach Melodien von Johann Strauß« eingerichtet. Der Meister hatte seine Einwilligung gegeben. Man hatte ihm lange nicht mehr aufgeführte eigene Kompositionen proponiert, die Noten »in einer Kiste« ins Haus gebracht, und er hatte gestaunt, was sich da alles fand. Er kannte längst nicht mehr alle Melodien, die ihm in seinem Leben eingefallen waren. Der Hauskapellmeister des Theaters an der Wien, Adolf Müller junior, ein Könner in seinem Fach, sorgte für die notwendigen Übergänge von der einen zu der anderen Strauß-Melodie. Das Libretto wurde von Victor Léon und Leon Stein als heitere Verwechslungsgeschichte zur Zeit des Wiener Kongresses erfunden. Kaum jemand weiß, daß »Wiener Blut« völlig anders entstanden ist als alle anderen Strauß-Operetten. Über das Schicksal dieser »halbwegs nachgelassenen« Operette, die in Wien im Karltheater zuerst nur ein mäßiger Achtungserfolg, dann aber ab 1901

Umschlag zum Walzer »Wiener Blut«

im Theater an der Wien und bald darauf in aller Welt ein Stück für das Repertoire wurde, hätte er sich sicherlich sehr gefreut.

Man weiß von »Zetteln mit noch unverbrauchten, oft weitgespannten Motiven«, doch diese waren alles andere als Kompositionen. Sie waren nur Teile der Skizzen, die der Musiker ein Leben lang notierte. Eine Melodie, eine Komposition, um deren Nichtvollendung wir trauern müßten, hat Johann Strauß nicht hinterlassen. Das wäre nur geschehen, hätte ihn der Tod mitten in der Arbeit an einem großen Walzer überrascht.

Strauß hinterläßt nur w e n i g o r i g i n a l e N o t e n m a n u s k r i p t e von Werken. Verzweifelnd wenige. Er hatte aus unerklärlichen Gründen seine Autographe nie sorgfältig gehortet; er war freizügig gewesen, wenn man ihn um Andenken bat. Dabei hätten die kurzen Zitate, die er auf Visitenkarten verschenkte, genügt. Aber: Strauß scheint den Wert seiner Notenarbeit nie richtig erkannt zu haben. Selbstverständlich besaß er auch keinerlei handschriftliche Erinnerungen an die ersten Walzer, die er als junger Mensch gemeinsam mit den Mitgliedern seiner Kapelle zu Papier gebracht hatte; er hatte nicht einmal die späteren, allgemein bekannten und gespielten Kompositionen – weder in Handschrift noch als gedrucktes Material. Er mußte in seinen letzten Jahren, wenn er noch einmal dirigieren wollte, Bruder Eduard um Notenmaterial bitten, das man eigentlich in seinem Besitz vermutet hätte.

Dabei wußte er als ausführender Musiker, als »Gastdirigent« sehr genau um den Wert von Noten der eigenen Produktion. Trotzdem besaß er kein Archiv in seinem großen Palais, in dem dafür Platz genug gewesen wäre. Von einem Zimmer mit Kränzen, die ihm einst überreicht wurden, war die Rede; von einem Zimmer, in dem Noten aufbewahrt wurden, wissen wir nichts. Es scheint, daß Strauß als echter Erfolgskomponist kein Interesse daran hatte, der Nachwelt zusätzlich zu seinen zu Lebzeiten schon als unsterblich bezeichneten Musik auch noch seine Schrift oder seine gesammelten Werke zu hinterlassen.

Das eigentliche Erbe des Walzerkönigs ist, was er der Welt an unsterblicher Musik hinterlassen hatte. Seine Walzer überdauern. Obgleich die große Zeit des Walzers ihrem Ende zuneigt, er selbst oft und klug zu bedenken gab, daß eine neue Generation ihre eigenen Tänze erfindet, ist die Idee des Walzers bis in die Gegenwart gerettet worden. Als Konzertwalzer wie als populärstes Zugstück zahlreicher Operetten wird der Walzer weiter komponiert und geliebt.

Es wäre freilich absolut falsch, das gesamte Werk des Johann Strauß als von der Nachwelt angenommenes Vermächtnis zu betrachten. Von seinen Operetten sind »Die Fledermaus«, »Der Zigeunerbaron«, »Eine Nacht in Venedig« und die nach seinen Melodien eingerichtete Operette »Wiener Blut« als überlebensfähig anerkannt und aus dem Spielplan großer und kleiner Häuser nicht mehr wegzudenken. Was seine Walzer, seine Tanzmusik anlangt, so kann man eine sehr einfache Formel aufstellen: Für immer beliebt und populär sind jene Kompositionen, die in den Programmen der ersten fünfundzwanzig Neujahrskonzerte der Wiener Philharmoniker gespielt worden sind. Heute allmählich neu oder wieder entdeckte Walzer und Quadrillen, die gleichfalls Beifall hervorrufen, hat man aus den Archiven geholt, weil man aus sehr kommerziellen Gründen das Strauß-Repertoire auf unser klassisches Orchester erweitern mußte. Ihre Qualitäten sind unbestritten, ihre Popularität jedoch wird sich auch in Zukunft in Grenzen halten. In einer Gesamtausgabe soll man sie besitzen, zum unvergänglichen Strauß muß man sie nicht zählen.

Musikalische Nachwelt in der Tradition von Strauß

Maurice Ravel, der mit »La Valse« eine Huldigung an eine versunkene Welt schuf und so etwas wie den Abschied vom imperialen Wien und der Idee des Walzerkönigs komponierte, mag »Testamentsvollstrecker« auf höchstem Niveau genannt werden. Franz Lehár, der 1902 den Walzer »Gold und Silber« komponierte und in seinem ersten unbestrittenen Welterfolg, der »Lustigen Witwe«, den Kampf zweier verliebter Menschen in einen Walzer kleidete, ist nur ein Beispiel für viele Musiker, die sehr lebendige Walzer in klassischer Form nach Johann Strauß erdacht haben und deren Stücke angenommen wurden. Daß außer Lehár eine Generation von Komponisten, die ihre Wurzeln im alten Österreich und meist sogar in der Militärmusik hatte, sich im aufstrebenden zwanzigsten Jahrhundert auf den Operettenbühnen von Wien und Budapest und alsbald in aller Welt einen Namen und mit ihren Werken neue Walzermelodien populär machte, wäre Stoff für ein sehr ausführliches Kapitel, das uns bis zum unvergessenen Meister Robert Stolz zu führen hätte. (Eine Form des angezweifelten Genres Operette hieß Tanz-Operette und ist ohne Walzer nicht denkbar. Ein Welterfolg hieß »Ein Walzertraum« und war von Oscar Straus; was nicht in Wien, aber anderswo die üblichen Verwechslungen auslöst.)

Eine andere Verwechslung: Im Briefwechsel des Schriftstellers Friedrich Torberg mit Alma Mahler, die damals bereits Alma Mahler-Werfel hieß, findet sich 1940 eine bemerkenswerte Episode über eine kalifornische Kritikerin, die einen Walzer im »Rosenkavalier« nicht hören wollte, weil sie sich von den Walzern des Johann Strauß angesichts eines Films überfüttert fühlte. Der Film war nach einer Oscar Straus-Operette gedreht und zeigte viele unterschiedliche Komponisten: R i c h a r d S t r a u s s, der sich ja tatsächlich bei einem Walzer von Josef Strauß bedient hatte; Oscar Straus, der zwar Walzer komponiert hatte, jedoch mit der berühmten Dynastie in keiner Form verwandt, höchstens im Geist verschwägert war, und Johann Strauß (zu der Zeit längst mehrfacher Filmheld), der jedoch mit all den falsch zugeordneten Kompositionen nur eines zu tun hatte: Er war derjenige, der ein für allemal mit seinem Namen für die Gattung Walzer stand und steht. Da sind wir allerdings schon bei einem Punkt, der Diskussion heraufbeschwört ...

Das Erbe des Johann Strauß wird spätestens seit Karl Kraus völlig anders bewertet. Einige Zitate sind unumgänglich. Der bis heute als Meister der deutschen Sprache angerufene Herausgeber der »Fackel« schrieb seine eigene Art von N a c h r u f auf Johann Strauß. Dieser ist in der Nummer 7 seiner periodischen Druckschrift erschienen; Anfang Juni 1899 eröffnete er das Heft mit: »*Der ›größte Wiener‹ ist vor einigen Tagen zugrabe getragen worden und anstatt der Wiener gab ihm eine Gesellschaft von Premierenbesuchern das letzte Geleite ... Auf einem Zeitungsinserat war neulich der Stefansthurm zu sehen, von dessen Höhe ein speculativer Schuhwarenhändler seine Ware der Wiener Menschheit feilbietet. In seiner einfachen Symbolik hat dies Annoncenbild das Schicksal aller Volksthümlichkeit schmerzlich ahnen lassen. Lange vorher war das andere Wahrzeichen Wiens, Johann Strauß, entwertet. Im Takte seiner ›Schönen blauen Donau‹ begann sich eines Tages eine Gesellschaft von*

VII. Abgesang

Jobbern und Reportern zu wiegen; ein Ring von Tarockspielern und Theateragenten hielt seitdem fast mit pyhsischer Gewalt die Schöpferkraft des Genius umschlossen. Damals starb Johann Strauß, heiratete und ward Ehrenmitglied der ›Concordia‹. An dem Tage, da das geistige Wien sich den Zwischenträgern der Cultur zu eigen gab, da der naivste und echteste Schöpfer auf die Bahn hastigen Tantiemenerwerbs geführt ward, hat die Tragödie Johann Strauß' ihren Anfang genommen. In einem Zeitraum von zwanzig Jahren, in welchem die Erhaltung aller künstlerischen Ursprünglichkeit dem Volke so nothwendig gewesen wäre, wurde der musikalische Inbegriff des Wienerthums zum Gebrauche der Börensalons hergerichtet.«

So schrieb Karl Kraus und seither haben seine Schüler diese Idee übernommen. Der verbrachte sein Leben als Hüter der deutschen Sprache natürlich im Kampf mit den in Wien ansässigen Librettisten von Operetten. Ein leicht gewonnener, ein – mir sehr unsympathischer – Kampf: hier der Meister der Sprache, dort die Pragmatiker der rasch hingeworfenen Verse. Dabei bekamen die Musiker, die sich mit den reimenden und voneinander Ideen und anderes übernehmenden Herrn einließen, immer einiges ab. Kraus befand, daß außer Jacques Offenbachs Werken keine Hervorbringung als Operette bemerkenswert sei. Gewiß ist Kraus nicht zu widersprechen, wenn er kritisiert, daß sich zur Verwertung der Strauß-Operetten Librettisten, Verleger und manchmal Journalisten zusammengeschlossen hatten. Ganz sicher wurden die Operetten von Strauß erdacht und komponiert, um beim Publikum Anklang zu finden und sowohl Bühnen als auch Verlegern und zuletzt dem Komponisten Geld einzubringen. Daß sie jedoch gleichzeitig die Erfindungskraft des Musikers gelähmt hätten, war eine arge Verkennung der Umstände. Daß Strauß in seinen Operetten Walzer schrieb, die alle bis dahin gültigen Ideen von Volkstümlichkeit verwirklichten, daß Strauß in seiner Operettenzeit große und ewige Konzertwalzer komponierte, paßte nicht in das Verdikt des großen Karl Kraus. Es wird bis heute in unzähligen Variationen unter die Menschen gebracht. Man kann dagegen mit Argumenten ankämpfen. Aber: Es ist im Grunde ausschließlich durch den bis heute anhaltenden Erfolg auch seiner Operetten zu entkräften.

Der nicht völlig andere, aber doch musikalisch weitaus fundiertere Nachruf, der zitierenswert erscheint, ist der von Eduard Hanslick. Er wendet sich nicht gleich gegen die kommerzielle Verwertungsmaschinerie der Operette, sondern erinnert wehmütig an die Fülle Musik, die Johann Strauß ein Leben lang geschrieben und verschwenderisch verschenkt hat. »*Seine melodische Erfindung quoll so köstlich wie unerschöpflich. Schade nur, daß jede Ballsaison schonungslos wie Kronos ihre eigenen Kinder aufzehrt, um nachfolgenden Platz zu machen. So kennen wir thatsächlich die frühesten, besten Walzer von Strauß heute so wenig, als stammten sie aus der Zeit Maria Theresias. Sie sind nicht veraltet, nur verdrängt und vernachlässigt.*
 Strauß hat Schule gemacht und sie ist fast zum unwiderstehlichen Zwang geworden. Was heute in Walzerform erklingt, ist meist nur durchtönender Strauß. Unsere Operetten-Komponisten mögen sich noch so sehr zusammennehmen, nach ein paar Takten im Walzertempo haben sie unwillkürlich Strauß kopiert. Das heutige Wien ist der Tanzmusik abgünstig. Bis vor wenigen Tagen stand sie noch auf zwei Augen; seitdem diese sich geschlossen, haben wir nicht nur unseren besten, wir haben unseren einzigen Walzerkomponisten verloren.«

VII. Abgesang

Hanslick hatte, als Strauß Vater starb, schon einmal den einzigen Walzerkomponisten verloren. Johann Strauß Sohn hätte er gern ein Leben lang getadelt. Vor allem, als dieser sich nicht biedermeierlich an die vorgegebene kleine Form hielt, sondern zeitgenössische Vorbilder in seine Introduktionen aufnahm und immer komplizierter komponierte. Aber die musikalische Wiener Gesellschaft, die Hanslick bereitwillig in seiner Auseinandersetzung mit Richard Wagner Gefolgschaft leistete, war derart einhellig ins Lager von Johann Strauß gezogen, daß es keine Möglichkeit gab, sich zu absentieren. Hanslick mußte sich bequemen, ihr dorthin zu folgen. Anders wäre er sehr allein gewesen. Und ein Feuilletonist, der mit seinen Schriften Wirkung erzielen wollte, konnte es sich nicht leisten, gegen eine Welt anzuschreiben.

Ungezählte Nachrufe auf Johann Strauß wären zu zitieren, die alle anders und verliebter und schwärmerischer geschrieben sind. Sie hatten aber keine Folgen, veränderten das Bild, das Strauß zu Lebzeiten in die Herzen aller Menschen eingebrannt hatte, nicht. Man sah den jungen Strauß in seiner Uniform, den großen Strauß, der über Hundertschaften im fernen Boston herrschte, den Hofball-Musikdirektor und den aufrecht im Theater an der Wien oder in der Rotunde für eine Ouvertüre oder einen einzigen Walzer nach alter Weise auftretenden Herrn im Frack mit den unzähligen Orden am Revers. Man sah niemals den alten Herrn, der sich in seinem Ein-Igel-Heim seine eigene Welt geschaffen hatte, sein eigenes Kaffeehaus, sein eigenes Billard-Zimmer, seine eigene Komponier-Stube, der weder Gesellschaften noch Ablenkung in Bibliotheken notwendig hatte, sondern ein völlig zurückgezogenes, uneinsehbares Leben führte. Man sah, kurz gesagt, was der Mei-

28 Der achtzehnjährige Johann Strauß auf dem ersten erhaltenen Porträt von Diez, 1843

29 Strauß nach einer Lithographie von Joseph Kriehuber, 1853

30 Strauß' Augen sind eindringlich, der Ausdruck ist ernst und prüfend. Lithographie von Kriehuber, 1855

31 Auf einer Photographie aus den Fünfzigerjahren

32 (links) Johann Strauß – 33 (rechts) Mit gestutztem Backenbart dirigierte Johann Strauß 1874 die Uraufführung »Der Fledermaus«.

34 (links) Johann Strauß am Stehpult in der Ischler Villa – 35 (rechts) Der Meister 1884 als man sein vierzigjähriges Künstlerjubiläum feierte. Aus diesem Anlaß wurde ihm vom Gemeinderat der k.k. Reichshaupt- und Residenzstadt Wien das Bürgerrecht verliehen

Johann Strauß nach einer Photographie aus seinem letzten Lebensjahr

37 In Ischl malte der bekannte Wiener Maler Leopold Horowitz im September 18..
dieses Porträt – der Ausdruck ist ernst, müde und traurig. Johann Strauß stand noch e
Operettenmißerfolg, aber kein Erfolg mehr bevor.

ster und seine getreue Frau über sehr viele Jahre der Öffentlichkeit darzubieten beliebten; zum Beispiel die Büste des Bildhauers und Freundes, des beliebten Wieners Viktor Tilgner – nicht das Ölgemälde des Münchner Malers Franz von Lenbach. Man sah den aufrechten Kopf, der aus der Ferne vielleicht noch heiter wirken konnte – niemals den Musiker mit den verzweifelt verdunkelten Augen, der starr und beinahe ängstlich einem großen Maler Modell saß und dem Künstler nicht verbergen konnte, wie er wirklich war.

Die Photographien des Meisters sind unbelebt und gestellt, wie man es von anno dazumal kennt. Die Portraits aber sind auf eine merkwürdige Art von Trauer erfüllt.

August Eisenmenger, der 1888 ein Strauß-Portrait für eine »Galerie der Wiener Berühmtheiten« im Rathaus gemalt hat, zeigt uns einen stolzen, strengen Mann mit alles anderen als heiter blitzenden Augen.

Die Feuilletonisten dieser Zeit müssen alle, alle gelogen haben. Oder haben alle, alle nur den verbindlichen Künstler, nie den wahren Strauß erlebt ...

Das Ende der Monarchie und das »Ende« des Walzers

Man lebte kurz vor dem Ende des Jahrhunderts in einer überaus aufregenden, aufgeregten, vielschichtigen Stadt: Dem Wien knapp vor der Jahrhundertwende, das so vielseitig gedeutet worden ist.

Wir alle wissen heute, was da an Geist und Zukunft in der Stadt lebte und wirkte. Als Johann Strauß starb, waren

Arthur Schnitzler und Sigmund Freud nicht unbedingt in Mode, aber schon überaus gefragt; hatte Richard Strauss sich längst vorgestellt; lernte die legendär gewordene junge Wienerin Alma Schindler ihre ersten bedeutenden Liebhaber kennen und alsbald auch Gustav Mahler. Die bildende Kunst stand unmittelbar vor einer Revolution, die Zeit eines Makart war vorüber, die Secession und mit ihr die Wiener Werkstätte kündigten sich an. Das Ornament, die Floskel sollte abgeschafft werden. In der Architektur, der Mode und in der Musik sollte eine Revolution wenigstens versucht werden.

Die Musiker, waren allesamt Revolutionäre. Im allergünstigsten Fall hießen sie Hugo Wolf und verlachten nur Johannes Brahms. Sie hießen aber auch Arnold Schönberg und Alexander Zemlinsky und fanden, daß sich die Musik der letzten Jahrhunderte erschöpft hatte, und daß man weit über den Genius Richard Wagner hinaus in eine völlig andere Zeit und zu neuen Tönen kommen müßte. Das heißt, Johann Strauß und alles, was er einst als revolutionär und aufrührerisch verkörpert hatte, war 1899 längst nicht mehr zeitgemäß, hatte sich längst überlebt. Hanslick hatte recht, die ersten großen Walzererfolge des jungen trotzigen Strauß kannte keiner mehr und viele seiner Operetten waren von den Bühnen verschwunden. Und trotzdem gab es keinen Zweifel daran, daß das »Jung-Wien« auf eine seltsame Art die Stadt des Walzers war und blieb und keiner der neueren, der modischen Komponisten um den Dreivierteltakt herumkam. Man drehte sich immer noch im Reigen und der war wienerisch.

Carl Millöcker, der am letzten Tag des neunzehnten Jahrhunderts starb, lag gelähmt, als man ihm die Nachricht

Das Ende der Monarchie und das »Ende« des Walzers

vom Tod des Kollegen Strauß brachte und wollte sie nicht wahrhaben. Niemand wollte wahrhaben, daß die Welt unterging, die keiner so erfolgreich und so strahlend und so elegisch repräsentiert hatte wie der Walzerkönig. – Und nicht nur die Stadt, sondern das ganze Reich, die alte Monarchie, im Grunde eine ganze Welt war an einem Ende angelangt. Wien taumelte dem Abgrund entgegen. Der anerkannte Monarch neben Strauß war längst zum »alten Herrn im Schönbrunnerpark« geworden, bezeichnete sich selbst als den »letzten Gentleman auf einem Thron« und hielt sein Reich nur noch mühsam mit altersgerunzelten Händen fest. Anno dazumal wußte es noch keiner, fühlte aber so mancher vielleicht intuitiv, daß sich nicht einfach nur eine Jahrhundertwende, sondern ein anderes Zeitalter ankündigte.

Niemand fand sich, der Strauß in den folgenden Jahrzehnten nicht huldigte. Nicht nur der schon erwähnte Maurice Ravel mit dem klarsichtigen Abgesang in »La Valse«. Auch die Wiener Neutöner wußten, was Strauß-Walzer waren. Sie huldigten ihm auf ihre Art, indem sie für einen berühmt gewordenen Abend des »Vereins für Privataufführungen« Strauß-Walzer neu setzten und aufführten: Arnold Schönberg, Anton Webern, Alban Berg instrumentierten die großen Konzertwalzer für kleines Ensemble und versteigerten die originalen Manuskripte. Es war, wie vorhergesehen, ein finanzieller Erfolg. Schönberg komponierte (als er sich zu seiner eigenen Methode, der »Zwölftonmusik«, durchgerungen hatte) als erste Komposition seiner eigenen Sprache fünf Klavierstücke op. 24, an deren Abschluß ein Walzer steht. Berg fand in seiner Musik zu einer Dreivierteltaktsprache, die von Strauß durchdrungen ist.

VII. Abgesang

Die Unart, die erfolgreichen Operetten dem Trend der Zeit anzupassen, glückte nur kurz: Der Wiener Komponist Erich Wolfgang Korngold war der Musiker, der für Max Reinhardt eine neue Fassung der »Fledermaus« schrieb. Er war vorsichtiger als die ungezählten Theaterkapellmeister, die sich Strauß für ihre Bedürfnisse zurechtbogen. Aber er verdickte die Partitur, er lenkte davon ab, wie delikat Strauß selbst instrumentiert hat.

Leonard Bernstein komponierte einige formidable Walzer und war, als ich erstmals eine Art »Walzerbuch« versuchte, sofort bereit, ein Walzerthema als Motto voranzustellen. Er, der geborene Amerikaner mit ausgeprägter europäischer Wesensart, liebte nichts mehr als die Gespräche mit Wiener Musikern, die ihm die einzig richtige Art, Walzer zu interpretieren, nahebringen wollten. Als er so weit war und den »Rosenkavalier« in Wien dirigierte, hielt er sich an keinen der freundschaftlich gegebenen Ratschläge, sondern fand seine eigene, unnachahmbare, wunderbar gespielte Interpretation.

Anderswo in der Welt verwendete man den Walzer nur mehr als ein Signal: Igor Strawinsky griff auf ein Zitat aus Lanners »Schönbrunner« zurück. Dmitri Schostakowitsch nahm Strauß als Vorbild in seinen Kompositionsklassen durch und ließ seine Schüler Strauß-Kompositionen instrumentieren. Von ihm existieren eigene Versionen des »Vergnügungszugs«, die heute noch in Rußland oder unter russischen Dirigenten gespielt werden.

Aufbruch in das kommende Zeitalter –
Das Neujahrskonzert

Anders, ganz anders ist es in Wien in diesem Jahrhundert mit Strauß-Konzerten zugegangen. Man hat auf allerhöchstem Niveau den Walzer, die Musik der Dynastie Strauß, noch einmal entdeckt. Die Wiener Philharmoniker haben mit ihrem kollektiv genialen Gespür für Wirkung und unter dem Einfluß von großen Künstlern wie M a x R e i n h a r d t und C l e m e n s K r a u s, nicht nur »Die Fledermaus« (in der Staatsoper immer schon heimisch, zu den Salzburger Festspielen von Max Reinhardt eingeführt) unnachahmlich interpretiert, sondern begannen auch Strauß-Konzerte noch vor dem Zweiten Weltkrieg zu geben. Sie wurden unmittelbar nach dem Krieg zu einer Tradition, die sich immer bedeutsamer und immer kostspieliger fortsetzte. Zuerst gab es im Großen Musikvereinssaal Konzerte zum Jahreswechsel, also am Silvesterabend und zu Mittag des Neujahrstages. Clemens Kraus dirigierte und der Rundfunk übertrug, was musiziert wurde, mit all den vom Wiener Publikum erklatschten Wiederholungen und Zugaben. Später erfand man das Fernsehen, und damit wurden Übertragungen des Neujahrskonzertes zuerst lokal, später weltweit eine Sensation.

Die i n t e r n a t i o n a l e A n t e i l n a h m e veränderte dieses Ereignis in mehr als einer Art. Zum ersten, weil die Fernsehübertragung ein strenges zeitliches Limit notwendig macht. Zum zweiten aber auch, weil die Sitte, nur wenige Wochen nach dem Konzert die CD auf den Markt zu bringen, eine Erweiterung des Programms verlangt. Das

VII. Abgesang

Publikum will in der Regel jede Aufnahme eines Neujahrskonzertes, es will aber auf jeder neuen CD ein hörbar anderes Repertoire. So kamen Raritäten aus den frühen Jahren Johann Strauß' zu Ehren, wurden Strauß Vater minimal und Josef Strauß etwas ausführlicher ins Programm genommen. Neuerdings spielt man auch Lanner und Franz von Suppé auf und verliert dadurch keineswegs an Popularität oder Reichweite, was sich unter anderem daraus ablesen läßt, daß es für die wichtigsten Dirigenten unserer Zeit eine Ehre ist, diese Konzerte zu leiten. Selbstverständlich ist der große Musikvereinssaal zu Wien eine optische Attraktion, selbstverständlich gibt es kein anderes Orchester von Weltrang, das eine authentische Strauß-Interpretation auf höchstem Niveau geben kann, selbstverständlich findet es Beachtung, wie sensibel Carlos Kleiber, wie grundmusikalisch Herbert von Karajan, wie energisch Riccardo Muti, wie weltmännisch Lorin Maazel die Werke der Strauß-Dynastie interpretieren. Die Voraussetzung für den Erfolg hat aber Johann Strauß geschaffen.

Das Neujahrskonzert bringt die vielleicht manchmal verschüttete Assoziation zum Ursprungsland, zur Musikstadt Wien. Spätestens dann weiß man wieder, wo der Walzer seine Heimat hat und wo er zur höchsten Vollendung gebracht worden ist. Daß sich die Stadt nach dem Zweiten Weltkrieg, als es überlebensnotwendig war, die bösen Seiten Wiens vergessen zu machen, in aller Welt nicht nur als Musikstadt, sondern vor allem als die Stadt des Johann Strauß präsentierte, verwundert nicht. Noch in der von Kriegsschäden gezeichneten Stadt veranstaltete man die erste Strauß-Ausstellung. Seit der Tourismus eine der wichtigsten Quellen des österreichischen Einkommens ist, gibt es in aller Welt Wien-Bälle, die zwischen Peking und Rom die einflußreiche Gesellschaft in den Dreivierteltakt zwingen. Selbstverständlich ist es geworden, daß die großen Wiener Orchester auf Konzertreisen Walzer als Zugabe in der Notenkiste mit dabei haben. Und, finanziell wie manchmal auch künstlerisch, erfreulich ist es, daß eine Unzahl von kleinen Formationen aus Wien im Zeichen von Johann Strauß unterwegs sind. Es vergeht kein Monat, in dem Japan nicht von mindestens zwei Wiener Strauß-Ensembles heimgesucht wird. (Die Faszination, die weltweit ausgeübt wird, schlägt auf eine besondere Art zurück: Im großen Musikvereinssaal hat 1998 ein Konzert zum Chinesischen Neujahrsfest stattgefunden. Über hundert Musiker aus Peking reisten mit traditionellen Instrumenten an, ließen alte chinesische Musik hören und verbeugten sich vor Wien mit drei Kompositionen von Johann Strauß Vater und Sohn, die sie auf ihren dafür nicht geeigneten Instrumenten spielten und die man trotzdem noch als solche erkannte.) So lange große Ensembles reisen, werden sie auf eine Walzereinlage nicht verzichten. Kitschig und unerhört erfolgreich.

Ganz am Rande will ich nicht vergessen, daß auch die S c h l a g e r - I n d u s t r i e Johann Strauß viel zu verdanken hat. Das wichtigste und populärste Beispiel dafür ist das Lied »Sag' beim Abschied leise Servus«, das nicht von Peter Kreuder, sondern aus der vergessenen Operette »Blindekuh« stammt. Der Komponist, der bei Lebzeiten freudig verzeichnete, wie viele Wiener Volkssänger seine Musik mit ihren Texten »unter die Leute« brachte, hätte sich gegen einen echten Schlager gewiß nicht gewehrt. Er hätte allerdings (immerhin war er eines der ersten Mitglieder der neu gegründeten österreichischen Verwertungsgesellschaft) seinen Anteil an den Tantiemen eingefordert.

VII. Abgesang

Daß das zwanzigste Jahrhundert, wenn wir an die Grundidee des Walzers denken, Strauß nicht mehr braucht, ist eine Tatsache. Die Sprache Amerikas ist um die Jahrhundertwende über Europa hereingebrochen und hat das Angebot an Tänzen wesentlich verändert. Trotzdem wird nicht nur in Wien der Walzer immer noch gespielt und getanzt. Wien gibt nur das Beispiel: Nach alter Tradition eröffnet man jeden Ball, vom Opernball bis zum Ball der Roten Herzen in Favoriten, mit einer Polonaise und einer Strauß-Komposition und mit der offiziellen Aufforderung des Tanzmeisters »Alles Walzer«.

Johann Strauß ist seit erst hundert Jahren in die Ewigkeit eingegangen. Der Sterbetag ist dem Wiener zugleich ein zweiter Geburtstag; einer, der dann »auf immer« zählt. Man wird den Walzerkönig feiern und hie und da den Meister der Wiener Operette. Man wird die Schattenseiten seiner Persönlichkeit nicht zeigen, sondern die Freuden, die seine Musik gebracht hat.

Das ist ganz richtig so, denn der einzige Wiener Musiker des vergangenen Jahrhunderts, dessen weltumspannende Bedeutung bereits zu seinen Lebzeiten erkannt wurde, wird auf die nächsten hundert Jahre vorbereitet ...

Anhang

Werkverzeichnis
Zeittafel
Stammtafel
Quellen- und Literaturverzeichnis
Register
Bildnachweis

Werkverzeichnis

Datum und Name nach der Opus-Zahl geben den jeweiligen
Uraufführungstag und -ort an)

Sinngedichte, Walzer, op. 1
15. 10. 1844 – Dommayer
Debut-Quadrille, op. 2
15. 10. 1844 – Dommayer
Herzenslust, Polka, op. 3
15. 10. 1844 – Dommayer
Gunst-Werber, Walzer, op. 4
15. 10. 1844 – Dommayer
Serail-Tänze, Walzer, op. 5
19. 11. 1844 – Dommayer
Cytheren-Quadrille, op. 6
19. 11. 1844 – Dommayer
Die jungen Wiener, Walzer, op. 7
22. 1. 1845 – Dommayer
Patrioten-Marsch, op. 8
18. 8. 1845 – Tivoli
Widmung: Zweites Wiener Bürger-Regiment
Amazonen-Polka, op. 9
22. 1. 1845 – Dommayer
Quadrille »Der Liebesbrunnen« von M.W. Balfe, op. 10
9. 11. 1845 – Zweites Caféhaus, k.k. Prater
Faschings-Lieder, Walzer, op. 11
3. 2. 1845 – Goldener Strauß
Jugend-Träume, Walzer, op. 12
5. 7. 1845. – Sperl
Czechen-Polka, op. 13
21. 7. 1845 – Sperl
Serben-Quadrille, op. 14
28. 1. 1846 Serbenball – Goldene Birn
Widmung: Mihailo Milosevic Obrenovic (1823–1868), Fürst von
Serbien
Sträusschen, Walzer, op. 15
20. 7. 1845 – Goldener Strauß
Elfen-Quadrille, op. 16
22. 1. 1845 – Dommayer

Jux-Polka, op. 17
24. 1. 1846 – Goldener Strauß
Berglieder, Walzer, op. 18
18. 8. 1845 Tiroler-Fest – Tivoli
Dämonen-Quadrille, op. 19
15. 10. 1845 – Dommayer
Austria-Marsch, op. 20
19. 4. 1846 – Bürger-Militär-Parade
Lind-Gesänge, Walzer, op. 21
28. 5. 1846 – Dommayer
Widmung: Jenny Lind (1820–1887)
Die Oesterreicher, Walzer, op. 22
23. 11. 1845 – Sperl
Pesther Csárdás, op. 23
16. 6. 1846 – Ofen, Horvathgarten
Zigeunerin-Quadrille (M.W. Balfe), op. 24
[25. 7. 1846 – Dommayer]
Zeitgeister, Walzer, op. 25
23. 2. 1846 – Dommayer
Fidelen-Polka, op. 26
26. 4. 1846 – Goldener Strauß
Die Sanguiniker, Walzer, op. 27
2. 9. 1846 – Wasserglacis
Hopser-Polka, op. 28
12. 9. 1846 – Dommayer
Odeon-Quadrille, op. 29
13. 7. 1846 – Odeon
Die Zillerthaler, Walzer, op. 30
5. 8. 1846 Tiroler-Fest – Tivoli
Quadrille: »Die Belagerung von Rochelle« von M. W. Balfe, op. 31
15. 11. 1846 – Dommayer
Irenen-Walzer, op. 32
1. 2. 1847 Ungarisch-Altenburg (Mágyar-Ovár) – Wien: 8. 2. 1847 – Goldener Strauß
Widmung: Irene Gräfin Zichy (1823–1879). Gatte: Heinrich Graf Zichy
Alexander-Quadrille, op. 33 (Serben-Quadrille Nr. 2)
16. 6. 1847 Serenade in Wien, 20. 10. 1847 – Belgrad
Widmungen: Aleksandar Karadjodjevic, Fürst von Serbien (1806–1885) Alexander Bibesco, Fürst von Rumänien (1804–1873)
Die Jovialen, Walzer, op. 34
25. 11. 1846 – Goldener Strauß
Industrie-Quadrille, op. 35
30. 1. 1847 Industrie-Réunion – Baden bei Wien
Widmung: Den Ausschüssen des Industrieballes

Architecten-Ball-Tänze, Walzer, op. 36
27. 1. 1847 Architektenball – Goldener Strauß
Widmung: Den Hörern der Baukunst an der k.k. Academie der bildenden Künste
Wilhelminen-Quadrille, op. 37
10. 2. 1847 Ball des Tanzmeisters Eduard von Webersfeld – Dommayer
(Widmung: Wilhelmine von Webersfeld)
Bacchus-Polka, op. 38
3. 2. 1847 – Goldener Strauß
Slaven-Potpourri, op. 39
27. 3. 1847 Musikalische Abendunterhaltung der Slaven – Sperl
Quadrille nach Motiven der Oper »Die Königin von Leon« von Boisselot, op. 40
15. oder 18. 7. 1847 – Dommayer
Sängerfahrten, Walzer, op. 41
19. 6. 1847 Wohltätigkeits-Akademie – Theater an der Wien
Widmung: Wiener Männergesang-Verein
Wilde Rosen, Walzer, op. 42
22. 8. 1847 – Gasthaus Kwiatkowsky (Südbahnhof)
[Widmung: Moritz Gottlob Saphir (1795-1858)]
Explosions-Polka, op. 43
8. 2. 1847 – Goldener Strauß
Fest-Quadrille, op. 44
1. 9. 1847 – Wasserglacis
Ernte-Tänze, Walzer, op. 45
26. 7. 1847 – Brigitta-Kirchtag (Brigittenau)
Martha-Quadrille (nach Motiven der Oper »Martha« von F. v. Flotow), op. 46
Fasching 1848 – unbekannt
Dorfgeschichten, Walzer im Ländlerstyle, op. 47
18. 9. 1847 – Wasserglacis
Seladon-Quadrille, op. 48
15. 2. 1847 – Dommayer
Fest-Marsch, op. 49
29. 8. 1847 – Gasthaus Kwiatkowsky (Südbahnhof)
Klänge aus der Walachei, Walzer, op. 50
6./18. 1. 1848 – Bukarest, Momolo-Saal
Marien-Quadrille, op. 51
19./31. 12. 1847 – Bukarest, Theatersaal
Widmung: Marie Fürstin von Bibesco
Freiheits-Lieder, Walzer, op. 52
28. 5. 1848 – Zögernitz (»Barrikaden-Lieder«)
Annika-Quadrille, op. 53
4./16. 3. 1848 – Bukarest
Revolutions-Marsch, op. 54
28. 5. 1848 – Zögernitz

Burschenlieder, Walzer, op. 55
Sommer 1848, unbekannt.
Widmung: Den Herren Technikern
Studenten-Marsch, op. 56
3. 6. 1848 – Wien (alte) Universität
Liguorianer-Seufzer, Scherz-Polka, op. 57
Juni 1868 – Blaue Flasche, Ottakring.
Brünner-Nationalgarde-Marsch, op. 58
15. 8. 1848 Fest der Nationalgarde – Brünn
Widmung: Der Brünner Nationalgarde
Quadrille »Der Blitz« von Halévy, op. 59
8. 12. 1848 – Dommayer
Geißelhiebe, Polka, op. 60
14. 12. 1848 – Grünes Thor
Neue Steiersche Tänze, op. 61
26. 12. 1848 – Dommayer
Einheits-Klänge, Walzer, op. 62
Frühjahr 1849 – unbekannt
Sanssouci-Quadrille, op. 63
Frühjahr 1849 – »Sanssouci« bei Mödling (?)
Fantasie-Bilder, Walzer, op. 64
Fasching 1849 (ev. 12. 2. 1849 – Goldener Strauß)
Nikolai-Quadrille (nach russischen Themen), op. 65
Sommer 1849 (ev. 16. 8. 1849) – Dommayer
D' Woaldbuama, Walzer im Ländlerstyl, op. 66
30. 7. 1849 – Goldener Löwe, Unter-Sievering
Kaiser Franz Joseph – Marsch, op. 67
31. 5. 1849 und 16. 8. 1849 – Dommayer, 20. 8. 1849 – Bierhalle Fünfhaus
Aeols-Töne, Walzer, op. 68
17. 9. 1849 Siegesfest – Wasserglacis
Triumph-Marsch, op. 69
Januar 1850 – k.k. Volksgarten
Die Gemüthlichen, Walzer, op. 70
13. 1. 1850 – Sperl (»Echte Sperlianer«)
Künstler-Quadrille, op. 71
25. 11. 1849 Katharinen-Redoute der bildenden Künstler – k.k. Redoutensaal
Scherz-Polka, op. 72
28. 11. 1849 Katharinenball – Sperl
Frohsinns Spenden, Walzer, op. 73
16. 1. 1850 – Sofiensaal
Lava-Ströme, Walzer, op. 74
29. 1. 1850 Ball im Vesuv – Sofiensaal
Sophien-Quadrille, op. 75
13. 1. 1850 – Sofiensaal

Anhang

Attaque-Quadrille, op. 76
13. 1. 1850 – Sofiensaal (ev. 16.3.1850 – Sperl)
Wiener Garnison-Marsch, op. 77
25. 6. 1850 – k.k. Volksgarten
Widmung: Dem Officiers-Corps der Wiener Garnison
Heiligenstädter Rendezvous-Polka, op. 78
8. 7. 1850 – Kuglers Park in Heiligenstadt
Maxing-Tänze, Walzer, op. 79
6. 7. 1850 – Villa Maxing in Hietzing
Heski Holki Polka, op. 80
22. 7. 1850 – Sperl
Luisen Sympathie Klänge, Walzer, op. 81
16. 7. 1850 – k.k. Volksgarten
Johannis-Käferln, Walzer, op. 82
28. 7. 1850 – Zögernitz
Ottinger Reiter Marsch, op. 83
6. 10. 1850 – k.k. Volksgarten
[Widmung: Franz Freiherrn von Ottinger (1792–1869)]
Warschauer Polka, op. 84
Warschau: [23.] Oktober 1850, Wien: 21. 11. 1850 – Bierhalle Fünfhaus
[Widmung: Alexandrowna Fjodorowna, Zarin]
Heimaths-Kinder, Walzer, op. 85
16. 9. 1850 – Sperl (»Die Vaterländischen«)
Bonvivant-Quadrille, op. 86
16. 8. 1850 – k.k. Volksgarten
Aurora-Ball-Tänze, Walzer, op. 87
18. 2. 1851 – Sperl
Slaven-Ball-Quadrille, op. 88
17. 2. 1851 Slavenball – Sofiensaal
Hirten Spiele, Walzer, op. 89
31. 12. 1850 – Sperl (»Kinderspiele«, Tändeleien im Dreivierteltakt)
Orakel-Sprüche, Walzer, op. 90
10. 2. 1851 Ball »Das delphische Orakel« – Sofiensaal
Herrmann-Polka, op. 91
14. 6. 1851 – Sperl
Widmung: Seinem Freunde [Karl Compars] Herrmann (1817–1887)
Maskenfest-Quadrille, op. 92
4. 2. 1851 »Blindenball« – k.k. Redoutensaal, [Patronanz Erzhzg. Franz Carl]
Kaiser-Jäger-Marsch, op. 93
7. 7. 1851 – Bierhalle Fünfhaus
Rhadamantus-Klänge, Walzer, op. 94
26. 2. 1851 Juristenball – Sofiensaal
Idyllen, Walzer, op. 95
13. 6. 1851 – k.k. Volksgarten

Viribus unitis, Marsch, op. 96
22. 8. 1851 – k.k. Volksgarten (zum 21. Geburtstag des Kaisers)
Gambrinus-Tänze, Walzer, op. 97
7. 7. 1851 – Bierhalle Fünfhaus
Promenade-Quadrille, op. 98
23. 5. 1851 – k.k. Volksgarten
Frauenkäferln, Walzer, op. 99
27. 8. 1851 – Ungers Casino in Hernals
Vöslauer Polka, op. 100
16. 8. 1851 – Vöslau »zum Jägerhorn«, 27. 8. 1851 – Ungers Casino in Hernals
Mephisto's Höllenrufe, Walzer, op. 101
12. 10. 1851 Benefize »Die Wanderung in den Feuerofen« – k.k. Volksgarten
Albion-Polka, op. 102
Herbst 1851 – Palais Coburg
Widmung: Prinz Albert von Sachsen-Coburg-Gotha (1819–1861)
Vivat! Quadrille, op. 103
3. 10. 1851 – k.k. Volksgarten
Windsor-Klänge, Walzer, op. 104
10. 1. 1852 – Palais Coburg, 10. 2. 1852 – Sofiensaal
Widmung: Königin Victoria von Großbritannien und Irland (1819–1901)
Fünf Paragraphe aus dem Walzer-Codex, Walzer, op. 105
3. 2. 1852 Juristenball – Sofiensaal
Widmung: Den Herren Hörern der Rechte an der Hochschule zu Wien
Harmonie-Polka, op. 106
4. 2. 1852 – Sofiensaal (»Concordia-Polka«)
Widmung: Der protestantischen Gemeinde in Wien.
Großfürsten-Marsch, op. 107
21. 3. 1852 Palais Esterhazy, 2. 5. 1852 – Ungers Casino in Hernals
Widmung: Großfürst Nikolaj (1831–1891) und Großfürst Michail (1832–1909)
Die Unzertrennlichen, Walzer, op. 108
16. 2. 1852 Bürgerball – k.k. Redoutensaal
Widmung: Dem hochgeehrten Comité des Bürgerballes
Tête-à-Tête-Quadrille, op. 109
4. 2. 1852 Pressburg: Redoutensaal (»Souvenir à Pressbourgh«), Wien: 17. 2. 1852 – Sperl
Electro-magnetische-Polka, op. 110
11. 2. 1852 Technikerball – Sofiensaal
Widmung: Den Herren Hörern der Technik in Wien
Blumenfest-Polka, op. 111
14. 5. 1852 – k.k. Volksgarten

Anhang

Melodien-Quadrille [Hesperiden-Quadrille nach Motiven von G. Verdi], op. 112
16. 7. 1852 – k.k. Volksgarten
Sachsen-Kürassier-Marsch, op. 113
26. 7. 1852 – Bierhalle Fünfhaus
Widmung: Dem Officier-Corps des Sachsen-Kürassier-Regiments
Liebes-Lieder, Walzer, op. 114
18. 6. 1852 – k.k. Volksgarten
Wiener Jubel-Gruß-Marsch, op. 115
14. 8. 1852 Empfang des Kaisers, 16. 8. 1852 – Bierhalle Fünfhaus
Hofball-Quadrille, op. 116
7. 2. 1852 Hofball – k.k. Hofburg
Annen-Polka, op. 117
24. 7. 1852 Wald-Musik-Fest – k.k. Prater, Zum wilden Mann und Papagei
Lockvögel, Walzer, op. 118
5. 7. 1852 – Bierhalle Fünfhaus
Volkssänger, Walzer im Ländler Style, op. 119
30. 8. 1852 – Ungers Casino Hernals
Nocturne-Quadrille, op. 120
24. 9. 1852 – k.k. Volksgarten
Zehner-Polka, op. 121
24. 11. 1852 – Sperl
Widmung: Einer in Dresden aus 10 Personen bestehenden Gesellschaft
Indra-Quadrille, op. 122 (nach Motiven der Oper »Indra« von F. v. Flotow)
26. 12. 1852 – k.k. Volksgarten
Satanella-Quadrille, op. 123
26. 1. 1853 »Satanella-Ball« – Sofiensaal
Widmung: Marie Taglioni (1833–1891)
Satanella-Polka, op. 124
26. 1. 1853 »Satanella-Ball« – Sofiensaal
Phönix-Schwingen, Walzer, op. 125
17. 1. 1853 – Sofiensaal
[Widmung: Hans Guido von Bülow (1830–1894)]
Kaiser Franz Josef I. Rettungs-Jubel-Marsch, op. 126
6. 3. 1853 Festkonzert »Zur glücklichen Errettung« – Sperl
Freuden-Gruß-Polka, op. 127
17. 1. 1853 – Sofiensaal
Solon-Sprüche, Walzer, op. 128
18. 1. 1853 Juristenball – Sofiensaal
Widmung: Den Hörern der Rechte an der Hochschule zu Wien
Motor-Quadrille, op. 129
31. 1. 1853 Technikerball – Sofiensaal
Widmung: Den Hörern der Technik in Wien

Werkverzeichnis

Aesculap-Polka, op. 130
25. 1. 1853 Medizinerball – Sperl
Widmung: Den Hörern der Medizin an der Hochschule zu Wien
Wiener Punch-Lieder, Walzer, op. 131
7. 2. 1853 Benefiz-Ball – Sperl
Widmung: Moritz Gottlieb Saphir (1795–1858)
Veilchen-Polka, op. 132
1. 5. 1853 – Sperl
Caroussel-Marsch, op. 133
14. 6. 1853 – k.k. Volksgarten (am 21. 5. 1853 war ein Caroussel [Reiterspiel] in der Hofburg)
Tanzi Bäri-Polka, op. 134
15. 7. 1853 – k.k. Volksgarten
Widmung: Gräfin Julia von Bathanyi, geb. Gräfin von Apraxin
Bouquet-Quadrille, op. 135
23. 5. 1853 – k.k. Volksgarten (ev. 22. 5. 1853 k.k. Glashausgarten [Burggarten])
Vermälungs-Toaste, Walzer, op. 136
28. 6. 1853 Fest »Erinnerung an Dresden« – k.k. Volksgarten
Widmung: Prinz Albert von Sachsen (Hochzeit mit Caroline Prinzessin Wasa)
Neuhauser-Polka, op. 137
unbekannt (ev. August 1853 durch Josef Strauß)
Pepita-Polka, op. 138
1. 8. 1853 – Sperl (durch Josef Strauß)
(Komponiert für einen Ball zu Ehren der Tänzerin Pepita d' Oliva)
Kron-Marsch, op. 139
9. 10. 1853 – k.k. Volksgarten (komponiert zur Auffindung der ungarischen Stephans-Krone)
Knall-Kügerln, Walzer, op. 140
18. 7. 1853 – Bierhalle Fünfhaus
Wellen und Wogen, Walzer, op. 141
9. 10. 1853 – k.k. Volksgarten
Wiedersehen-Polka, op. 142
18. 9. 1853 Ungers Casino in Hernals
Schnee-Glöckchen, Walzer, op. 143
2. 12. 1853 – Diner im Sperl
Widmung: Frau Maria von Kalergis, geb. Gräfin von Nesselrode.
La Viennoise, Polka Mazurka, op. 144
23. 2. 1854 Ball des Tanzlehrers Rabensteiner – Sperl
Bürger-Ball-Polka, op. 145
14. 2. 1854 Bürgerball – k.k. Redoutensaal
Novellen, Walzer, op. 146
31. 1. 1854 Juristenball – Sofiensaal
Widmung: Den Hörern der Rechte an der Hochschule zu Wien

Musen-Polka, op. 147
14. 2. 1854 Künstlerball – Sofiensaal
Schallwellen, Walzer, op. 148
7. 2. 1854 Technikerball – Sofiensaal
Widmung: Den Hörern der Technik
Erzherzog Wilhelm Genesungs-Marsch, op. 149
28. 5. 1854 – Ungers Casino in Hernals
Ballg'schichten, Walzer, op. 150
27. 2. 1854 – Sperl
Elisen-Polka, Polka francaise, op. 151
7. 5. 1854 – Ungers Casino in Hernals
Carnevals-Spektakel-Quadrille, op. 152
21. 2. 1854 – Schwender
Nordstern-Quadrille (nach Motiven von G. Meyerbeer), op. 153
30. 7. 1854 – Ungers Casino in Hernals
Myrthen-Kränze, Walzer, op. 154 (»Elisabethen-Klänge«)
Hochzeit Elisabeth in Bayern – Kaiser Franz Joseph
27. 4. 1854 – Rittersaal der k.k. Hofburg, 5. 9. 1854 – k.k. Volksgarten
Haute volée-Polka, op. 155
17. 8. 1854 – k.k. Volksgarten
Napoleon-Marsch, op. 156
12. 10. 1854 – Schwender
Widmung: Napoleon III., Kaiser von Frankreich (1808–1873)
Nachtfalter, Walzer, op. 157
28. 8. 1854 – Ungers Casino in Hernals
Alliance-Marsch, op. 158
26. 12. 1854 – k.k. Volksgarten
Schnellpost-Polka, op. 159
27. 11. 1854 Katharinenball – Schwender
Ella-Polka, op. 160
11. 2. 1855 – Sofiensaal
Panacea-Klänge, Walzer, op. 161
23. 1. 1855 Medizinerball – Sofiensaal
Widmung: Den Hörern der Medizin an der Hochschule zu Wien
Souvenir-Polka, op. 162
23. 1. 1855 – Schwender
Glossen, Walzer, op. 163
30. 1. 1855 Juristenball – Sofiensaal
Widmung: Den Hörern der Rechte an der Hochschule zu Wien
Sirenen, Walzer, op. 164
12. 2. 1855 Technikerball – Sofiensaal
Widmung: Den Hörern der Technik in Wien
Aurora-Polka, op. 165
14. 2. 1855 Auroraball – Sperl
Widmung: Der Künstlergesellschaft Aurora

Werkverzeichnis

Handels-Elite-Quadrille, op. 166
31. 1. 1855 – Sperl
Man lebt nur einmal! Walzer im Ländlerstyle, op. 167
19. 2. 1855 Benefizball – Sperl
Leopoldstädter Polka, op. 168
29. 1. 1855 – Sperl
Bijouterie-Quadrille, op. 169
4. 6. 1855 – Ungers Casino in Hernals
Nachtveilchen, Polka Mazur, op. 170
1. 7. 1855 – Ungers Casino in Hernals
Freuden-Salven, Walzer, op. 171
17. 7. 1855 – k.k. Volksgarten (»Zur glücklichen Rückkehr Kaiser Franz Josephs«)
Gedanken auf den Alpen, Walzer, op. 172 (»Gasteiner-Walzer«)
15. 10. 1855 – Sperl
Widmung: Herzog Maximilian in Bayern (1818–1888)
Marie Taglioni Polka, op. 173
16. 12. 1855 – k.k. Volksgarten (»Silvester-Polka«) [Abends: Grosses Soupé – Sperl]
Le Papillon, Polka Mazurka, op. 174
16. 12. 1855 – k.k.Volksgarten
Erhöhte Pulse, Walzer, op. 175
8. 1. 1856 Medizinerball – Sofiensaal
Widmung: Den Hörern der Medizin an der Hochschule zu Wien
Armen-Ball-Polka (»Reindorfer Harmonie-Polka«), op. 176
7. 1. 1856 – Schwender
Juristen-Ball-Tänze [Walzer], op. 177
14. 1. 1856 Juristenball – Sofiensaal
Widmung: Den Hörern der Rechte an der Wiener Universität
Sans-Souci-Polka, op. 178
21. 1. 1856 Benefizball – Schwender
Abschieds-Rufe, Walzer, op. 179
28. 1. 1856 Benefizball – Sofiensaal
Widmung: Dr. Franz Liszt (1811–1886)
Libellen, Walzer, op. 180
29. 1. 1856 Technikerball – Sofiensaal
Widmung: Den Hörern der Technik in Wien
Großfürstin Alexandra-Walzer, op. 181
14./26. 6. 1856 – Pawlowsk, Wien: 8. 11. 1856 – Sperl
Widmung: Grossfürstin Alexandra Jossiphowna (1830–1911)
L' Inconnue, Polka francaise, op. 182
2.8./14. 8. 1856 – Pawlowsk, Wien: 21. 12. 1856 – k.k. Volksgarten
Krönungs-Marsch, op. 183
13. 9./25. 9. 1856 – Pawlowsk (Krönung in Moskau), Wien: 21. 12. 1856 – k.k. Volksgarten.

Anhang

Widmung: *Zar Alexander II. [Alexandrowitsch] von Russland
(1818–1881)*
Krönungslieder, Walzer, op. 184
2. 8./14. 8. 1856 – Pawlowsk, Wien: 16. 2. 1857 – Sofiensaal
Widmung: *Maria Alexandrowna (1824–1880) Zarin*
Strelna Terassen-Quadrille, op. 185
1. 10./13. 10. 1856 – Pawlowsk, Wien: 27. 12. 1856 – Sperl
Demi-Fortune, Polka francaise, op. 186
21. 1. 1857 Künstlerball – Sperl
Une Bagatelle, Polka Mazur, op. 187
11. 2. 1857 Auroraball – Sperl
Herzel-Polka, op. 188
3. 2. 1857 Armenball – Sperl
Paroxysmen, Walzer, op. 189
20. 1. 1857 Medizinerball – Sofiensaal
Widmung: *Den Hörern der Medizin an der Hochschule zu Wien*
Etwas Kleines, Polka francaise, op. 190
3. 5. 1857 – Ungers Casino in Hernals
Controversen, Walzer, op. 191
27. 1. 1857 Juristenball – Sofiensaal
Widmung: *Den Hörern der Rechte an der Hochschule zu Wien*
Wien, mein Sinn, Walzer, op. 192
23. 2. 1857 Benefizball – Sperl
Phänomene, Walzer, op. 193
17. 2. 1857 Technikerball – Sofiensaal
Widmung: *Den Hörern der Technik in Wien*
La Berceuse, Quadrille, op. 194
2. 2. 1857 – Sofiensaal
Telegrafische Depeschen, Walzer, op. 195
25. 8./6. 9. 1857 – Pawlowsk, Wien: 18. 10. 1857 – k.k. Volksgarten
Widmung: *Jean Promberger (1810–1890) in St. Petersburg*
Olga Polka, op. 196
August 1857 – Pawlowsk (»Cäcilien-Polka«), Wien: 18. 10. 1857 –
k.k. Volksgarten
Widmung: *Grossfürstin Olga [Fjodorowna], geb. Prinzessin [Cäcilie
Auguste] von Baden (1829–1891)*
Spleen, Polka Mazur, op. 197
Spätsommer 1857 – Pawlowsk, Wien: 1. 11. 1857 – k.k.Volksgarten
Alexandrinen-Polka, Polka francaise, op. 198
Frühsommer 1857 – Pawlowsk (»Alexandrine« Polka francaise), Wien:
18. 11. 1857 – Großer Zeisig
(Widmung in der russischen Ausgabe: Alexandrine Schröder, Sängerin)
Le Beau Monde, Quadrille, op. 199
25. 8./6. 9. 1857 – Pawlowsk, Wien: 1. 11. 1857 – k.k. Volksgarten
Souvenir de Nizza, Walzer, op. 200
Frühsommer 1857 – Pawlowsk, Wien 8. 2. 1858 – Sofiensaal

Widmung: *Maria Alexandrowna, Kaiserin von Russland (1824–1880)*
Künstler-Quadrille (nach Motiven berühmter Meister), op. 201
2. 2. 1858 Künstlerball – Sofiensaal
Widmung: Den Künstlern Wiens
L' enfantillage, Zäpperl-Polka, op. 202
25. 1. 1858 Wohltätigkeitsball – Sofiensaal
Hellenen-Polka (schnell), op. 203
27. 1. 1858 – Palais Sina. Vor dem 8. 2. 1858 Griechenball – Sperl
Widmung: Baronin Marie Sina von Hodos und Kizdiá
Vibrationen, Walzer, op. 204
19. 1. 1858 Medizinerball – Sofiensaal
Widmung: Den Herren Hörern der Medizin
Die Extravaganten, Walzer, op. 205
26. 1. 1858 Juristenball – Sofiensaal
Widmung: Den Hörern der Rechte an der Hochschule in Wien
Concordia (Eintracht), **Polka Mazur, op. 206**
10. 2. 1858 Protestantenball – k.k. Redoutensaal
Cycloiden, Walzer, op. 207
9. 2. 1858 Technikerball – Sofiensaal
Widmung: Den Hörern der Technik an der Hochschule in Wien
Jux-Brüder, Walzer im Ländlerstyle, op. 208
15. 2. 1858 Benefizball – Sperl
Spiralen, Walzer, op. 209
31. 1. 1858 Ball der Ingenieure – k.k. Redoutensaal
Widmung: Den Herren Ingenieuren
Abschied von St. Petersburg, Walzer, op. 210
24. 8./5. 9. 1858 – Pawlowsk, Wien: 21. 11. 1858 – k.k. Volksgarten
Champagner-Polka, op. 211
Widmung: Carl Freiherr von Bruck (1798–1860)
31. 7./12. 8. 1858 – Pawlowsk, Wien: 21.11.1858 – k.k. Volksgarten
Fürst Bariatinsky-Marsch, op. 212
31. 7./12. 8. 1858 – Pawlowsk, Wien: 21. 11. 1858 – k.k. Volksgarten
[Widmung der russischen Ausgabe: Wladimir Iwanowitsch Bariatinsky (1817–1875)]
Bonbon-Polka francaise, op. 213
24. 8./5. 9. 1858 – Pawlowsk, Wien: 21. 11. 1858 – k.k. Volksgarten
Tritsch-Tratsch-Polka, op. 214
24. 11. 1858 – Grosser Zeisig
Gedankenflug, Walzer, op. 215
11. 9./23. 9. 1858 – Pawlowsk, Wien: 3. 4. 1859 – Theater in der Josefstadt
Widmung: Graf Emmerich Széchényi (1825–1898)
Hell und voll, Walzer, op. 216
25. 1. 1859 Medizinerball – Sofiensaal
Widmung: Den Herren Hörern der Medizin

La Favorite, Polka francaise, op. 217
18. 9./30. 9. 1858 – Pawlowsk, Wien: Fasching 1859
Irrlichter, Walzer, op. 218
31. 1. 1859 Technikerball – Sofiensaal
Widmung: Den Hörern der Technik an der Hochschule in Wien
Auroraball-Polka francaise, op. 219
22. 2. 1859 – Sperl
Deutsche, Walzer, op. 220
7. 3. 1859 Benefizball – Sperl
Promotionen, Walzer, op. 221
8. 2. 1859 Juristenball – Sofiensaal
Widmung: Den Hörern der Rechte an der Hochschule in Wien
Nachtigall-Polka, op. 222
1. 5. 1859 – Ungers Casino in Hernals
Schwungräder, Walzer, op. 223
27. 2. 1859 Ball der Ingenieure – k.k. Redoutensaal
Widmung: Den Herren Ingenieuren
Dinorah-Quadrille, op. 224
5. 9./17. 9. 1859 – Pawlowsk, Wien: 20. 11. 1859 – k.k. Volksgarten
Gruß an Wien, Polka francaise, op. 225
17. 9./29. 9. 1859 – Pawlowsk, Wien: 20. 11. 1859 – k.k. Volksgarten
Der Kobold, Polka Mazur, op. 226
1. 8./13. 8. 1859 – Pawlowsk, Wien: 20. 11. 1859 – k.k. Volksgarten
Reiseabenteuer, Walzer, op. 227
20. 11 .1859 – k.k. Volksgarten
Niko-Polka, op. 228
11. 7./23. 7. 1859 – Pawlowsk, Wien: 20. 2. 1860 – Sperl
Widmung: Fürst Nikolaus Dadiani von Mingrelien (1847–1902)
Jäger-Polka, Polka francaise, op. 229
11. 7./23. 7. 1859 – Pawlowsk, Wien: 20. 11. 1859 – k.k. Volksgarten
(Widmung in der russischen Ausgabe: Offizierscorps des Jägerbataillons der Garde in Zarskoe Selo)
Kammerball-Polka (schnell), op. 230
11. 1. 1860 – k.k. Hofburg, Wien
Drollerie-Polka (francaise), op. 231
Fasching 1860 – unbekannt
Lebenswecker, Walzer, op. 232
24. 1. 1860 Medizinerball – Sofiensaal
Widmung: Den Hörern der Medizin an der Wiener Hochschule.
Sentenzen, Walzer, op. 233
31. 1. 1860 Juristenball – Sofiensaal
Widmung: Den Hörern der Rechte an der Hochschule zu Wien
Accel[l]erationen-Walzer, op. 234
14. 2. 1860 Technikerball – Sofiensaal
Widmung: Den Hörern der Technik an der Hochschule zu Wien

Immer heiterer, Walzer, op. 235
20. 2. 1860 Benefizball – Sperl
Orpheus-Quadrille, op. 236
18. 4. 1860 – Grosser Zeisig
Taubenpost, Polka francaise, op. 237
26. 2. 1860 – k.k. Volksgarten
Die Pariserin, Polka francaise, op. 238
6. 5. 1860 – Ungers Casino in Hernals
Polka Mazurka champêtre, op. 239
9. 7./21. 7. 1859 – Pawlowsk, Wien: 25. 11. 1860 – k.k. Volksgarten
Maskenzug-Polka (francaise), op. 240
2. 10./14. 10. 1860 Pawlowsk, Wien: 25. 11. 1860 – k.k. Volksgarten und Katharinen-Redoute – k.k. Redoutensaal
Fantasieblümchen, Polka Mazur, op. 241
2. 10./14. 10. 1860 – Pawlowsk, Wien: 25. 11. 1860 – k.k. Volksgarten
Bijoux-Polka francaise, op. 242
September 1860 – Pawlowsk, Wien: 2. 12. 1860 – k.k. Volksgarten
Romanze Nr. I, op. 243
Sommer 1860 Pawlowsk, Wien: 1. 12. 1860 – Sperl
Widmung: Fürstin Katherina Dadjani
Diabolin-Polka, op. 244
Sommer 1860 – Pawlowsk, Wien: 25. 11. 1860 – k.k. Volksgarten
Thermen, Walzer, op. 245
22. 1. 1861 Medizinerball – Sofiensaal
Widmung: Den Hörern der Medizin an der Wiener Hochschule
Rokonhangok (Sympathieklänge), Polka, op. 246
6. 2. 1861 Ball der ungarischen Studenten – Dianasaal
Widmung: Der in Wien studierenden ungarischen Jugend
Grillenbanner, Walzer, op. 247
11. 2. 1861 Benefizball – Dianasaal
Widmung: Prinz Leopold von Sachsen-Coburg-Gotha (1824–1884)
Camelien-Polka, op. 248
29. 1. 1861 Camelienball – Dianasaal
Hesperus-Polka, op. 249
6. 2. 1861 Hesperusball – Sperl
Widmung: Der Künstlergesellschaft Hesperus
Wahlstimmen, Walzer, op. 250
28. 1. 1861 Juristenball – Sofiensaal
Widmung: Den Hörern der Rechte an der Hochschule zu Wien
Klangfiguren, Walzer, op. 251
4. 2. 1861 Technikerball – Sofiensaal
Widmung: Den Hörern der Technik an der Hochschule zu Wien
Dividenden, Walzer, op. 252
15. 1. 1861 Ball der Industriellen Gesellschaften – Dianasaal

Schwärmereien, Concertwalzer, op. 253
22. 9./4 .10. 1860 – Pawlowsk, Wien: 1. 4. 1861 – Dianasaal
Widmung: Anton [Grigorjewitsch] Rubinstein (1829–1894)
Neue Melodien-Quadrille (nach Motiven aus italienischen Opern), op. 254
17. 3. 1861 – Dianasaal
St. Petersburg, Quadrille nach russischen Motiven, op. 255
14. 5./26. 5. 1861 – Pawlowsk, Wien: 5.1.1862 – Dianasaal
Zweite Romanze, op. 255 (a)
Sommer 1860 – Pawlowsk, Wien: 1. 12. 1860 – Sperl
Widmung: Grossherzogin Elisabeth von Oldenburg (1830–1911)
Veilchen, Mazur nach russischen Motiven, op. 256
14. 5./26. 5. 1861 – Pawlowsk, Wien: 21. 9. 1861 – Sperl
Perpetuum mobile, Musikalischer Scherz, op. 257
4. 4. 1861 – Schwender
Secunden-Polka francaise, op. 258
15. 8./27. 8. 1861 – Pawlowsk, Wien: 17. 11. 1861 – Sofiensaal
Widmung: Herrn Josef Hellmesberger (1828–1893)
Chansonette-Quadrille nach Themen französischer Romanzen, op. 259
26. 9./8. 10. 1861 – Pawlowsk, Wien: 17. 11. 1861 – Sofiensaal
Furioso-Polka quasi Galopp, op. 260
2. 9./14. 9. 1861 – Pawlowsk, Wien: 17. 11. 1861 – Sofiensaal
Die ersten Curen, Walzer, op. 261
28. 1. 1862 Medizinerball – Sofiensaal
Widmung: Den Hörern der Medizin an der Hochschule zu Wien
Colonnen, Walzer, op. 262
4. 2. 1862 Juristenball – Sofiensaal
Widmung: Den Hörern der Rechte an der Hochschule zu Wien
Studenten-Polka francaise, op. 263
24. 2. 1862 [Erster] Studentenball – k.k. Redoutensaal
Widmung: Den Studierenden in Wien nach deren Liedern
Patronessen, Walzer, op. 264
24. 2. 1862 [Erster] Studentenball – k.k. Redoutensaal
Widmung an die Patronessen: Fürstin Francisca Liechtenstein, Fürstin Wilhelmine Kinsky, Frau Antonie Lasser, Fürstin Eleonore Schwarzenberg, Marie Oppolzer, Fürstin Antonie Khevenhüller, Gräfin Celine Bieberstein-Zamadzka, Gräfin Emilie Thun, Baronin Julie Spannochi, Gräfin Francisca Hardegg, Gräfin Therese Potocki, Gräfin Helene Mniszek
Motoren, Walzer, op. 265
10. 2. 1862 Technikerball – Sofiensaal
Widmung: Den Herren Hörern der Technik an der Hochschule zu Wien
Lucifer-Polka, op. 266
26. 2. 1862 Hesperusball – Dianasaal
Concurrenzen, Walzer, op. 267
29. 1. 1862 Ball der Industriellen Gesellschaften – Sofiensaal

Wiener Chronik, Walzer, op. 268
3. 3. 1862 Benefizball – Dianasaal
Widmung: Friedrich Uhl (1825–1906)
Demolirer-Polka, op. 269
22. 11. 1862 – Sperl
Carnevals-Botschafter, Walzer, op. 270
22. 11. 1862 – Sperl
Bluette Polka francaise, op. 271
23. 11. 1862 Katharinen-Redoute – k.k. Redoutensaal
Widmung: Jetti Treffz (Henriette Strauß, 1818–1878)
Un ballo in maschera, Oper von J. Verdi. Quadrille, op. 272
26. 4./8. 5. 1862 – Pawlowsk, Wien: 21. 12. 1862 – k.k. Volksgarten
Leitartikel, Walzer, op. 273
19. 1. 1863 [Erster] Concordiaball – Sofiensaal
Widmung: Dem Wiener Schriftsteller- und Journalisten-Vereine »Concordia«
Patrioten-Polka, op. 274
19. 3. 1863 Patriotenfest – Sofiensaal
Lieder-Quadrille (nach beliebten Melodien), op. 275
29. 4./11. 5. 1863 – Pawlowsk, Wien: 12. 9. 1863 – Sperl
Bauern Polka (francaise), op. 276
17. 8./29. 8. 1863 – Pawlowsk, Wien: 29. 11. 1863 – k.k. Volksgarten
Invitation à la Polka Mazur, op. 277
6. 8./18. 8. 1863 – Pawlowsk, Wien: 29. 11. 1863 – k.k. Volksgarten
Neues Leben, Polka francaise, op. 278
15. 9./27. 9. 1863 Pawlowsk, Wien: 29. 11. 1863 – k.k. Volksgarten
Widmung: Herzog Ernst von Sachsen-Coburg-Gotha (1818–1893)
Morgenblätter, Walzer, op. 279
12. 1. 1864 Concordiaball – Sofiensaal
Widmung: Dem Wiener Schriftsteller- und Journalisten-Vereine »Concordia«
Juristen-Ball, Polka (schnell), op. 280
18. 1. 1864 Juristenball – Sofiensaal
Widmung: Den Hörern der Rechte an der Hochschule zu Wien
Vergnügungszug, Polka (schnell), op. 281
19. 1. 1864 Ball der Industriellen Gesellschaften – k.k. Redoutensaal
Widmung: Dem Vereine der Industriellen Gesellschaften
Gut bürgerlich, Polka francaise, op. 282
26. 1. 1864 Bürgerball – k.k. Redoutensaal
Widmung: Dem Comité des Bürgerballes
Saison-Quadrille, op. 283
23. 4./5. 5. 1864 – Pawlowsk, Wien: 10. 9. 1864 – Sperl
Deutscher Krieger-Marsch, op. 284
28. 2. 1864 – k.k .Volksgarten

Studentenlust, Walzer, op. 285
31. 1. 1864 Studentenball – k.k. Redoutensaal
Widmung: Den Patronessen des Studentenballes
Patronessen-Polka francaise, op. 286
2. 2. 1864 Zweiter Juristenball – Sofiensaal
Verbrüderungs-Marsch, op. 287
11. 4. 1864 – Berlin, Königliches Schauspielhaus
Widmung: König Wilhelm I. von Preussen (1797–1888)
Newa-Polka, op. 288
15. 9./27. 9. 1864 – Pawlowsk, Wien: 4. 12. 1864 – k.k. Volksgarten
Widmung: [Maria] Isabella II., Königin von Spanien (1830–1904)
Marche Persanne, op. 289
29. 6./11. 7. 1864 – Pawlowsk, Wien: 4. 12. 1864 – k.k. Volksgarten
Widmung: Sa Majesté Impérial le Schah de Perse
Quadrille sur des airs francais, op. 290
7. 9./19. 9. 1864 – Pawlowsk, Wien: 27.11.1864 – k.k. Volksgarten
's giebt nur a Kaiserstadt, 's giebt nur a Wien, Polka, op. 291
26. 9./8. 10. 1864 – Pawlowsk, Wien: 4. 12. 1864 – k.k. Volksgarten
Aus den Bergen, Walzer, op. 292
20. 9./2. 10. 1864 – Pawlowsk, Wien: 4. 12. 1864 – k.k. Volksgarten
Widmung: Dr. Eduard Hanslick, k.k. Professor (1825–1904)
Feuilleton-Walzer, op. 293
24. 1. 1865 Concordiaball – Sofiensaal
Widmung: Dem Journalisten- und Schriftsteller-Vereine »Concordia«
Proceß-Polka schnell, op. 294
31. 1. 1865 Juristenball – Sofiensaal
Widmung: Den Hörern der Rechte an der Wiener Hochschule
Bürgersinn, Walzer, op. 295
7. 2. 1865 Bürgerball – k.k. Redoutensaal
Widmung: Den Comité-Mitgliedern des Bürgerballes
Episode, Polka francaise, op. 296
20. 2. 1865 Studentenball – k.k. Redoutensaal
Widmung: Den Comité-Mitgliedern des Studentenballes
Electrofor-Polka schnell, op. 297
14. 2. 1865 Technikerball – Dianasaal
Widmung: Den Hörern der Technik an der Wiener Hochschule
Hofballtänze, Walzer, op. 298
22. 2. 1865 Hofball – k.k. Hofburg, Zeremoniensaal
[Widmung in der russischen Ausgabe: Zar Alexander II. Nikolajewitsch (1818–1881)]
L'Africaine, Opéra de G. Meyerbeer. Quadrille, op. 299
7. 7. 1865 – k.k. Volksgarten
Flugschriften, Walzer, op. 300
17. 1. 1866 Hofball – k.k. Hofburg, 21. 1. 1866 Concordiaball – Sofiensaal

Widmung: *Dem Wiener Schriftsteller- und Journalisten-Vereine »Concordia«*
Kreuzfidel! Polka, op. 301
24. 8./5. 9. 1865 – Pawlowsk, Wien: 19. 11. 1865 – k.k. Volksgarten
Die Zeitlose, Polka francaise, op. 302
19. 9./1. 10. 1865 Pawlowsk, Wien: 12. 11. 1865 – k.k. Volksgarten
Bal champêtre, Quadrille, op. 303
2. 9./14. 9. 1865 – Pawlowsk, Wien: 12 .11. 1865 – k.k. Volksgarten
Kinderspiele, Polka francaise, op. 304
10. 8./22. 8. 1865 – Pawlowsk, Wien: 5. 12. 1865 – Hofkonzert k.k. Hofburg
Damenspende, Polka, op. 305
6. 2. 1866 Studentenball – k.k. Redoutensaal
Bürgerweisen, Walzer, op. 306
24. 1. 1866 Bürgerball – k.k. Redoutensaal
Widmung: *Den Herren Comité-Mitgliedern des Bürgerballes*
Wiener Bonbons, Walzer, op. 307
28. 1. 1866 Ball der Industriellen Gesellschaften – k.k. Redoutensaal
Widmung: *Fürstin Pauline Metternich-Winneburg geb. Gräfin Sandor (1836–1921)*
Par force! Schnell – Polka, op. 308
29. 1. 1866 – Sofiensaal (»Durch!«) 8. 2. 1866 »Blindenball« – k.k. Redoutensaal
Sylphen-Polka, op. 309
Sommer 1865 – Pawlowsk, Wien: 4. 2. 1866 Hesperusball – Dianasaal
Widmung: *Dem Künstlervereine Hesperus*
Tändelei, Polka Mazur, op 310
24. 8. 1866 – k.k. Volksgarten
Express-Polka (schnell), op. 311
18. 11. 1866 – k.k. Volksgarten
Feen-Märchen, Walzer, op. 312
18. 11. 1866 – k.k. Volksgarten
Wildfeuer, Polka (francaise), op. 313
18. 11. 1866 – k.k. Volksgarten
An der schönen blauen Donau, Walzer, op. 314
15. 2 .1867 (Chorfassung) – Dianasaal, 10. 3. 1867 (Orchesterfassung) – k.k. Volksgarten
Widmung: *Dem Wiener Männergesang-Vereine*
Lob der Frauen, Polka Mazurka, op. 315
17. 2. 1867 – k.k. Volksgarten
Künstler-Leben, Walzer, op. 316
18. 2. 1867 Hesperusball – Dianasaal
Widmung: *Dem Hesperusball-Comité*
Postillon d'amour, Polka francaise, op. 317
10. 3. 1867 – k.k. Volksgarten

Telegramme, Walzer, op. 318
12. 2. 1867 Concordiaball – Sofiensaal
Widmung: Dem Wiener Schriftsteller- und Journalisten-Vereine »Concordia«
Leichtes Blut, Polka schnell, op. 319
10. 3. 1867 – k.k. Volksgarten
Figaro-Polka francaise, op. 320
30. 7. 1867 Paris – Cercle International (Weltausstellung), Wien: 19. 1. 1868 – Gartenbau
Widmung: Mr. Henri de Villemessant (1812–1871)
Die Publicisten, Walzer, op. 321
4. 2. 1868 Concordiaball – Sofiensaal
Widmung: Dem Wiener Schriftsteller- und Journalisten-Vereine »Concordia«
Stadt und Land, Polka Mazur, op. 322
19. 1. 1868 – Gartenbau
Ein Herz, ein Sinn, Polka Mazurka, op. 323
11 .2. 1868 Bürgerball – k.k. Redoutensaal
Widmung: Dem Comité des Bürgerballes
Unter Donner und Blitz, Schnell-Polka, op. 324
16. 2. 1868 Hesperusball – Dianasaal
Widmung: Dem Künstler-Vereine Hesperus
Geschichten aus dem Wienerwald, Walzer, op. 325
19. 6.1 868 – k.k. Volksgarten
Widmung: Fürst Constantin zu Hohenlohe-Schillingsfürst (1828–1896)
Freikugeln, Polka (schnell), op. 326
27. 7. 1868 – Festhalle des Schützenfestes im k.k. Prater.
Le Premier jour de bonheur, Opéra de D.F.E. Auber. Quadrille, op. 327
3. 9. 1868 Künstlerfest – Gartenbau
Sängerslust, Polka francaise, op. 328
12. 10. 1868 – Sofiensaal (Gesang), 15. 10. 1868 Cursalon (Instrumental)
Widmung: Wiener Männergesang-Verein
Erinnerung an Covent-Garden, Walzer nach englischen Volksmelodien, op. 329
27. 9. 1867 – London Covent-Garden (»Festival-Valse«), Wien: 29. 9. 1869 – k.k. Volksgarten (»Londoner Lieder«)
Fata morgana, Polka Mazurka, op. 330
23. 1. oder 1. 2. 1869 – Dianasaal, 29. 3. 1869 – Gartenbau
Widmung: Der Künstlervereinigung Hesperus
Illustrationen, Walzer, op. 331
26. 1. 1869 Concordiaball – Sofiensaal
Widmung: Dem Wiener Schriftsteller- und Journalisten-Vereine »Concordia«

Werkverzeichnis

Éljen à Mágyar! Schnell-Polka, op. 332
16. 3. 1869 – Pest, Redoutensaal, Wien: 4. 4. 1869 – Gartenbau
Widmung: Der ungarischen Nation
Wein, Weib und Gesang! Walzer für Chor und Orchester, op. 333
2. 2. 1869 Narrenabend des Wr. Männergesangvereins – Dianasaal
Widmung: Johann Herbeck k.k. Hof-Capellmeister (1831–1877)
Königslieder, Walzer, op. 334
4. 4. 1869 – Gartenbau
Widmung: König Ludwig von Portugal (1838–1889)
Egyptischer Marsch, op. 335
24. 6./ 6. 7. 1869 – Pawlowsk, 26. 12. 1869 Theater an der Wien
Widmung (nachträglich 1871): Großherzog Friedrich von Baden (1826–1907)
Im Krapfenwald'l, Polka francaise, op. 336
25. 8./6. 9. 1869 – Pawlowsk, 24. 6. 1870 Wien: – k.k. Volksgarten
Von der Börse, Polka francaise, op. 337
25 .8./6. 9. 1869 – Pawlowsk, 25. 1. 1870 Wien: Concordiaball – Sofiensaal
Widmung: Dem Wiener Schriftsteller- und Journalisten-Vereine »Concordia«
Slovianka-Quadrille (nach russischen Melodien), op. 338
23. 9./5. 10. 1869 – Pawlowsk
Louischen-Polka francaise, op. 339
10. 9./22. 9. 1869 – Pawlowsk, Wien: 29. 1. 1871 – Musikverein
Freuet euch des Lebens, Walzer, op. 340
15. 1. 1870 – Musikverein
Widmung: Der Gesellschaft der Musikfreunde in Wien zum Eröffnungsballe [Zweite Widmung 1873: König Amadeus von Spanien (1845–1890)]
Festival-Quadrille nach englischen Motiven, op. 341
7. 10. 1867 London, Covent-Garden, Wien: 3. 2. 1870 – Cursalon
Neu Wien, Walzer für Männerchor und Orchester, op. 342
13. 2. 1870 Narrenabend des Wiener Männergesang-Vereins – Dianasaal
Widmung: Nicolaus Dumba (1830–1900)
Shawl-Polka francaise nach Motiven der Operette »Indigo«, op. 343
7. 2. 1871 Concordiaball – Sofiensaal
Widmung: Dem Wiener Schriftsteller- und Journalistenvereine »Concordia«
Indigo-Quadrille, op. 344
5. 3. 1871 – Musikverein
Auf freiem Fuße, Polka nach Motiven der Operette »Indigo«, op. 345

Anhang

14. 2. 1871 Juristenball – k.k. Redoutensaal
Widmung: Den Herren Hörern der Rechte an der Hochschule zu Wien
Tausend und eine Nacht, Walzer nach Motiven der Operette »Indigo«, op. 346
12. 3. 1871 – Musikverein
Aus der Heimat, Polka Mazurka nach Motiven der Operette »Indigo«, op. 347
2. 6. 1871 – k.k. Volksgarten
Im Sturmschritt, Schnellpolka nach Motiven der Operette »Indigo«, op. 348
19. 5. 1871 – k.k. Volksgarten
Indigo-Marsch nach Motiven der Operette »Indigo«, op. 349
9. 4. 1871 – Musikverein
Lust'ger Rath, Polka francaise nach Motiven der Operette »Indigo«, op. 350
16. 6. 1871 – k.k. Volksgarten
Die Bajadere, Polka schnell nach Motiven der Operette »Indigo«, op. 351
16. 6. 1871 – k.k. Volksgarten
Fest-Polonaise für großes Orchester, op. 352
15. 9. 1871 – k.k. Volksgarten
[Ausgabe als »Kaiser Wilhelm-Polonaise« *Widmung: Kaiser Wilhelm I. (1797–1888)*]
Russische Marsch-Fantasie, op. 353
12. 9. 1872 – »Neue Welt«
Wiener Blut, Walzer, op. 354
22. 4. 1873 – Ball der Hofoper im Musikverein [Orchester: Wiener Philharmoniker]
Widmung: König Christian IX. von Dänemark
Im russischen Dorfe, Fantasie, op. 355
17. 9. 1872 – Baden-Baden, Wien: 1. 1. 1873 – Musikverein
Widmung: Frau Baronin L. Decaze, geb. Gräfin Stackelberg
Vom Donaustrande, Polka (schnell) nach Motiven der Operette »Der Carneval in Rom«, op. 356
6. 4. 1873 – Musikverein
Carnevalsbilder, Walzer nach Motiven der Operette »Der Carneval in Rom«, op. 357
9. 7. 1873 – Gartenbau
Nimm sie hin!, Polka francaise nach Motiven der Operette »Der Carneval in Rom«, op. 358
9. 7. 1873 – Gartenbau (neu)
Gruß aus Österreich, Polka Mazurka nach Motiven der Operette »Der Carneval in Rom«, op. 359
9. 7. 1873 – Gartenbau
Rotunde-Quadrille nach Motiven der Operette »Der Carneval in Rom«, op. 360

3. 7. 1873 – Musikpavillon bei der Rotunde im k.k. Prater [Weltausstellungskapelle]
Widmung: Wilhelm Freiherr von Schwarz-Senborn.
Bei uns z'Haus, Walzer für Männerchor und Orchester, op. 361
6. 8. 1873 Liedertafel des Wiener Männergesangvereins – Neue Welt
Widmung: Fürstin Marie Hohenlohe-Schillingsfürst
Fledermaus-Polka nach Motiven der gleichnamigen Operette, op. 362
10. 2. 1874 Concordiaball – Sofiensaal
Fledermaus-Quadrille nach Motiven der gleichnamigen Operette, op. 363
Sommer 1874 – unbekannt
Wo die Citronen blüh'n!, Walzer, op. 364
9. 5. 1874 – Turin, Teatro Regio (»Bella Italia«), Wien: 10. 6. 1874 – Gartenbau
Tik-Tak, Polka (schnell) nach Motiven der Operette »Die Fledermaus«, op. 365
6. 9. 1874 – »Neue Welt«
An der Moldau, Polka francaise nach Motiven der Operette »Die Fledermaus«, op. 366
Herbst 1874 – unbekannt
Du und Du, Walzer nach Motiven der Operette »Die Fledermaus«, op. 367
2. 8. 1874 (»Fledermaus-Walzer«, Fassung Eduard Strauß) – 6. 9. 1874 – Neue Welt
Glücklich ist, wer vergißt!, Polka Mazurka nach Motiven der Operette »Die Fledermaus«, op. 368
Herbst 1874 – unbekannt.
Cagliostro-Quadrille nach Motiven der gleichnamigen Operette, op. 369
20. 5. 1875 – »Neue Welt«
Cagliostro-Walzer nach Motiven der gleichnamigen Operette, op. 370
16. 6. 1875 – Gartenbau
Hoch Österreich!, Marsch nach Motiven der Operette »Cagliostro in Wien«, op. 371
25. 6. 1875 – k.k. Volksgarten
Bitte schön!, Polka francaise nach Motiven der Operette »Cagliostro in Wien«, op. 372
Sommer 1875 (neu: 21. 08. 1875 – Kurpark Baden)
Auf der Jagd, Schnell-Polka nach Motiven der Operette »Cagliostro in Wien«, op. 373
Sommer 1875 (neu: 5. 8. 1875 – Neue Welt)
Licht und Schatten, Polka Mazurka nach Motiven der Operette »Cagliostro in Wien«, op. 374

10. 10. 1875 – Musikverein
Widmung: Der Kunstjüngerin Marianne Preindelsberger
O schöner Mai!, Walzer nach Motiven der komischen Operette »Prinz Methusalem«, op. 375
21. 1. 1877 – Musikverein
Methusalem-Quadrille nach Motiven der komischen Operette »Prinz Methusalem«, op. 376
14. 1. 1877 – Musikverein
I Tipferl-Polka francaise nach Motiven der komischen Operette »Prinz Methusalem«, op. 377
13. 3. 1877 – Paris.
Banditen-Galopp, Polka (schnell) nach Motiven der komischen Operette »Prinz Methusalem«, op. 378
8. 3. 1877 – Paris: Opernball (»Quecksilber-Galopp«?), 18. 3. 1877 – Baden-Baden (»Saprísti«)
Kriegers Liebchen, Polka Mazurka nach Motiven der komischen Operette »Prinz Methusalem«, op. 379
7. 10. 1877 – Musikverein
Ballsträußchen, Schnell-Polka, op. 380
19. 2. 1878 Concordiaball – Sofiensaal
Widmung: Dem Wiener Schriftsteller- und Journalistenvereine »Concordia«
Kennst du mich?, Walzer nach Motiven der Operette »Blindekuh«, op. 381
12. 1. 1879 – Musikverein
Pariser Polka francaise nach Motiven der Operette »Blindekuh«, op. 382
20. 2. 1879 – Paris: Cercle International, Wien: 2.3.1879 – Musikverein
Nur fort! Schnell-Polka nach Motiven der Operette »Blindekuh«, op. 383
2. 3. 1879 – Musikverein
Opern-Maskenball-Quadrille nach Motiven der Operette »Blindekuh«, op. 384
Carneval 1879 – Paris: Opernball
22. 2. 1879 (»Opern-Redoute-Quadrille«) – Wien, k.k. Hof-Operntheater
Waldine, Polka Mazurka, op. 385
26. 6. 1879 – Neue Welt
Frisch heran!, Schnell-Polka, op. 386
2. 2. 1880 Concordiaball – Sofiensaal
Widmung: Dem Wiener Schriftsteller- und Journalistenvereine »Concordia«
In's Centrum!, Walzer, op. 387
21. 7. 1880 Schützenfest – k.k. Prater
Rosen aus dem Süden, Walzer nach Motiven der Operette »Das Spitzentuch der Königin«, op. 388

7. 11. 1880 – Musikverein
Widmung: Humbert I.(Umberto I.), König von Italien (1844–1900)
Burschenwanderung, Polka francaise für Männerchor und Orchester, op. 389
7. 12. 1880 – Sofiensaal (Gesang), 6.3.1881 – Musikverein (Instrumental)
Widmung: Dem Wiener academischen Gesangsvereine
Nordseebilder, Walzer, op. 390
16. 11. 1879 – Musikverein
Gavotte der Königin nach Motiven der Operette »Das Spitzentuch der Königin«, op. 391
12. 12. 1880 – Musikverein
Spitzentuch-Quadrille nach Motiven der Operette »Das Spitzentuch der Königin«, op. 392
23. 1. 1881 – Musikverein
Stürmisch in Lieb' und Tanz, Schnell-Polka nach Motiven der Operette »Das Spitzentuch der Königin«, op. 393
22. 2. 1881 Concordiaball – Sofiensaal
Widmung: Dem Wiener Journalisten- und Schriftstellervereine »Concordia«
Liebchen, schwing Dich, Polka Mazurka nach Motiven der Operette »Das Spitzentuch der Königin«, op. 394
6. 3. 1881 – Musikverein
Myrthenblüthen, Walzer für Männerchor und Orchester, op. 395
7. 5. 1881 Galadiner in der k.k. Hofburg, 8. 5. 1881 Volksfest im k.k. Prater (Wiener Männergesangverein)
Widmung: Erzherzog Rudolf (1858–1889) und Erzherzogin Stefanie (1864–1945)
Jubelfest-Marsch, op. 396
10. 5. 1881 – Festvorstellung im Theater an der Wien
Widmung: Erzherzog Kronprinz Rudolf
Der lustige Krieg, Marsch nach Motiven der gleichnamigen Operette, op. 397
1. 1. 1882 – Sofiensaal
Frisch in's Feld!, Marsch nach Motiven der Operette »Der lustige Krieg«, op. 398
6. 1. 1882 – Musikverein
Widmung: Dem k.k. Linien Infanterie-Regiment Nr. 15 Herzog Adolf zu Nassau
Was sich liebt, neckt sich, Polka francaise nach Motiven der Operette »Der lustige Krieg«, op. 399
15. 1. 1882 – Musikverein
Widmung (22.3.1882): Herrn Alexander Golz
Kuß-Walzer nach Motiven der Operette »Der lustige Krieg«, op. 400
1. 1. 1882 – Sofiensaal

Widmung: Meiner lieben Frau Angelica (in späteren Ausgaben entfernt)
Der Klügere giebt nach, Polka Mazurka nach Motiven der Operette »Der lustige Krieg«, op. 401
15. 1. 1882 – Musikverein
Quadrille nach Motiven der Operette »Der lustige Krieg«, op. 402
14. 2. 1882 Concordiaball – Sofiensaal
Entweder – oder!, Schnell-Polka nach Motiven der Operette »Der lustige Krieg«, op. 403
14. 2. 1882 Concordiaball – Sofiensaal
Violetta, Polka Francaise nach Motiven der Operette »Der lustige Krieg«, op. 404
15. 1. 1882 – Musikverein
Nord und Süd, Polka Mazur nach Motiven der Operette »Der lustige Krieg«, op. 405
26. 2. 1882 – Musikverein
Widmung: Dr. Paul Lindau (1839-1919)
Matador-Marsch nach Motiven der Operette »Das Spitzentuch der Königin«, op. 406
1882 – unbekannt (Zivilkapellen)
Italienischer Walzer nach Motiven der Operette »Der lustige Krieg«, op. 407
22. 3. 1882 – Musikverein
Habsburg hoch!, Marsch, op. 408
27. 12. 1882 Gedenkfeier »600 Jahre des Hauses Habsburg« – Carl-Theater
Rasch in der That, Schnell- Polka , op. 409
29. 1. 1883 Concordiaball – Sofiensaal (»Ball-Reporter«)
Widmung: Dem Wiener Journalisten- und Schriftstellervereine »Concordia«
Frühlingsstimmen, Walzer für Gesang und Orchester, op. 410
1. 3. 1883 – Theater an der Wien (Gesang), 18. 3. 1883 – Musikverein (Orchester)
(Widmung: [spätere Ausgaben] Alfred Grünfeld 1852–1924)
Lagunen-Walzer nach Motiven der komischen Oper »Eine Nacht in Venedig«, op. 411
4. 11. 1883 – Musikverein
Pappacoda-Polka francaise nach Motiven der komischen Oper »Eine Nacht in Venedig«, op. 412
27. 1. 1884 – k.k. Volksgarten [IR 34]
So ängstlich sind wir nicht!, Schnell-Polka (Galopp) nach Motiven der komischen Oper »Eine Nacht in Venedig«, op. 413
20. 1. 1884 – k.k. Volksgarten [IR 34]
Die Tauben von San Marco, Polka francaise nach Motiven der komischen Oper »Eine Nacht in Venedig«, op. 414
2. 2. 1884 – k.k. Volksgarten [IR 34]

Annina, Polka Mazurka nach Motiven der komischen Oper »Eine Nacht in Venedig«, op. 415
14. 2. 1884 – k.k. Volksgarten [IR 34]
Quadrille nach Motiven der komischen Oper »Eine Nacht in Venedig«, op. 416
4. 2. 1884 Hofball – k.k. Hofburg
Brautschau, Polka nach Motiven der Operette »Der Zigeunerbaron«, op. 417
29. 11. 1885 – Musikverein
Schatz-Walzer nach Motiven der Operette »Der Zigeunerbaron«, op. 418
22. 11. 1885 – Musikverein
Kriegsabenteuer, Schnell-Polka nach Motiven der Operette »Der Zigeunerbaron«, op. 419
13. 12. 1885 – Musikverein
Widmung: Seinem Freunde Victor Tilgner (1844–1896)
Die Wahrsagerin, Polka Mazur nach Motiven der Operette »Der Zigeunerbaron«, op. 420
25. 12. 1885 – Musikverein
Husaren-Polka francaise nach Motiven der Operette »Der Zigeunerbaron«, op. 421
2. 2. 1886 – Musikverein
Zigeunerbaron-Quadrille nach Motiven der gleichnamigen Operette, op. 422
28. 1. 1886 Hofball – k.k. Hofburg, 2. 3. 1886 Concordiaball – Sofiensaal
Widmung: Dem Wiener Journalisten- und Schriftstellervereine »Concordia«
Wiener Frauen, Walzer, op. 423
17./29. 4. 1886 – St. Petersburg, Wien: 14. 2. 1887 Concordiaball – Sofiensaal
Adelen-Walzer, op. 424
16./28. 4. 1886 – St. Petersburg, Wien: 7. 11. 1886 – Musikverein
Widmung: Meiner Gattin Adele
An der Wolga, Polka Mazurka, op. 425
14./26. 4. 1886 – St. Petersburg, Wien: 7. 11. 1886 – Musikverein
Russischer Marsch, op. 426
17./29. 4. 1886 – St.Petersburg, Wien: 7. 11 .1886 – Musikverein
Widmung: Alexander III., Kaiser von Russland (1845–1894)
Donauweibchen, Walzer nach Motiven der Operette »Simplicius«, op. 427
8. 1. 1888 – Musikverein
Reitermarsch nach Motiven der Operette »Simplicius«, op. 428
18. 12. 1887 – k.k. Volksgarten [IR 84. Kpm. Karl Komzak],
19. 12. 1887 – Musikverein

Quadrille aus »Simplicius«, op. 429
19. 2. 1888 – Musikverein
Soldatenspiel, Polka francaise nach Motiven der Operette »Simplicius«, op. 430
19. 2. 1888 – Musikverein
Lagerlust, Polka Mazur nach Motiven der Operette »Simplicius«, op. 431
26. 2. 1888 – Cursalon [IR 24]
Muthig voran!, Schnell-Polka nach Motiven der Operette »Simplicius«, op. 432
26. 2. 1888 – Musikverein
Spanischer Marsch, op. 433
21. 10. 1888 – Musikverein (neu)
Widmung: Der Königin Regentin Marie Christine von Spanien (1858–1929)
Kaiser Jubiläum Jubel-Walzer, op. 434
2. 12. 1888 – Musikverein
Sinnen und Minnen, Walzer, op. 435
21. 10. 1888 – Musikverein
Widmung: Königin Elisabeth von Rumänien (Carmen Sylva) (1834–1916)
Auf zum Tanze!, Schnell-Polka, op. 436
3. 3. 1888 – Hausball im Strauß-Palais, 21. 10. 1888 – Musikverein
Widmung: Doktor Ludwig Ganghofer (1855–1920)
Kaiser-Walzer, op. 437
21. 10. 1889 – Berlin, Etablissement Königsbau
Rathhaus-Ball-Tänze, Walzer, op. 438
12. 1. 1890 – Neues Wiener Rathaus
Widmung: Meiner lieben Vaterstadt Wien
Durch's Telephon, Polka, op. 439
10. 2. 1890 Concordiaball – Sofiensaal
Groß-Wien (Tout Vienne), Walzer, op. 440
10. 5. 1891 Monstrekonzert – k.k. Prater (Sängerhalle)
Widmung: Erzherzog Karl Ludwig (1833–1896)
Ballett-Musik aus der komischen Oper »Ritter Pasman«, op. 441
15. 10. 1894 – Musikverein [Wr. Philharmoniker]
Pasman-Walzer, op. 441
Von Militärkapellen am 6. 1. 1892 angekündigt
Pasman-Polka, op. 441
3. 1. 1892 [Militärkapellen], 12. 1. 1992 Hofball – k.k. Hofburg
Csárdás aus »Ritter Pasman«, op. 441
6. 1. 1892 Sofiensaal [IR 19], 10. 1. 1892 – Musikverein
Eva-Walzer nach Motiven der komischen Oper »Ritter Pasman«, op. 441
3. 1. 1892 Militärkapellen, 10. 1 .1892 – Musikverein

Werkverzeichnis

Quadrille über Motive aus »Ritter Pasman«, op. 441
keine Aufführung bekannt.
Unparteiische Kritiken, Polka Mazurka, op. 442
22. 2. 1892 Concordiaball – Sofiensaal
Seid umschlungen Millionen, Walzer, op. 443
27. 3. 1892 – Musikverein
Widmung: Johannes Brahms (1833– 1897)
Märchen aus dem Orient, Walzer, op. 444
27. 11. 1892 – Musikverein
Widmung: Sultan Abdul Hamid Khan (1842–1918)
Herzenskönigin, Polka Francaise, op. 445
6. 2. 1893 (als »Sensationsnachricht«?) Concordiaball – Sofiensaal
Ninetta-Walzer nach Motiven der Operette »Fürstin Ninetta«, op. 445
22. 1. 1893 – k.k. Volksgarten [I.R.19]
Ninetta-Quadrille nach Motiven der Operette »Fürstin Ninetta«, op. 446
12. 2. 1893 – Zweites Kaffehaus im k.k. Prater [IR 85]
Ninetta-Marsch nach Motiven der Operette »Fürstin Ninetta«, op. 447
5. 3. 1893 – »Goldene Rose«, Wien Mariahilf [IR 2]
Diplomaten-Polka aus der Operette »Fürstin Ninetta«, op. 448
26. 2. 1893 – Musikverein
Neue Pizzicato-Polka aus der Operette »Fürstin Ninetta«, op. 449
10. 1. 1893 – Theater an der Wien, Konzertant 15. 1. 1893 – Etablissement Dreher
Ninetta-Galopp nach Themen der Operette »Fürstin Ninetta«, op. 450
3. 2. 1893 Ball des deutschen Schulvereins – Sofiensaal
Widmung: Dem Comité des Schulvereinsballes
op. 451 unbesetzt
Fest-Marsch, op. 452
4. 6. 1893 Monstrekonzert – k.k. Prater, 12. 11. 1893 – Musikverein
Widmung: Ferdinand I., Fürst von Bulgarien (1861–1948)
Hochzeitsreigen, Walzer, op. 453
12. 11. 1893 – Musikverein
Widmung: Marie Louise von Bourbon-Parma, Fürstin von Bulgarien (1870-1899)
Auf dem Tanzboden, Musikalische Illustration zu dem gleichnamigen Gemälde von Franz Defregger, op. 454
22. 10. 1893 – Musikverein
Widmung: Dem großen Meister Franz Defregger (1835–1921)
Ich bin Dir gut!, Walzer nach Motiven der Operette »Jabuka«, op. 455

14. 10. 1894 – Musikverein
Widmung: Julie Kalbeck
Zivio!, Marsch nach Motiven der Operette »Jabuka«, op. 456
14. 10. 1894 – Musikverein (als »Bilder-Couplet«).
Nur Klavierausgabe
Das Comitat geht in die Höh', Polka (Schnell) nach Motiven der Operette »Jabuka«, op. 457
Nur Klavierausgabe
Tanze mit dem Besenstiel! Polka francaise nach Motiven der Operette »Jabuka«, op. 458
Nur Klavierausgabe
Sonnenblume, Polka Mazur nach Motiven der Operette »Jabuka«, op. 459
Nur Klavierausgabe
Jabuka-Quadrille nach Motiven der gleichnamigen Operette, op. 460
Nur Klavierausgabe
Gartenlaube-Walzer, op. 461
6. 1. 1895 – Musikverein
Widmung: Den Lesern der Gartenlaube
Klug Gretelein, Walzer für Gesang und Orchester, op. 462
18. 4. 1895 Jubiläum der Gesellschaft der Musikfreunde – Musikverein
Trau, schau wem! (Waldmeister-), Walzer, op. 463
15. 12. 1895 – Musikverein
Widmung: Franz von Lenbach (1836–1904)
Herrjemineh, Polka francaise nach Motiven aus der Operette »Waldmeister«, op. 464
26. 12. 1895 – Musikverein
Liebe und Ehe, Polka Mazurka nach Motiven aus der Operette »Waldmeister«, op. 465
5. 1. 1896 – Musikverein (»Liebes-Philosophie«)
Klipp-Klapp, Galopp nach Motiven aus der Operette »Waldmeister«, op. 466
10. 2. 1896 Concordiaball – Sofiensaal
Es war so wunderschön, Marsch nach Motiven aus der Operette »Waldmeister«, op. 467
15. 3. 1896 – Musikverein
Waldmeister-Quadrille, op. 468
Frühjahr 1896 – [Militärkapellen]
Hochzeits-Präludium, op. 469
27. 2. 1896 Hochzeit Alice Strauß-Feri di Bayros – Kirche des Deutschen Ordens
Deutschmeister-Jubiläums-Marsch, op. 470
9. 9. 1896 – Monstrekonzert k.k. Prater »Venedig in Wien«
Widmung: k.u.k. Infanterie Regiment Hoch und Deutschmeister Nr. 4

Heut' ist heut', Walzer nach Motiven der Operette »Die Göttin der Vernunft«, op. 471
28. 3. 1897 (Arrangement Eduard Strauß) – Musikverein
[Titel in Berlin: Schöne wilde Jugendzeit]
Widmung: Leopold Horovitz (1838–1917)
Nur nicht mucken!, Polka francaise nach Motiven der Operette »Die Göttin der Vernunft«, op. 472
Sommer 1897 [Militärkapellen]
Wo uns're Fahne weht!, Marsch nach Motiven der Operette »Die Göttin der Vernuft«, op. 473
5. 5. 1897 – Zum wilden Mann [IR 84]
Da nicken die Giebel!, Polka Mazurka nach Motiven der Operette »Die Göttin der Vernunft« op. 474
Klavierfassung Rudolf Raimann, rekonstruiert durch Christian Pollack 1995
Frisch gewagt, Galopp nach Motiven der Operette »Die Göttin der Vernunft«, op. 475
Klavierfassung Rudolf Raimann, rekonstruiert durch Christian Pollack 1995
Göttin der Vernunft-Quadrille, op. 476
24. 1. 1898 Architektenball – Sofiensaal
An der Elbe, Walzer, op. 477
28. 11. 1897 – Musikverein
Auf's Korn, Bundesschützen-Marsch für Chor und Orchester, op. 478
28. 6. 1898 – k.k. Prater (Gesang), 27. 11. 1898 – Musikverein (»Kaiser Jubiläums-Marsch«)
Widmung: Dem Central-Comité des Kaiser Jubiläums-Bundesschießens
Klänge aus der Raimundzeit, Phantasie, op. 479
31. 5. 1898 Festvorstellung zur Enthüllung des Raimund-Denkmals – Deutsches Volkstheater

Werke ohne Opuszahl

1. Bühnenwerke

Alt- und Neu-Wien
Musikalische Reminiszenzen aus der Vergangenheit und Gegenwart, arrangiert von Johann Strauß. 2.Teil des Abends »1001 Nacht im Theater an der Wien« (nicht erhalten)
3. 5. 1871 – Theater an der Wien

Blindekuh, Operette in 3 Akten
18. 12. 1878 – Theater an der Wien
Ouvertüre
9. 12. 1878 Akademie der »Concordia« –
Theater an der Wien
Cagliostro in Wien, Operette in 3 Akten
27. 2. 1875 – Theater an der Wien
Ouvertüre
1. 2. 1875 Concordiaball – Sofiensaal
Der Carneval in Rom, Operette in 3 Akten
1. 3. 1873 – Theater an der Wien
Ouvertüre
25. 3. 1873 Konzertante Uraufführung – Musikverein
Ballettmusik
Die Fledermaus, Operette in 3 Akten
5. 4. 1874 – Theater an der Wien
Ouvertüre
Ballettmusik
Csardas für Orchester
Neuer Csardas komponiert 1897 für Marie Renard. Wurde nicht aufgeführt.
Fürstin Ninetta, Operette in 3 Akten
10. 1. 1893 – Theater an der Wien
Entrée Act III
Die Göttin der Vernunft, Operette in 3 Akten
13. 3. 1897 – Theater an der Wien
Ouvertüre
6. 4. 1897 – Theater an der Wien (bei der 25. Aufführung)
Indigo und die 40 Räuber, Operette in 3 Akten
10. 2. 1871 – Theater an der Wien
Ouvertüre
19. 2. 1871 Konzertante Uraufführung – Musikverein
Ballettmusik
Jabuka (Das Apfelfest), Operette in 3 Akten
12. 10. 1894 – Theater an der Wien
Vorspiel zum dritten Akt
11. 11. 1894 Konzertante Uraufführung – Musikverein
Der lustige Krieg, Operette in 3 Akten
25. 11. 1881 – Theater an der Wien
Ouvertüre
11. 12. 1881 Konzertante Uraufführung – Musikverein
Eine Nacht in Venedig, Operette in 3 Akten
3. 10. 1883 – Berlin, Friedrich Wilhelm-Städtisches Theater
Ouvertüre
14. 10. 1883 Konzertante Uraufführung – Musikverein
Aufzugsmarsch

Werkverzeichnis

14. 10. 1883 Konzertante Uraufführung – Restaurant Puchtl, Kp. C.W. Drescher
Ritter Pasman, Komische Oper in 3 Akten
1. 1. 1892 – k.k. Hof-Operntheater
(siehe op. 441)
Prinz Methusalem, Komische Operette in 3 Akten
3. 1. 1877 – Carl-Theater
Ouvertüre
14. 1. 1877 Konzertante Uraufführung – Musikverein
Simplicius, Operette in 3 Akten
17. 12. 1887 – Theater an der Wien
Ouvertüre
26. 12. 1887 Konzertante Uraufführung – Musikverein
Alt-Deutscher Walzer
Jugendliebe, Walzer
Das Spitzentuch der Königin, Operette in 3 Akten
1. 10. 1880 – Theater an der Wien
Ouvertüre
7. 11. 1880 Konzertante Uraufführung – Musikverein
Waldmeister, Operette in 3 Akten
4. 12. 1895 – Theater an der Wien
Ouvertüre
8. 12. 1895 Konzertante Uraufführung – Musikverein
Coquetterie-Couplet (komponiert 1895 für Julie Kopácsi-Karszag und ihr gewidmet)
2. 5. 1896 Berlin, Friedrich Wilhelm-Städtisches Theater
Der Zigeunerbaron, Komische Oper in 3 Akten
24. 10. 1885 Theater an der Wien
Ouvertüre
8. 11. 1885 Konzertante Uraufführung – Musikverein
Einzugsmarsch
6. 12. 1885 Konzertante Uraufführung – Musikverein

2. Bühnenwerke mit Musik von Johann Strauß (Auswahl)

Aschenbrödel, Ballett in 3 Akten (vollendet von Josef Bayer)
2. 5. 1901 Berlin – kgl. Opernhaus
Aschenbrödel-Walzer
11. 2. 1901 Concordiaball – Sofiensaal
Aschenbrödel-Quadrille
Entrée Act III
21. 1. 1900 – Musikverein

Liebesbotschaft, Galopp
Piccolo-Marsch
Probiermamsell, Polka francaise
Promenade-Abenteuer, Polka Mazur
Tauben-Walzer
Königin Indigo, Burleske Operette in 3 Akten
9. 10. 1877 – Theater an der Wien
La Reine Indigo, Operette in 3 Akten
25. 4. 1875 – Paris, Théâtre de la Renaissance
La Tzigane, Operette in 3 Akten
30. 10. 1877 – Paris, Théâtre de la Renaissance
Wiener Blut, Operette in 3 Akten (arrangiert von Adolf Müller jun.)
26. 10. 1899 – Carl-Theater
Tausendundeine Nacht, Operette in 3 Akten (arrangiert von Ernst Reitterer)
15. 6. 1906 – k.k. Prater Venedig in Wien
Intermezzo
Reiche Mädchen, Operette in 3 Akten
30. 12. 1909 – Raimundtheater
Ouvertüre
Walzer
Marsch
Gräfin Pepi, Operette in 3 Akten (arrangiert von Ernst Reitterer)
5. 7. 1902 – k.k. Prater Venedig in Wien
Der blaue Held, Operette in 3 Akten
18. 10. 1912 – Theater an der Wien

2a. Nicht ausgeführte Projekte

Romulus, Fragment
Nur ein Particell und Skizzen, geschrieben von Richard Genée, erhalten
Die lustigen Weiber von Wien, Burleske Operette in 3 Akten
Die Komposition wurde 1868 begonnen, aber wieder aufgegeben
Der Schelm von Bergen, Operette
1886 begonnen, nach einigen Skizzen aufgegeben

3. Walzer, Polkatänze, Charakterstücke, Quadrillen, Lieder

Abschieds-Walzer (Nachgelassener Walzer Nr. 1)
9. 12. 1900 – Musikverein
Albumblatt für Nicolaus Dumba
undatiert
Am Donaustrand (für Gesang und Klavier) (Ignaz Schnitzer)
15. 1. 1886 in »An der schönen blauen Donau«
Auf der Alm, Idylle
11. 2. 1894 – Musikverein
Bauersleut im Künstlerhaus (für Gesang und Klavier)
1. 1. 1898 Allgemeine Kunstchronik
Colisseum Waltzes
1872 nur in Amerika erschienen
Erster Gedanke (aus 1831)
22. 3. 1882 Wohlthätigkeitsfest – Musikverein
Farewell to America, Waltz (Kompilation)
1872 nur in Amerika erschienen
Freiwillige vor!, Einzugsmarsch
30. 1. 1887 Ball der Freiwilligen Rettungsgesellschaft – Sofiensaal
Graduale (für Chor und Bläser)
4. 8. 1844 – Kirche am Hof
Greeting to America, Waltz
1872 ? nur in Amerika erschienen
Ein Gstanzl vom Tanzl (für Gesang und Klavier)
20. 1. 1894 – Hausball im Palais Strauß
D' Hauptsach (für Gesang und Klavier)
Oktober 1894 – Allgemeine Kunstchronik
Hinter den Coulissen, Quadrille von Johann und Josef Strauß
28. 2. 1859 – Sofiensaal
Ischler-Walzer (Nachgelassener Walzer Nr. 2)
18. 11. 1900 – Musikverein
Josephinen Tänze (für Klavier zu 4 Händen)
Vor 1844 – Hirschenhaus
Jubilee-Waltz (Kompilation)
29. 6. 1872 – Boston, nur in Amerika erschienen
Kaiser Franz Joseph-Jubiläums-Marsch
27. 11. 1898 – Musikverein
Manhattan-Waltzes
12. 7. 1872 – New York, nur in Amerika erschienen
Memories, Erinnerungen, Walzer
1903 – Neuausgabe des Walzers »Architekten-Ball-Tänze«, op. 36 (ohne die Nummern 3 und 4 und mit gekürzter Coda)
Monstre-Quadrille von Johann und Josef Strauß
13. 2. 1860 – Sofiensaal

Anhang

Nachgelassener Walzer Nr. 4
23. 10. 1903 – Theater an der Wien (Vor der 300. Aufführung»Der Zigeunerbaron«)
(New York) Herald Waltz
14. 10. 1894 – New York
Widmung: Mr. James Gordon Bennett (1841–1918)
Odeon-Walzer (Nachgelassener Walzer Nr. 3)
26. 1. 1908 – Ronacher [durch C.M. Ziehrer]
Ouverture zu einer Opera comique
7. 3. 1845 – Sperl, Wiederaufführung: 11. 12. 1892 – Musikverein durch Eduard Strauß
Pizzicato-Polka von Johann und Josef Strauß
12./24. 6. 1869 – Pawlowsk
Problem
28. 3. 1898 von Johann Strauß aufgeschrieben – stammt aus etwa 1856
Potpourri-Quadrille
14. 9. 1867 – London, Covent-Garden
Quadrille »Des Teufels Antheil«, Oper von D. F. E. Auber
3. 10. 1847 – Dommayer
Romanze aus »Faust« von Gounod
1862 nur in Kopie erhalten
Schützen-Quadrille von Johann, Josef und Eduard Strauß
28. 7. 1868 – k.k. Volksgarten
Sounds from Boston, Waltzes (Kompilation)
1872 nur in Amerika erschienen
Stimmen aus dem Süden, Walzer von Johann Traunwart (Erzhzg. Johann Salvator), instrumentiert und arrangiert von Johann Strauß
9. 11. 1884 – Musikverein [erhalten als »Am Traunsee«, Walzer, vom Komponisten am 28. 2. 1885 Strauß gewidmet]
Strauß' Centennial Waltzes
4. 7. 1876 (?) nur in Amerika erschienen
Strauß' Enchantement Waltzes
1872? nur in Amerika erschienen
Strauß' Engagement Waltzes
1872 nur in Amerika erschienen
Traumbilder (Nr. 1 und Nr. 2), entstanden 1896
21. 1. 1900 – Musikverein (Traumbild Nr. 1)
Trifolien-Walzer von Johann, Josef und Eduard Strauß
13. 2. 1865 Hesperusball – Dianasaal
Vaterländischer Marsch von Johann und Josef Strauß
9. 5. 1859 – Sperl
Vermählungswalzer (Kompilation)
Im Mai 1885 herausgegeben von Ed. Werner
Walzer Bouquet Nr. 1 (Wiener Ausgabe der Manhatten-Waltzes)
1. 1. 1873 – Musikverein

Wenn Du ein herzig Liebchen hast, Lied
14. 12. 1879 – Musikverein
Widmung von Robert Schumann, arrangiert von Johann Strauß
22. 11. 1862 – Sperl
Wo klingen die Lieder
Quartett- bzw. Chorfassung der Polka Mazurka champêtre

Russische Kompositionen und russische Ausgaben

1. Werke, die nur in Russland erschienen sind

Pawlowsk-Polka [schnell], op. 184
10./22. 9. 1856 – Pawlowsk
Nebelbilder, Potpourri, op. 187
15. 7. 1851 – k.k. Volksgarten, Wien
Trot de Cavallerie, Marsch, op. 211
1860 in Wien nicht aufgeführt
Le désir (Sehnsucht), Romanze Nr. 3, op. 259
2./14. 9. 1861 – Pawlowsk
Faust-Quadrille, Oper von Charles Gounod, op. 277
29. 4./11. 5. 1861 – Pawlowsk
Dolci pianto [pianti], Romanze, op. 283
6./18. 8. 1863 – Pawlowsk (als Romanze), Wien: 10. 1. 1864 – k.k. Volksgarten
Dolci pianti, Lied
Nicht im Druck erschienen. Vorgetragen durch Jetty Strauß 1863 in Russland
Kaiser Alexander Huldigungs-Marsch, op. 290
25. 7./6. 8. 1864 – Pawlowsk
Hommage au public russe, Potpourri
25. 7./6. 8. 1864 – Pawlowsk

2. Titeländerungen bei den Ausgaben in St. Petersburg und in Wien

Souvenir de Nice, Walzer, op. 196

Lanciers-Quadrille, op. 200 bis
Dowolno, Polka, op. 212

Souvenir de Nizza, Walzer, op. 200
Lanciers-Quadrille, op. 64 Josef?
Bonbon-Polka, op. 213

Anhang

Bol Champagner-Polka, op. 210
Mes adieux à Pétersbourg, Walzer, op. 213
Bariatinsky-Marsch, op. 214
Reussen-Polka, op. 215
Rossignol-Polka, op. 215 bis
Tirailleur-Polka, op. 224
L'espiègle, Polka Mazurka, op. 225
Au revoire. Polka, op. 226
Le pardon de Ploermel, Quadrille, op. 227
La Parisienne, Polka, op. 234
Une pensée, Romance, op. 240
Deuxième Romance, op. 241
Nouvelle Satanella-Polka, op. 242
Trot-Polka, op. 244
Polka hongroise, op. 246
Hesper-Polka, op. 246 bis
Hommage à St. Pétersbourg, Quadrille, op. 251
La Violette, Mazurka, op. 252
Ein Sträußchen der Erinnerung, Polka, op. 256
Rigolboche-Quadrille, op. 258
Wiener Klänge. Polka, op. 263
Frühlings-Botschaft. Walzer, op. 270

Mélange-Quadrille, op. 272
Feuilleton. Walzer, op. 274
Proschtschanie (Adieux), Polka, op. 278
Train de plaisir, Polka (schnell), op. 281
La Sérieuse, Polka, op. 282
Huldigungsmarsch, op. 284

Blondin-Quadrille, op. 291

Nje sabudka, Polka, op. 292

In den Bergen, Walzer, op. 293

Patrioten-Walzer, op. 295
Electrique-Polka, op. 297

Champagner-Polka, op. 211
Abschied von St. Petersburg, op. 210
Fürst Bariatinsky-Marsch, op. 212
La Favorite, Polka, op. 217
Nachtigall-Polka, op. 222
Jäger-Polka, op. 229
Der Kobold, Polka Mazurka, op. 226
Gruß an Wien, Polka, op. 225
Dinorah-Quadrille, op. 224
Die Pariserin, Polka, op. 238
Romanze Nr. 1, op. 243
Zweite Romanze, op. 255 bis
Diabolin-Polka, op. 244
Maskenzug-Polka, op. 240
Rokonhangok, Polka, op. 246
Hesperus-Polka, op. 249
St. Petersburg-Quadrille, op. 255
Veilchen-Mazur, op. 256
Secunden-Polka, op. 258

Chansonette-Quadrille, op. 259
Studenten-Polka, op. 263
Carnevals-Botschafter, Walzer, op. 270
Lieder-Quadrille, op. 275
Leitartikel, Walzer, op. 273
Neues Leben, Polka, op. 278
Vergnügungszug, P.S., op. 281
Gut bürgerlich, Polka, op. 282
Deutscher Kriegermarsch, op. 284
Quadrille sur des airs francaises, op. 290
's giebt nur a Kaiserstadt, Polka, op. 291
Aus den Bergen, Walzer, op. 292
Bürgersinn, Walzer, op. 295
Electrofor, Polka schnell, op. 297

Blätter und Blüthen, Walzer, op. 298
Reconnaissance-Polka, op. 304
Hof-Ball-Tänze, Walzer, op. 305
Widmung: Kaiser Alexander II.
Dagmar-Polka, op. 309
Marie-Polka, op. 313
Feenmärchen, Walzer, op. 313
Widmung: Maria Feodorowna
Vilanella, Polka Mazurka, op. 322
Polka hongroise, op. 332
Tscherkessen-Marsch, op. 335
Im Pawlowsker Walde, Polka, op. 336

Ne sabud menja, Polka, op. 33
Slawjanka-Kadril, op. 338
Nitschewo-Polka, op. 339
The Promenade, op. 341
Fledermaus-Polka Mazurka, op. 368

Cagliostro-Marsch, op. 371

Feuilleton-Walzer, op. 293
Die Zeitlose, Polka, op. 302
Hof-Ball-Tänze, Walzer, op. 298
ohne Widmung
Sylphen-Polka, op. 309
Wildfeuer-Polka, op. 313
Feenmärchen, Walzer, op. 313
ohne Widmung
Stadt und Land, P. M., op. 322
Eljen à Mágyar, P. S., op. 332
Egyptischer Marsch, op. 335
Im Krapfenwald'l, Polka, op. 336
Von der Börse, Polka, op. 337
Slovianka-Quadrille, op. 338
Louischen-Polka, op. 339
Festival-Quadrille, op. 341
Glücklich ist, ... –, P. M., op. 368
Hoch Österreich!, Marsch, op. 371

Nicht erhaltene und fingierte Kompositionen

Aniela-Mazur
Januar 1845 – Dommayer
Pompa di Festa, Große Fantaisie nach R. Willmers
Concertetude
8. 3. 1845 Fastensoirée – Sperl
Wiener Grüße (an Graz), Walzer
14. 4. 1845 – Graz, Withalms Kolisseum
Saitenzauber, Walzer
14. 4. 1845 – angekündigt für Withalms Kolisseum
Sperl-Quadrille
19. 5. 1845 – Blumenfest – Sperl
Lustlager-Walzer
24. 9. 1845 – Sperl
Tanz-Herolde, Walzer
11. 1. 1846 – Goldene Birn
Altenburg-Walzer
9. 2. 1846 – Ungarisch Altenburg (Màgyar Óvár)
Honi-Walzer
12. 6. 1846 – Pest

Monument-Marsch
16. 6. 1846 Enthüllung des Denkmals für Kaiser Franz I. –
k.k. Hofburg
Lion-Quadrille, siehe »Seladon-Quadrille«, op. 48
15. 2. 1847 – Dommayer
Marien-Polka
22. 8. 1847 – Gasthaus Kwiatkowsky (Südbahnhof)
Ständchen
18. 9. 1847 – Wasserglacis
Potpourri »Walzerstrauß«
1847 – Balkanreise
Erinnerung an Neusatz (Novi-Sad)
1847 – Balkanreise
Rumänischer Nationalmarsch
20. 3. 1848 – Bukarest (könnte in Wien in den »Revolutions-Marsch«
op. 54 verwandelt worden sein)
Molly-Walzer (möglicherweise »Klänge aus der Walachei«, Walzer,
op. 50)
20. 3. 1848 – Bukarest
Rumänische Nationalhymne
23. 3. 1848 – Bukarest, Abschiedskonzert
Friedens-Polka
12. 9. 1849 – Großes imposantes Siegesfest – Wasserglacis
**Quadrille nach Motiven der Oper »Der Prophet« von
G. Meyerbeer**
12. 9. 1849 – Wasserglacis
Nixen-Polka
18. 5. 1850 – Wasserglacis
Luftreise-Marsch
23. 9. 1850 – Universum
Fest-Marsch (für den Statthalter Fürst Paskiewitsch)
nach 23. 10. 1850 – Warschau
Ballet-Mazur
nach 23. 10. 1850 – Warschau
Industrie-Polka
16. 6. 1851 – Bierhalle Fünfhaus
(Musikalische) Nebelbilder aus der Tonwelt, Potpourri
17. 7. 1851 Benefizkonzert – k.k. Volksgarten
(ist wohl identisch mit dem in Russland als op. 187 erschienen
Potpourri)
Hesperiden-Quadrille, siehe »Melodien-Quadrille«, op. 112
16. 7. 1852 – k.k. Volksgarten
Schwirberln (=Schwalben)-Polka
8. 4. 1856 – Ungers Casino in Hernals
Olga-Polka (nicht identisch mit op. 196)
18./30. 6. 1856 – Pawlowsk

Souvenir de St. Petersbourgh, Quadrille über russische Themen
angekündigt am 18./30. 6. 1856 in der St. Petersburger Zeitung,in den Programmen nicht nachweisbar
Romanze, komponiert von Mlle. Olga Smirnitzki, orchestriert von Johann Strauß
24. 8./5. 9. 1858 Pawlowsk
Jupiter und Pluto oder Wie es bei uns in der Welt zugeht und was sich die Götter darüber denken,
musikalische Posse in 30 Scenen von Johann und Josef Strauß
29. 12. 1859 – Dianasaal (Programm erhalten)
Fesche Geister, Walzer
angekündigt im Frühjahr 1862, aber nicht erschienen
Nordische Klänge, Potpourri
1. 9. 1864 – Pawlowsk
Reminiszenzen aus Alt- und Neu-Wien, Potpourri (aus Melodien von Johann Strauß-Vater und Johann Strauß-Sohn)
11. 12. 1877 Erste Opernredoute – k.k. Hof-Operntheater
Aus guter Quelle, Polka Mazur
18. 2. 1884 Concordiaball – Sofiensaal
Die neue Wienerstadt, Polonaise
2. 2. 1891 Concordiaball – Sofiensaal
Sensationsnachricht, Polka francaise (siehe »Herzenskönigin«, Polka francaise, op. 445)
6. 2. 1893 Concordiaball – Sofiensaal
Telephonische Nachrichten, Polka francaise
29. 1. 1894 Concordiaball – Sofiensaal
Novelle, Polka francaise
11. 3. 1895 Concordiaball – Sofiensaal
Heiter, immer heiter, Polka schnell
22. 2. 1897 Concordiaball – Sofiensaal
Rundschau, Polka schnell
14. 2. 1898 Concordiaball – Sofiensaal
Kunstnotizen, Polka schnell
17. 4. 1899 Concordiaball – Sofiensaal

Anmerkung: Johann Strauß stellte – wie auch andere Komponisten – für die Concordiabälle der neunziger Jahre des 19. Jahrhunderts zumeist ältere Kompositionen unter neuen Bezeichnungen zur Verfügung. Das fiel bei der großen Zahl der Widmungen nicht weiter auf. In den Zeitungen wurde längst schon ausführlich über die Toiletten der Damen und nicht mehr über die musikalischen Widmungen berichtet. Es war schon viel, wenn diese in den Ballreportagen überhaupt aufgezählt bzw. erwähnt wurden.

Zeittafel

25. 10. 1825	Johann Baptist Strauß in Wien, St. Ulrich, geb.
26. 3. 1827	Ludwig van Beethoven in Wien gest.
20. 8. 1827	Josef Strauß in Wien, Mariahilf, geb.
19. 11. 1828	Kaiser Franz Schubert gest.
18. 8. 1830	Franz Joseph in Wien geb.
1832	»Erster Gedanke« von Johann Strauß, notiert von seiner Mutter. Die Familie Strauß zieht in das »Hirschenhaus«.
1834	Strauß Vater wird wegen verbotenem Glücksspiels zu einer Geldstrafe verurteilt.
15. 3. 1835	Eduard Strauß in Wien, Leopoldstadt, geb.
5. 9. 1836	Ferdinand Raimund gest.
14. 4. 1843	Joseph Lanner gest.
15. 10. 1844	Debüt in Dommayers Casino
1845	Eröffnung von Wiens größtem Tanzsaal, dem »Odeon«
1846	Ernennung von Johann Strauß Vater zum k. k. Hofball-Musikdirektor
1847	Eröffnung des Carl-Theaters (später Wiens erste Operettenbühne)
1848	Märzrevolution: Strauß Vater komponiert den Radetzky-Marsch, Strauß Sohn spielt die Marseillaise.
25. 9. 1849	Strauß Vater gest.
1852	Mitwirkung bei den Hofball-Musiken, allerdings ohne offiziellen Titel Konzertreisen nach Deutschland, Holland und Belgien
21. 7. 1853	Josef muß anstelle des erkrankten Johanns die Strauß-Kapelle leiten, er debütiert mit »Die ersten und die letzten«.
24. 4. 1854	Hochzeit Kaiser Franz Josephs I. mit Elisabeth Herzogin in Bayern

Zeittafel

1855	Eduard wird als Harfenist präsentiert und darauf vorbereitet, gleichfalls die Strauß-Kapelle zu dirigieren.
Sommer 1856	Erstes Engagement in Pawlowsk
1859	Episode mit Olga Smirnitskaja Der Kaiser genehmigt die Stadterweiterung Wiens.
1860	Uraufführung der Operette »Das Mädchenpensionat« von Franz von Suppé im Carl-Theater Strauß komponiert als op. 234 die Walzer »Acellerationen«.
1861	Johann lernt Jetty Treffz, die Freundin des Bankiers Moritz Todesco, kennen.
5. 2. 1861	Erstes gemeinsames Konzert aller drei Brüder Strauß
27. 8. 1862	Hochzeit mit Jetty Treffz Josef vertritt Johann in Pawlowsk.
1863	Ernennung zum k.k. Hofball-Musikdirektor
Sommer 1863	Engagement in Pawlowsk
1864	Strauß und Jacques Offenbach widmen dem Schriftstellerverein Concordia je einen Walzer (Offenbach: Abendblätter, Strauß: Morgenblätter).
1865	Die drei Brüder komponieren gemeinsam die »Trifolien-Walzer«. Uraufführung der h-Moll-Symphonie, der »Unvollendeten«, von Franz Schubert
1. 5. 1865	Eröffnung der Ringstraße durch Kaiser Franz Joseph
3. 7. 1866	Niederlage Österreichs bei Königsgrätz im Preußisch-Österreichischen Krieg
1867	Der Wiener Männergesang-Verein führt die Walzer »An der schönen blauen Donau« op. 314 zum ersten Mal auf. Strauß feiert Erfolge bei der Pariser Weltausstellung.
1868	Kauf der Villa in Hietzing
1869	Uraufführung der »Geschichten aus dem Wienerwald« op. 325 Johann und Josef komponieren gemeinsam die Pizzicato-Polka. Eröffnung der Wiener Hofoper
23. 2. 1870	Strauß Mutter gest.
30. 4. 1870	Franz Lehár geb.

Anhang

22. 7. 1870	Bruder Josef gest.
10. 2. 1871	Uraufführung der ersten Strauß-Operette »Indigo und die vierzig Räuber« imTheater an der Wien
1872	Ernennung Eduards zum k.k. Hofball-Musikdirektor Monsterkonzert Johann Strauß' in Boston; auf der Rückreise erste Begegnung mit Bülow und Brahms
5. 4. 1874	Uraufführung der »Fledermaus« im Theater an der Wien
1875	Uraufführung »Cagliostro in Wien« im Theater an der Wien
1877	Uraufführung des »Prinzen Methusalem« im Carl-Theater Strauß wird Ritter der Ehrenlegion.
7. 4. 1878	Jetty gest.
28. 5. 1878	Hochzeit mit Angelika Dittrich
1878	Übersiedlung in das Palais in der Igelgasse (heute Strauß-Gasse) »Blindekuh« im Theater an der Wien uraufgeführt
1880	»Das Spitzentuch der Königin« uraufgeführt Strauß siedelt sich in Schönau, im Süden Wiens, an.
1881	»Der lustige Krieg« im Theater an der Wien uraufgeführt Nestroy sorgt mit »Nur für Natur ...« für Premierenerfolg.
1882	Angelika Strauß verläßt ihren Mann. Adele Strauß wird seine Gefährtin (Heirat erst 1887).
1883	»Eine Nacht in Venedig« fällt bei der Uraufführung in Berlin durch; Wochen später kommt es zum Erfolg in Wien.
1884	Verleihung des Bürgerrechts der Stadt Wien zum Vierzigjährigen Künstlerjubiläum Strauß arbeitet am »Zigeunerbaron«.
1885	Strauß ringt um die Ehe mit Adele.
24. 10. 1885	Uraufführung des »Zigeunerbarons« im Theater an der Wien
1887	Johann und Adele Strauß werden Untertanen des Herzogs von Coburg.

Zeittafel

15. 8. 1887	Hochzeit (evangelisch) mit Adele
1888	Strauß besucht die Bayreuther Festspiele. Sein neuer Verleger wird August Simrock.
1889	Uraufführung des »Kaiserwalzer« op. 437
1892	»Ritter Pasman« wird in der Hofoper aufgeführt und bringt es auf nur wenige Aufführungen. Strauß erwirbt eine Villa in Ischl und widmet »Seid umschlungen Millionen« op. 443 Johannes Brahms.
10. 1. 1893	Uraufführung der »Fürstin Ninetta« in Anwesenheit von Kaiser Franz Joseph I.
1894	Fünfzigjähriges Künstlerjubiläum mit Feiern in aller Welt
1897	»Die Göttin der Vernunft« ist die letzte Operetten-Uraufführung zu Lebzeiten des Komponisten.
22. 5. 1899	Strauß dirigiert in der Hofoper die Ouvertüre zu seiner »Fledermaus«.
3. 6. 1899	Johann Strauß Sohn gest.
31. 12. 1899	Mit dem Tod von Carl Millöcker endet das Zeitalter der »Goldenen Operette«.
1901	Uraufführung des unvollendeten Balletts »Aschenbrödel« in Berlin
1907	Eduard Strauß vernichtet das gesamte Notennaterial der Strauß-Kapelle.
1916	Eduard Strauß gest.
1930	Adele Strauß gest.

Stammtafel der Familie Strauß

- 2. Katharina
  1763–
- 3. Franz
  1764–1816
  Bierwirt
  ∞ I. Barbara Dollmann
  1770–1811
  ∞ II. Katharina Feldberger

- 6. Ernestine
  1798–1862
  ∞ Karl Fux
  1805–1859
- 7. Anna
  1802–1802
- 8. Johann
  1804–1849
  ∞ Anna Streim
  1801–1870

- 12. Johann
  1825–1899
  ∞ I. Henriette Chalupetzky
  1818–1878
  ∞ II. Angelika Dittrich
  1850–1919
  ∞ III. Adele Strauß-Deutsch
  1856–1930
- 13. Josef
  1827–1870
  ∞ Karoline Pruckmayer
  1831–1900
- 14. Anna
  1829–1903

- 18. Karoline
  1858–1919
  ∞ Anton Aigner
  1845–1910

- 21. Johann
  1895
  ∞ Margot Stern
  1898
- 22. Eduard
  1897–1897
- 23. Maria
  1900
- 24. Angel
  1901
  ∞ Leonid V

- 28. Johann
  1924
  ∞ Edith Heidenreich
  1927

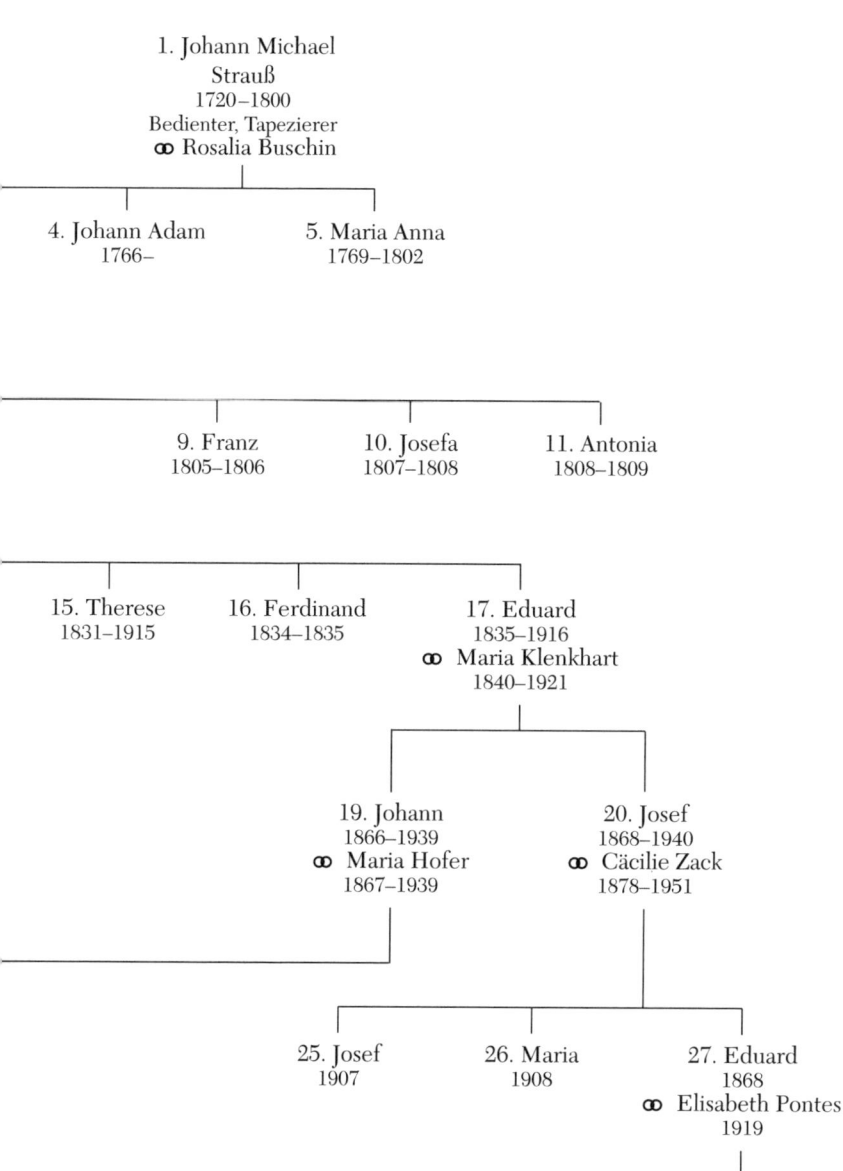

Quellen- und Literaturverzeichnis

Berlioz, Hector, »Memoiren«, Leipzig 1905
Bie, Oskar, »Der Tanz«, Berlin 1923
Chopin, Frédéric, »Briefe«, Berlin 1983
Csáky, Moritz, »Ideologie der Operette und Wiener Moderne«, Wien Köln Weimar 1996
Czeike, Felix, »Historisches Lexikon Wien«, Wien 1992–1997
Deszey, Ernst, »Johann Strauß«, Stuttgart Berlin 1922
»Die Fledermaus«, Mitteilungen des Wiener Instituts für Strauß-Forschung 1–10, Tutzing, 1990 bis 1998
Döge, Klaus, »Dvoràk, Leben, Werke, Dokumente«, Zürich Mainz 1997
Eisenberg, Ludwig, »Johann Strauß Ein Lebensbild«, Leipzig 1894
Endler, Franz, »Das k.u.k. Wien«, Wien Heidelberg 1977
Endler, Franz, »Das Walzer-Buch«, Wien 1975
Endler, Franz, »Wien im Biedermeier«, Wien Heidelberg 1978
Engel, W. Erich, »Johann Strauß und seine Zeit« (Johann Strauß-Kalender), Wien 1911
Fahrbach, Philipp, »Alt-Wiener Erinnerungen«, Wien 1935
Frey, Stefan, »Franz Lehár oder das schlechte Gewissen der leichten Musik«, Tübingen 1995
Graf, Max, »Legende einer Musikstadt«, Wien 1949
Hadamowsky, Franz, »Die Wiener Operette«, Wien 1947
Hamann, Brigitte, »Die Habsburger«, Wien 1988
Hanslick, Eduard, »Aus meinem Leben«, Berlin 1911
Hanslick, Eduard, »Aus neuer und neuester Zeit«, Berlin 1900
Hanslick, Eduard, »Die moderne Oper«, Berlin 1900
Hanslick, Eduard, »Geschichte des Concertwesens in Wien«, Wien 1869
Hess, Remi, »Der Walzer Geschichte eines Skandals«, Hamburg 1996
Jacob, H.E., »Johann Strauß, Vater und Sohn«, Hamburg 1953
Jäger-Sunstenau, Hanns, »Johann Strauß Der Walzerkönig und seine Dynastie, Familiengeschichte, Urkunden«, Wien 1965
Jaspert, Werner, »Johann Strauß«, Wien 1948
Kalbeck, Max, »Johannes Brahms«, Berlin 1912
Keller, Otto, »Die Operette«, Leipzig Wien New York 1926
Kienzl, Wilhelm, »Miscellen«, Leipzig 1886
Kleindel, Walter, »Österreich Daten zur Geschichte und Kultur«, Wien 1995

Klotz, Volker, »Operette, Porträt und Handbuch einer unerhörten Kunst«, München 1997
Kobald, Karl, »Johann Strauß«, Wien 1925
Koller, Josef, »Das Wiener Volkssängertum«, Wien 1931
Kraus, Karl, »Die Fackel«, Wien 1899
Krenn, Herbert, »Lenz-Blüthen Joseph Lanner Sein Leben – sein Werk«, Wien Köln Weimar 1994
Lang, Fritz, »Johann Strauß der Walzerkönig«, Berlin 1925
Lange, Fritz, »Der Wiener Walzer«, Wien 1917
Lange, Fritz, »Josef Lanner und Johann Strauß«, Leipzig 1919
Linke, Norbert, »Johann Strauß«, Hamburg 1982
Lortzing, Albert, »Briefe«, Leipzig 1902
Mailer, Franz, »Johann Strauß Briefe und Dokumente« Bände I–VII, Tutzing 1983 bis 1998
Mailer, Franz, »Joseph Strauß Genie wider Willen«, Wien München 1977
Nemetschke, Nina, »Lexikon der Wiener Kunst und Kultur«, Wien 1990
Österreichisches Biographisches Lexikon 1815–1950, Wien
Pahlen, Kurt, »Johann Strauß und die Walzerdynastie«, München 1975
Prawy, Marcel, »Johann Strauß Weltgeschichte im Walzertakt«, Wien München Zürich 1975
Sachs, Curt, »Eine Weltgeschichte des Tanzes«, Berlin 1933
Schenk, Erich, »Johann Strauß«, Potsdam 1940
Schneidereit, Otto, »Johann Strauß und die Stadt an der schönen blauen Donau«, Berlin 1972
Schönherr, Max, »Aus der Zeit des Wiener Walzers«, Dortmund 1981
Schönherr, Max, »Carl Michael Ziehrer – Sein Werk, sein Leben, seine Zeit«, Wien 1974
Schönherr, Max, »Das Jahrhundert des Walzers, Johann Strauß Vater, Ein Werkverzeichnis«, Wien 1954
Strauß, Adele, »Johann Strauß schreibt Briefe«, Wien 1926
Strauß, Eduard, »Erinnerungen«, Leipzig und Wien 1906
Strauß-Elementar-Verzeichnis, herausgegeben vom Wiener Institut für Strauß-Forschung, Tutzing 1990 bis 1998
Wagner, Richard, »Mein Leben«, München 1963
Weigel, Hans, »Das kleine Walzerbuch«, Salzburg 1965
Weigel, Hans, »Flucht vor der Größe«, Wien 1960
Weinmann, Alexander, »Verzeichnis sämtlicher Werke von Johann Strauß Vater und Sohn«, Wien 1956
Weinmann, Alexander, »Werkverzeichnis Joseph Lanner«, Wien 1948
Weinmann, Alexander, »Wiener Musikverleger und Musikalienhändler von Mozarts Zeit bis 1860«, Wien 1956

Register

Agghazy, Carolus 294
Alexandra Iosifowna, Großfürstin 137
Amon, Franz 130
Anzengruber, Ludwig 313
Auber, Daniel François Esprit 93, 97, 149

Bäuerle, Adolf 50
Bayer, Joseph 311
Beethoven, Ludwig van 21, 25f., 28, 37f., 47, 66f., 71, 76, 97, 106, 150, 212, 258, 273, 282, 321
Berg, Alban 339
Berlioz, Hector 29, 38, 75f., 142, 250
Bernstein, Leonard 340
Binder, Karl 165
Bing, Sir Rudolf 63, 209
Bösendorfer, Ludwig 312
Brahms, Johannes 38, 120, 196, 198, 206, 224, 251, 267, 274, 277, 280ff., 286, 288, 291, 298f., 304, 312, 314f., 321, 338
Braun, Josef 193
Bruckner, Anton 72, 267, 281
Bülow, Hans von 205f.
Büttner, A. 153

Carré, Michel 236
Cervantes, Miguel de 225
Chopin, Frédéric 38, 62, 67
Coburg, Herzog Ernst von 231, 264f.,
Coburg, Prinz Ferdinand von 265

Cormon, Eugène 236
Cranz, August Alwin 292, 295

Decsey, Ernst 212,224
Defregger, Franz 313
Deiß, Michael 58
Diabelli, Antonio 20f., 46f., 60, 63
Dittrich, Angelika (siehe Strauß, Lily geb. Dittrich)
Docsy, Ludwig von 295
Dolleschall, Franz 130
Donizetti, Gaetano 168
Drahanek, Brüder 31
Drechsler, Josef 9, 15, 81f., 317, 319

Einem, Gottfried von 28
Eisenberg, Ludwig 112, 214, 304
Eisenmenger, August 337
Eybler, Josef Leopold von 20

Fahrbach, Philipp 17, 40, 59, 61f., 155
Fränkel, Maria Samuilowa 144
Franz Joseph I., Kaiser von Österreich 93, 127, 162, 174, 296, 298, 310
Freud, Sigmund 338

Gaul, Franz 311
Geistinger, Maria 207, 213f.
Genée, Richard 193, 206f., 209ff., 217, 225, 231ff., 236, 241, 268
Girardi, Alexander 217, 225f., 238, 242, 245, 297, 306f., 309f., 314

Goethe, Johann Wolfgang von 18
Goldmark, Karl 313
Granichstädten, Bruno 233
Grillparzer, Franz 102, 258
Gruber, Anton 278
Grünfeld, Alfred 311
Gyroweth 20

Haas, Philip 192
Halévy 211
Hanslick, Eduard 13f., 90, 119f., 170f., 196ff., 202, 214, 225, 267, 275, 283f., 286, 314, 335f., 338
Harnoncourt, Nikolaus 300
Hasel, Johann Emmerich 189
Haslinger, Carl 77, 104, 122, 126, 128f., 153ff., 187ff., 190, 292
Haslinger, Tobias 47, 60, 62f., 95
Haydn, Josef 22, 94, 125, 258
Heine, Heinrich 68
Hellmesberger, Josef 319
Hess, Remi 19
Heuberger, Richard 314
Hirsch, C.F. 101, 114
Hofmannsthal, Hugo von 152, 212, 269
Hofrichter 20

Jäger-Sustenau, Hans 34
Jahn, Wilhelm 287
Jakob, Heinrich Eduard 20
Jauner, Franz 240f., 288, 297
Johann, Erzherzog v. Österreich 265
Jókai, Maurus 239f.

Kalbeck, Max 251f., 271, 285, 321
Karajan, Herbert von 216, 342
Keller, Otto 169
Kleiber, Carlos 216, 342
Kohlmann, Anton 15, 82f.
Korngold, Erich Wolfgang 340
Kraus, Clemens 341
Kraus, Georg 149
Kraus, Karl 63, 177, 333ff.
Kraus, Maria 14

Kremser, Eduard 318
Kreuder, Peter 343
Kreutzer, Konradin 317
Kriehuber, Joseph 128
Kupelwieser, Familie 28

Lanner, August (Sohn) 155
Lanner, Joseph (Vater) 9, 13, 21f., 24, 27, 31f., 36ff., 40ff., 43ff., 46ff., 49f., 52, 55ff., 58, 60, 62f., 94f., 99, 105, 109, 114, 159, 176, 317f., 340, 342
Latour 173
Lehár, Franz 121, 181, 199, 224, 257, 306, 311, 332
Lenbach, Franz von 337
Léon, Victor 258, 328
Leopold II., dt. Kaiser 37
Leschetitzky, Theodor 147
Lewine, James 209
Lewy, Gustav 182, 234f., 240, 266, 288
Linke, Norbert 77
Liszt, Franz 72, 155, 224, 250
Lortzing, Albert 250
Lueger, Karl 321

Maazel, Lorin 342
Mahler, Gustav 104, 181, 214, 272, 316, 328, 338
Mahler-Werfel, Alma geb. Schindler 181, 332, 338
Mailer, Franz 88, 105, 129, 151, 156
Maria Theresia I. von Österreich 37, 245
Mautner Markhof, Maria 28
Maximilian II. von Österreich 37
Meilhac 211
Mendelssohn-Bartholdy, Felix 137, 150
Metternich, Clemens Wenzel Fürst 32, 74, 125
Metternich-Sandor, Pauline Fürstin 185f.
Meyer, Leopold de 142

Meyerbeer, Giacomo 67, 273, 301
Millöcker, Carl 168f., 305, 338
Moser, Hans 278
Mourgnes, Marcel 19
Mozart, Wolfang Amadeus 22ff.,
    25, 35, 61, 66f., 72, 94, 97, 106,
    117, 134, 150, 168, 249, 261,
    273f.
Müller, Adolf jun. 328
Müller, Wenzel 163, 317
Muti, Riccardo 342

Napoleon Bonaparte 28ff.
Nestroy, Johann 57, 165ff, 168,
    176
Neumann, Angelo 295
Nothnagel, Hermann 319

O'Kelly, Michael 23
Offenbach, Jacques 164ff., 167ff.,
    177, 200ff., 217, 334

Paganini, Nicolo 68
Pamer, Michael 21f., 31f., 57
Pasqualati, Amalia Baronin 169
Pechatschek 51
Preisinger 20
Pruckmeyer, Karoline (siehe
    Strauß, Karoline geb. Pruck-
    meyer)

Racek, Fritz 98
Raimund, Ferdinand 14, 57, 82,
    168, 176, 258, 268, 317, 319
Ravel, Maurice 332, 339
Reichardt 46
Reinhardt, Max 340f.
Richter, Hans 275, 279, 312
Ricordi, G. 128
Rossini, Gioacchino 95, 149, 250
Rubey, Norbert 103
Rudolf, Kronprinz v. Österreich
    193, 279f.

Sándor, Petöfi 239
Schenk, Erich 18, 82, 95f., 201

Scherer, Josef Ritter von 228
Scherzer, Johann Georg 45
Schiedermaier, 20
Schikaneder, Emanuel 24, 66,
    203
Schneider, Hortense 167
Schnitzer, Ignaz 239f., 250
Schnitzler, Arthur 298, 338
Scholl, Gebrüder 53
Scholz, Wenzel 167
Schönberg, Arnold 233, 338f.
Schönerer, Alexandrine von 295,
    297, 315
Schönherr, Max 53f., 189
Schostakowitsch, Dmitri 340
Schrammel, Gebrüder Johann und
    Josef 267, 278
Schubert, Franz 22, 25ff., 28, 32,
    37ff., 96, 99, 112, 150, 258, 321,
    326
Sedlnitzky, Graf 28
Serow, Alexander Nikolajewitsch
    137
Seyfried, Ignaz Xaver Ritter von
    66
Simrock, Friedrich August 198,
    280f., 283, 288, 292, 295
Smetana, Friedrich 297
Smirnitskaja, Olga 146ff.
Soler, Martin y 22
Sophie, Erzherzogin v. Österreich
    193
Speidel, Ludwig 281
Spina, C.A. 190f., 292
Stang, Dr. Walther 35
Stein, Leon 328
Steiner, Franz 227, 234
Steiner, Maximilian 198
Stolz, Robert 121, 332
Straus, Oscar 332f.
Strauß, Adele geb. Deutsch 146,
    148, 223, 229ff., 233, 235, 239f.,
    262ff., 266ff., 275f., 304f., 306,
    319, 322
Strauß, Albert 222, 229, 235,
    239

Strauß, Angelika (Lily) geb. Dittrich (2. Ehefrau) 221f., 227f., 240
Strauß, Anna (Schwester) 65, 228
Strauß, Anna geb. Streim (Mutter) 9, 53, 73, 77, 81, 84, 91, 101, 118, 183
Strauß, Anton 229
Strauß, Eduard (Bruder) 36, 41, 54, 65, 69, 79, 90, 118, 124, 132f., 154, 157ff., 182, 218f., 229, 235, 246, 277f., 280, 291ff., 311, 313, 323ff., 326f., 330
Strauß, Ferdinand (Bruder) 65
Strauß, Franz Borgias (Großvater) 32, 34
Strauß, Henriette (Jetty) geb. Treffz (1. Ehefrau) 131, 145, 172, 178, 180ff.,, 183ff., 186f., 220ff., 229, 254, 260
Strauß, Johann (Vater) 9, 13f., 16, 21f., 24, 27, 31ff., 34ff., 37f., 40ff., 43ff., 46ff., 49f., 52f., 55ff., 58ff., 61ff., 64, 66ff., 70, 72ff., 75ff., 78ff., 83ff., 88ff., 91f., 94f., 99f., 103ff., 106, 108f., 111, 113ff., 124, 130, 135, 164f., 176, 253, 317f., 336, 342f.
Strauß, Johann Michael (Urgroßvater) 34, 36
Strauß, Josef (Bruder) 65, 73f., 79, 90, 100, 103, 118, 124, 129ff., 132f., 153ff., 156ff., 159, 161, 182, 219, 324, 327, 342
Strauß, Karoline geb. Pruckmeyer (Schwägerin) 133f.
Strauss, Richard 28, 97, 161, 210, 212, 261, 269, 275, 333, 338
Strauß, Therese (Schwester) 65
Strauß, Theresia (Urururgroßmutter) 34
Strauß, Wolf (Ururgroßvater) 34
Strawinsky, Igor 340
Streim, Anna (siehe Strauß, Anna geb. Streim)

Streim, Joseph (Großvater) 53, 73
Streim, Josephine (Großmutter) 91
Suppé, Franz von 93, 168f., 201, 342

Tegetthoff, Wilhelm von 192
Tilgner, Viktor 267, 288, 313, 337
Todesco, Moritz 178, 182, 220
Torberg, Friedrich 332
Trambusch (auch Trampusch), Emilie 70, 77, 91
Treffz, Henriette (siehe Strauß, Jetty geb. Treffz)
Treumann, Karl 165, 167
Tschaikowsky, Peter Iljitsch 137

Verdi, Giuseppe 142, 150, 156, 196, 205, 210, 230, 249, 265, 273
Vogelweide, Walther von der 37

Waber, Tante 79, 145, 178
Wagner, Otto 169
Wagner, Richard 38, 40, 63, 67, 72, 132, 142, 150, 155f., 185, 196, 211, 224, 267, 273, 275f., 301, 326, 336, 338
Walzel, Camillo 236f., 241
Weber, Carl Maria von 29ff., 41, 76
Webern, Anton 339
Weigel, Hans 10, 57, 176
Weyl, Josef 115
Wide 51
Wiest, Franz 13f.
Wilhelm I., dt. Kaiser 206
Wittmann, Hugo 295
Wolf, Hugo 338
Würz, Eberhard 150

Zeller, Karl 305
Zemlinsky, Alexander 328
Ziehrer, Carl Michael 288ff., 219, 282, 305f.

Bildnachweis

Bildteil:

Foto Votava, Wien: 6

Historisches Museum, Wien: 3, 16, 34, 37

Historische Foto-Sammlung Arnold Linke, Celle: 1, 4, 22, 29

Österreichische Nationalbibliothek, Wien: 2, 7, 8, 9, 10, 11, 12, 13, 14, 19, 20, 23, 24, 28, 30, 33, 35

Verlag Erich M. Engel, »Johann Strauß und seine Zeit«, Wien und Leipzig 1911: 5, 15, 17, 18, 21, 25, 26, 27, 31, 32, 36

Textabbildungen:

Historisches Museum, Wien: S. 55, S. 313

Historische Foto-Sammlung Arnold Linke, Celle: S. 125, S. 157, S. 183, S. 197, S. 223, S. 232

Österreichische Nationalbibliothek, Wien: S. 131, S. 175, S. 208, S. 243

Privat: S. 167
Verlag Erich M. Engel, »Johann Strauß und seine Zeit«, Wien und Leipzig 1911: S. 33, S. 91, S. 107, S. 136, S. 308, S. 329

Verlag Erich M. Engel, »Johann Strauß und seine Zeit«, Wien und Leipzig 1911: S. 33, S. 91, S. 107, S. 136, S. 308, S. 329

Vor- u. Nachsatz: Privat

Bartel F. Sinhuber

Zu Gast im alten Wien

Geschichte und Geschichten zur berühmten Wiener Gastlichkeit

„Der Leser wird bei der Lektüre vorzüglich eingestimmt auf die altbekannte Wiener Gastlichkeit." *Die Zeit*

„Für alle, die Wiener Küchen-Historie so interessant finden wie die Gourmet-Gegenwart, ein Lese-Muss." *Cosmopolitan*

AMALTHEA

288 S., ISBN 3-7844-2699-9

Friedrich Torberg
*Wien oder
Der Unterschied*

**Prachtstücke
aus dem Gesamtwerk
Friedrich Torbergs**

So weit gespannt wie die Lebensinteressen des geistreichen Schriftstellers ist auch der Themenkreis dieses Lesebuchs: Es enthält Humorvolles und politische Analysen, Exil-Zeugnisse der Sehnsucht nach Österreich und Erinnerungen an berühmte Zeitgenossen ...

Hrsg. von David Axmann und Marietta Torberg.

Langen Müller

Bartel F. Sinhuber

Zu Gast im alten Wien

Geschichte und Geschichten zur berühmten Wiener Gastlichkeit

„Der Leser wird bei der Lektüre vorzüglich eingestimmt auf die altbekannte Wiener Gastlichkeit." Die Zeit

„Für alle, die Wiener Küchen-Historie so interessant finden wie die Gourmet-Gegenwart, ein Lese-Muss."
Cosmopolitan

AMALTHEA

288 S., ISBN 3-7844-2699-9

Friedrich Torberg
Wien oder Der Unterschied

Prachtstücke aus dem Gesamtwerk Friedrich Torbergs

So weit gespannt wie die Lebensinteressen des geistreichen Schriftstellers ist auch der Themenkreis dieses Lesebuchs: Es enthält Humorvolles und politische Analysen, Exil-Zeugnisse der Sehnsucht nach Österreich und Erinnerungen an berühmte Zeitgenossen ...

Hrsg. von David Axmann und Marietta Torberg.

Langen Müller